高等职业教育智能制造专业群
"德技并修 工学结合"系列教材

工业机器人离线编程与仿真

主编 马帅 金光 副主编 王登峰 张亚雄

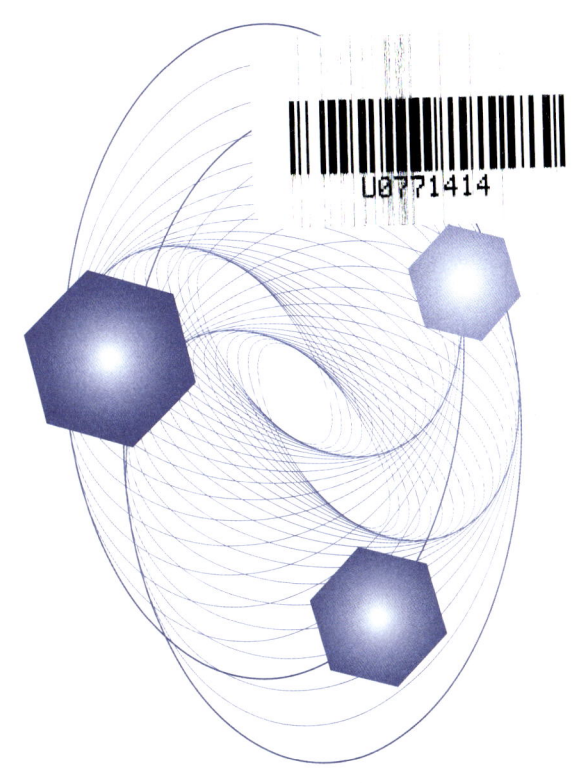

INTELLIGENT MANUFACTURING

中国教育出版传媒集团
高等教育出版社·北京

内容提要

本书以工业机器人虚拟仿真技术为核心，以"项目导向、任务驱动"为架构，系统阐述了从基础理论到实际应用的全流程知识体系，结合主流仿真软件RobotStudio的操作实践，旨在培养学习者具有工业机器人离线编程与仿真分析的工程能力。全书共有7个项目，涵盖虚拟仿真技术概述、仿真基本操作、仿真模型创建、离线轨迹编程、工作站设计与逻辑控制等关键技术，并融入导轨、变位机系统集成及在线功能开发等典型应用案例。

本书重点/难点的知识点配有视频、动画等丰富的数字化资源，视频资源可通过扫描书中二维码在线观看，学习者也可登录智慧职教（www.icve.com.cn）搜索课程"工业机器人离线编程与仿真"进行在线学习。

本书可作为职业院校工业机器人技术、电气自动化技术、智能控制技术、工业机器人应用等相关专业的教材，也可作为相关企业培训用书和从事工业机器人应用工作的工程技术人员的参考用书。

教师如需获取本书授课用PPT、模型源文件、习题答案等配套资源，请登录"高等教育出版社产品信息检索系统"（http://xuanshu.hep.com.cn/）免费下载。

图书在版编目（CIP）数据

工业机器人离线编程与仿真 / 马帅，金光主编．
北京 ：高等教育出版社，2025．8．-- ISBN 978-7-04
-064944-4

Ⅰ．TP242.2

中国国家版本馆CIP数据核字第20252FA293号

Gongye Jiqiren Lixian Biancheng yu Fangzhen

策划编辑	吴睿韬	责任编辑	吴睿韬	封面设计	姜 磊	版式设计	徐艳妮
责任绘图	于 博	责任校对	胡美萍	责任印制	张益豪		

出版发行	高等教育出版社	网　　址	http://www.hep.edu.cn
社　　址	北京市西城区德外大街4号		http://www.hep.com.cn
邮政编码	100120	网上订购	http://www.hepmall.com.cn
印　　刷	河北鹏盛贤印刷有限公司		http://www.hepmall.com
开　　本	787 mm×1092 mm　1/16		http://www.hepmall.cn
印　　张	18.75		
字　　数	440千字	版　　次	2025年8月第1版
购书热线	010-58581118	印　　次	2025年8月第1次印刷
咨询电话	400-810-0598	定　　价	49.50元

本书如有缺页、倒页、脱页等质量问题，请到所购图书销售部门联系调换
版权所有　侵权必究
物 料 号　64944-00

"智慧职教"服务指南

"智慧职教"(www.icve.com.cn)是由高等教育出版社建设和运营的职业教育数字教学资源共建共享平台和在线课程教学服务平台,与教材配套课程相关的部分包括资源库平台、职教云平台和App等。用户通过平台注册,登录即可使用该平台。

● 资源库平台:为学习者提供本教材配套课程及资源的浏览服务。

登录"智慧职教"平台,在首页搜索框中搜索"工业机器人离线编程与仿真",找到对应作者主持的课程,加入课程参加学习,即可浏览课程资源。

● 职教云平台:帮助任课教师对本教材配套课程进行引用、修改,再发布为个性化课程(SPOC)。

1. 登录职教云平台,在首页单击"新增课程"按钮,根据提示设置要构建的个性化课程的基本信息。

2. 进入课程编辑页面后,在"教学任务"的"课程设计"中"导入"教材配套课程,可根据教学需要进行修改,再发布为个性化课程。

● App:帮助任课教师和学生基于新构建的个性化课程开展线上线下混合式、智能化教与学。

1. 在应用市场搜索"智慧职教+"App,下载安装。

2. 登录App,任课教师指导学生加入个性化课程,并利用App提供的各类功能,开展课前、课中、课后的教学互动,构建智慧课堂。

"智慧职教"使用帮助及常见问题解答请访问help.icve.com.cn。

前　言

在全球制造业加速数字化转型的浪潮下,工业机器人作为智能制造与高端装备领域的核心技术载体,其离线编程与仿真技术已成为实现高效、柔性生产的关键支撑。随着全球工业机器人领军企业持续推动技术创新,工业机器人应用领域不断拓展,从汽车焊接到电子装配,从物流分拣到精密打磨,制造业对"精操作、懂工艺、能创新"的高技能人才的需求日益迫切。职业教育作为技能人才培养的主阵地,亟需深化产教融合、创新教学模式,将产业前沿技术、企业真实场景与教学过程深度融合,为制造强国建设注入新动能。

党的二十大报告明确提出"推进新型工业化""加快建设制造强国",并强调"统筹职业教育、高等教育、继续教育协同创新,推进职普融通、产教融合、科教融汇",为职业教育改革指明了方向。在此背景下,本书以RobotStudio仿真软件为实践载体,以真实项目案例为基础,着力破解传统教学中"技术滞后产业""理论脱离应用"的痛点,为高职院校工业机器人专业及相关专业的教学提供一套"紧贴产业、对标标准、虚实结合"的解决方案。

全书以"项目化、模块化"为主线,遵循"认知—实践—拓展"的渐进式学习路径,融入RobotStudio仿真软件的操作解析,涵盖机器人选型、工具设计、轨迹编程、多设备协同控制等关键技术环节。体现职业教育与产业需求的相互融合。通过理实结合的任务,学习者不仅能掌握工业机器人离线仿真的核心技能,还能深入理解工业互联网、数字孪生等新一代信息技术在智能制造中的应用逻辑。

本书由郑州铁路职业技术学院马帅、金光任主编,郑州信息科技职业学院王登峰、云南轻纺职业学院张亚雄任副主编,郑州铁路职业技术学院关宁、河南省商务中等职业学校尹洁冰、河南省纳禾自动化系统有限公司郭奇参与编写,比亚迪股份有限公司工程师陆海彬任主审,书中部分模型由郑州爱因特电子科技有限公司工程师湛永昌设计。编者还参阅了部分相关文献,在此一并表示感谢。具体编写分工如下:项目一、项目二由马帅编写,项目三由王登峰编写,项目四由张亚雄编写,项目五由金光编写,项目六由关宁编写,项目七的任务1、任务2由尹洁冰编写,项目七的任务3、任务4由郭奇编写。

由于编者水平有限同时行业发展速度日新月异,书中难免存在疏漏之处,恳请广大读者与行业专家批评指正。

编者
2025 年 4 月

目 录

项目 1 工业机器人离线编程与仿真概述 ……………………… 1

任务 1 认知离线编程与仿真技术 ……………… 2
- 1.1.1 工业机器人编程方法 ……………… 2
- 1.1.2 编程技术发展历程 ………………… 3
- 1.1.3 离线编程应用场景 ………………… 4
- 1.1.4 开展企业应用调研 ………………… 5

任务 2 认知离线编程与仿真软件 ……………… 9
- 1.2.1 国外通用型软件 …………………… 9
- 1.2.2 国外专用型软件 …………………… 12
- 1.2.3 国内自主品牌软件 ………………… 15
- 1.2.4 RobotStudio 下载与安装 ………… 17
- 1.2.5 RobotStudio 授权与许可 ………… 20
- 1.2.6 RobotStudio 软件界面 …………… 22

项目 2 工业机器人仿真基本操作 ……………………… 29

任务 1 创建工业机器人基本工作站 …………… 30
- 2.1.1 工业机器人的选型 ………………… 30
- 2.1.2 选择与导入工业机器人 …………… 31
- 2.1.3 安装与拆除机器人工具 …………… 33
- 2.1.4 放置机器人周边模型 ……………… 36

任务 2 创建工业机器人系统与手动操作 ……………………………………… 46
- 2.2.1 工业机器人的运动模式 …………… 46
- 2.2.2 创建虚拟机器人系统 ……………… 47
- 2.2.3 工业机器人手动操作 ……………… 50
- 2.2.4 工业机器人手动精确操作 ………… 52

任务 3 创建工业机器人工件坐标与轨迹程序 ………………………………………… 57
- 2.3.1 工业机器人系统常用坐标系 ……… 57
- 2.3.2 创建工业机器人工件坐标 ………… 58
- 2.3.3 创建运动轨迹的程序 ……………… 61
- 2.3.4 位置法创建工件坐标 ……………… 68

任务 4 仿真运行工业机器人系统与录制视频 ………………………………………… 72
- 2.4.1 了解 RAPID 编程语言 …………… 72
- 2.4.2 工作站系统仿真运行 ……………… 73
- 2.4.3 工作站仿真视频录制 ……………… 75
- 2.4.4 工作站工程文件录制 ……………… 78

项目 3 工业机器人仿真模型创建 ……………………………………… 85

任务 1 创建基本模型 …………………………… 86
- 3.1.1 基础几何体建模 …………………… 86

3.1.2 矩形体创建 ……………………… 87
3.1.3 圆柱体创建 ……………………… 90
3.1.4 组合体创建 ……………………… 93
任务 2 使用测量工具 …………………… 102
3.2.1 模型测量的意义 ………………… 102
3.2.2 测量工具的使用 ………………… 103
3.2.3 测量的技巧 ……………………… 107
任务 3 创建机械装置 …………………… 111
3.3.1 机械装置 ………………………… 111
3.3.2 创建机械装置模型 ……………… 112
3.3.3 创建机械装置运动特性 ………… 116
任务 4 创建机器人工具 ………………… 125
3.4.1 自定义工具安装原理 …………… 125
3.4.2 导入工具模型 …………………… 126
3.4.3 创建工具坐标系框架 …………… 131
3.4.4 创建工具 ………………………… 134
3.4.5 工具安装验证 …………………… 135

■ 项目 4 工业机器人离线轨迹编程 …… 141

任务 1 创建轨迹曲线与路径 …………… 142
4.1.1 离线轨迹规划基础 ……………… 142
4.1.2 创建切割轨迹曲线 ……………… 143
4.1.3 生成切割运行路径 ……………… 145
任务 2 目标点调整与轴配置 …………… 151
4.2.1 目标点与轴配置基础知识 ……… 151
4.2.2 目标点调整 ……………………… 152
4.2.3 轴配置调整 ……………………… 154
任务 3 程序优化与仿真运行 …………… 158
4.3.1 轨迹优化基础知识 ……………… 158
4.3.2 优化离线轨迹程序 ……………… 159
4.3.3 轨迹程序仿真运行 ……………… 162
任务 4 碰撞监控与 TCP 跟踪 …………… 167

4.4.1 碰撞监控与 TCP 跟踪基础 …… 167
4.4.2 碰撞监控功能的使用 …………… 168
4.4.3 TCP 跟踪功能的使用 …………… 170

■ 项目 5 工业机器人码垛工作站仿真 …… 177

任务 1 创建动态输送链 ………………… 178
5.1.1 Smart 组件基础知识 …………… 178
5.1.2 输送链产品源（Source）的设定 …………………………… 180
5.1.3 输送链运动属性的设定 ………… 182
5.1.4 输送链限位传感器的设定 ……… 183
5.1.5 创建属性与连结 ………………… 186
5.1.6 创建信号与连接 ………………… 187
5.1.7 输送线仿真运行 ………………… 189
任务 2 创建动态夹具 …………………… 193
5.2.1 动态夹具设计基础 ……………… 193
5.2.2 设定动态夹具属性 ……………… 195
5.2.3 设定检测传感器 ………………… 197
5.2.4 设定拾取放置动作 ……………… 200
5.2.5 创建属性与信号连接 …………… 202
5.2.6 动态夹具仿真运行 ……………… 204
任务 3 工作站逻辑设定 ………………… 210
5.3.1 工作站逻辑设定基础 …………… 210
5.3.2 查看程序与 I/O 信号 …………… 211
5.3.3 设定工作站逻辑 ………………… 212
5.3.4 工作站仿真运行 ………………… 213

■ 项目 6 带导轨和变位机的工业机器人系统创建与应用 …… 219

任务 1 创建带导轨的工业机器人系统 …… 220

6.1.1　工业机器人导轨系统与离线编程 ·············· 220
6.1.2　创建带导轨的工业机器人系统 ······ 221
6.1.3　创建运动轨迹并仿真运行 ············ 226

任务 2　创建带变位机的工业机器人系统 ·················· 232
6.2.1　带变位机工作站基础知识 ············ 232
6.2.2　创建带变位机工业机器人系统 ············ 233
6.2.3　创建运动轨迹并仿真运行 ············ 238

项目 7　RobotStudio 在线功能应用 ············ 251

任务 1　RobotStudio 连接控制器 ············ 252

7.1.1　控制器连接端口简介 ············ 252
7.1.2　与控制器的连接方法 ············ 253

任务 2　RobotStudio 的备份与恢复 ······ 262
7.2.1　RobotStudio 数据安全基础 ······ 262
7.2.2　控制器数据备份与恢复功能 ······ 263

任务 3　RobotStudio 在线编辑程序 ······ 269
7.3.1　在线编辑基础知识 ············ 269
7.3.2　在线编辑 RAPID 程序 ············ 270
7.3.3　在线编辑 I/O 信号 ············ 273

任务 4　RobotStudio 其他在线功能 ······ 278
7.4.1　文件传输与监控基础 ············ 278
7.4.2　在线文件传输 ············ 279
7.4.3　在线监控功能 ············ 280

参考文献 ············ 287

项目 1
工业机器人离线编程与仿真概述

随着智能制造技术的普及，工业机器人已广泛应用于汽车制造、电子装配等现代工业制造领域，成为实现自动化生产的关键设备。当前工业机器人主要采用三种编程方式：示教编程、离线编程和机器人语言编程。2024年中国机器人产业发展报告显示，在涉及多工位协同、复杂轨迹作业的场景中，传统示教编程存在设备利用率低、轨迹规划耗时长等问题，而离线编程与仿真技术通过数字化预验证可有效解决这些瓶颈。

离线编程与仿真技术的核心价值体现在：①无需中断实际生产即可完成工艺验证；②通过三维建模可减少不必要的物理样机制作；③构建的数字化工厂模型可同步用于生产方案评估、员工技能培训等环节。

本项目围绕工业机器人虚拟仿真技术体系展开，任务1解析三类编程方法的技术特性与适用场景，任务2重点学习RobotStudio软件的功能架构。通过理论与实践结合的教学设计，帮助学习者建立对离线编程技术的系统性认知，为后续工业机器人仿真技术的应用奠定基础。

[项目目标]

1. **知识目标**
（1）能陈述离线编程与仿真技术的发展阶段及其在智能制造领域中的典型应用
（2）能区分示教编程、离线编程的技术特点与适用场景
（3）能列举国内外主流虚拟仿真软件（RobotStudio/PQArt等）的核心功能
（4）能说明RobotStudio软件界面构成与基本操作规范

2. **能力目标**
（1）能独立完成RobotStudio软件下载安装与许可证配置
（2）能熟练操作软件基础功能模块（建模/仿真/控制器）
（3）能搭建包含机器人、夹具、工件的简易工作站模型
（4）能完成基础轨迹规划与碰撞检测仿真验证
（5）能排查软件安装过程中的常见报错（如中文路径/防火墙冲突）

3. **素养目标**
（1）养成工业软件操作的标准化习惯
（2）建立安全生产意识
（3）培养团队协作精神
（4）树立精益求精的工匠态度
（5）形成知识产权保护意识

任务 1 认知离线编程与仿真技术

[**任务描述**]

工业机器人离线编程与仿真技术是指通过计算机系统对实际的机器人系统运行状态进行模拟的技术,其利用计算机图形学技术,建立起机器人及其工作环境的模型,利用机器人语言及相关算法,通过对图形的控制和操作,在离线的情况下进行轨迹规划。常见的工业机器人编程方法有示教编程、离线编程、机器人语言编程三种,它们各具特点。作为一种常用的机器人编程方法,离线编程与仿真技术随着科技的发展具备了越来越多的功能,能够完成大多数从简单到复杂的工业生产和制造的离线编程与仿真任务,正在被越来越多的企业认可和使用。

通过学习本任务,能够用科学的调研方法对本区域内校企合作企业的工业机器人应用案例进行分析总结,培养个体在团队工作中的协调能力,建立起对产业、企业、职业、岗位的基本认知。

[**知识准备**]

1.1.1 工业机器人编程方法

微课
工业机器人离线编程概述

目前,常见的工业机器人编程方法有三种。

1. 示教编程

示教编程,也称在线编程,是指通过示教器或手把手地对机器人进行示教,将动作位姿、运动速度、执行顺序等信息用一定的方法预先教给工业机器人,由工业机器人根据需要再现操作,展现示教的动作和作业的内容。它是目前大多数工业机器人的编程方法,采用这种方法时,程序编制是在机器人现场进行的。

2. 离线编程

离线编程,是通过计算机软件构建机器人本体、末端执行器及工作环境的全域数字化模型,在脱离实体设备的状态下完成轨迹规划、程序调试与多维度验证,最终生成可部署至实体机器人的控制代码,其核心优势在于生产零中断与高危场景的零风险实训,是当前较为流行的一种编程方式。

3. 机器人语言编程

机器人语言编程,是指采用专用的机器人语言来描述机器人的运动轨迹。可按照其作业描述水平的程度将机器人语言分为动作级编程语言、对象级编程语言和任务级编程语言。目前应用于工业中的机器人语言是动作级和对象级编程语言。机器人语言编程实现了计算机编程,并可以引入传感信息,为解决人与机器人通信接口问题提供了一种更通用的方法。

作为当前工业机器人最为常用的两种编程方法，示教编程和离线编程分别有着各自的特点，如表 1-1 所示。

表 1-1　工业机器人常用编程方法

示教编程	离线编程
需要实际机器人系统和工作环境	需要机器人系统和工作环境图形模型
编程时机器人停止工作	编程时不影响机器人工作
在实际系统上试验程序	通过仿真试验程序
编程质量取决于编程者的经验	可用 CAD 进行最优轨迹规划
难以示教复杂的机器人运行轨迹	可以再现复杂的机器人运行轨迹
效率低、时间长	效率高、时间短

通过表 1-1 可以看出，离线编程具有如下优势：

（1）不占用工业机器人正常工作时间，当对下一个任务进行编程时，机器人仍可在线工作。

（2）可对复杂任务进行编程，能够自动识别与搜索 CAD 模型信息生成轨迹。

（3）使用范围广，离线编程系统可对机器人的各种工作对象进行编程。

（4）便于 CAD/CAM 系统结合，实现 CAD/CAM/Robotics 一体化。

（5）可使用高级计算机编程语言对复杂任务进行编程。

（6）使编程者远离危险的工作环境，改善了编程环境。

（7）离线编程系统便于修改机器人程序。

需要指出的是，离线编程不是万能的解决方案，并非所有工序都可以通过离线编程完成。对于简单轨迹的生成，它没有示教编程的效率高。此外，模型误差、工件装配误差、机器人定位误差等都会对其运行精度有一定的影响。因此，离线编译好的机器人程序在正式使用前仍需要准确标定参考点位置，做出适当的微调，以确保运行轨迹的准确度。

1.1.2　编程技术发展历程

自 1959 年首台工业机器人 Unimate 诞生以来，工业机器人编程技术历经 60 余年迭代，始终围绕效率跃升与复杂任务适配两大核心需求演进：从 20 世纪 60 年代的示教编程到 20 世纪 80 年代的离线编程，再到 21 世纪深度融合人工智能的自主编程，技术的飞速发展逐步解决了生产连续性中断、轨迹精度及动态环境自适应等瓶颈，推动机器人从单一重复作业向多机协同、高柔性制造场景的跨越，有效提升了制造业整体效率，并为工业智能化提供技术支撑。

早期机器人编程主要依赖在线示教，其"示教-再现"两阶段工作模式要求操作者通过示教器手动引导机器人记录位姿、速度及作业顺序参数并存储，再调用信息复现动作，该方法直观易用且仍是当前工业应用最普遍的方法，但它存在显著局限，即：编程时需占用机器人作业时间导致设备利用率下降，难以规划空间曲线焊接等复杂轨迹，且直线运动精度依赖人工经验，无法满足高精度制造需求。

为突破示教编程瓶颈,自20世纪70年代起离线编程技术迅速发展。国际层面涌现出如加拿大的RobotMaster(CAD特征自动生成轨迹)、以色列的RobotWorks(多机协同优化)、德国的ROBCAD(整线布局验证)等创新软件,通过全域数字化建模与多维度验证(运动学限位/碰撞检测)实现高效复杂任务编程。同时,国内技术自20世纪90年代起步,2010年后依托智能制造政策加速推进,如北京华航唯实机器人科技股份有限公司的RobotArt能够兼容新松、埃斯顿等大部分品牌,为国产化软件替代提供了重要选择。

1.1.3 离线编程应用场景

离线编程技术能够通过全域数字化建模与多维度动态验证,系统性解决制造业高成本试错与低效编程的问题。其核心应用涵盖:在复杂轨迹精密作业时,基于CAD模型自动生成高精度三维路径,显著降低废品率;在高危环境无人化操作时,虚拟路径规划大幅减少人工介入风险;在多机协同柔性产线时,动态任务分配显著提升吞吐效率;在教育实训革新中,RobotArt等国产平台支持无实体设备的轨迹规划与程序调试训练,有效提升教学成效。

工业机器人离线编程技术通过全域数字化建模和智能路径规划,结合虚实交互验证,在虚拟环境中仿真全流程作业,显著降低实际生产停机风险,系统性解决制造业高成本试错难题。如在航天器精密加工中实现高精度轨迹控制;在核设施检修中通过虚拟路径规划规避人身风险;在电子柔性产线中依托动态任务分配提升多机协作效率。技术发展呈现AI深度赋能与国产化突破双轨并进的趋势。专业技术人员通过无实体设备的轨迹规划与碰撞检测训练,为关键应用场景提供技术支撑,部分场景如图1-1~图1-6所示。

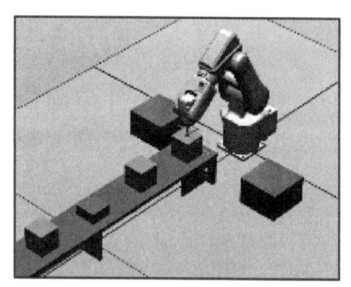

图 1-1 搬运

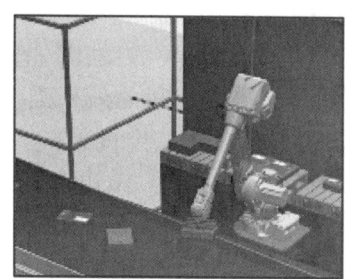

图 1-2 码垛

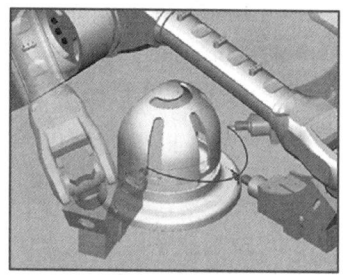

图 1-3 抛光

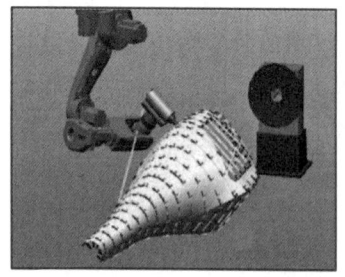

图 1-4 打磨

图 1-5 喷涂

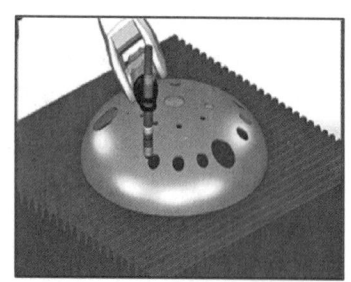

图 1-6 雕刻

[任务实施]

1.1.4 开展企业应用调研

1. 实施目标

通过企业调研,掌握本区域工业机器人典型应用场景及编程方法。

分析离线编程在企业中的实际应用价值,对比其与传统示教编程的差异。

培养团队协作能力,完成调研报告并展示成果,建立对工业机器人行业的基本认知。

2. 实施步骤与要求

步骤 1:组建调研小组

任务要求:

每组 4~5 人,明确组长、记录员、汇报员等角色分工。

确定调研目标企业(优先选择校企合作单位,如汽车制造、电子装配、物流仓储等工业机器人应用领域的企业)。

输出成果:

小组分工表、调研计划表(含企业名称、调研时间、拟访谈问题)。

步骤 2:企业案例调研与分析(课外实践)

调研内容:

企业工业机器人应用场景(如搬运、焊接、喷涂等,参考图 1-1~图 1-6)。

当前使用的编程方法(示教编程、离线编程或其他)。

离线编程与仿真技术的应用情况(是否使用仿真软件,解决哪些问题)。

分析方法:

结合表 1-1 对比企业采用的编程方法优缺点。

记录企业反馈的离线编程与仿真技术应用难点(如模型误差、调试成本等)。

输出成果:

企业调研记录表(含照片、访谈记录、案例描述)。

步骤 3:小组研讨与报告撰写

研讨主题:

离线编程与仿真技术如何提升企业生产效率?

哪些场景适合示教编程?哪些场景必须使用离线编程?

报告内容:

企业案例描述(场景、编程方法、技术痛点)。

离线编程与仿真技术应用建议(结合知识准备 1.1.3 节中的行业趋势)。

小组对工业机器人岗位能力的理解(如编程工程师、仿真工程师需具备的技能)。

输出成果:

调研报告(PPT 或文档,需包含文字、图表、企业案例配图)。

步骤 4:成果展示与评价

任务要求:

每组限时 5 min 展示调研报告,重点说明离线编程与仿真技术的实际价值。

其他小组提问并填写互评表(评价维度:内容完整性、逻辑性、团队协作)。

评价标准:

是否准确分析企业编程方法的应用场景(参考表 1-1)。

是否结合离线编程与仿真技术发展趋势提出合理建议(参考 1.1.2 节及 1.1.3 节)。

团队协作与汇报表现(分工合理性、表达清晰度)。

3. 实施工具与资源

调研工具:企业访谈提纲模板、智能手机(拍照/录音)。

分析工具:表 1-1 对比表格、离线编程与仿真技术优势清单(参考 1.1.1 节)。

参考案例:图 1-1~图 1-6 的应用场景示意图。

4. 拓展思考

若企业未使用离线编程与仿真技术,请设计一个可应用该技术的改进方案(如复杂轨迹焊接的离线编程替代示教编程)。

讨论:离线编程能否完全取代示教编程?为什么?(结合 1.1.1 节末段离线编程的局限性进行分析)。

5. 注意事项

调研过程中遵守企业安全规范,未经允许不操作设备。

报告内容需基于真实案例,禁止虚构数据。

[能力验评]

请根据任务单完成任务,并填写评价表。

任 务 单

任务名称	工业机器人离线编程与仿真技术应用调研
任务背景	随着智能制造技术的发展,离线编程与仿真技术成为工业机器人应用的重要支撑。某职教集团需联合校企合作企业开展工业机器人应用案例库建设,要求调研本区域典型应用场景并分析技术价值
任务目标	1. 掌握工业机器人典型应用场景及编程方法;2. 对比离线编程与传统示教编程的差异;3. 形成企业调研报告并提出技术优化建议
技术参数	1. 调研企业≥3家;2. 案例需覆盖搬运/焊接/码垛等至少2种场景;3. 编程方法对比分析表(含误差/效率/成本指标)
任务流程	组建团队→企业调研→数据分析→报告撰写→成果展示
任务内容	1. 企业访谈记录表(含应用场景照片);2. 编程方法对比分析(参考表1-1);3. 虚拟仿真技术应用建议书
成果要求	PPT报告(≥15页,含案例配图/数据图表/优化方案)
小组成员	
计划用时	开始时间

评 价 表

评价维度	评价指标	评价标准	分值	个人自评	小组互评	教师评价	企业导师评价	观测依据
知识与技能(50分)	1. 应用场景识别准确性	覆盖不少于2种典型场景(如搬运/焊接),描述符合企业实际案例	15					企业场景,含照片/文档图示
	2. 编程方法对比分析完整性	完整对比示教编程与离线编程差异,包含误差/效率/成本指标	15					对比表含误差/效率/成本指标
	3. 离线编程与仿真技术应用建议合理性	结合行业趋势提出改进方案,包含CAD模型优化、误差标定等	10					痛点改进+行业趋势引用
	4. 技术参数达成度	调研企业不少于3家,数据真实有效,符合任务单技术参数要求	10					技能要求+软件案例关联

续表

评价维度	评价指标	评价标准	分值	个人自评	小组互评	教师评价	企业导师评价	观测依据
方法与过程（35分）	1. 调研计划与步骤合理性	调研目标明确，时间安排合理，访谈紧扣编程方法与仿真应用	15					分工表、计划表、访谈记录
	2. 数据收集与分析逻辑性	企业案例数据翔实，包含应用场景、编程方法、技术难点	10					对比表/图表量化误差/效率
	3. 建议可行性	PPT报告不少于15页，逻辑清晰，包含案例配图、数据图表、优化方案	10					PPT不少于15页，含案例/方案/拓展
团队协作（10分）	1. 角色分工明确性	组长、记录员、汇报员职责清晰，任务分配均衡	5					分工表（含成员签名）
	2. 协作效率	团队按时完成各阶段任务，成员贡献度均衡	5					会议记录+贡献度反馈
创新实践（5分）	提出可落地的技术改进方案	技术方案需通过企业可行性评估并形成验收报告	5					企业盖章的技术采纳文件或项目验收报告
综合评价								

总分计算（后续表格均采用以下计算方法）

加权公式：个人自评×10%+小组互评×20%+教师评价×40%+企业导师评价×30%。

等级标准：总分≥90，为优秀；总分在80~89之间，为良好；总分在60~79之间，为合格；总分<60，为不合格。

任务 2 认知离线编程与仿真软件

[**任务描述**]

在工业机器人离线编程与仿真领域,常用的虚拟仿真软件主要分为通用型软件和专用型软件。通用型软件可以兼顾市场主流品牌的机器人,国外的软件有 RobotMaster、RobotWorks、ROBCAD、DELMIA、RobotMove,国内也有企业推动了具有自主知识产权的通用型软件,如北京华航唯实机器人科技股份有限公司的 PQArt、上海新时达电气股份有限公司的 STEP Robot、佛山华数机器人有限公司的 HSR-Studio 等;专用型软件是机器人公司针对自身产品开发的软件,如 ABB 公司的 RobotStudio、库卡(KUKA)公司的 KUKA Sim、发那科(FANUC)公司的 RobotGuide、安川(YASKWA)电机株式会社的 MotoSim EG 等。

本任务主要了解工业机器人离线编程与仿真软件的分类,熟悉国内外优秀的虚拟仿真软件及其特点;掌握 RobotStudio 下载和安装方法,熟悉 RobotStudio 软件授权许可方法,掌握 RobotStudio 软件界面的基本功能等。

[**知识准备**]

1.2.1 国外通用型软件

1. RobotMaster

RobotMaster 是国际领先的通用型机器人离线编程软件,基于 MasterCAM 平台深度开发,以路径优化算法和多场景适配能力为核心优势。RobotMaster 离线编程与仿真软件如图 1-7 所示。

其特点如下:

专业化工艺支持:针对雕刻、3D 打印、复杂曲面打磨等场景提供定制化算法,首创的路径优化曲线技术被行业广泛采用。

开放性生态:支持超 50 个机器人品牌,兼容主流 CAD/CAM 数据格式,可快速适配焊接、喷涂、搬运等多种工艺需求。

高效编程流程:通过"一键式"轨迹生成与编辑功能,简化复杂轨迹编程流程,支持教学演示与工程调试双场景应用。

最新版本引入多机器人协同作业模块,支持复杂工作站布局优化,并集成 AI 驱动的动态避障算法,进一步提升轨迹规划效率与安全性。

2. RobotWorks

RobotWorks 是基于 SolidWorks 平台的二次开发软件,专注于快速编程验证与工艺扩展性,适用于中小型机器人集成项目。

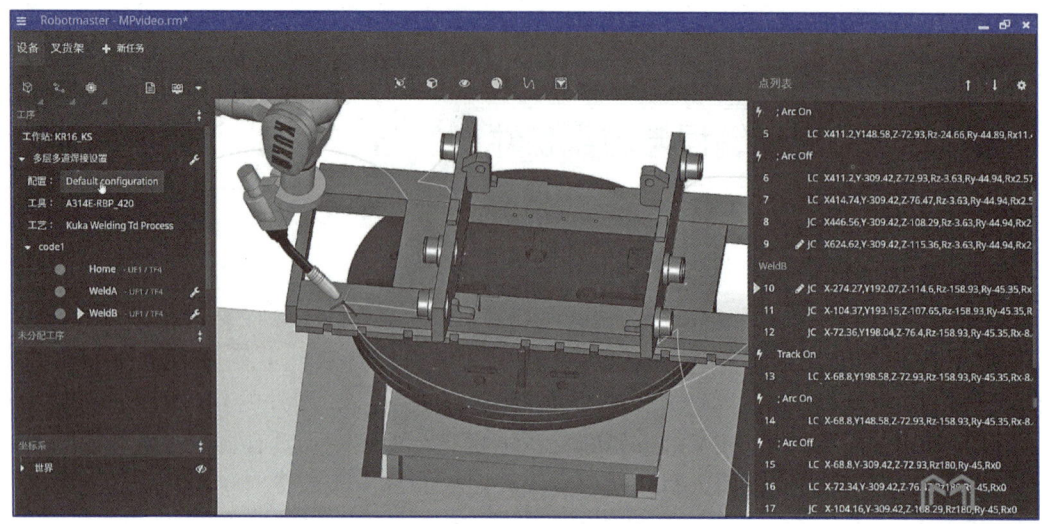

图 1-7　RobotMaster 离线编程与仿真软件

其特点如下：

无缝数据交互：支持 IGES、STEP 等格式导入，可直接调用 SolidWorks 模型库进行夹具、工件建模。

开放式工艺库：用户可自定义加工指令（如激光切割参数、去毛刺路径），支持二次开发扩展专用工艺模块。

精准仿真验证：内置碰撞检测与轴限位预警系统，可自动优化路径并生成节拍分析报告。

新增数字孪生接口，支持与物理设备实时数据交互，并推出云端协作功能，允许多用户远程调试同一项目。

3. ROBCAD

ROBCAD 是西门子旗下的机器人仿真软件，主要用于多设备的机器人和自动化流程的离线设计、仿真、优化和验证。它在工业机器人仿真应用领域具有重要地位，广泛应用于汽车制造、电子组装、金属加工等多个领域。ROBCAD 离线编程与仿真软件如图 1-8 所示。

其特点如下：

白车身工艺仿真：支持点焊、弧焊、涂胶等工艺的离线编程与节拍计算，精准模拟生产线动态。

模块化扩展：提供喷涂（Paint）、人因工程（Human）等专用模块，实现从概念设计到生产验证的全流程覆盖。

深度集成西门子 Xcelerator 平台，支持工业物联网（IIoT）数据接入，实现虚实融合的产线优化，并强化与 Teamcenter 的 PLM 数据互通。

4. DELMIA

DELMIA 是法国达索系统（Dassault Systemes）公司开发的一款数字化制造平台，专注于制造过程的仿真和相关数据的管理与协同。它为用户提供了一整套数字化设计、制造和维护的解决方案，帮助企业优化生产流程、提高效率并降低成本。DELMIA 离线编程与仿真软件如图 1-9 所示。

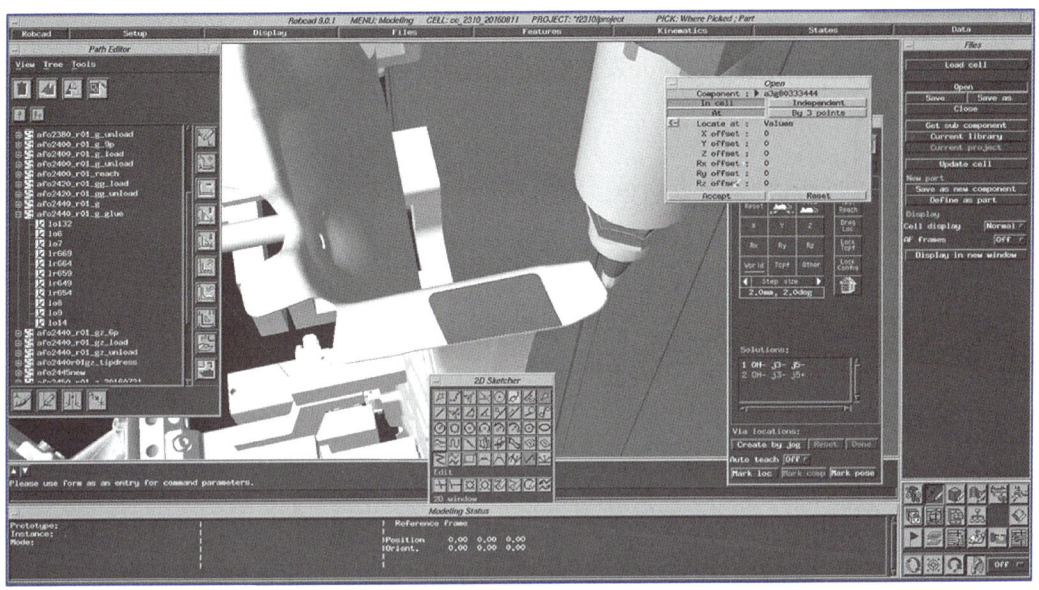

图 1-8　ROBCAD 离线编程与仿真软件

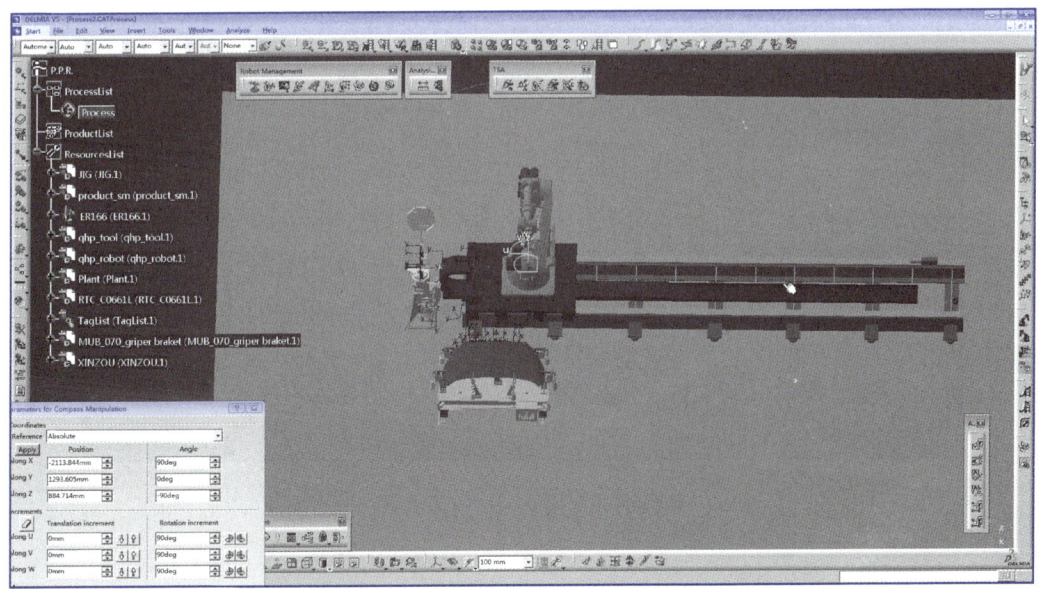

图 1-9　DELMIA 离线编程与仿真软件

其特点如下：

资源库完备性：内置 400 多个机器人模型及产线设备库，支持快速搭建虚拟工作单元。

全生命周期管理：从产品设计阶段的工艺可行性分析到产线维护阶段的动态优化，实现数据无缝衔接。

新版本引入 AI 辅助工艺设计，通过机器学习预测生产瓶颈，并增强 VR/AR 交互功能，支持沉浸式培训与方案评审。

5. RobotMove

RobotMove 是意大利软件公司开发的定制化仿真工具,以高自由度编程与多机器人协同为特色,适合非标自动化项目。

其特点如下:

外部 CAM 深度集成:依赖 CATIA、UG 等软件生成加工轨迹,专注于机器人运动学仿真与布局验证。

柔性策略设计:支持复杂运动机构(如变位机、导轨)的同步控制逻辑开发。

新版本增加了 Python 脚本接口与 ROS(机器人操作系统)兼容性,支持自动化测试脚本开发,并优化多品牌机器人混合编程功能。

1.2.2 国外专用型软件

1. RoboStudio

RoboStudio 是由瑞士 ABB 集团研发的专用仿真与编程软件,旨在为工业机器人设计、离线编程及自动化系统集成提供一体化解决方案。其核心功能覆盖机器人工作站搭建、路径规划、运动仿真、代码生成及虚拟调试,广泛应用于汽车制造、电子装配、物流分拣等领域。RobotStudio 离线编程与仿真软件应用案例如图 1-10 所示。

图 1-10 RobotStudio 离线编程与仿真软件应用案例

其特点如下:

三维建模与工作站搭建:支持导入 CAD 模型(如 STEP、IGES 格式),或通过内置工具创建机器人工作站布局。提供 ABB 全系列机器人模型库,可模拟真实设备参数(如负载、臂展、关节自由度)。

离线编程与路径规划:通过可视化界面生成机器人运动轨迹,支持碰撞检测与轴限位预警,确保路径安全。生成 RAPID 代码(ABB 机器人专用语言),可直接导出至实体设备执行。

虚拟仿真与调试:模拟真实生产场景中的机器人动作、信号交互及工艺流程,验证程序逻辑与节拍时间。支持与 PLC、视觉系统等外部设备的数字孪生协同调试,降低项目中的硬件损耗风险。

2. KUKA Sim

KUKA Sim 是由德国 KUKA 公司开发的仿真与编程软件,专为工业机器人应用设计,涵盖工作站建模、离线编程、运动仿真及虚拟调试等功能,广泛应用于汽车制造、物流仓储、金属加工等领域。如图 1-11 所示为 KUKA Sim 离线编程与仿真软件应用案例。

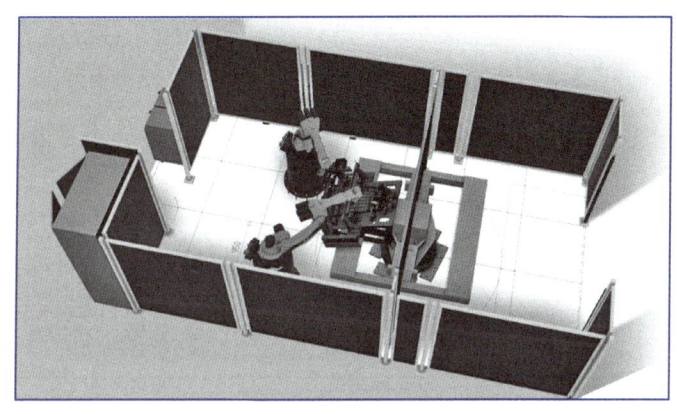

图 1-11　KUKA Sim 离线编程与仿真软件应用案例

其特点如下:

三维建模与工作站设计:支持导入 CAD 模型(如 STEP、IGES、STL 格式)或利用内置工具构建机器人工作站三维场景,精准还原设备布局与环境约束。集成 KUKA 全系列机器人模型库(如 KR AGILUS、KR QUANTEC 等),可配置负载、臂展、关节参数及末端执行器属性。

离线编程与运动仿真:通过 KUKA.Plain 编程语言或可视化拖拽界面生成机器人运动轨迹,支持路径优化、碰撞检测及奇异点规避。模拟真实物理环境下的机器人动作,验证程序逻辑与节拍时间,生成可直接导入实体设备的 KRL(KUKA Robot Language)代码。

虚拟调试与系统集成:实现机器人与 PLC、传感器、视觉系统等外部设备的信号交互仿真,支持 OPC UA、Profinet 等工业通信协议。通过数字孪生技术预演复杂工艺流程(如多机器人协同装配),降低项目中因程序错误导致的硬件风险。

3. RobotGuide

RobotGuide 是由日本 FANUC(发那科)公司开发的专用仿真与离线编程软件,覆盖机器人工作站建模、路径规划、运动仿真及虚拟调试全流程。该软件基于真实机器人控制器内核构建高精度数字孪生环境,广泛应用于汽车制造、3C 电子、食品加工等领域。如图 1-12 所示为 RobotGuide 离线编程与仿真软件应用案例。

其特点如下:

三维建模与工作站搭建:支持导入 CAD 模型(如 STEP、IGES、CATIA 格式)或通过内置工具创建工作站布局,精准模拟设备几何尺寸、工作范围及环境约束。集成 FANUC 全系列机器人模型库(如 LR Mate、M-20iB 等),可配置机器人负载、关节运动范围、工具坐标系及工件坐标系参数。

离线编程与轨迹优化:基于 FANUC 机器人专用编程语言(TP 语言)或可视化拖拽编程界面生成运动轨迹,支持碰撞检测、奇异点预警及路径平滑优化功能。通过虚拟示教器

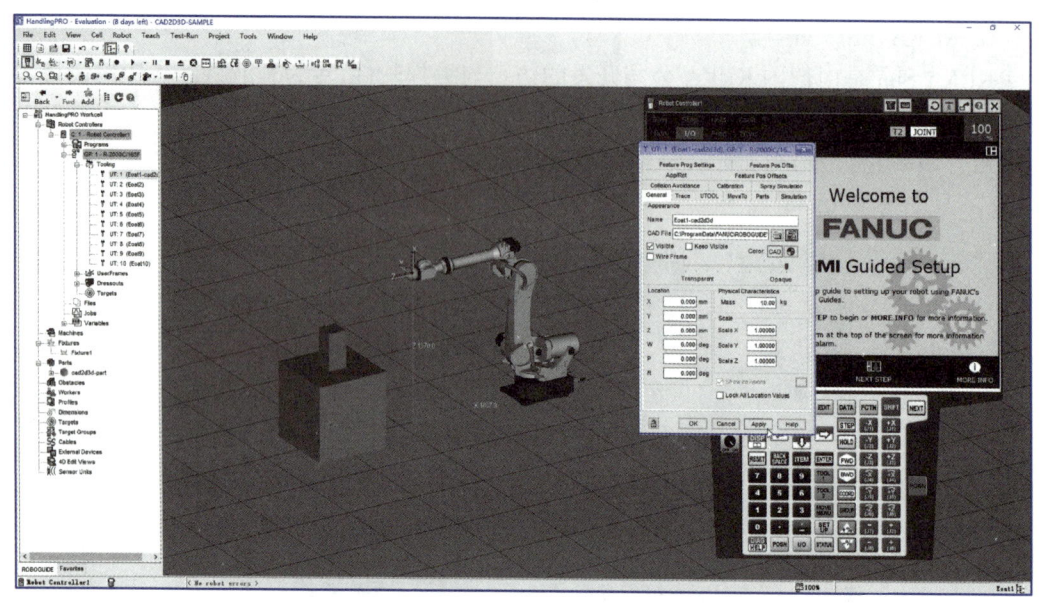

图 1-12　RobotGuide 离线编程与仿真软件应用案例

（Virtual Teach Pendant）模拟真实操作流程,生成可直接导入实体设备的程序文件（LS 或 TP 格式）。

虚拟调试与协同仿真:模拟机器人与 PLC、视觉系统、传送带等外部设备的信号交互,支持 I/O 信号映射及 Profibus、Ethernet/IP 等工业通信协议。实现多机器人协同作业（如焊接与搬运联合作业）及复杂工艺链（如喷涂-检测-分拣一体化）的虚拟验证,降低实训设备调试风险。

4. MotoSim EG-VRC

MotoSim EG-VRC 是由日本安川电机（YASKAWA Electric）开发的仿真与离线编程软件,涵盖三维建模、路径规划、运动仿真及虚拟调试等功能,广泛应用于汽车制造、电子装配、金属加工等领域。如图 1-13 所示为 MotoSim EG-VRC 离线编程与仿真软件应用案例。

其特点如下:

三维建模与工作站设计:支持导入 CAD 模型（如 STEP、IGES、STL 格式）或通过内置建模工具构建机器人工作单元,精确模拟设备几何尺寸、运动范围及环境约束。

自动路径生成:对机器人进行编程,使其可以从一个点移动到另一个点,在某些重要的规划项目,例如用于固定零件的固定装置,它可以激活碰撞检测功能,通过路径规划更轻松地对机器人围绕固定点进行编程,以避免干扰。

碰撞检测:当多个机器人必须紧密靠近工作时,重点是通过编程使其能够协同工作。碰撞检测功能会在仿真中使机器人变成红色,以表示潜在的干扰危险,从而使程序员在工厂车间使用机器人程序之前调整程序,节省成本。

项目 1　工业机器人离线编程与仿真概述

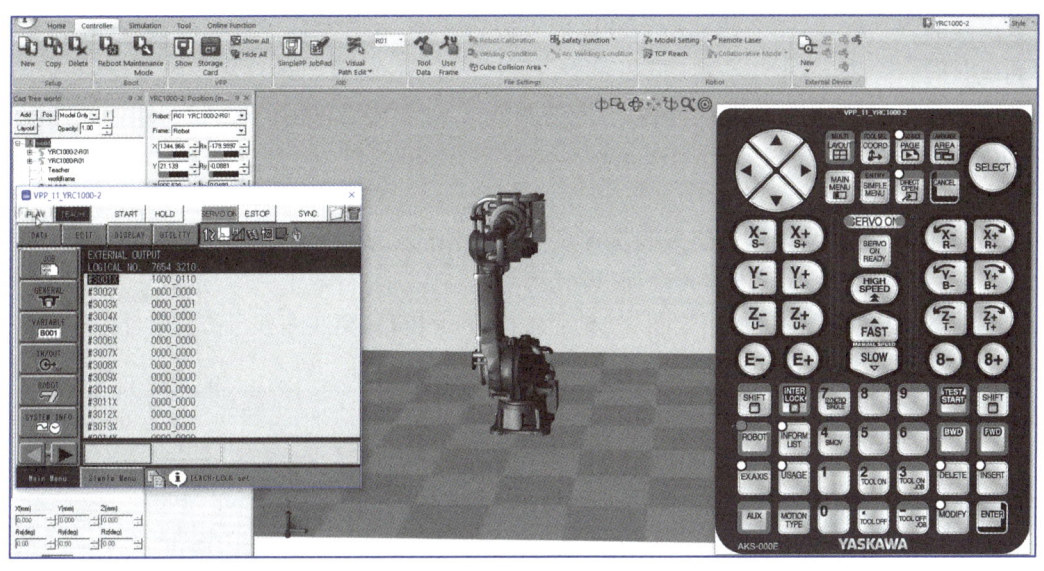

图 1-13　MotoSim EG-VRC 离线编程与仿真软件应用案例

1.2.3　国内自主品牌软件

1. PQArt

PQArt 是由北京华航唯实机器人科技股份有限公司开发的工业机器人离线编程与仿真软件。经过多年的研发与应用，PQArt 掌握了多项核心技术，包括 3D 平台、几何拓扑、特征驱动、自适应求解算法、开放后置、碰撞检测、代码仿真等。如图 1-14 所示为 PQArt 离线编程与仿真软件应用案例。

其特点如下：

多品牌兼容性：支持 ABB、KUKA、FANUC 等主流工业机器人模型，提供标准化接口，适配不同品牌控制器。

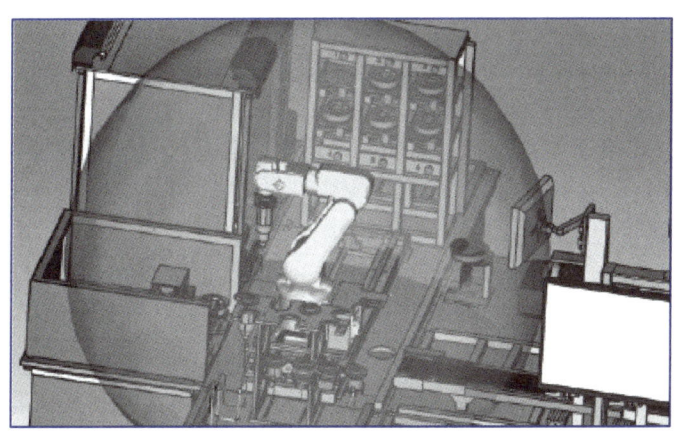

图 1-14　PQArt 离线编程与仿真软件应用案例

离线编程功能:基于三维模型生成机器人运动轨迹,支持路径优化与碰撞检测,减少实际调试时间。

可视化界面:采用模块化操作界面,支持拖拽式编程,降低学习门槛,符合职业教育教学需求。

2. STEP Robot

STEP Robot 是上海新时达电气股份有限公司自主研发的工业机器人虚拟仿真与离线编程软件,专为新时达 SD 系列机器人设计,集成运动控制算法与行业工艺库,适用于智能制造产线规划、职业教育实训等领域。如图 1-15 所示为 STEP Robot 离线编程与仿真软件应用案例。

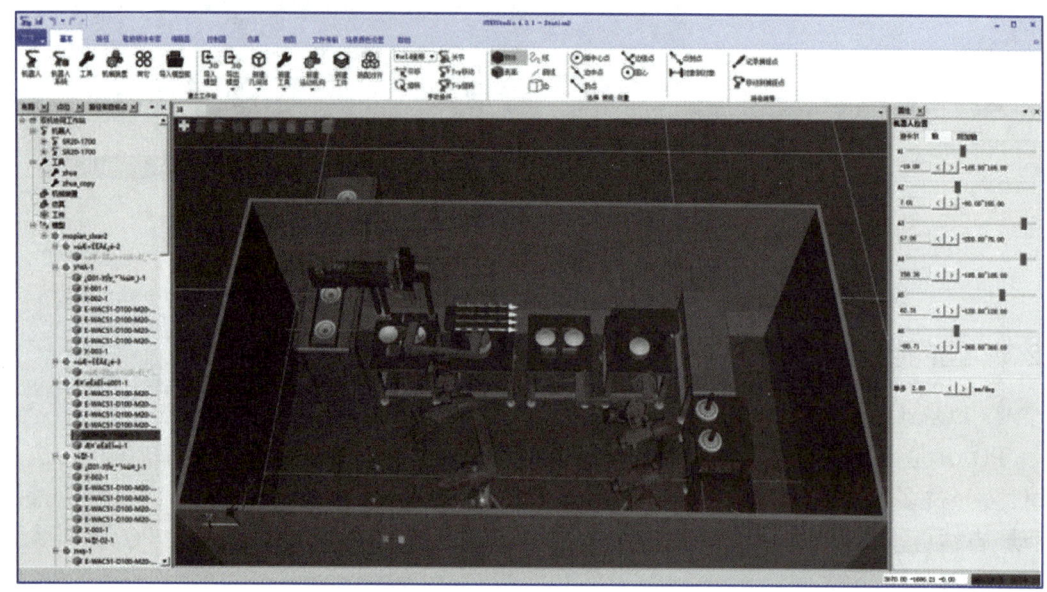

图 1-15 STEP Robot 离线编程与仿真软件应用案例

其特点如下:

国产化核心技术适配:无缝对接新时达 SR 系列控制器,仿真程序可直接导出为.SRC 格式,实现"仿真-真机"一键部署。基于机器人关节减速比、连杆参数等真实数据建模,仿真轨迹误差小于 ±0.05 mm,满足焊接、装配等高精度作业教学需求。

行业工艺集成化:内置电梯门板焊接、导轨安装等新时达优势行业工艺包,提供参数化模板(如焊枪角度、焊接速度),适配《智能制造工程技术人员国家职业技术技能标准》中的专项技能要求。支持码垛、喷涂、打磨等 20 余种工艺仿真,可自定义工具坐标系与工件坐标系,强化学习者多场景应用能力。

产线级协同仿真:支持与 PLC(如西门子 S7-1200)、视觉系统(如康耐视)的联合仿真,验证机器人抓取、定位与传输的协同逻辑。

3. ESTUN Studio

ESTUN Studio 是南京埃斯顿自动化股份有限公司推出的工业机器人集成化开发与仿真软件,集机器人编程、运动仿真、工艺调试于一体,适配埃斯顿全系列工业机器人及控制器,适用于教学、科研与工业场景的快速开发验证。如图 1-16 所示为 ESTUN Studio 离线编程

项目1　工业机器人离线编程与仿真概述

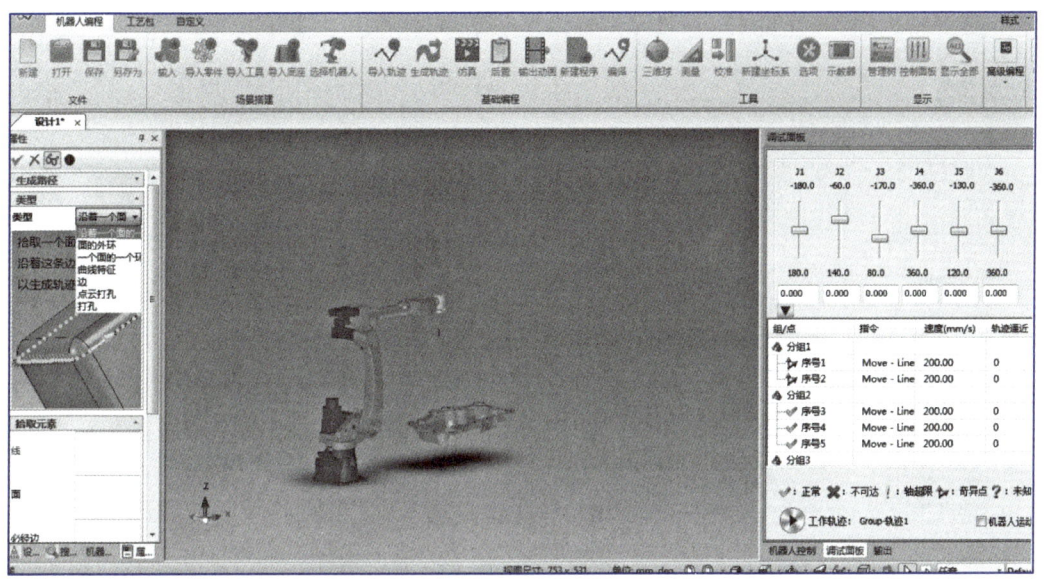

图 1-16　ESTUN Studio 离线编程与仿真软件应用案例

与仿真软件应用案例。

其特点如下：

一体化编程环境：提供图形化编程界面（支持拖拽逻辑块）与代码编辑模式（ESTUN 专用脚本语言），适配不同需求的用户。

高精度动力学仿真：基于实际机器人动力学参数（如关节惯量、摩擦系数），仿真运动过程的速度、加速度及负载特性，误差低于 ±0.1 mm。

多机器人协同仿真：支持 6 台以上机器人同步作业仿真（如汽车焊装线多机器人协同焊接），优化任务分配与避撞策略。

行业工艺库集成：内置焊接、切割、喷涂等 20 多个标准工艺包，支持参数化调整（如焊接电流、喷涂厚度），并兼容用户自定义工艺扩展。

虚实联动调试：通过 EtherCAT 协议与埃斯顿 ERC 系列控制器直连，实现仿真程序一键下载至实体机器人，缩短项目周期。

[任务实施]

1.2.4　RobotStudio 下载与安装

1. 下载 RobotStudio

下载 RobotStudio 的过程如图 1-17、图 1-18 所示。具体步骤如下：

（1）在搜索引擎中搜索 ABB，打开 ABB 官网。

（2）单击 "Downloads section" 进入具体下载页面。

（3）本书中使用的 RobotStudio 软件版本为 6.08.01。

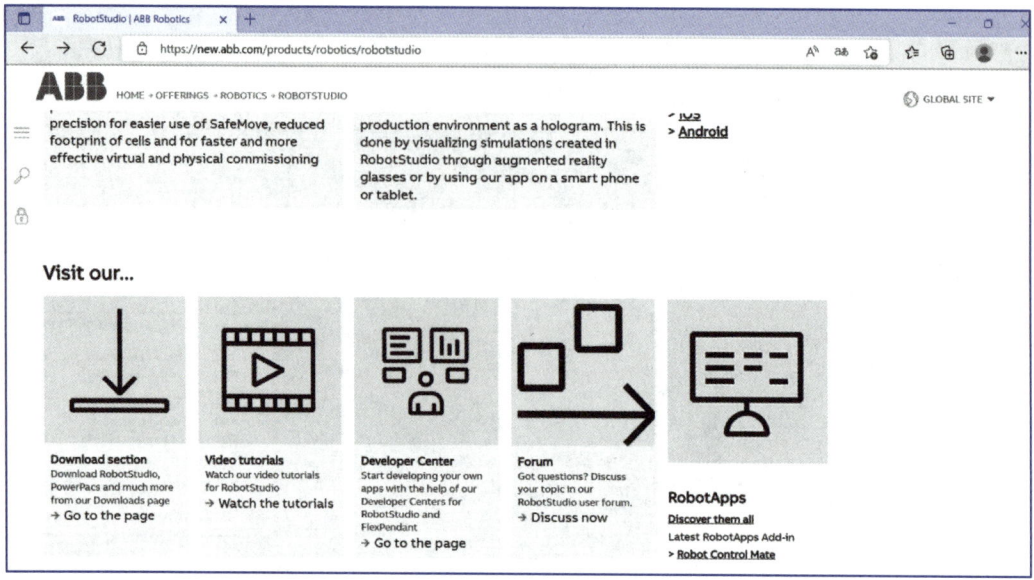

图 1-17　网站登录

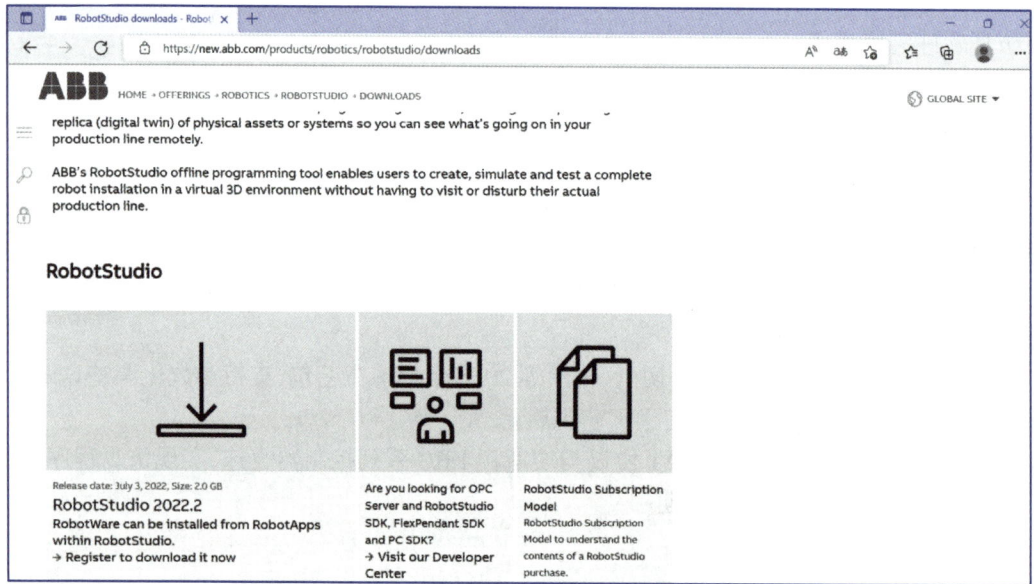

图 1-18　软件下载

2. 安装 RobotStudio

为了保证 RobotStudio 软件能够正常安装,建议计算机系统配置如表 1-2 所示。

表 1-2　计算机系统配置

硬件	要求	硬件	要求
CPU	i5 及以上	显卡	独立显卡
内存	8 GB 或以上,推荐 SSD	操作系统	Windows 7 或以上
硬盘	空闲 50 GB 以上		

(1)将下载好的文件解压,在解压的文件夹目录中找到"setup",双击,如图 1-19 所示。

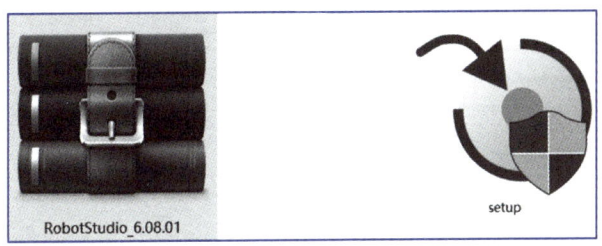

图 1-19　解压文件和 setup 文件

(2)在安装向导中单击"Next",如图 1-20 所示。

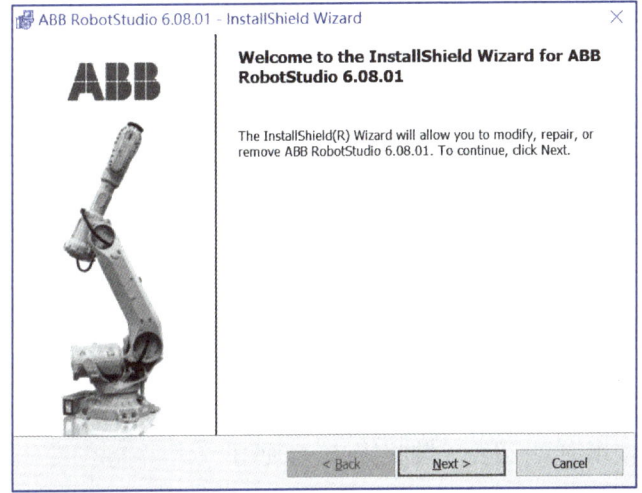

图 1-20　安装向导

(3)选择 Modify 安装模式,单击"Next",如图 1-21 所示。

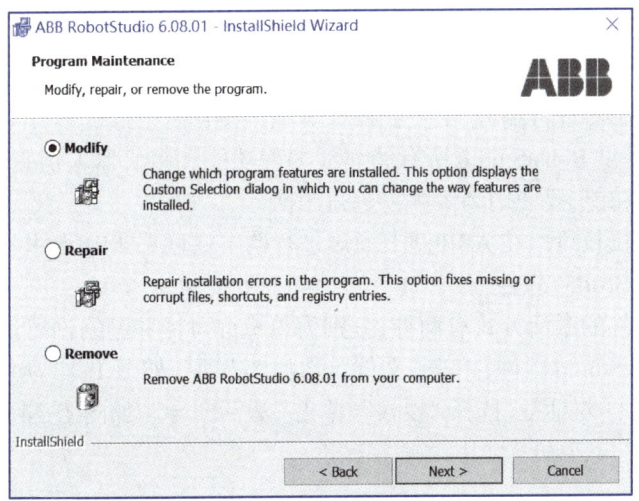

图 1-21　选择安装模式

（4）单击"Install"，等待安装完成后重启系统，如图1-22所示。

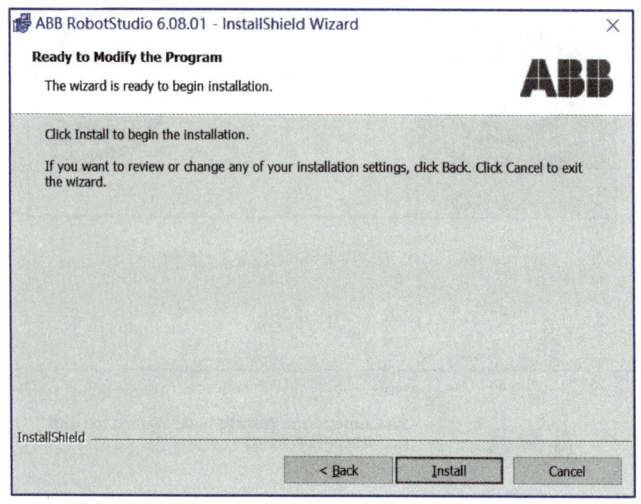

图1-22　开始安装

需要注意：

（1）软件安装前，建议关闭计算机系统中的防火墙，退出安全软件，防止RobotStudio软件中的组件被阻止安装，导致安装失败。

（2）RobotStudio软件功能还有待完善，对中文不具有识别性，计算机系统用户名和安装目录的命名不建议使用中文，以免安装报错，影响使用。

1.2.5　RobotStudio授权与许可

1. RobotStudio的授权

RobotStudio向用户提供30天的全功能高级版本免费试用。30天后，如果还未进行授权激活，软件功能将受限，只能使用最基本的功能。

（1）基本版：提供所选的RobotStudio功能，如配置、编程和运行虚拟控制器，还可以通过以太网对实际控制器进行编程、配置和监控等在线操作。

（2）高级版：提供RobotStudio所有的离线编程功能和多机器人仿真功能。高级版中包含基本版中的所有功能，要使用高级版需进行激活。

RobotStudio的授权可以在ABB网上商店进行购买或联系ABB销售人员。

2. 激活RobotStudio软件

RobotStudio软件的激活方式有两种，分别为单机许可证和网络许可证。操作步骤如下：

（1）打开RobotStudio软件，单击"文件"，选择"选项"，如图1-23所示。

（2）打开"选项"对话框，选择"授权"，单击"激活向导"，如图1-24所示。

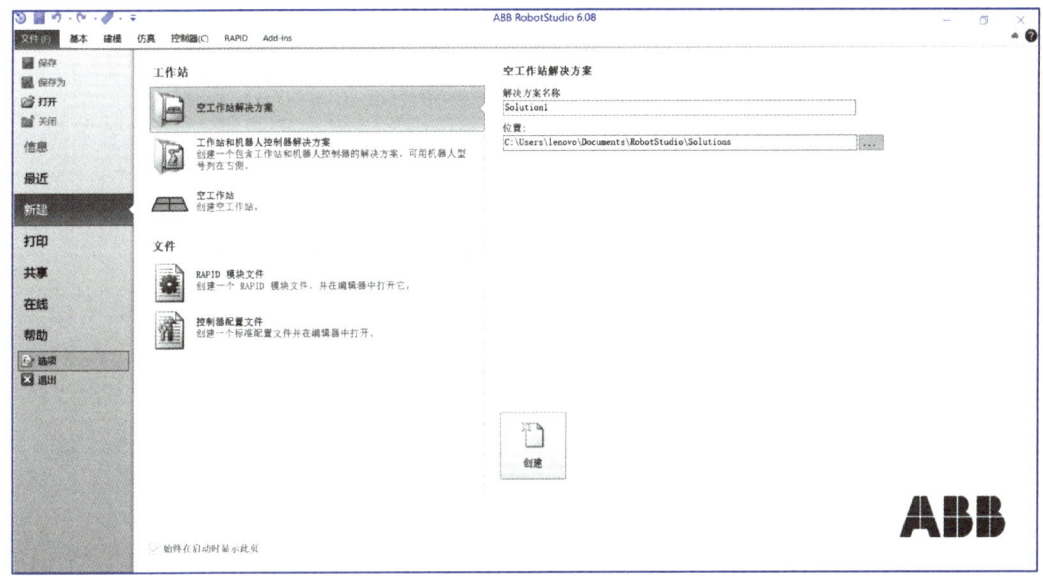

图 1-23　选项

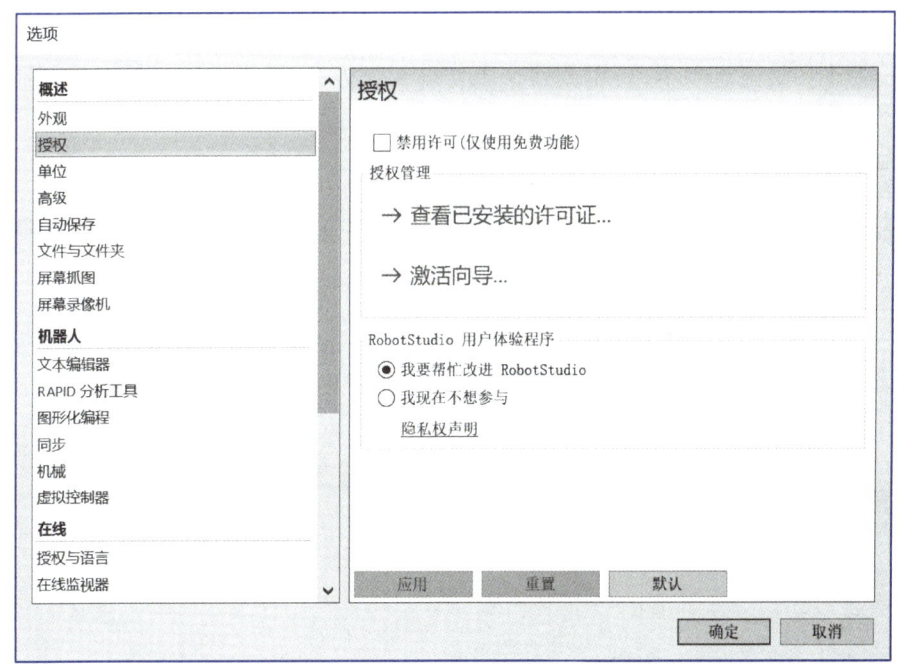

图 1-24　激活向导

（3）选择"单机许可证"或"网络许可证"，单击"下一个"，按照提示激活软件，如图 1-25 所示。

需要注意的是，单机许可证只能激活一台计算机上的 RobotStudio 软件，而网络许可证可在局域网内建立一台网络许可证服务器，服务器将根据需要向客户端提供许可证，从而可以集中管理许可证。

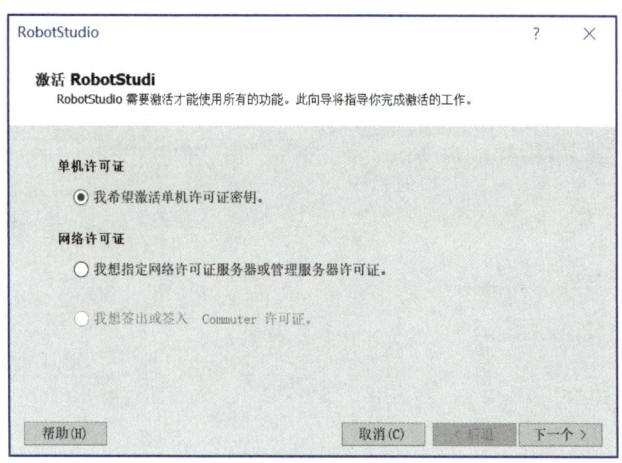

图 1-25 激活界面

1.2.6　RobotStudio 软件界面

1. 软件界面功能

RobotStudio 软件拥有七个主功能选项卡,分别为文件、基本、建模、仿真、控制器、RAPID、Add-Ins。

(1)"文件"功能选项卡,可以创建空工作站解决方案、工作站和机器人控制器解决方案、空工作站等,如图 1-26 所示。

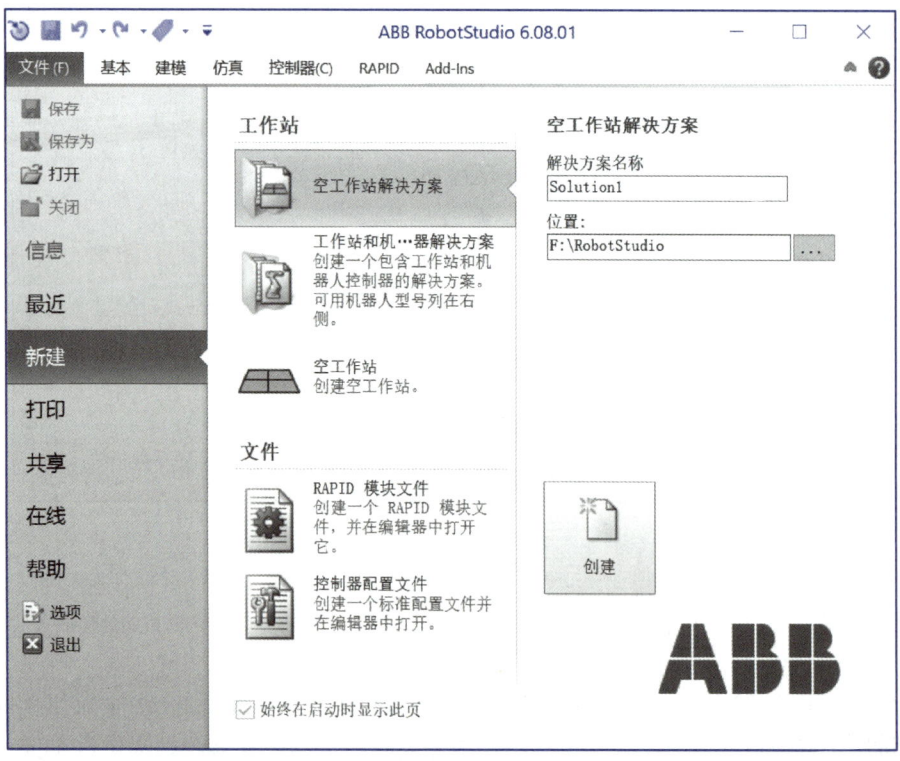

图 1-26　"文件"功能选项卡

（2）"基本"功能选项卡，包含建立工作站、路径编辑、设置、控制器等控件，可用于创建用于摆放物体的控件等，如图 1-27 所示。

图 1-27 "基本"功能选项卡

（3）"建模"功能选项卡，可用于创建组件和进行组件分组、创建部件、测量以及进行与 CAD 相关的操作等，如图 1-28 所示。

图 1-28 "建模"功能选项卡

（4）"仿真"功能选项卡，可用于创建、配置、控制、监控、信号分析器和记录仿真等，如图 1-29 所示。

图 1-29 "仿真"功能选项卡

（5）"控制器"功能选项卡，可用于管理真实控制器的控制措施以及虚拟控制器（VC）的同步、配置和分配给它的任务的控制措施等，如图 1-30 所示。

图 1-30 "控制器"功能选项卡

（6）"RAPID"功能选项卡，包含集成的 RAPID 编辑器，用于编辑除工业机器人运动之外的其他所有工业机器人任务，如图 1-31 所示。

图 1-31 "RAPID"功能选项卡

（7）"Add-Ins"功能选项卡，包含 PowerPac 和 VSTA 的相关控件，并且可以从这里下载 RobotStudio 的相关资源，如图 1-32 所示。

图 1-32 "Add-Ins"功能选项卡

2. 恢复默认界面操作

刚开始学习 RobotStudio 时，经常会遇到操作窗口被意外关闭，从而无法找到对应的操作对象和相关信息的情况。用户可以通过如下操作，恢复默认界面。

（1）在标题栏中单击"自定义快速工具栏"。

（2）选择"默认布局"，便可恢复默认界面，如图 1-33 所示。

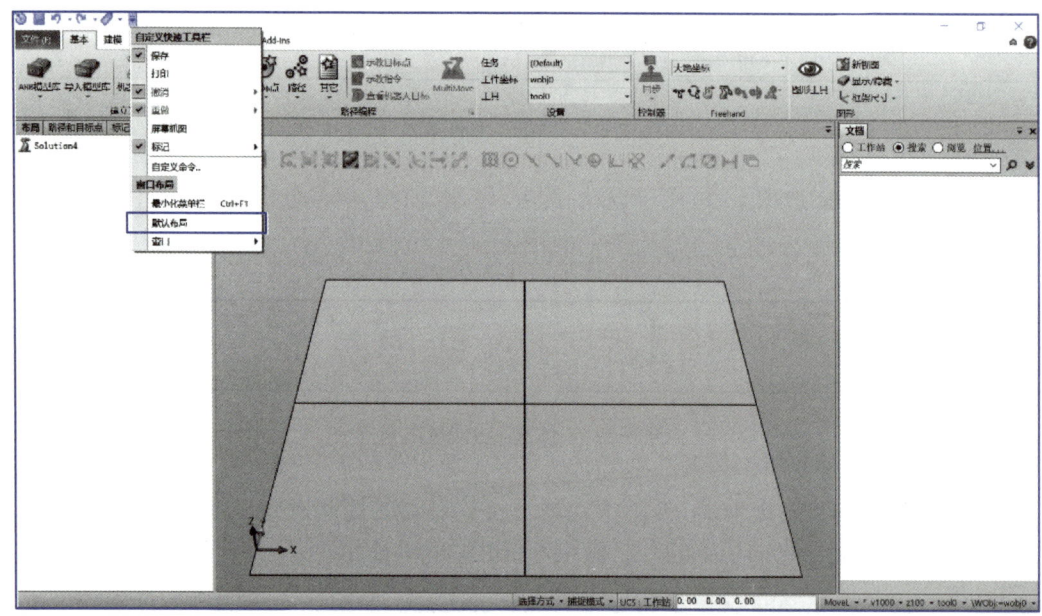

图 1-33 恢复默认界面

3. 恢复窗口操作方法

（1）在标题栏中单击"自定义快速工具栏"。

（2）选择"窗口布局"中的"窗口"，如图 1-33 所示。

[能力验评]

请根据任务单完成任务,并填写评价表。

任 务 单

任务名称	国产离线编程与仿真软件安装与工作站搭建
任务背景	为适应工业机器人仿真教学需求,需掌握国产离线编程与仿真软件(如 PQArt/STEP Robot)的安装配置方法,并完成基础工作站搭建
任务目标	1. 正确安装指定离线编程与仿真软件;2. 完成机器人手动操作测试;3. 搭建包含输送带/码垛区的基础工作站
技术参数	1. 软件安装无报错;2. 机器人关节运动误差≤±1°;3. 工作站布局符合安全间距标准(≥500 mm)
任务流程	软件下载→环境配置→手动操作→布局设计→仿真验证
任务内容	1. 软件安装过程截图(含版本信息);2. 机器人手动操作录屏(各轴运动测试);3. 工作站布局图(标注关键尺寸)
成果要求	操作手册(图文结合,含常见问题解决方案)
小组成员	
计划用时	开始时间

评 价 表

评价维度	评价指标	评价标准	分值	个人自评	小组互评	教师评价	企业导师评价	观测依据
知识与技能(50分)	1. 软件安装规范性	安装无报错	15					安装日志(含版本号/时间戳)
	2. 手动操作熟练度	完成点动/线性/重定位模式测试	15					操作录屏(各轴运动测试)
	3. 工作站搭建合理性	功能区布局符合安全间距标准	10					布局图(标注关键尺寸)
	4. 技术文档理解	正确解读界面功能说明	10					软件界面截图(功能说明标注)
方法与过程(35分)	1. 安装步骤合理性	制定标准化安装流程图	15					流程图(步骤标注)
	2. 调试问题解决能力	解决超过2个技术问题(如许可证激活失败)	10					问题记录表(错误类型/解决方案)
	3. 安全规范遵守度	操作前完成急停按钮测试	10					测试记录(急停测试签字)

续表

评价维度	评价指标	评价标准	分值	个人自评	小组互评	教师评价	企业导师评价	观测依据
团队协作（10分）	1. 任务分工合理性	按"安装-调试-验证"分配任务	5					分工表（角色/任务对应）
	2. 进度把控有效性	按时完成各阶段任务	5					甘特图（时间节点标注）
创新实践（5分）	参数优化能力	提出TCP参数优化方案（误差≤±0.5 mm）	5					参数设置截图（标注修改项）优化说明（误差对比数据）
综合评价								

总结：

本项目通过构建"技术原理-软件工具-行业实践"一体化的认知体系，使学习者掌握工业机器人三大编程方法（示教编程、虚拟仿真、机器人语言编程）的技术特性与适用场景，能依据表1-1指标对比分析汽车焊接、3C装配等场景的编程选型策略；熟悉RobotStudio软件基础操作流程及国内外主流仿真工具（如KUKA Sim、PQArt）的技术定位，具备软件选型与模型导入能力；通过企业案例调研，认识虚拟仿真技术在复杂轨迹规划中的典型应用数据，形成规范操作与误差控制意识，为后续工作站建模、轨迹离线编程等技能模块的学习奠定基础。

[技术前沿]

飞速发展的我国工业机器人

近年来，我国工业机器人产业在国家政策支持、技术创新推动和市场需求增长等多重因素的驱动下，呈现出飞速发展的态势。工业机器人作为先进制造业的重要支撑，不仅提高了生产效率和产品质量，还推动了产业结构的优化升级。以下将从市场规模、技术进步、应用领域、产业链发展和国际合作等方面对我国工业机器人的发展进行总结。

市场规模与增长

我国工业机器人市场规模持续扩大，已成为全球最大的工业机器人市场。2023年，我国工业机器人产量达到42.95万台，2024年1~11月已增至48.39万台，累计同比增长11%。2023年我国工业机器人销售额为725.38亿元，较2020年增长约52%，预计到2025年，市场规模有望突破900亿元。2023年，我国工业机器人总保有量超过175万台，同比增长17%，占全球总量的41%。

技术进步与创新

我国工业机器人技术不断取得突破，国产化程度逐步提高。在核心零部件方面，国内企业在减速器、伺服系统和控制器等关键部件上实现了技术突破，显著提升了整机制造的竞争力。例如，本土企业如新松机器人、埃斯顿自动化等在设计、研发和生产方面拥有强大的实力。此外，人工智能、机器视觉、语音识别等前沿技术的应用，进一步提升了机器人的智能化水平。

应用领域与市场格局

我国工业机器人的应用领域广泛，涵盖了汽车制造、电子电气、金属加工、食品饮料、塑料及化学制品等多个行业。2024年，电子领域表现相对亮眼，受周期性复苏影响，一定程度上带动了相关产业投资，同比2023年增长超16%，仍是占比最大的板块。汽车行业整体机器人应用规模微幅增长，汽车零部件和汽车电子技术迭代较快，需求保持稳定增长。

在市场竞争格局方面，2024年国产工业机器人厂商的市场份额提升至52.3%，销量同比增长20%，远高于整体市场增速。国产厂商在汽车零部件、电子、光伏、锂电池等领域抢占了部分外资厂商的市场份额，同时也在积极布局，进入一些当前机器人应用规模较小但未来增长潜力较大的行业，如船舶、汽车部件。

产业链发展

我国工业机器人产业链日趋完善，涵盖上游核心零部件、中游整机制造和下游系统集成及应用。上游核心零部件供应商如安川电机、汇川技术、双环传动等，中游整机制造及系统集成企业如埃斯顿、埃夫特等国产品牌，下游应用主体包括汽车制造、船舶制造、装备制造等工业企业。

国际合作与"出海"战略

我国工业机器人正加速"出海"，2023年我国工业机器人出口增速达到86.4%，出口金额约95.8亿元人民币，主要市场包括亚太、欧洲和北美地区。尽管2024年出口增速有所放缓，但"出海"已成为国产机器人品牌拓展业务的重要方向。

我国工业机器人产业在市场规模、技术进步、应用领域、产业链发展等方面均取得了显著成就。未来，随着技术的不断突破和市场的持续拓展，我国工业机器人产业有望继续保持快速增长的态势，为制造业的智能化升级和高质量发展提供有力支撑。

[思考与练习]

1. RobotStudio软件首次安装后的默认使用期限是（　　）。
   A. 7天　　　　　B. 15天　　　　C. 30天　　　　D. 永久免费
2. 以下四个离线编程软件中（　　）是国产软件。
   A. RobotStduio　　B. RobotMaster　　C. RobotGuide　　D. PQArt
3. 关于离线编程的特点，描述不正确的是（　　）。
   A. 编程时机器人需要停机　　　　B. 需要机器人系统和工作环境的参数模型
   C. 可以实现复杂运行轨迹的编程　　D. 通过虚拟仿真技术调试程序
4. RobotStudio软件是（　　）公司专门开发的工业机器人虚拟仿真软件。
   A. FANUC　　　B. KUKA　　　C. ABB　　　D. YASKAWA
5. 以下文件格式可导入RobotStudio的是（　　）。
   A. exe　　　　　B. mp4　　　　C. STEP　　　　D. docx
6. 工业机器人虚拟仿真技术的优点有（　　）。

A. 不依赖于现场环境模型　　　　　B. 仿真时需要停机
　　C. 高效省时　　　　　　　　　　　D. 精确度不高

7. 使用盗版仿真软件可能导致的风险是（　　）。
　　A. 知识产权侵权　　　　　　　　　B. 系统稳定性下降
　　C. 数据泄露　　　　　　　　　　　D. 以上都是

8. 企业调研中必须遵守的规范是（　　）。
　　A. 随意操作设备　　　　　　　　　B. 虚构调研数据
　　C. 未经允许不操作设备　　　　　　D. 单独行动

9. 以下属于工匠精神的是（　　）。
　　A. 精益求精　　　　　　　　　　　B. 敷衍了事
　　C. 墨守成规　　　　　　　　　　　D. 急功近利

10. 虚拟仿真技术在新产品开发中的作用是（　　）。
　　　A. 延长生产周期　　　　　　　　B. 减少物理样机制作
　　　C. 增加人工成本　　　　　　　　D. 降低方案可视化

项目 2 工业机器人仿真基本操作

工业机器人仿真的核心操作涵盖五大技术模块：①本体选型与模型导入，需综合考量负载、臂展及工况适配性；②周边设备布局，运用 Freehand 工具实现精准定位；③数字孪生系统构建，完成控制器配置与安全参数设定；④轨迹规划与坐标系标定，通过示教编程生成运动路径；⑤系统联调与工艺验证，结合视频录制实现可视化分析。

本项目采用任务驱动教学法，以 IRB 2600 为教学载体，重点培养：①基于 RobotStudio 的基础工作站搭建能力；②机器人系统配置与多模式手动操控技能（关节/线性/重定位运动）；③工件坐标系创建与轨迹程序开发；④仿真调试与工艺文档输出。通过仓储码垛等典型工程案例，融入垛型计算、路径优化等实战技巧，构建符合现代智能制造需求的技能体系。

[项目目标]

1. 知识目标
（1）掌握工业机器人常用型号的技术参数与典型应用场景
（2）理解 RobotStudio 软件中模型库的调用方法与坐标系原理
（3）熟悉工业机器人工作站布局设计的基本原则
（4）掌握机器人系统创建的基本流程与参数配置方法
（5）理解关节运动、线性运动、重定位运动的特征与适用场景

2. 能力目标
（1）能够独立完成工业机器人工作站的三维建模与布局优化
（2）具备工具坐标系与工件坐标系的创建与验证能力
（3）掌握机器人轨迹程序的设计与仿真调试方法
（4）能够规范执行仿真运行并生成工艺过程视频文件
（5）具备工作站常见干涉问题的检测与排除能力

3. 素养目标
（1）培养工业机器人安全操作规范意识
（2）建立智能制造系统设计的标准化理念
（3）强化工作站布局的工艺合理性思维
（4）提升虚拟仿真环境下的问题解决能力
（5）培育团队协作与技术创新意识

任务 1
创建工业机器人基本工作站

[任务描述]

工业机器人工作站是由单台或多台工业机器人协同作业,集成末端执行器、传感器及工艺装备等周边设备构成的独立生产单元,专为特定工序(如焊接、装配、码垛)提供自动化解决方案。在 RobotStudio 仿真平台中,用户可通过三维动态仿真技术精准构建工作站布局,验证机器人可达性、节拍周期及设备协同性,有效规避物理部署中的空间干涉与性能风险。

本任务基于 ABB IRB 2600 工业机器人模型,依托 RobotStudio 虚拟仿真环境,完整复现真实工业场景下的工作站构建流程。通过 ABB 模型库调用、工具法兰装配、周边设备定位等核心操作,系统指导学习者掌握工作站拓扑结构设计、设备参数配置及生产单元优化的工程实践技能,为智能制造系统数字化孪生的构建奠定技术基础。

[知识准备]

2.1.1 工业机器人的选型

在智能制造体系架构下,工业机器人选型是保障生产系统效能的关键技术环节。其核心在于建立多维评估体系,需综合考量工艺特性、作业环境及设备性能参数的动态匹配关系。选型失误不仅影响投资效益,更可能导致产线适配性失效。典型事例如某汽车制造项目因忽视空间约束与可达性验证,选配机型无法完成预设装配轨迹,致使产线改造周期延长;而精密电子行业通过构建"工艺需求-环境条件-运动特性"的递进分析模型,选用特定结构的机器人实现微米级精度的稳定作业。实践表明,科学选型需遵循"需求导向、参数耦合、动态验证"的系统化流程,这是工业机器人集成应用的基础能力要求,也是一项融合机械、电气、工艺等多学科的系统工程,选型不当的后果往往远超预期,可能导致如下问题:

性能冗余:如 3C 装配场景选用 7 自由度协作机器人,成本明显增加却未提升效率。

功能缺陷:码垛场景中忽略轴关节力矩余量,导致搬运重箱时频繁过载停机。

兼容隐患:未验证机器人与 PLC 的通信协议(如 EtherCAT/Profinet),导致系统联调周期延长 2 倍以上。

工业机器人选型有五大核心原则,下面进行说明。

1. 需求先行,精准量化

以具体工艺(焊接、搬运、装配等)为出发点,明确负载、精度、节拍等硬性指标,建立量化参数表。

2. 空间适配,动态仿真

基于机器人的工作半径、安装方式(地面、倒置、导轨)绘制三维包络图,利用 RobotStudio

等工具模拟运动轨迹，规避干涉风险。

3. 环境严苛，防护升级

针对高温、粉尘、防爆、食品级等特殊工况，优先选择材质、密封性、防护等级达标的专用机型。

4. 柔性扩展，预留余量

负载能力预留 15%~20% 安全余量，I/O 接口、通信协议需支持未来产线扩展。

5. 全生命周期成本最优

工业机器人全生命周期成本优化需统筹考量购置成本、能源消耗与维护保养等核心要素，重点选取运行效能稳定、维护周期合理且平均无故障时间（MTBF）指标优异的机型。

在智能制造转型升级背景下，设备选型能力直接体现工程师的技术决策水平。实践表明，科学选型既能规避因技术参数失配导致的产线重构风险，又能通过精准适配显著提升工艺质量，这种技术参数匹配与系统规划能力的有机结合，正是构建企业核心竞争力的关键所在。

[任务实施]

> 微课
> 创建工业机器人基本工作站

2.1.2 选择与导入工业机器人

在不同的虚拟仿真任务中，用户需要根据任务要求和作业环境，选择合适的工业机器人模型进行导入，具体方法如下：

（1）打开 RobotStudio 软件，选择"文件"功能选项卡，依次单击"新建"→"空工作站"→"创建"，建立一个新的工作站环境，如图 2-1 所示。

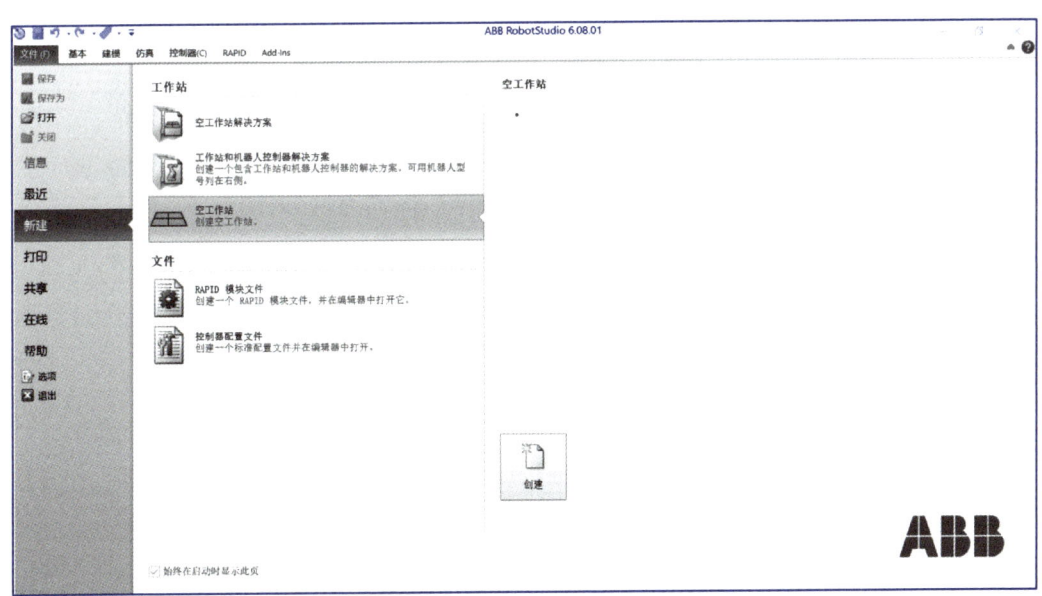

图 2-1 新建空工作站

（2）在"基本"功能选项卡中，单击"ABB 模型库"，选择"IRB 2600"，如图 2-2 所示。

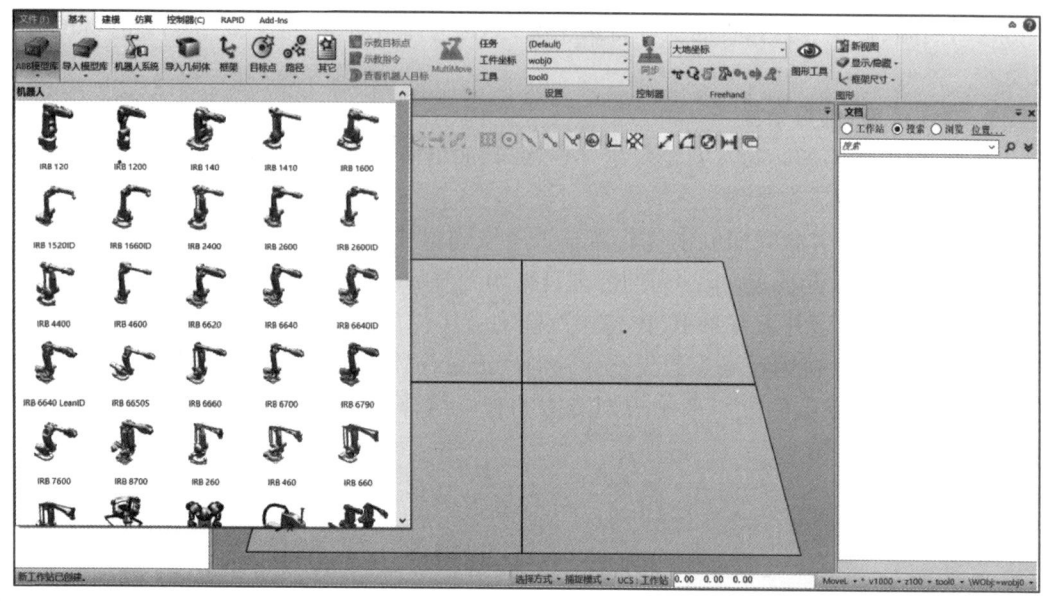

图 2-2　选择机器人 IRB 2600

（3）选择合适的工业机器人载荷容量和到达距离，单击"确定"，完成机器人参数配置，如图 2-3 所示。

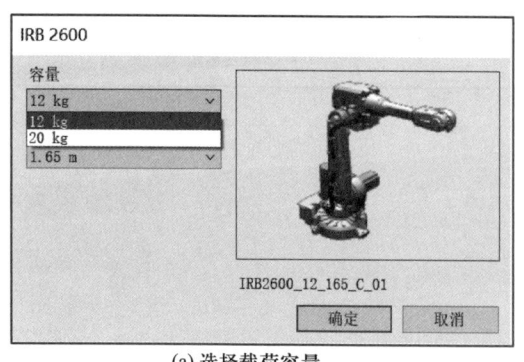
(a) 选择载荷容量

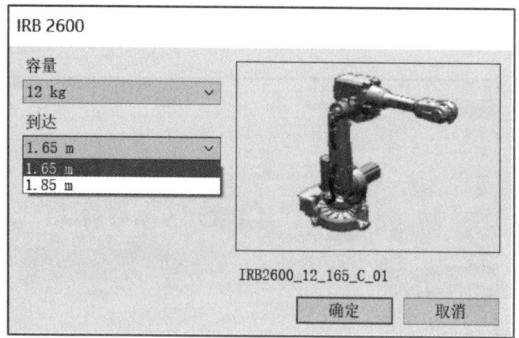
(b) 选择到达距离

图 2-3　配置机器人参数

（4）导入后的工业机器人 IRB 2600 布局如图 2-4 所示。

在布局工业机器人工作站过程中，可通过合适的组合键及鼠标操作来完成工作环境的视图调整，可以尝试从多个角度观察布局的工作站，选择合适的视角进行示教编程。具体包括：平移，Ctrl+鼠标左键；视角，Ctrl+Shift+鼠标左键；缩放，滚动鼠标中间滚轮。

项目 2　工业机器人仿真基本操作

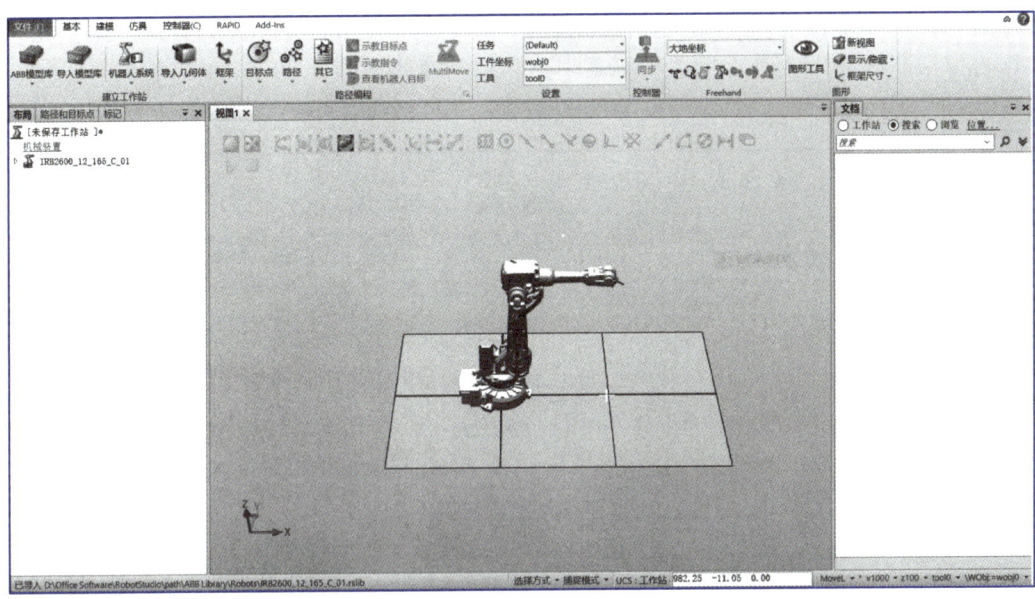

图 2-4　IRB 2600 布局

2.1.3　安装与拆除机器人工具

1. 安装工具

在不同的虚拟仿真任务中，用户需要根据项目要求和作业环境选择合适的机器人工具。

（1）选择"基本"功能选项卡，单击"导入模型库"，选择"设备"。可以在控制柜、弧焊设备、输送链、其他、工具、Training Objects 等项目中选择不同类型的装置或工具，如图 2-5 所示。

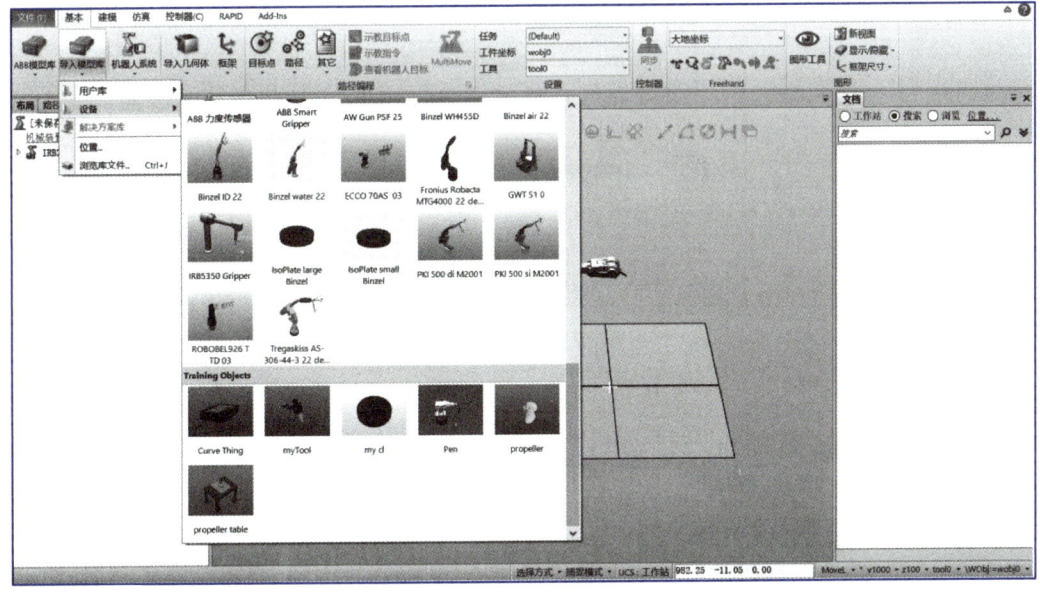

图 2-5　设备模型库

33

（2）选择"Training Objects"中的"myTool"，命名为"MyTool"，导入机器人工具。此时，工具"MyTool"与机器人处在同一坐标系中，如图2-6所示。

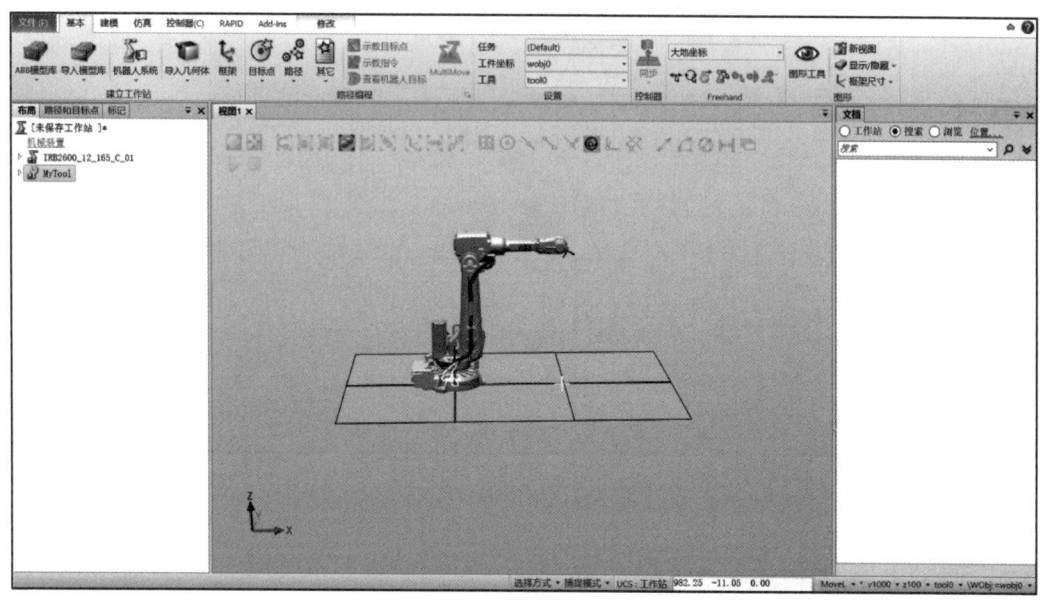

图2-6　导入机器人工具"MyTool"

通常，将所选择的工具"MyTool"安装在机器人法兰盘上有两种方法：

① 拖拽法：在左侧"布局"栏中，单击"MyTool"，按住鼠标左键，将其拖拽到"IRB2600_12_165_C_01"上松开，在弹出的"更新位置"对话框中单击"是"，即可完成工具的安装，如图2-7所示。

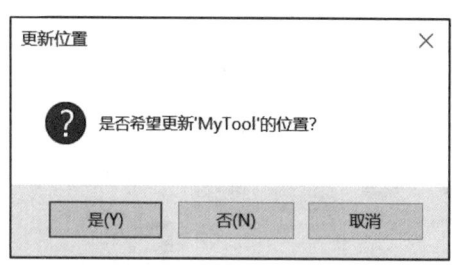

图2-7　更新位置

② 右键法：在左侧"布局"栏中，右键单击"MyTool"，在弹出的菜单中选择"安装到"，再选择下拉菜单中的"IRB2600_12_165_C_01"，在弹出的"更新位置"对话框中单击"是"，即可完成工具的安装，如图2-8所示。

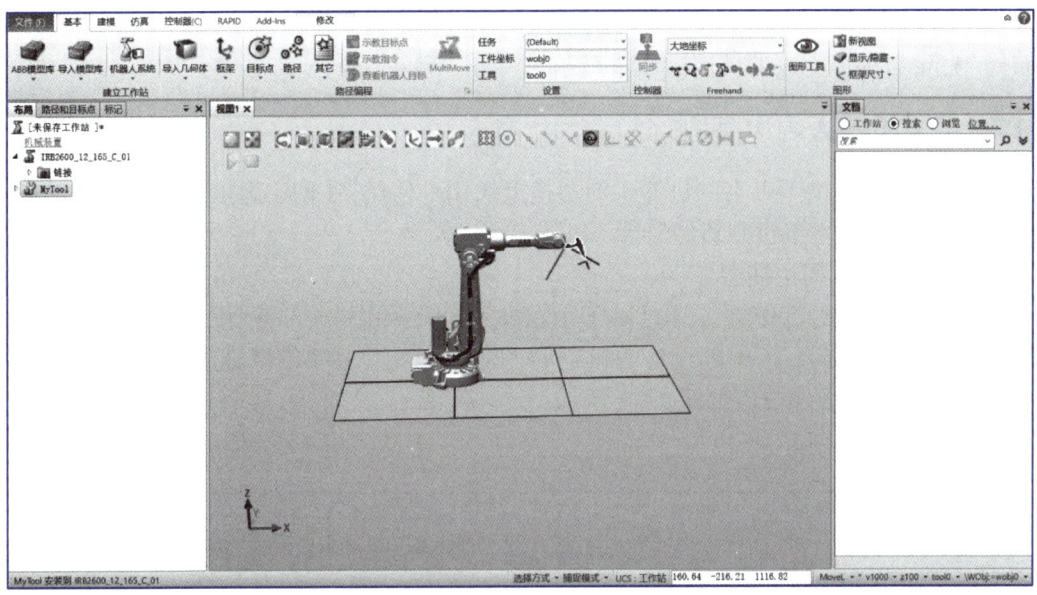

图 2-8　安装工具

2. 拆除工具

拆除工具可以使用"右键法",具体操作步骤如下:在左侧"布局"栏中,右键单击"MyTool",在弹出的菜单中选择"拆除",在弹出的"更新位置"对话框中单击"是",即可完成工具的拆除,如图 2-9 所示。

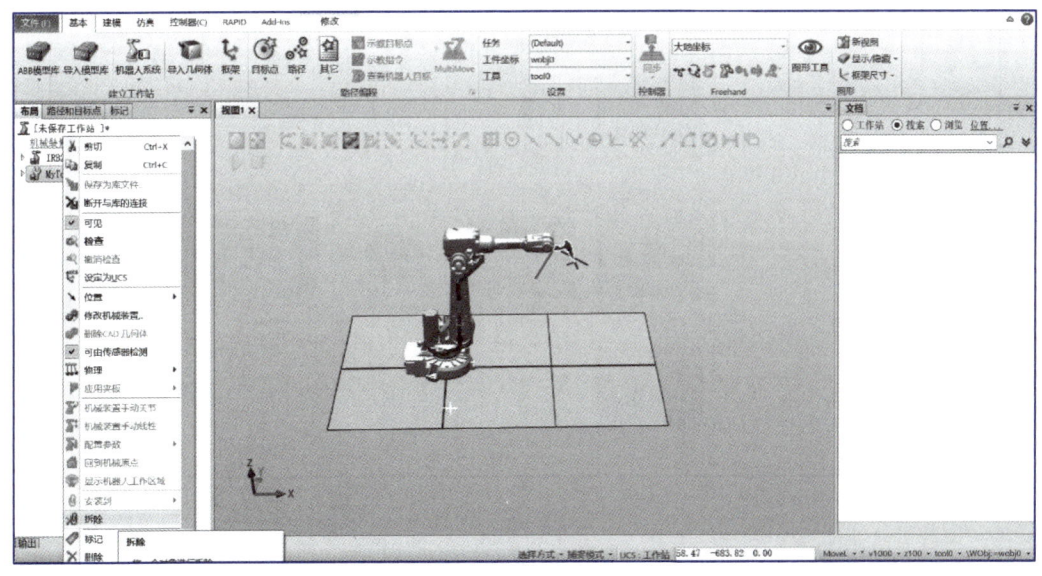

图 2-9　拆除工具

拆除后的工具自动恢复到导入时的默认位置。如果需要删除所加载的工具,则在左侧"布局"栏中右键单击该工具,在弹出的菜单中单击"删除"即可。

2.1.4 放置机器人周边模型

RobotStudio提供了丰富的机器人周边模型供用户使用,在创建虚拟工作站时可以直接从模型库中导入。本节将介绍如何导入机器人周边模型。

1. 导入机器人周边模型

打开刚才创建的工作站,在"基本"功能选项卡中,单击"导入模型库",选择"设备",本节选择"Training Objects"中的设备"propeller table",也就是一个带螺旋桨的特殊桌子,如图2-10所示,模型导入完成后如图2-11所示。

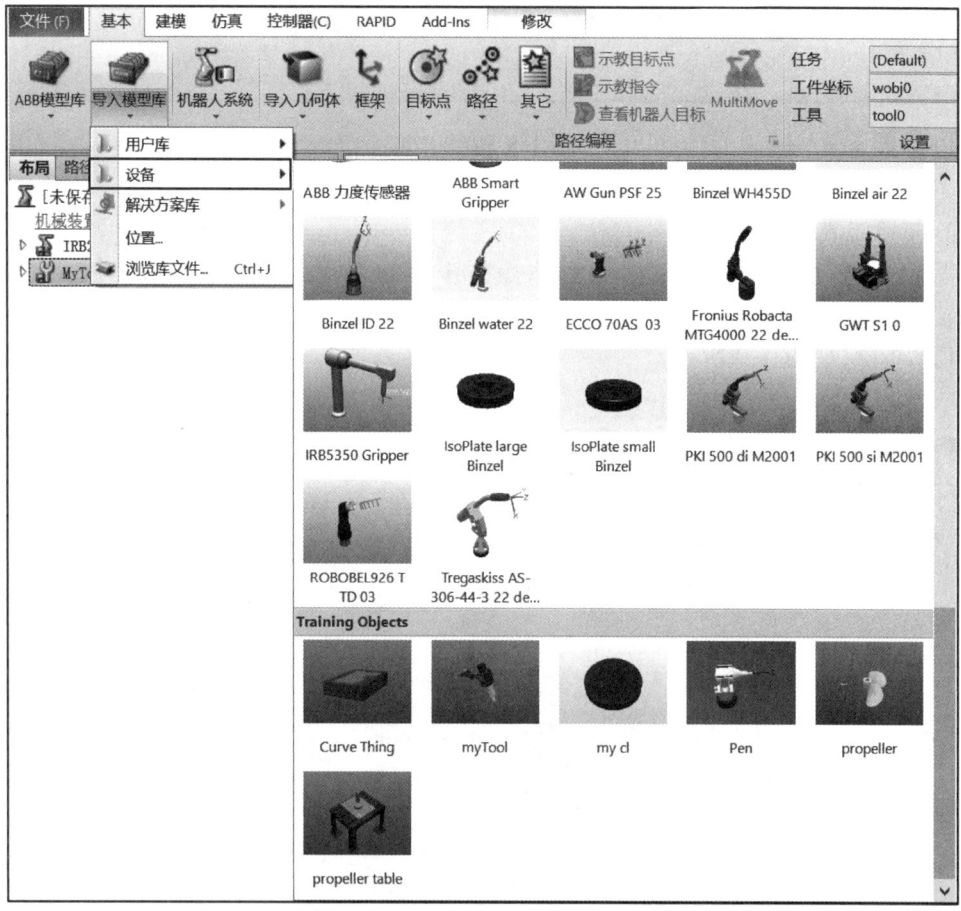

图2-10 导入设备

项目2 工业机器人仿真基本操作

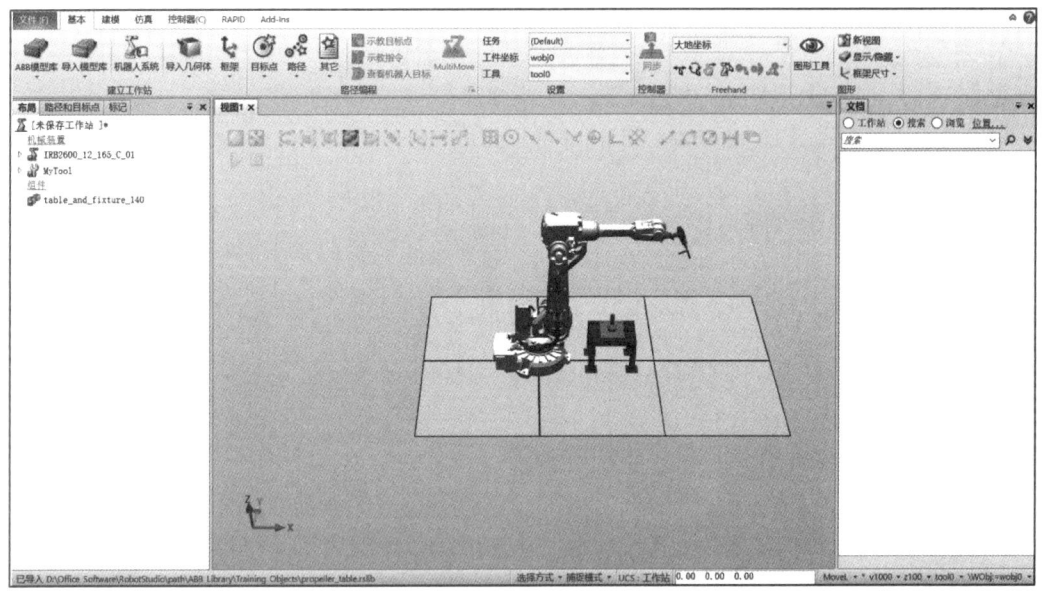

图 2-11 导入机器人周边模型

2. 利用 Freehand 工具栏操作周边模型

机器人周边模型导入完成后,其位置不一定符合要求,因此还需要进一步调整,将其放置在机器人的工作区域。

（1）显示机器人工作区域

在左侧"布局"栏中,右键单击"IRB2600_12_165_C_01",在弹出的菜单中选择"显示机器人工作区域",如图 2-12 所示。如图 2-13 所示的白色曲线构成的封闭区域即机器人的工作区域。为使机器人能够顺畅工作,工作对象应调整到机器人的最佳工作区域。

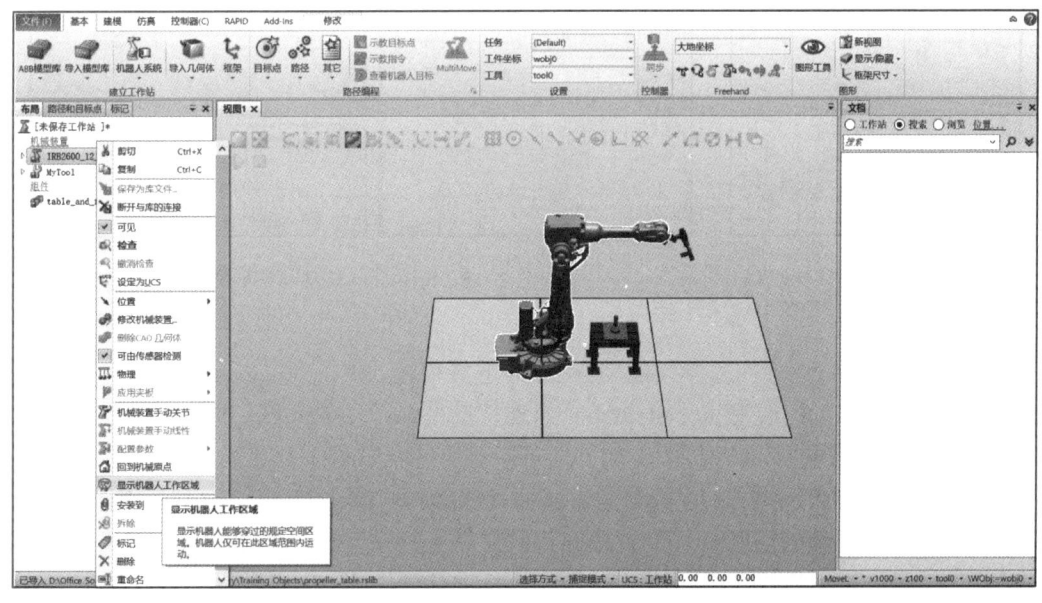

图 2-12 显示机器人工作区域

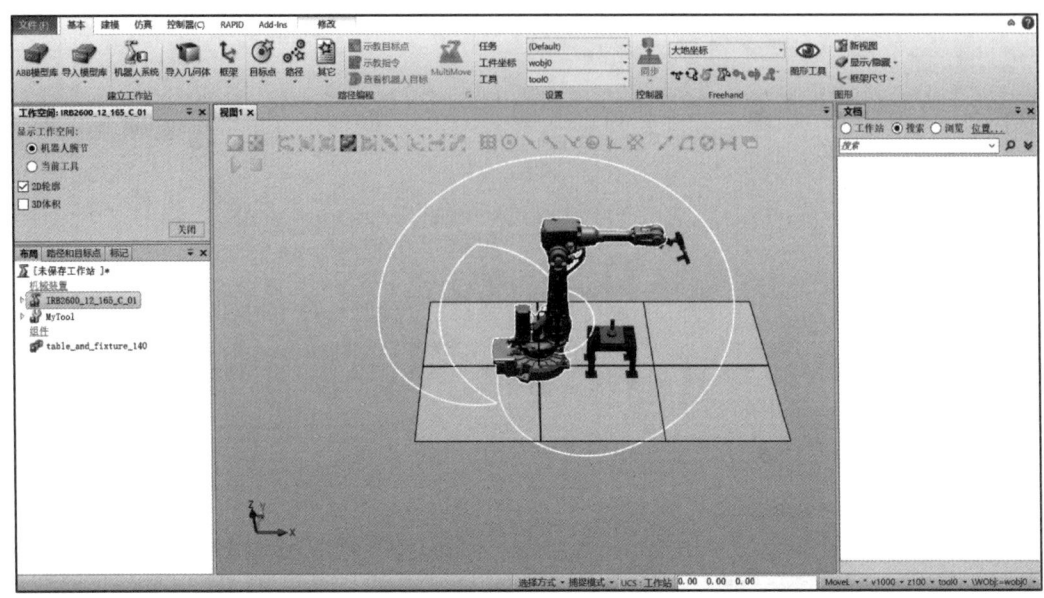

图 2-13 机器人工作区域

（2）利用 Freehand 工具操作模型

① 选择坐标系统：利用 Freehand 工具移动 propeller table 之前，要先根据操作需要选择合适的坐标系统，如图 2-14 所示。在 RobotStudio 中对部件的 Freehand 操作有移动、旋转、手动关节、手动线性、手动重定位、多个机器人手动操作等多种操作方式。其中，后四种运动形式需要建立机器人系统，在此先介绍前两种运动形式，即移动和旋转，如图 2-15 所示。

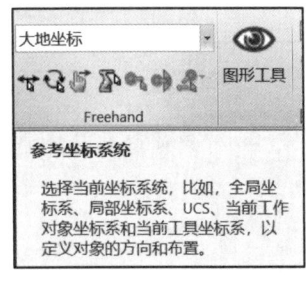 

图 2-14 选择参考坐标系　　图 2-15 Freehand 移动和旋转操作

② Freehand 移动模型：选择大地坐标，然后选择模型，单击"Freehand"选项组中的"移动"按钮，选取要移动的模型 propeller table（出现移动坐标系），拖动箭头即可使其沿 X（红色）、Y（绿色）、Z（蓝色）方向移动。模型沿 X、Y 方向移动的过程如图 2-16 所示。

③ Freehand 旋转模型：选择本地坐标，然后选择模型，单击"Freehand"选项组中的"旋转"按钮，选取要旋转的模型 propeller table（出现旋转坐标系），拖动箭头即可使其沿 X（红色）、Y（绿色）、Z（蓝色）方向旋转。模型沿 X、Y 方向旋转的过程如图 2-17 所示。

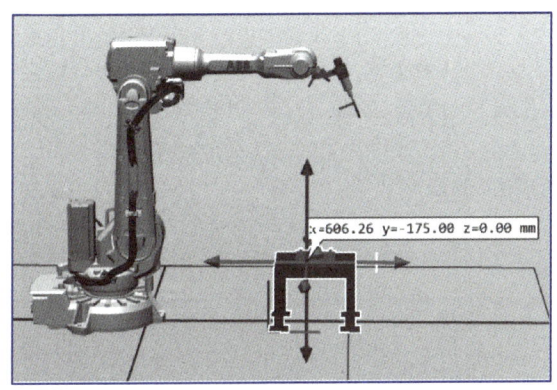 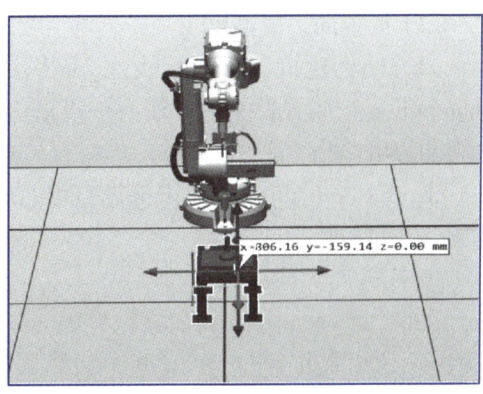

图 2-16　沿 X、Y 方向移动

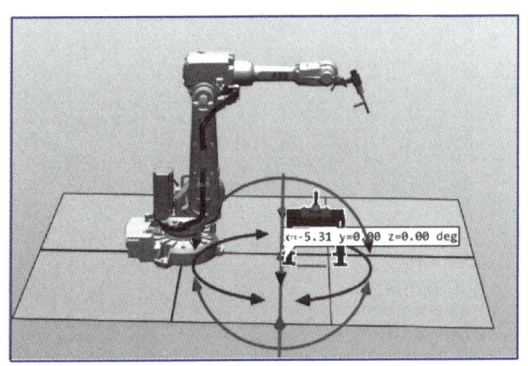 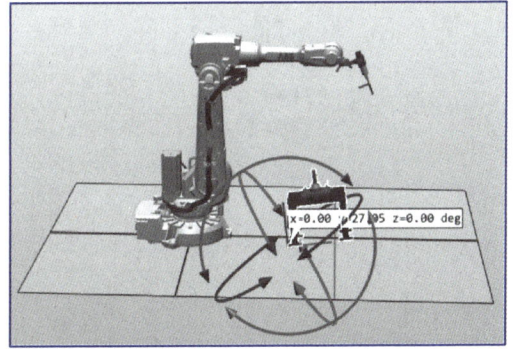

图 2-17　沿 X、Y 方向旋转

3. 放置工业机器人周边模型

（1）导入其他模型

导入模型 propeller table 并调整位置后，可以继续导入其他相关模型。在"基本"功能选项卡中，单击"导入模型库"，选择"设备"，然后选择部件"Curve Thing"，命名为"Curve_thing"，导入完成后如图 2-18 所示。

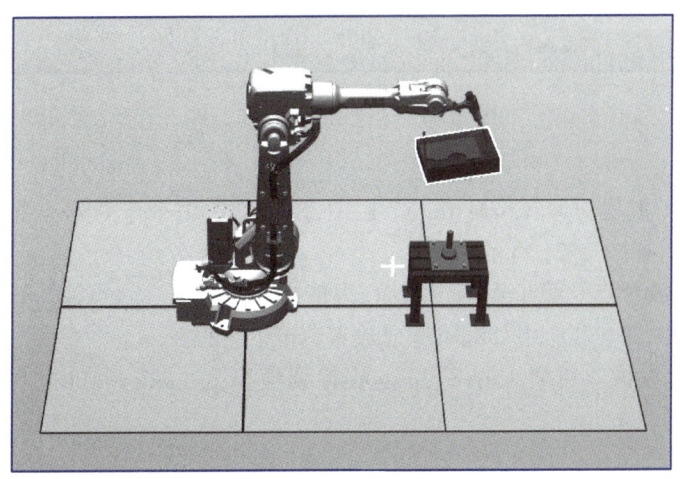

图 2-18　导入 Curve_thing

（2）放置周边模型

为方便创建机器人运行轨迹,需将模型 Curve_thing 放置在模型 propeller table 上。在 RobotStudio 中放置模型的方法有一点法、两点法、三点法、框架法、两个框架法等,本节主要介绍两点法。

① 在 Curve_thing 上单击鼠标右键,在弹出的菜单中选择"位置"→"放置"→"两点",如图 2-19 所示。

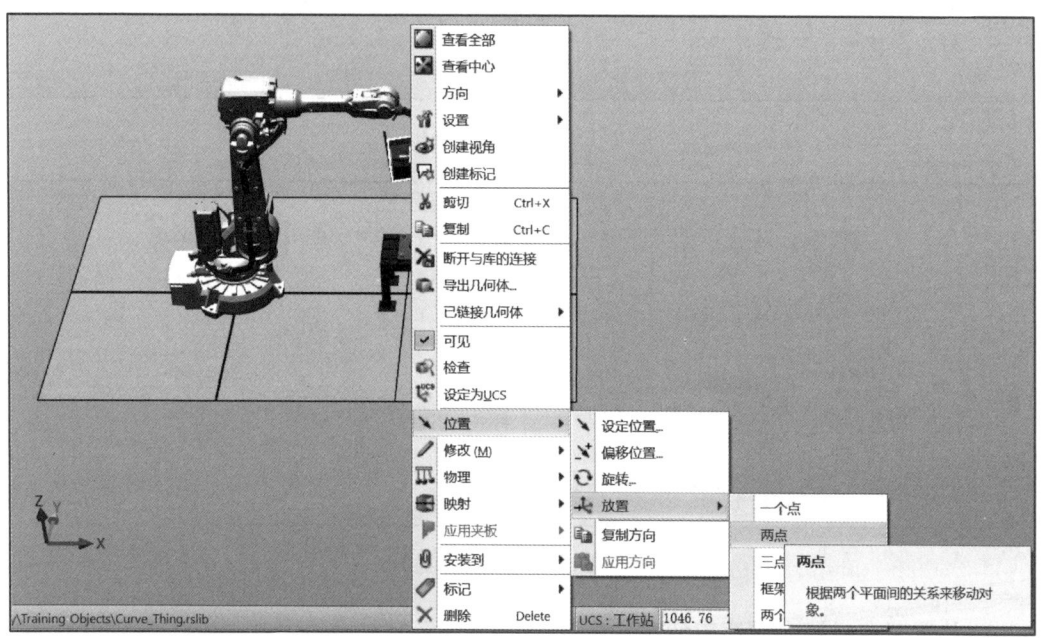

图 2-19　两点法放置

② 选择捕捉方式和工具,选择"选择部件"和"捕捉末端",如图 2-20 所示。

图 2-20　选择捕捉方式和工具

③ 在左上方"放置对象:Curve_thing"栏中,单击"主点-从"的第一个坐标框,选中第 1 点,单击鼠标左键,如图 2-21 所示。

④ 选择其余放置点。第 1 点确定之后,再依次选中第 2、3、4 点,单击后,对应点的坐标值显示于坐标框中,单击"应用",即可完成放置,如图 2-22 所示。

⑤ 模型放置完成。部件 Curve_thing 放置到模型 propeller table 上的效果如图 2-23 所示。

项目 2　工业机器人仿真基本操作

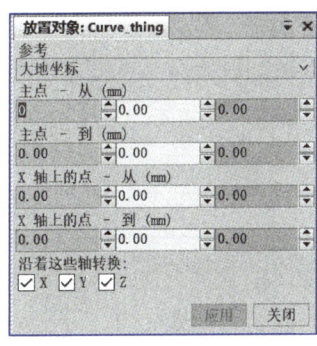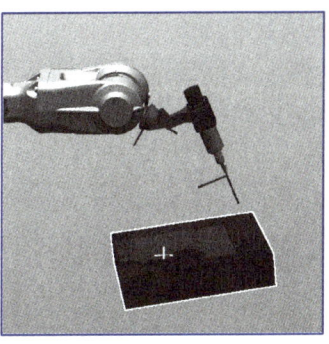

图 2-21　选择放置对象的第 1 点

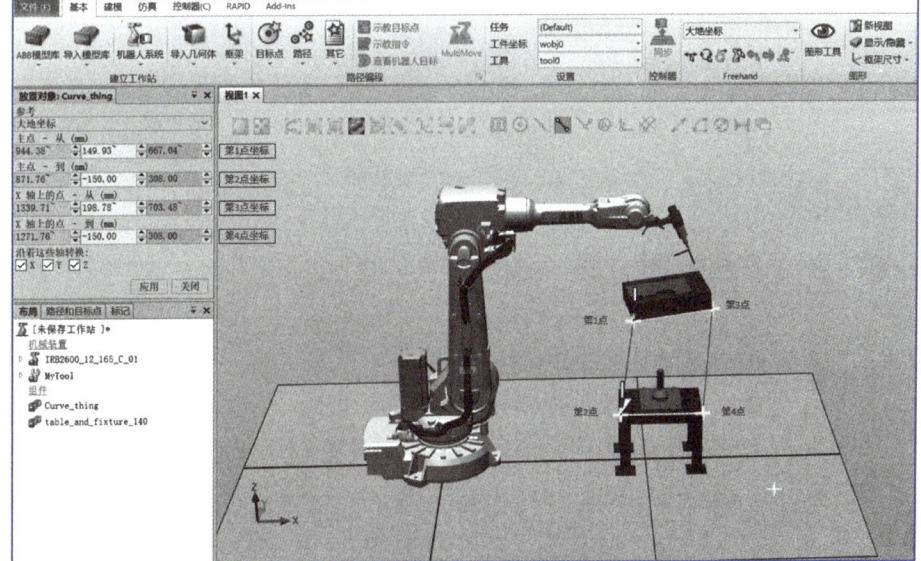

图 2-22　选择其余放置点

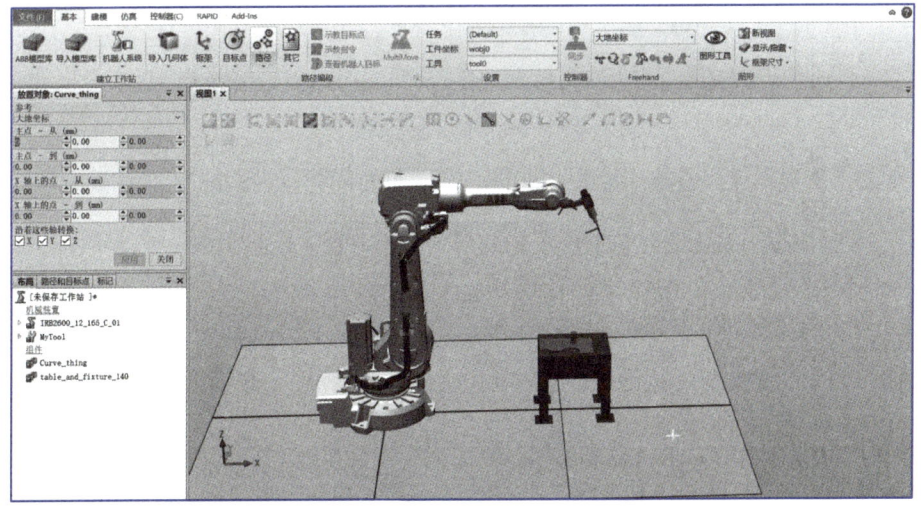

图 2-23　模型放置完成

41

4. 周边模型的放置方式

在创建工业机器人虚拟仿真工作站时,可以根据所导入模型的结构选择合适的放置方式,本节介绍如何使用"框架法"放置模型。

(1)创建框架

① 在"基本"功能选项卡中,单击"框架",选择"创建框架",如图2-24所示。

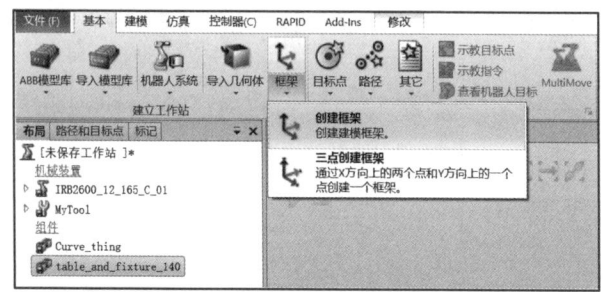

图2-24 创建框架

② 单击"创建框架"中"框架位置"的第一个坐标输入框。

③ 选择"选择部件"和"捕捉末端",如图2-25所示。

图2-25 选择捕捉方式和工具

④ 单击选择propeller table的一个角点,即确定了框架位置,如图2-26所示。

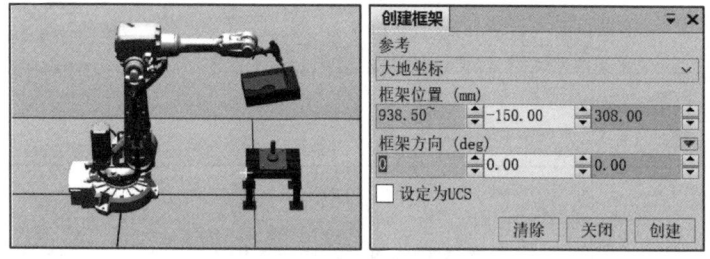

图2-26 确定框架位置

⑤ 单击"创建框架"中的"创建",即可完成框架的创建,如图2-27所示。

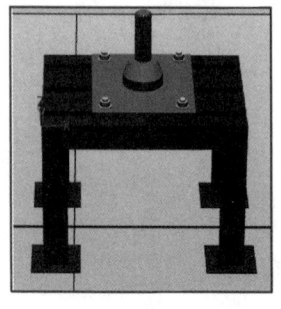

图2-27 框架创建完成

（2）框架法放置周边模型

① 在 Curve_thing 上单击鼠标右键，在弹出的菜单中选择"位置"→"放置"→"框架"，如图 2-28 所示。

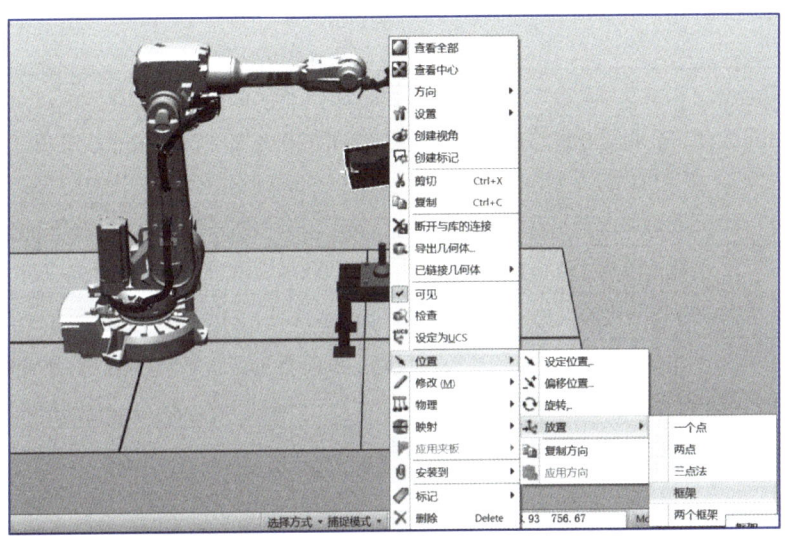

图 2-28　选择框架

② 在"用框架放置对象:Curve_thing"栏中，选择新建的"框架 1"，单击"应用"，完成工件的放置，如图 2-29 所示。

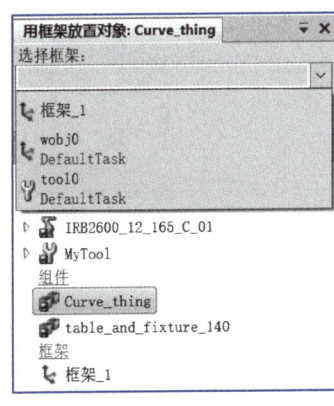 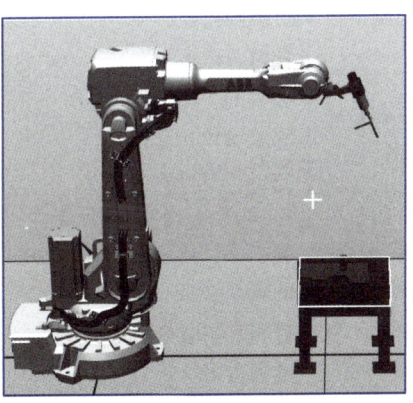

图 2-29　工件放置完成

[能力验评]

请根据任务单完成任务,并填写评价表。

任 务 单

任务名称	仓储码垛基本工作站的构建
任务背景	某食品企业需建设自动化立体仓库,要求工作站每小时完成600箱(15 kg/箱)码垛任务,工作环境湿度≤85%
任务目标	1. 完成机器人基础选型;2. 绘制工作站平面布局图;3. 输出基础设备参数表
技术参数	1. 负载范围为15~20 kg;2. 工作半径≥2 000 mm;3. 防护等级:IP54(仅作认知要求)
任务流程	需求分析→机器人选型→基础布局设计
任务内容	1. 工作站平面布局图(标注关键尺寸);2. 设备选型对照表(含负载/臂展参数);3. 简单夹具示意图(手绘或CAD简图)
成果要求	只需静态布局设计,不要求动态仿真
小组成员	
计划用时	开始时间

评 价 表

评价维度	评价指标	评价标准	分值	个人自评	小组互评	教师评价	企业导师评价	观测依据
知识与技能(50分)	1. 选型参数匹配	负载误差≤15%,臂展误差≤20%	15					机器人技术参数对照表
	2. 基础布局合理性	标注进料区/码垛区/安全通道位置功能区间距≥500 mm	15					平面布局图(手绘或CAD简图)
	3. 平面布局图(手绘或CAD简图)	口述IP54中"防尘等级5"和"防水等级5"的定义	10					课堂问答记录(教师签字)
	4. 简单夹具识别	说明真空吸盘/机械夹爪的适用场景	10					夹具选型说明(文字描述)
方法与过程(35分)	1. 选型流程规范性	完成2个品牌参数对比(负载/臂展/价格)	15					选型对比表(需包含误差计算)
	2. 图纸基础规范	比例尺正确,关键尺寸标注≥3处	10					提交的布局图纸(接受照片扫描件)
	3. 问题修正能力	能发现臂展不足或负载超限等明显错误	10					修改记录表(需说明错误类型及修正方式)

续表

评价维度	评价指标	评价标准	分值	个人自评	小组互评	教师评价	企业导师评价	观测依据
团队协作（10分）	1. 任务分工合理性	明确组长/数据员/绘图员角色	5					分工表（含成员签名）
	2. 数据共享完整性	共享选型表/布局图初稿/修改记录	5					文件共享截图（微信群/网盘记录）
创新实践（5分）	布局优化建议	提出可调整设备间距或增加缓冲区等建议	5					补充说明页（文字描述+简单示意图）
综合评价								

> 任务 2
>
> # 创建工业机器人系统与手动操作

[任务描述]

在 RobotStudio 中放置好导入的模型后,一个工业机器人基本的工作站就创建完成了,接下来就要为工作站创建系统,使它具备电气特性以完成相关的仿真操作,便于后续对工业机器人工作站进行手动操作和仿真运动。

本任务介绍创建工业机器人系统与手动操作的方法,使学习者能够正确创建工业机器人系统,掌握工业机器人的手动操作和精确手动操作方法,掌握关节运动、线性运动、重定位的操作方法。

[知识准备]

2.2.1 工业机器人的运动模式

在工业机器人离线编程与调试过程中,基于虚拟仿真环境的手动运动控制是掌握机器人操作的核心基础。RobotStudio 可通过手动关节运动、手动线性运动及手动重定位运动等模式,精准模拟真实控制器(如 ABB IRC5)的操作逻辑,为学习者提供零风险的技能训练环境。

1. 关节运动

运动轨迹:机器人各关节独立运动,工具中心点(Tool Center Point,TCP)沿非线性路径从起始点到目标点,所有关节同时达到目标位置。

灵活性:具有较高的灵活性,能轻松绕过障碍物,到达复杂位置,适合复杂操作。

速度:工业机器人最快的运动方式。

路径规划:路径为不规则曲线,需低速检查干涉。

应用场景:适用于大范围运动、快速转移、姿态调整等,如装配线部件转移、复杂路径作业(喷涂、弧焊),设备维护时的轴单动调试。

2. 线性运动

运动轨迹:TCP 沿直线从起始点移动到目标位姿,路径固定。

精度:高精度,多轴协作确保 TCP 沿直线移动。

控制难度:需精确控制各轴配合,确保直线轨迹。

应用场景:适用于焊接、涂胶、切割等直线轨迹任务。

3. 重定位运动

运动轨迹:TCP 绕坐标轴旋转,位置不变,改变工具坐标系姿态。

精度:高精度姿态调整,确保 TCP 位置固定。

控制难度：需精确控制旋转角度和方向，确保姿态准确。

应用场景：适用于喷涂、打磨、焊接等姿态调整任务。

路径精度要求高时优先选择线性运动，复杂空间轨迹优先选择关节运动。

需要精细调整工具姿态时使用重定位，实际应用中常组合使用三种运动方式。

理解这些运动特点对机器人轨迹规划、碰撞规避和程序优化具有重要意义，建议根据具体工艺需求选择最合适的运动方式组合。

工业机器人运动模式的选择本质上是运动学约束与工艺需求的数学优化问题。在实际应用中，三种运动模式的组合策略（如"线性+重定位"实现直线焊接与姿态同步调整）可大幅提升作业效率。通过 RobotStudio 仿真训练，学习者不仅能掌握手动操作的工程规范，更能深度理解运动模式与工艺参数的耦合机制，为智能制造系统的高效设计与可靠运行提供理论支撑。

[任务实施]

2.2.2 创建虚拟机器人系统

工业机器人系统是机器人编程、运动的基础，在完成布局以后，要为机器人加载系统，建立虚拟控制器，使它具有电气特性以完成相关的仿真工作。

1. 创建虚拟机器人系统的基本方法

创建虚拟机器人系统的方法主要有以下三种：

（1）从布局：根据已有布局创建系统。

（2）新建系统：创建新系统并添加到工作站。

（3）已有系统：添加现有系统到工作站。

2. 创建虚拟机器人系统

在本节中，选择第一种方法创建虚拟机器人系统，具体方法如下：

（1）在"基本"功能选项卡中，单击"机器人系统"，选择"从布局"，如图 2-30 所示。不同的虚拟仿真任务中，用户需要根据任务要求和作业环境，选择合适的工业机器人模型进行导入。

（2）在"从布局创建系统"对话框中，设置所创建系统的名称和保存路径。需要注意的是，如果安装了不同版本的系统，需要在此选择相应版本的 RobotWare，如图 2-31 所示。

（3）系统名称和保存路径设置完成后，单击"下一个"，再单击"选择系统的机械装置"，选择所创建的机械装置"IRB2600_12_165_C_01"，然后单击"下一个"，如图 2-32 所示。

（4）在"系统选项"界面中配置系统参数，如图 2-33 所示，单击"选项"，在弹出的"更改选项"对话框中根据需要进行相应的设置（如语言、驱动模式等），如图 2-34 所示。设置完成后单击"确定"，然后单击"完成"，即可完成虚拟机器人系统的创建。

虚拟机器人系统创建完成且启动后，在状态栏右下角可以观察到"控制器状态"显示为绿色，如图 2-35 所示。

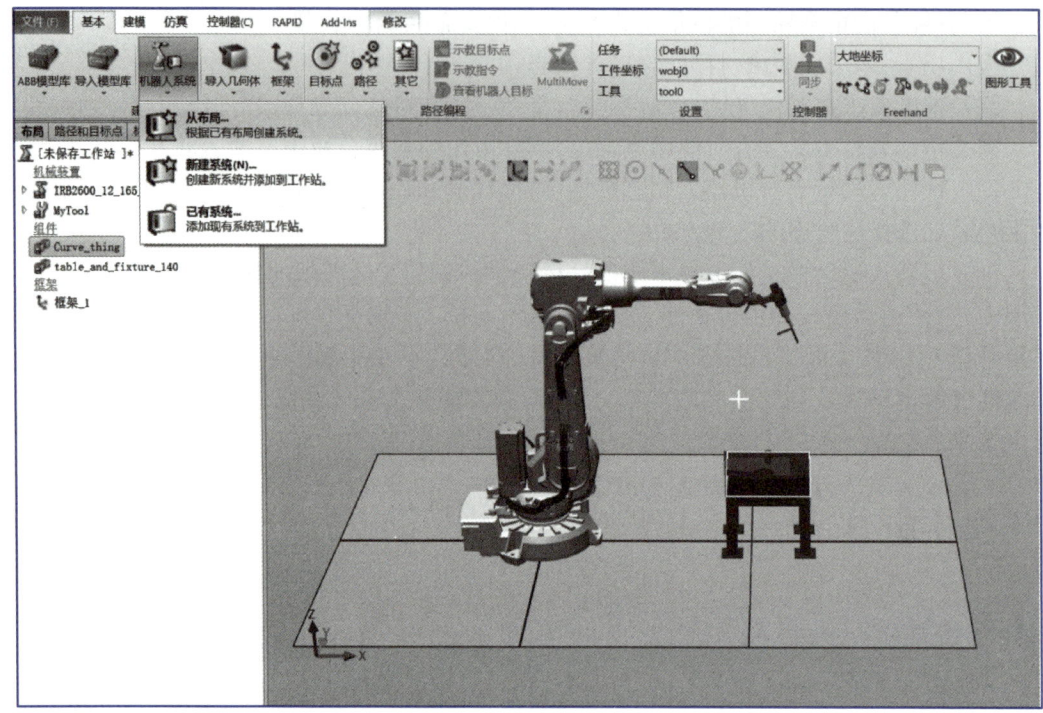

图 2-30 选择"从布局"创建机器人系统

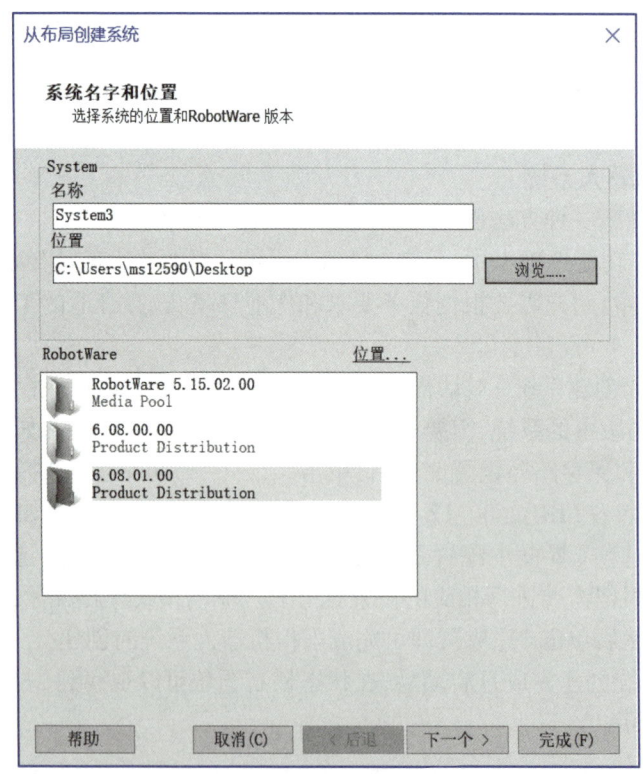

图 2-31 设置创建的机器人系统相关参数

项目2　工业机器人仿真基本操作

图 2-32　选择系统的机械装置

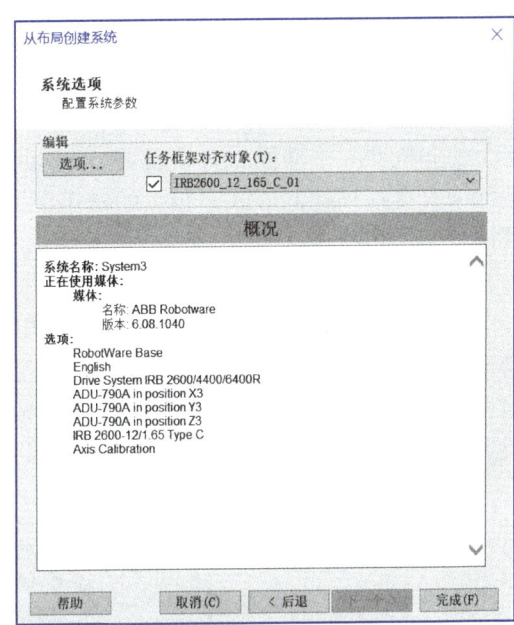

图 2-33　系统选项

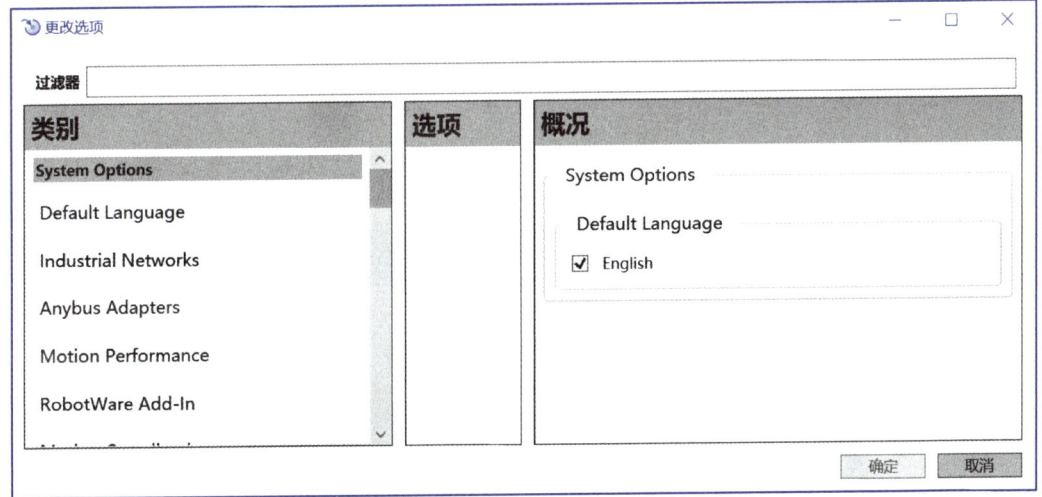

图 2-34　更改选项

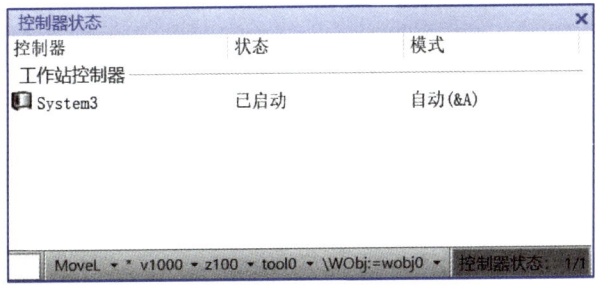

图 2-35　系统创建完成

2.2.3 工业机器人手动操作

在 RobotStudio 中,需要手动操作机器人运动到合适的位置,然后进行编程和相关的设置。工业机器人手动操作有手动关节、手动线性、手动重定位三种运动模式,这三种模式也被称为直接拖动控制方式。相关的操作在"基本"功能选项卡的"Freehand"中有快捷图标按钮。

1. 手动关节

在工作站中使用的工业机器人型号是 IRB2600,该机型拥有 6 个自由度。在手动关节运动模式下,每个轴均可以独立操作。

首先单击"基本"功能选项卡下"Freehand"中的"手动关节"按钮,然后选择要运动的机器人轴,拖动鼠标即可手动操作机器人相应的关节移动,如图 2-36 所示。

按住 Alt 键同时拖拽机器人关节,机器人每次移动 10°。
按住 F 键同时拖拽机器人关节,机器人每次移动 0.1°。

图 2-36 选择"手动关节"运动模式

手动操作轴 1~2 做关节运动,如图 2-37、图 2-38 所示。轴 3~6 的手动关节运动,学习者可以按照上述方法自行练习。

图 2-37 轴 1 手动关节运动

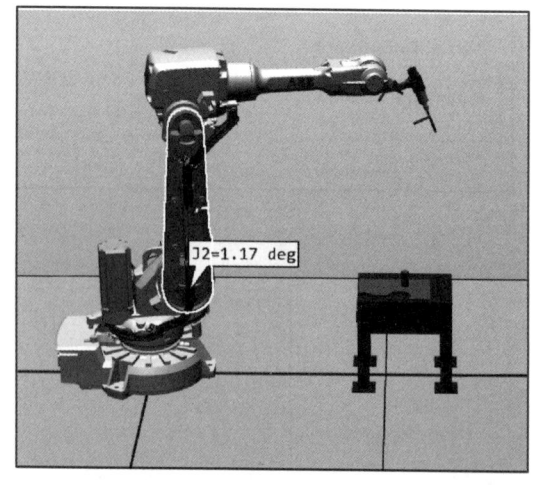

图 2-38 轴 2 手动关节运动

2. 手动线性

手动关节运动是对机器人的关节轴进行独立操作,机器人末端工具的运动轨迹不一定是直线轨迹。但是在实际的操作调整中,经常需要机器人末端工具沿某条直线进行运动。

RobotStudio 提供线性运动模式。在机器人线性运动之前要先设置好相关的参数,再单击"基本"功能选项卡下"Freehand"中的"手动线性"按钮,拖动机器人末端工具处的坐标箭头分别沿着 X、Y、Z 轴移动,完成机器人的手动线性运动,操作过程如图 2-39~图 2-42 所示。

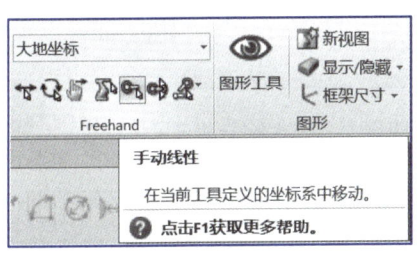

图 2-39 选择"手动线性"运动模式

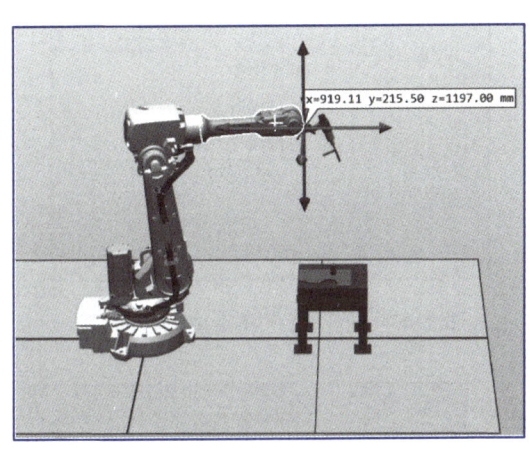

图 2-40 沿 X 轴手动线性运动

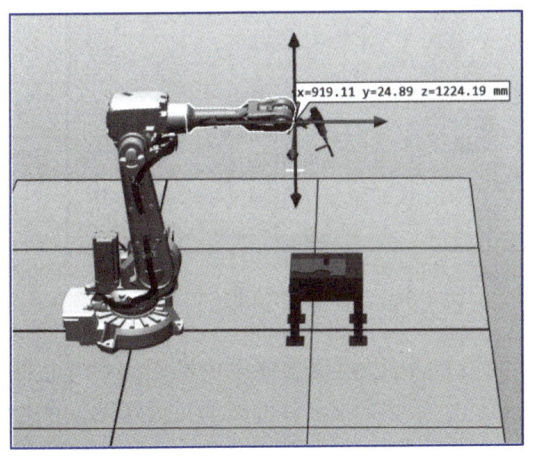

图 2-41 沿 Y 轴手动线性运动

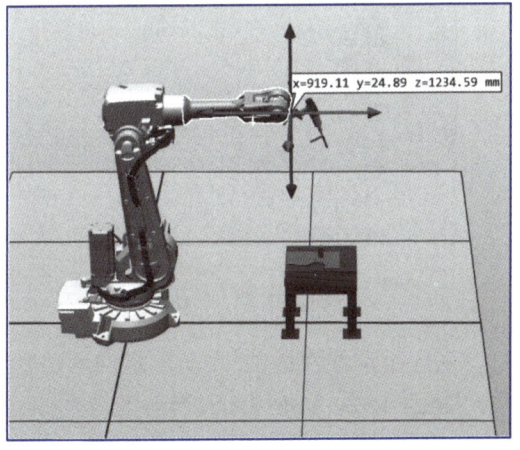

图 2-42 沿 Z 轴手动线性运动

手动线性运动时机器人末端工具的运动轨迹与手动关节运动时不同,此时机器人末端轨迹是直线。

3. 手动重定位

机器人重定位运动是指机器人第六轴法兰盘上的 TCP 在空间绕工具坐标系旋转的运动,也可以理解为机器人绕着工具 TCP 做姿态调整的运动。

在机器人重定位之前要设置好相关参数,然后单击"基本"功能选项卡下"Freehand"中的"手动重定位"按钮,拖动机器人末端工具处的坐标箭头分别绕 X、Y、Z 轴移动,完成机器人的手动重定位调整,操作过程如图 2-43~图 2-46 所示。

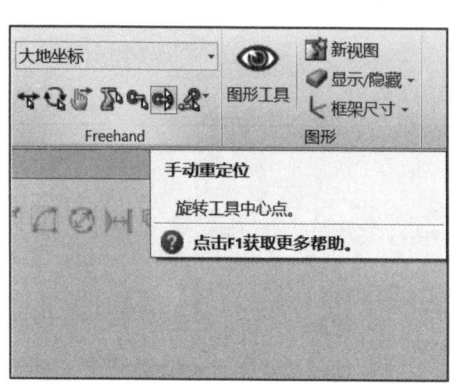

图 2-43 选择"手动重定位"运动模式

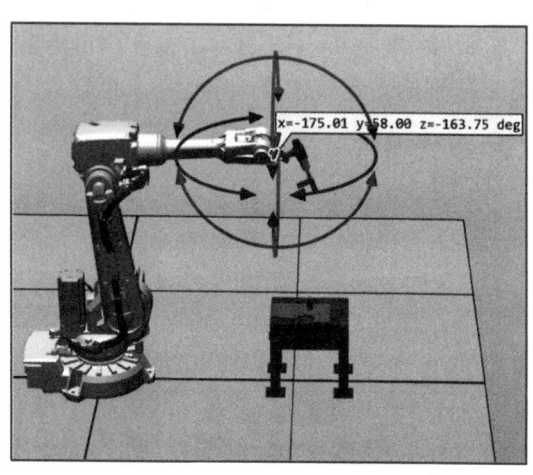

图 2-44 绕 X 轴手动重定位运动

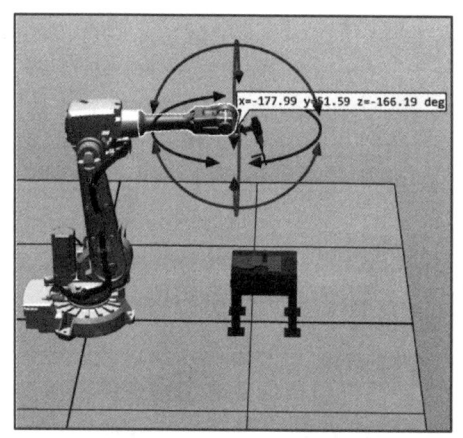

图 2-45 绕 Y 轴手动重定位运动

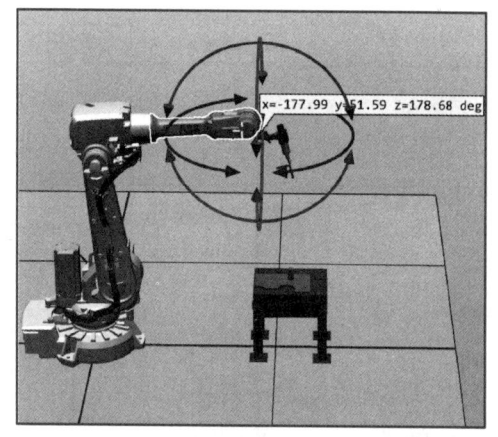

图 2-46 绕 Z 轴手动重定位运动

对于手动线性运动、手动重定位运动坐标系的设置,可以根据需要设为不同的参考坐标系(大地坐标系、当地、UCS、当前工件坐标、当前工具坐标等),学习者可以通过设定不同的坐标系,观察定向运动姿态的差异。

2.2.4 工业机器人手动精确操作

在实际操作过程中,有时候需要精确调节工业机器人的关节值,手动操作的三种运动模式均无法实现机器人的精确运动。

手动精确操作控制方式根据运动模式的不同可分为机械装置手动关节运动和机械装置手动线性运动。能否实现机器人的精确运动,是手动精确操作控制方式与直接拖动的手动操作控制方式的本质区别。

1. 机械装置手动关节运动

（1）在左侧"布局"栏中，右键单击"IRB2600_12_165_C_01"，选择"机械装置手动关节"，如图2-47所示。

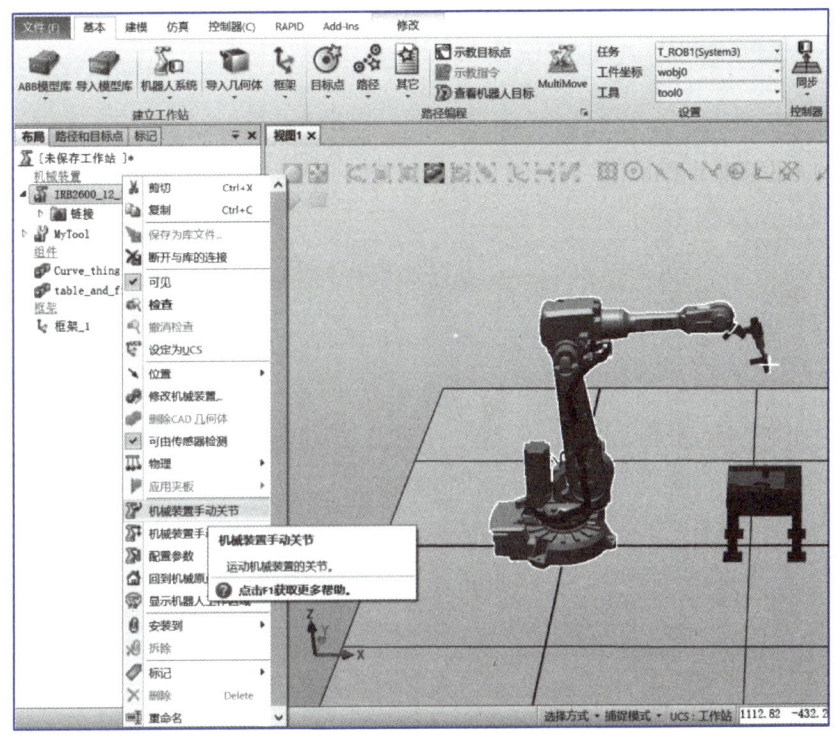

图2-47 选择"机械装置手动关节"运动模式

（2）在"手动关节运动"栏中，拖动相应轴关节的滑块或单击"<"">"，即可实现轴关节的精确操作。其中，CFG为设定当前关节配置值，TCP为设定当前TCP的位置，Step为设定当前点动移动的角度，如图2-48所示。

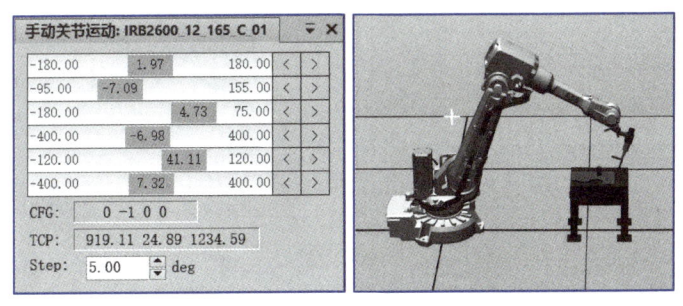

图2-48 "手动关节运动"设置完成

2. 机械装置手动线性运动

(1) 在左侧"布局"栏中,右键单击"IRB2600_12_165_C_01",选择"机械装置手动线性",如图 2-49 所示。

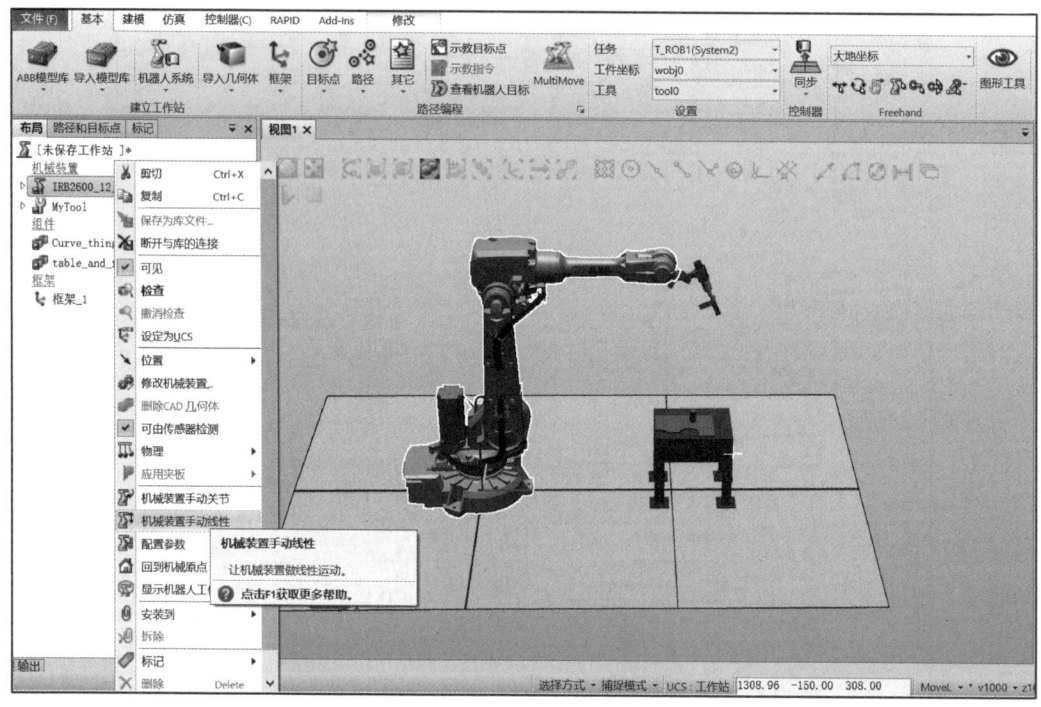

图 2-49 选择"机械装置手动线性"运动模式

(2) 在"手动线性运动"栏中,拖动相应轴关节的滑块或单击"<"">",即可使机器人沿 X、Y、Z、RX、RY、RZ 轴线性移动和旋转,完成机械装置手动线性精确运动,也可将具体数值输入到相应输入框中进行位姿调整,如图 2-50 所示。

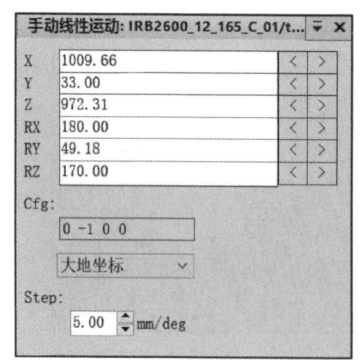 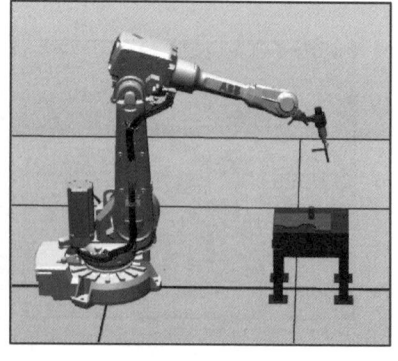

图 2-50 "手动线性运动"设置完成

项目 2 工业机器人仿真基本操作

[能力验评]

请根据任务单完成任务,并填写评价表。

任 务 单

任务名称	仓储码垛基本工作站系统配置与手动操作
任务背景	某食品企业已完成仓储码垛工作站机械布局,现需完成虚拟控制系统搭建与基础操作验证:1. 创建工业机器人控制系统;2. 验证三种手动操作模式;3. 检测基础布局合理性
任务目标	1. 正确创建机器人虚拟系统;2. 完成关节/线性/重定位操作;3. 输出操作验证报告
技术参数	1. 系统版本:RobotWare 6.08;2. 关节运动速度≤50%;3. 线性定位误差≤2 mm
任务流程	系统创建→运动模式训练→操作验证
任务内容	1. 系统配置参数表(含控制器版本/IP54 设置);2. 三种运动模式操作记录表;3. 工具坐标系校准数据
成果要求	1. 提交系统配置过程截图(含绿色状态指示);2. 提供各轴关节运动范围记录表;3. 输出工具坐标系设置文档
小组成员	
计划用时	开始时间

评 价 表

评价维度	评价指标	评价标准	分值	个人自评	小组互评	教师评价	企业导师评价	观测依据
知识与技能（50 分）	1. 系统配置完整性	"控制器状态"显示为绿色;IP54 防护设置正确	20					系统配置截图（图 2-35 样式）
	2. 手动操作规范性	关节运动轴 1~3 操作正确;线性运动 XYZ 轴误差≤2 mm	25					操作记录表（含误差数据）
	3. 工具坐标系设置	TCP 校准误差≤1 mm	5					校准数据记录表
方法与过程（35 分）	1. 参数设置逻辑性	完成速度/精度参数对比表	15					参数对比表（Excel 格式）
	2. 操作流程正确性	符合图 2-30~图 2-34 操作流程	15					过程录屏（关键步骤节选）
	3. 异常处理能力	能解决控制器未启动等基础问题	5					故障处理记录表

续表

评价维度	评价指标	评价标准	分值	个人自评	小组互评	教师评价	企业导师评价	观测依据
团队协作（10分）	1. 任务分工合理性	明确组长/数据员/绘图员角色	5					分工表(含成员签名)
	2. 数据共享完整性	共享系统配置文件/操作日志	5					文件共享截图（微信群/网盘记录）
创新实践（5分）	操作效率优化	提出关节运动速度调整建议	5					优化建议书（200字以内）
综合评价								

任务 3　创建工业机器人工件坐标与轨迹程序

[任务描述]

在正式编程之前,需要创建必要的编程环境。编程前要定义三个必要的关键程序数据:工具数据(tooldata)、工件数据(wobjdata)、载荷数据(loaddata)。由于工具是以调用软件库的模式实现的,工具数据和负荷数据都已经设定好,所以本任务的重点就是创建工件数据。工件坐标的标定过程也是定义工件数据(wobjdata)的过程,工件坐标用来定义工件相对于大地坐标(或其他坐标)的位置。机器人可以拥有若干工件坐标系,可以表示不同工件,也可以表示同一工件在不同位置的若干副本。工业机器人进行编程时就是在工件坐标中创建目标和路径,利用工件坐标编程。

本任务介绍创建工业机器人工件坐标常见的两种方法,进一步学习创建工业机器人简单运行轨迹的方法并能通过仿真运行轨迹程序检验学习效果,使学习者能够正确掌握创建工业机器人工件坐标,仿真运行轨迹程序的方法。

[知识准备]

2.3.1　工业机器人系统常用坐标系

在工业机器人运动控制中,坐标系的精准定义与协同应用是确保作业精度和效率的底层逻辑基础。以汽车焊接生产线为例,当多台机器人协同焊接车身时,若未统一大地坐标系,各机器人基座坐标系的微小偏移可能导致焊枪轨迹错位,轻则影响焊缝质量,重则引发机械碰撞。而在 3C 电子装配场景中,SCARA 机器人通过动态切换工件坐标系,可快速适配不同型号手机主板的定位需求,将产线换型时间缩短。实践表明:工业机器人坐标系的科学设计与规范应用,是连接机械运动与工艺需求的桥梁,更是实现智能化、柔性化生产的核心前提。

1. 大地坐标系 (World Coordinate System)

定义:大地坐标系是以地球表面作为基准点的直角坐标系,是固定不变的坐标系。所有其他坐标系都与大地坐标系有直接或间接的联系。

作用:大地坐标系通常用于涉及多个机器人联动或带有外轴的机器人系统。在大多数情况下,大地坐标系与基座坐标系是重合的,但在特定情况下,如倒装机器人或者带有外部运动轴的机器人,这两者可能会有所不同。

2. 基座坐标系 (Base Coordinate System)

定义:基座坐标系是以机器人安装基座为基准的直角坐标系,用于描述机器人本体的运动。基座坐标系的 X 轴表示机器人前后运动,Y 轴表示左右运动,Z 轴表示上下运动,三者的关系遵循右手准则。

作用：基座坐标系是机器人运动的基础，任何机器人的运动都离不开基座坐标系。它是机器人 TCP 在三维空间中运动的基本坐标系。

3. 工件坐标系（Work Object Coordinate System）

定义：工件坐标系是以工件本身为基准来描述其位置和姿态的坐标系，由工件原点和坐标位置组成。

作用：工件坐标系用于确定工件的位置，方便机器人在不同工件之间快速切换编程。例如，在多品种小批量生产中，通过重新定义工件坐标系，可以快速完成多台机器人相同程序的配置。

4. 工具坐标系（Tool Coordinate System）

定义：工具坐标系是以机器人腕部法兰盘所持工具的有效方向作为 Z 轴，并把坐标定义在工具的尖端点的坐标系。工具坐标系原点（TCP）是机械手的运动中心点。

作用：工具坐标系用于确定工具的位置，由 TCP 和坐标位置组成。机器人联动运行时，TCP 是必需的。通过设定工具坐标系，可以更精确地控制工具的运动轨迹。

5. 联系与区别

联系：这四种坐标系都是工业机器人运动控制和位置描述的重要基础。它们共同为机器人的运动规划和操作控制提供必要的信息。通常在单台机器人系统中，大地坐标系和基座坐标系是一致的。

区别：大地坐标系和基座坐标系主要用于描述机器人的整体位置和运动，而工件坐标系和工具坐标系更侧重于描述机器人与工件、工具之间的相对位置和姿态。大地坐标系是固定的，基座坐标系通常与大地坐标系重合，但在某些特殊情况下会有所不同。工件坐标系和工具坐标系则会根据具体任务和操作对象来定义，具有更高的灵活性和适应性。

工业机器人坐标系的系统化应用，本质上是将物理空间抽象为数学模型的工程实践。大地坐标系与基座坐标系的基准统一，解决了机器人本体在全局空间中的绝对定位问题；工件坐标系与工具坐标系的动态适配，则实现了工艺对象与执行末端在相对空间中的精确映射。本任务所讲的坐标系知识体系，也为后续学习机器人轨迹规划算法奠定了重要基础。

[任务实施]

2.3.2 创建工业机器人工件坐标

创建工件坐标的方法主要有三点法和位置法，本节将以三点法为例创建工件坐标。

（1）在"基本"功能选项卡中，单击"其它"，选择"创建工件坐标"，如图 2-51 所示。

（2）在"视图"工具栏中选择合适的工具，选择捕捉方式为"选择表面"和"捕捉末端"，然后在"创建工件坐标"栏中设置相关参数，工件坐标的默认名称是"Workobject_1"，可根据实际情况进行修改，如图 2-52 所示。

（3）单击"创建工件坐标"栏中的"取点创建框架"，选择"三点"，如图 2-53 所示。

项目2 工业机器人仿真基本操作

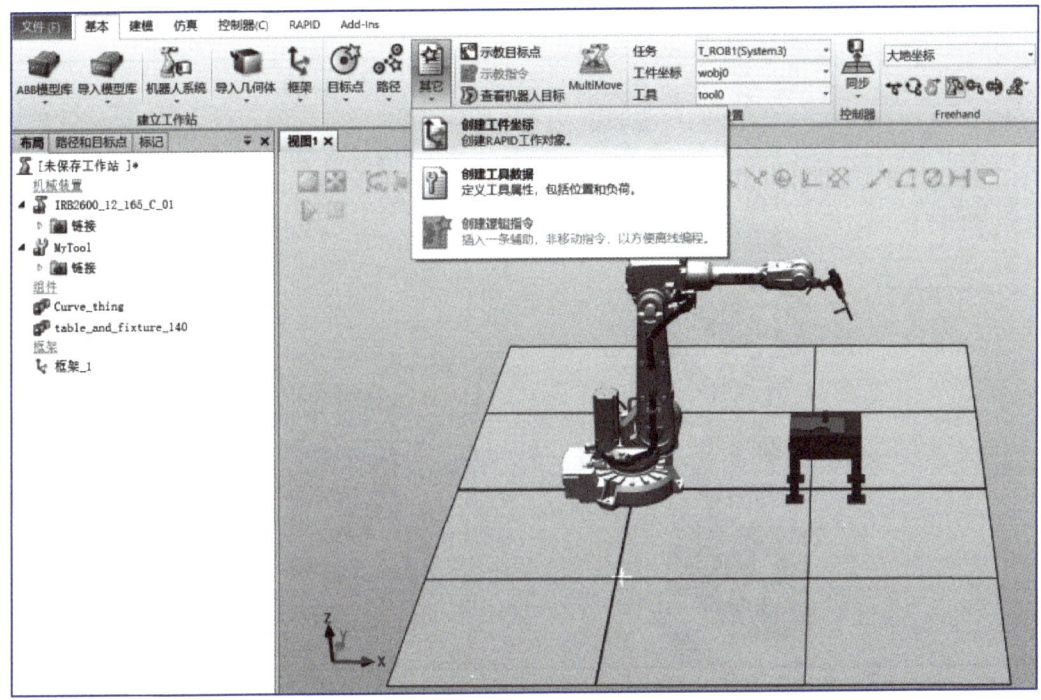

图 2-51 选择"创建工件坐标"

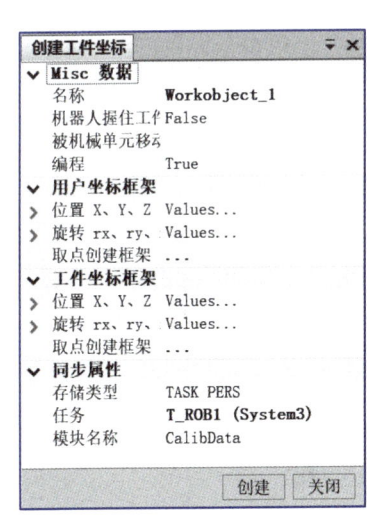

图 2-52 设置工件坐标相关参数

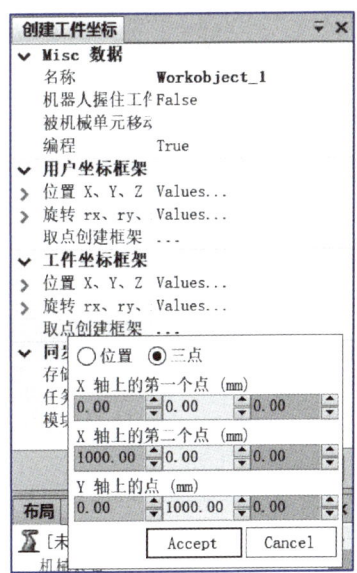

图 2-53 三点法创建工件坐标

（4）单击"X 轴上的第一个点"的第一个输入框，依次单击 1 号点（X 轴上的第一个点）、2 号点（X 轴上的第二个点）、3 号点（Y 轴上的第一个点），如图 2-54 所示。

（5）确认三个点的数据生成后，单击"Accept"，如图 2-55 所示。

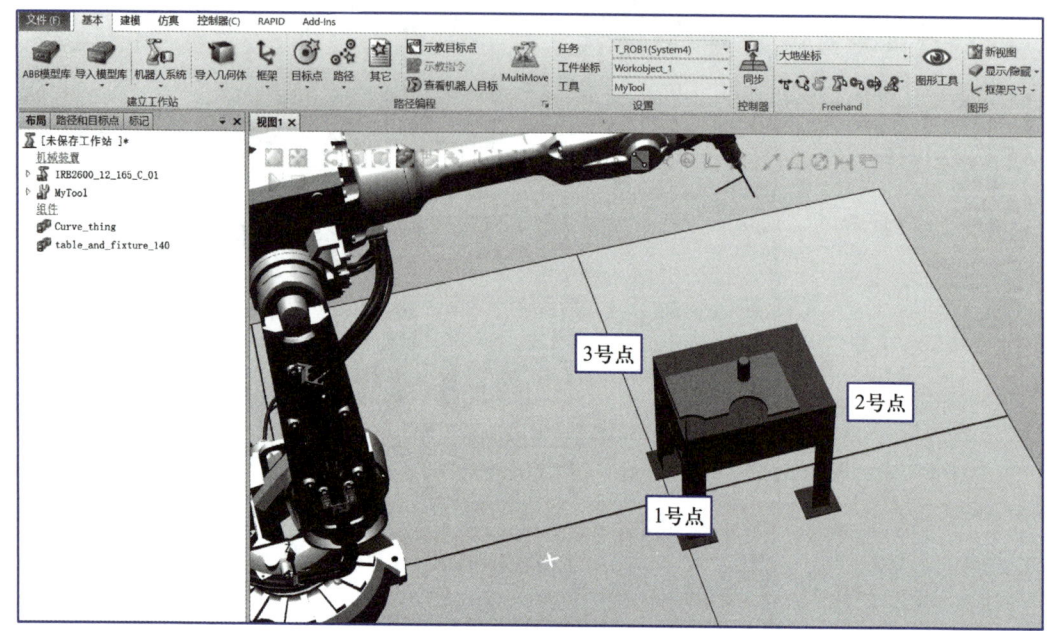

图 2-54 选择相应的三个点

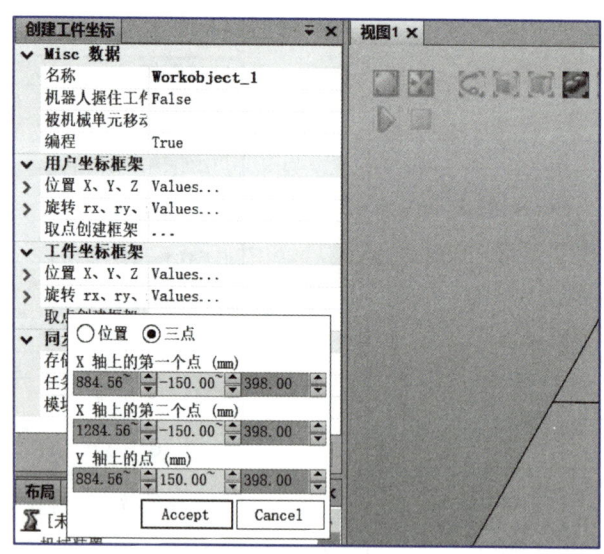

图 2-55 确认三个点的数据

（6）确认数据完成后，单击"创建工件坐标"栏中的"创建"，创建完成的工件坐标如图 2-56 标识部分所示。

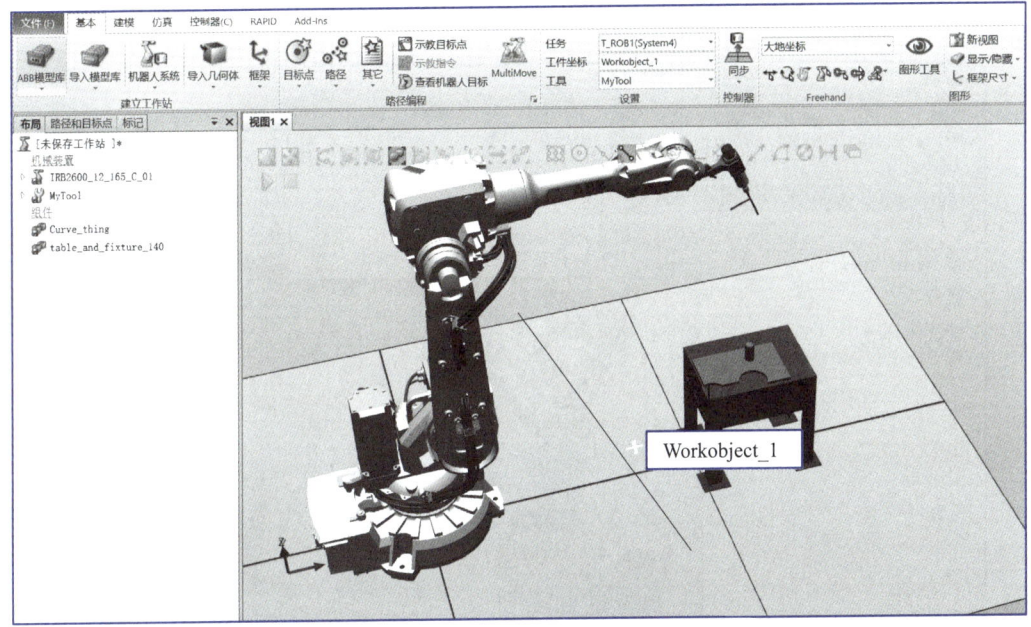

图 2-56　工件坐标创建完成

2.3.3　创建运动轨迹的程序

在 RobotStudio 中工业机器人运动轨迹同真实的工业机器人一样,也是通过 RAPID 程序指令进行控制的。本节中所要创建的工业机器人运动轨迹是在 RobotStudio 环境下,使用安装在法兰盘上的工具 MyTool,在工件坐标 Workobject_1 中,沿着 Curve_thing 的表面边缘行走一周,如图 2-57 所示。

图 2-57　机器人运动轨迹

（1）在"基本"功能选项卡中，单击"路径"，选择"空路径"，如图2-58所示。

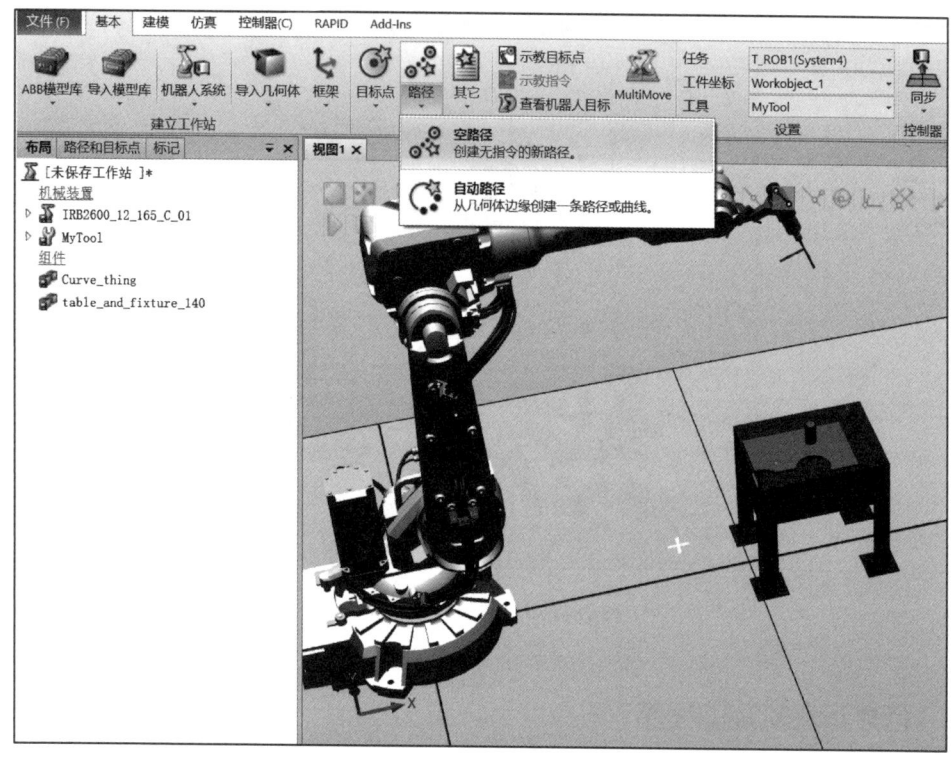

图2-58 创建"空路径"

（2）生成空路径"Path_10"，如图2-59所示，设置坐标、工具、指令等相关参数。选择创建的系统任务，将"工件坐标"设置为"Workobject_1"，"工具"设置为"MyTool"，"指令"设置为"MoveJ* v150 fine MyTool\WObj:=Workobject_1"。

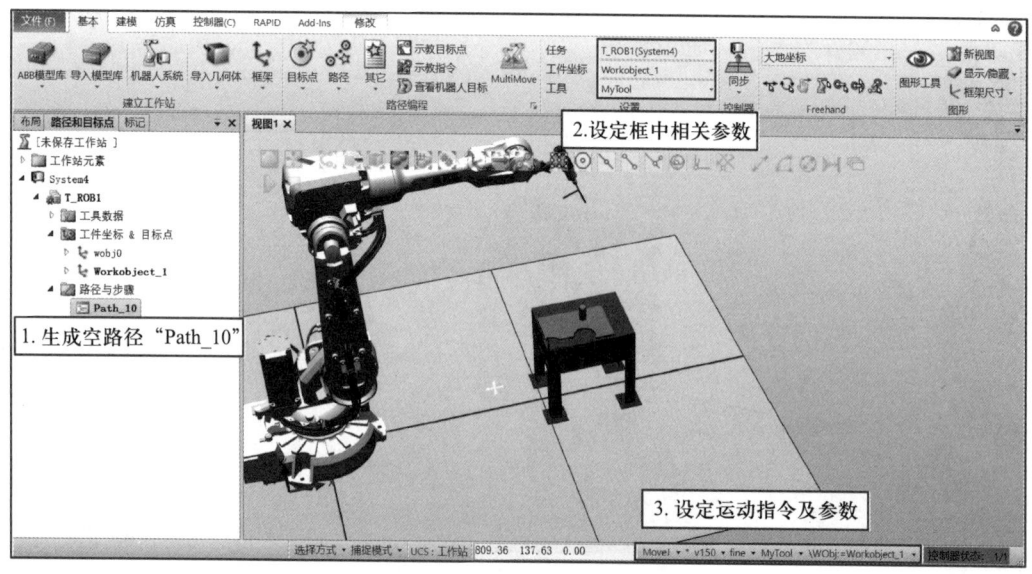

图2-59 生成空路径"Path_10"

（3）创建机器人起始路径

① 选择示教机器人运动轨迹的初始位置目标点，单击"Freehand"中的"手动线性"。

② 拖动机器人到合适的位置。

③ 单击"示教指令"，在左侧"路径和目标点"栏中生成相应的运动指令"MoveJ Target_10"，如图 2-60 所示。

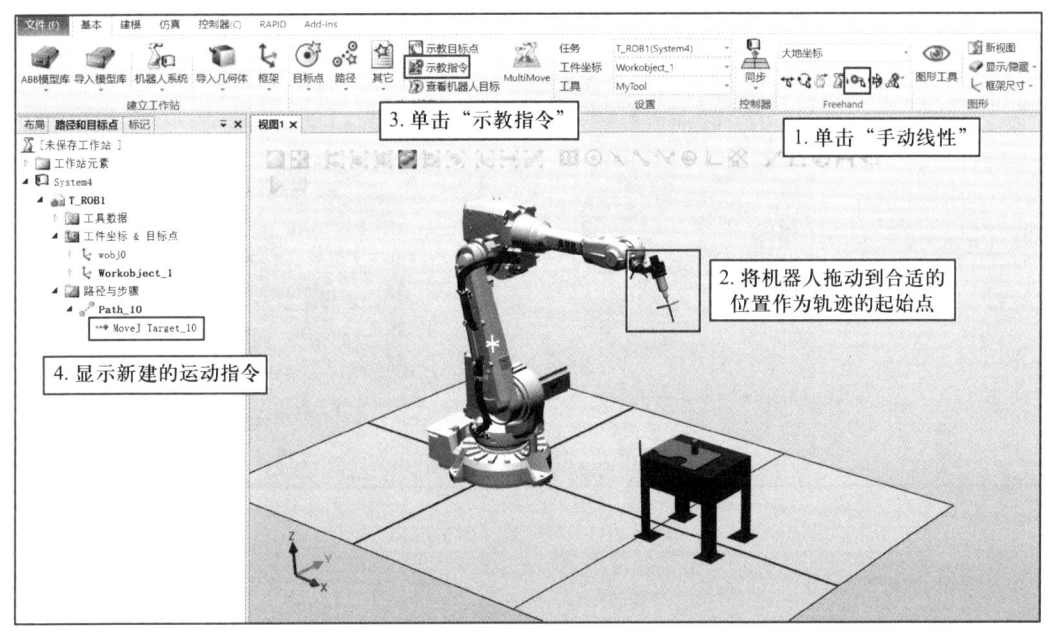

图 2-60　创建机器人起始路径

（4）示教第一个目标点

① 选择"捕捉末端"。

② 拖动机器人到第一个目标点。

③ 单击"示教指令"，在左侧"路径和目标点"栏中生成相应的运动指令"MoveJ Target_20"，如图 2-61 所示。

（5）示教第二个目标点

① 从第二个目标点到第五个目标点为直线运动，需要将运动指令"MoveJ"修改为"MoveL"。

② 拖动机器人到第二个目标点。

③ 单击"示教指令"，在左侧"路径和目标点"栏中生成相应的运动指令"MoveL Target_30"，如图 2-62 所示。

（6）示教第三个目标点

① 拖动机器人到第三个目标点。

② 单击"示教指令"，在左侧"路径和目标点"栏中生成相应的运动指令"MoveL Target_40"，如图 2-63 所示。

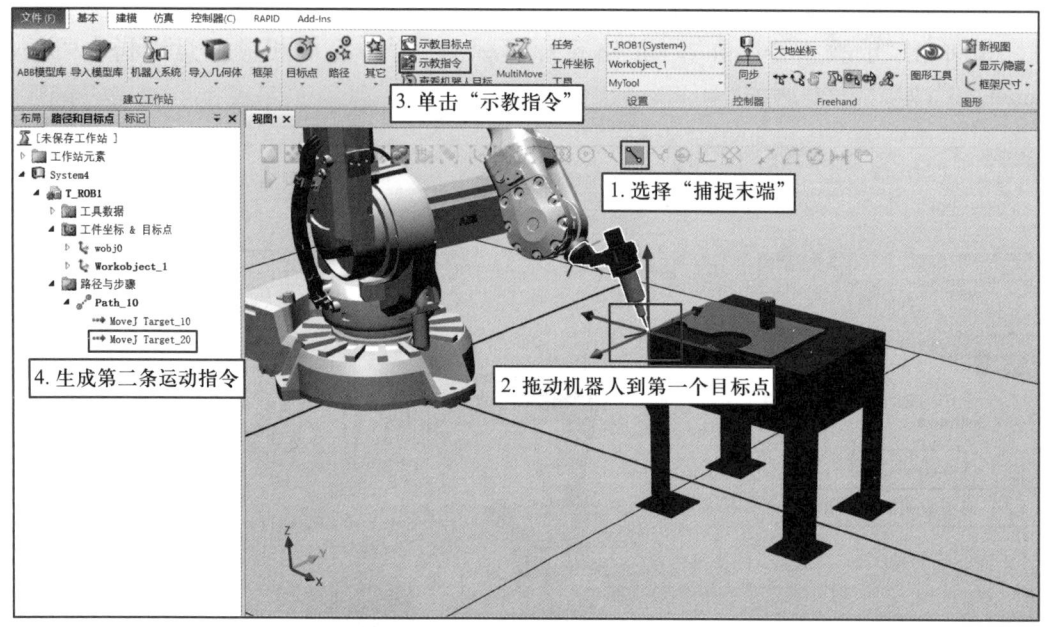

图 2-61 示教第一个目标点

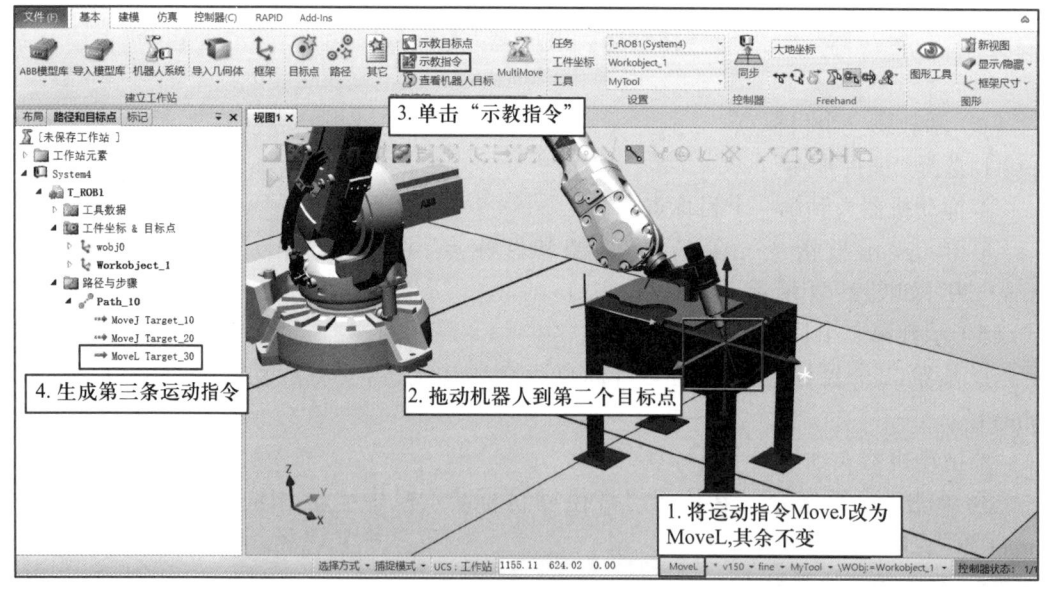

图 2-62 示教第二个目标点

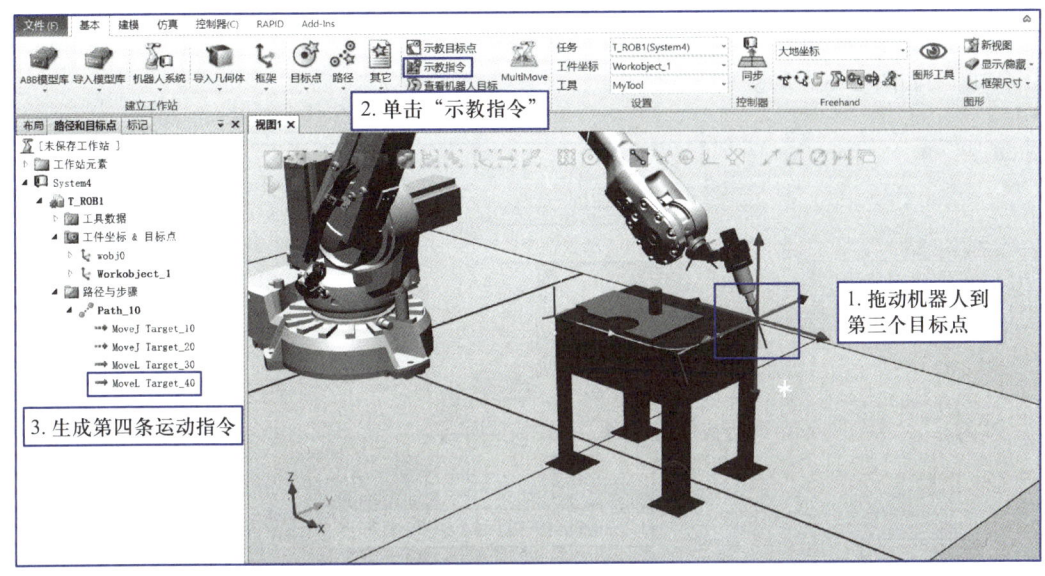

图 2-63　示教第三个目标点

（7）示教第四个目标点

① 拖动机器人到第四个目标点。

② 单击"示教指令"，在左侧"路径和目标点"栏中生成相应的运动指令"MoveL Target_50"，如图 2-64 所示。

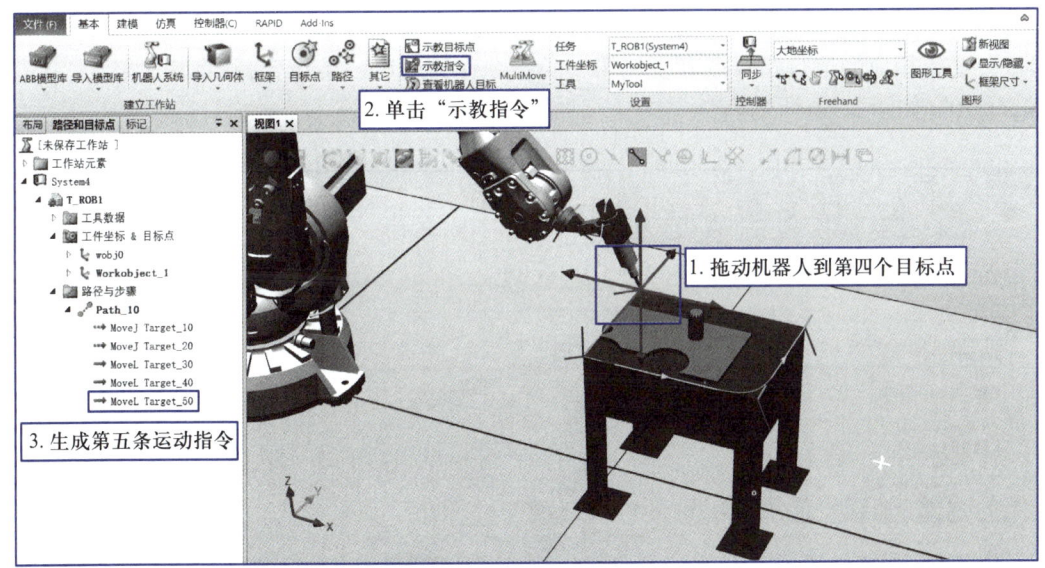

图 2-64　示教第四个目标点

（8）再次示教第一个目标点

① 拖动机器人回到第一个目标点，完成环工件 Curve_thing 的表面边缘行走一周的运动。

② 单击"示教指令",在左侧"路径和目标点"栏中生成相应的运动指令"MoveL Target_60",如图 2-65 所示。

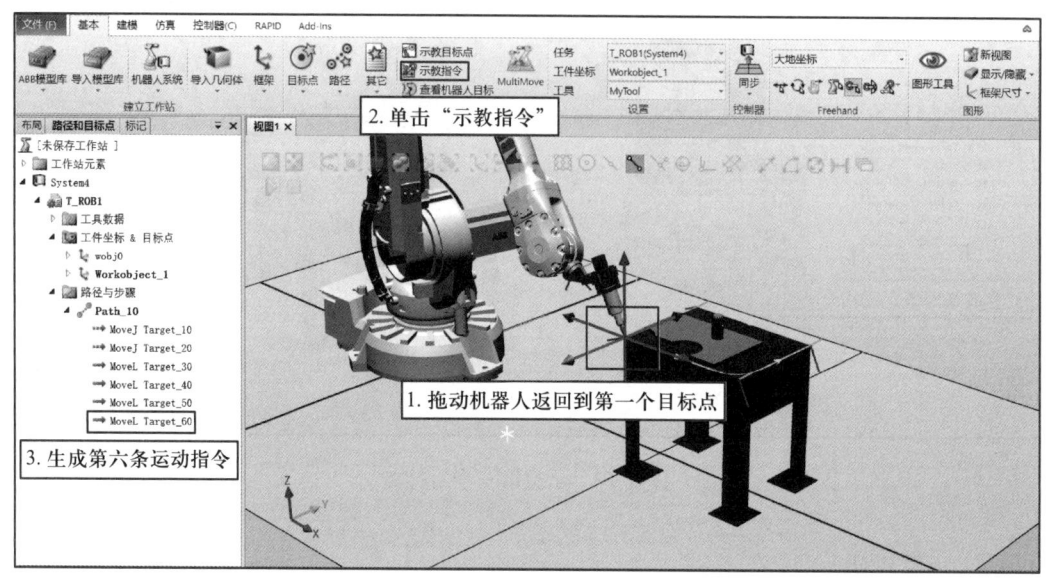

图 2-65　再次示教第一个目标点

(9) 创建机器人返回路径

路径轨迹创建完成后,机器人停留在图 2-65 中的第五个目标点(即第一个目标点)位置处。为便于机器人后续仿真运行,需将机器人工具拖动到起始位置处,然后单击"示教指令",生成相应的运行指令或者复制第一条指令作为最后一条指令,并将其命名为"MoveJ Target_70",如图 2-66 所示。

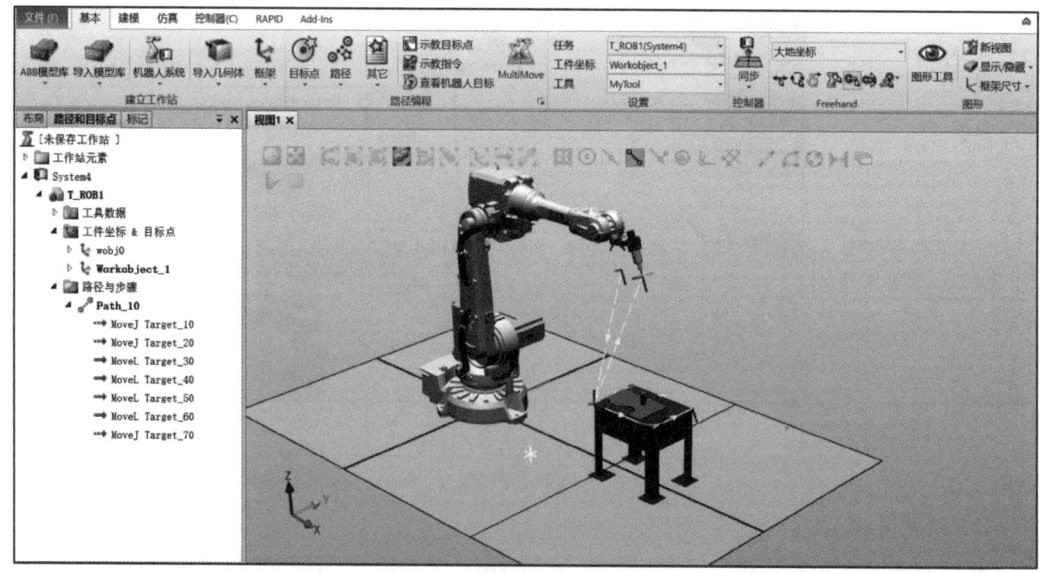

图 2-66　创建机器人返回路径

(10) 配置轴参数

设置完目标点路径后,需要对关节轴的参数进行配置,右键单击"Path_10",在弹出的菜单中选择"自动配置"→"所有移动指令",完成关节轴的自动配置,如图 2-67 所示。

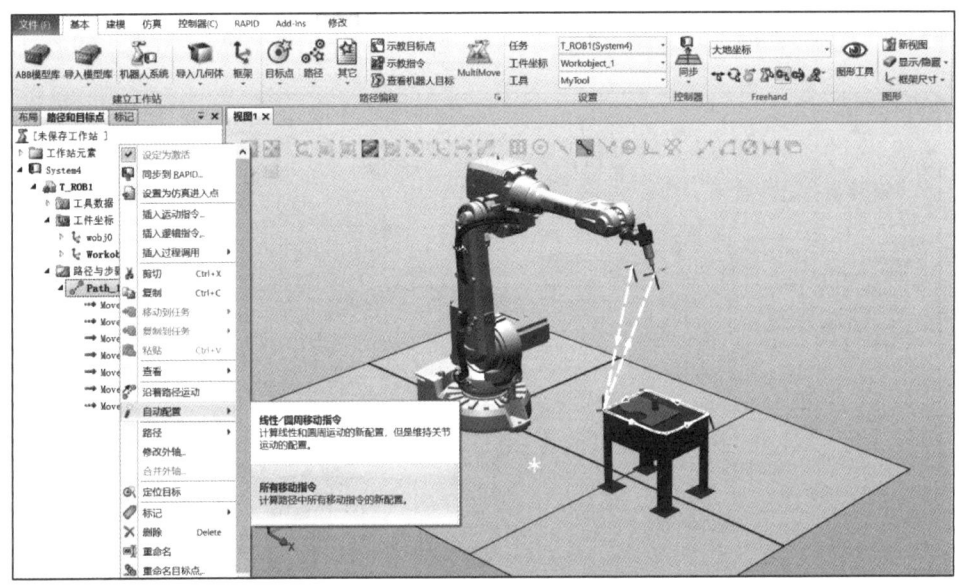

图 2-67　选择自动配置所有移动指令

(11) 沿规划路径运动

轴参数配置完成后,在仿真前可以检查机器人能否正常运行。右键单击"Path_10",在弹出的菜单中选择"沿着路径运动",若没有问题,则机器人将沿着创建的路径运动一个循环;若存在问题,则需要根据相应的输出提示信息修改路径,直至路径正确无误,如图 2-68 所示。

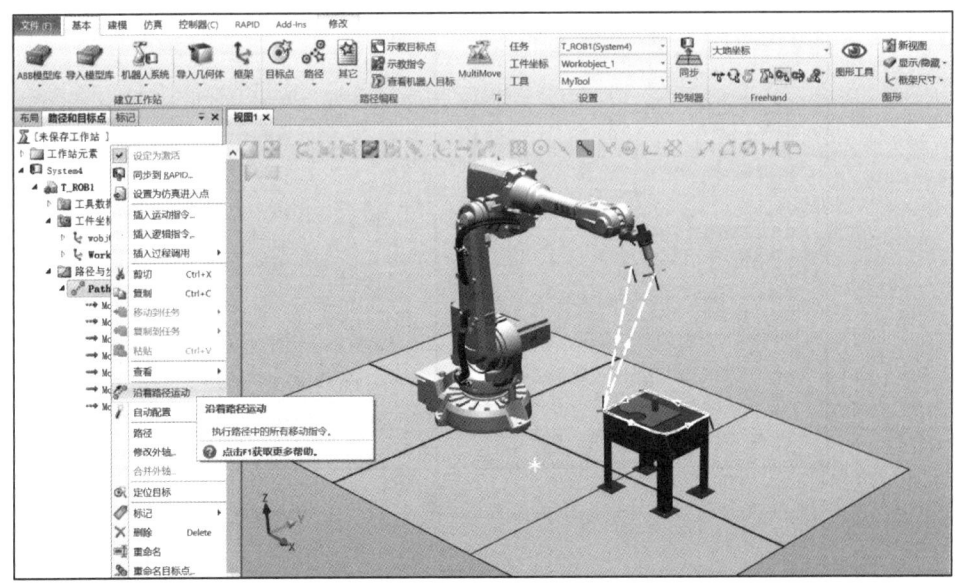

图 2-68　沿规划路径运动

2.3.4 位置法创建工件坐标

创建工件坐标除 2.3.2 节讲的三点法以外，还可以通过位置法进行创建。位置法创建工业机器人工件坐标的具体方法如下：

（1）在"基本"功能选项卡中，单击"其它"，选择"创建工件坐标"，如图 2-69 所示。

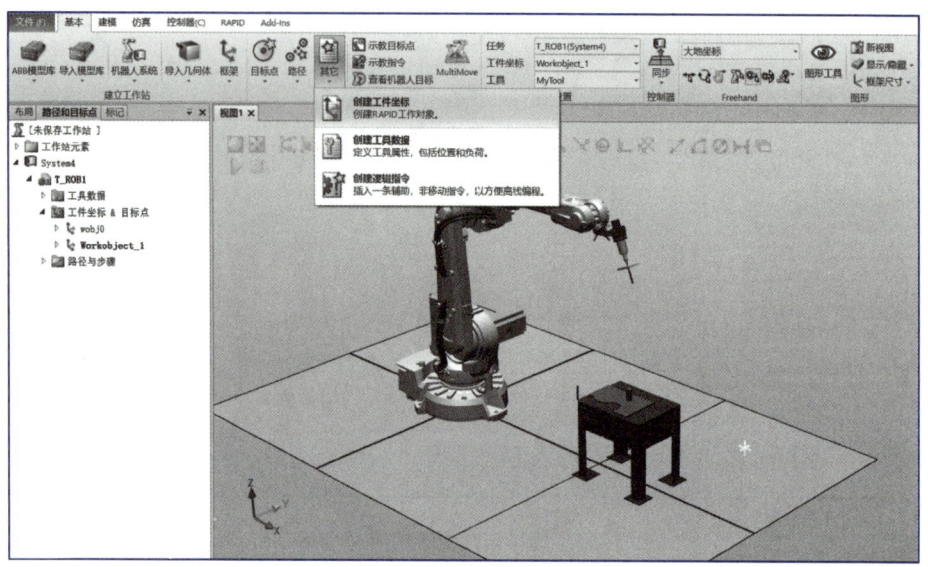

图 2-69　创建工件坐标

（2）在"视图"工具栏中选择合适的工具，在"创建工件坐标"栏中，工件坐标的默认名称是"Workobject_1"，可根据实际情况进行修改，如图 2-70 所示。

（3）单击"创建工件坐标"栏中的"取点创建框架"，选择"位置"，如图 2-71 所示。

 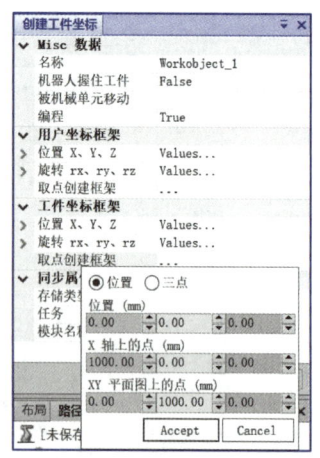

图 2-70　设置工件坐标相关参数　　图 2-71　位置法创建工件坐标

（4）选择"位置"及对应的点，然后选择 X 轴上的点和 X、Y 平面图上的点，创建坐标原点，如图 2-72 所示。

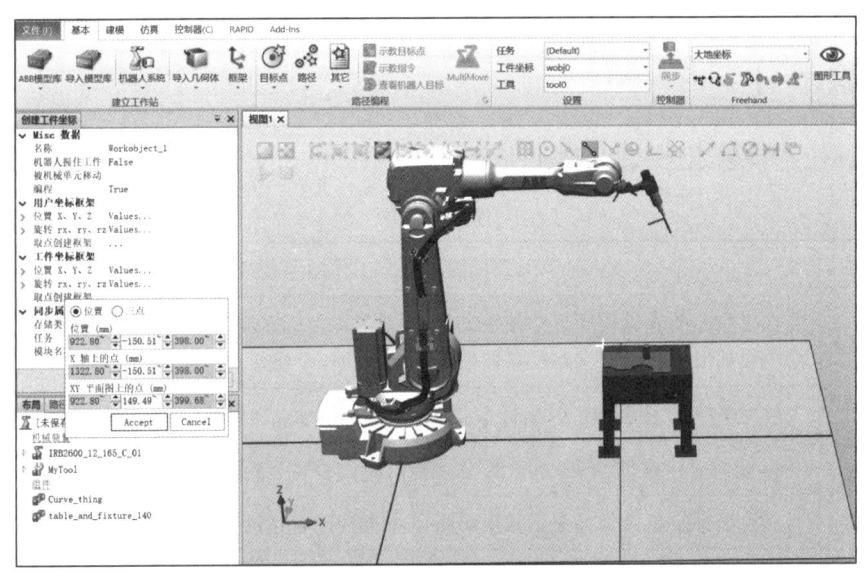

图 2-72 创建坐标原点

（5）确认三个点的数据生成后，单击"Accept"，然后单击"创建"，完成工件坐标的创建，如图 2-73 所示。

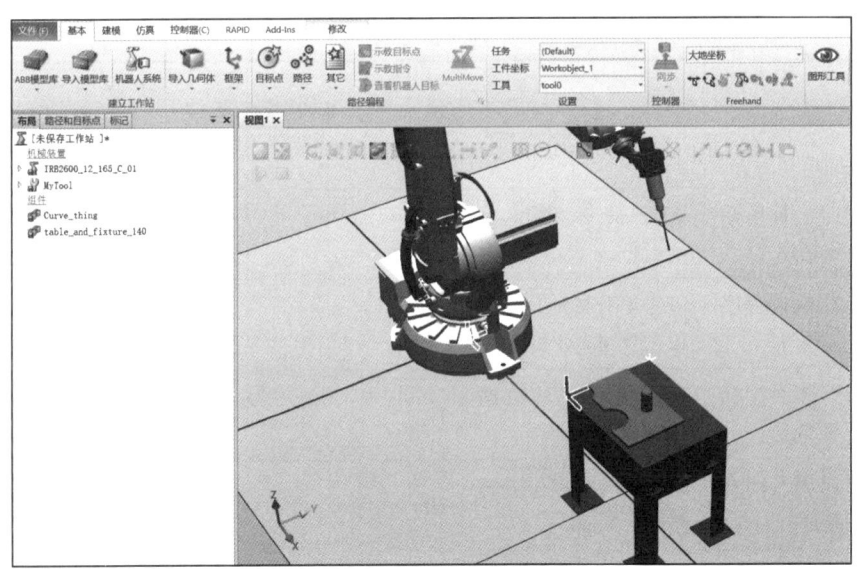

图 2-73 工作坐标创建完成

创建工件坐标的作用主要有两个方面：
（1）重新定位工作站中的工件时，只需要修改工件坐标的位置，所有路径即可随之更新。
（2）允许操作以外轴或传送导轨移动的工件，因为整个工件可连同其路径一起移动。
本任务介绍创建工件坐标与轨迹程序的方法，使学习者掌握和理解创建工件坐标的方法和意义，学会创建运动轨迹并能够对运动轨迹程序进行简单修改。

[能力验评]

请根据任务单完成任务,并填写评价表。

任 务 单

任务名称	仓储码垛基本工作站路径规划	
任务背景	在已构建的仓储码垛工作站基础上,需对码垛目标区域进行工件坐标系标定,并规划单层物料抓取路径。要求路径需覆盖1层垛型的4个目标点	
任务目标	1. 使用三点法创建工件坐标系;2. 示教4个目标点轨迹程序;3. 完成轨迹闭环验证	
技术参数	1. 坐标标定误差≤±3 mm;2. 轨迹点间距误差≤±5 mm;3. 路径闭合误差≤±3 mm	
任务流程	三点法标定工件坐标→示教矩形路径→创建闭合运动程序	
任务内容	1. 工件坐标参数表;2. 轨迹程序截图(含4个MoveL指令);3. 路径闭合验证数据	
成果要求	轨迹程序需包含起始/结束的MoveJ指令,不要求速度优化	
小组成员		
计划用时		开始时间

评 价 表

评价维度	评价指标	评价标准	分值	个人自评	小组互评	教师评价	企业导师评价	观测依据
知识与技能(50分)	1. 坐标系标定精度	X/Y/Z轴标定误差≤±3 mm	15					工件坐标参数表(含误差计算)
	2. 轨迹程序完整性	包含4个MoveL指令和2个MoveJ指令	15					程序截图(标注指令类型)
	3. 工具坐标系绑定	正确关联工具数据MyTool	10					工具配置界面截图
	4. 路径闭合验证	起始点与终点位置偏差≤±3 mm	10					坐标对比数据表
方法与过程(35分)	1. 三点法操作规范性	完成三点法的标定步骤(选点-确认-生成)	15					操作过程录屏片段(2 min以内)
	2. 异常修正能力	能修正关节轴超限或路径干涉错误	10					错误日志及修正说明
	3. 数据记录完整性	提供完整的工件坐标参数表(含X/Y/Z/O/A/T值)	10					参数表文档

续表

评价维度	评价指标	评价标准	分值	个人自评	小组互评	教师评价	企业导师评价	观测依据
团队协作（10分）	1. 角色分工	明确标定员/编程员角色	5					分工表（含成员签名）
	2. 过程文档共享	共享标定数据/程序版本	5					云盘共享记录截图
创新实践（5分）	路径优化	添加注释说明关键点功能	5					程序注释截图
综合评价								

任务 4
仿真运行工业机器人系统与录制视频

[**任务描述**]

仿真运行工业机器人是按照已经设定好的程序运行机器人,以观察机器人是否按照程序设定的轨迹及动作来运行,当运动轨迹与预想有偏差时,要对轨迹程序进行修改。工业机器人系统创建完成并设置好相关参数后,即可进行仿真与演示,通过仿真演示,用户可以直观地看到机器人的运动情况,为后续的项目实施和优化提供依据。RobotStudio 仿真软件还提供了仿真视频和生成可执行文件功能,方便用户之间相互学习交流。

本任务介绍仿真运行工业机器人系统与录制视频的操作方法,使学习者能够对创建的机器人系统进行仿真运行,掌握录制视频的方法。

[**知识准备**]

2.4.1 了解 RAPID 编程语言

RAPID(Robot Application Programming Interface and Development)是 ABB 工业机器人的专用编程语言,类似于 VB,编程方式类似于组态软件 MCGS。它是一种英文编程语言,包含的指令可用于移动机器人、设置输出、读取输入,还能实现决策、重复其他指令、构造程序与系统操作员交流等功能。

1. RAPID 程序的基本组成及架构

程序模块与系统模块:RAPID 程序由程序模块和系统模块组成。通常,用户通过新建程序模块来构建机器人的程序,而系统模块多用于系统方面的控制。

程序模块的组成:每个程序模块包含程序数据、例行程序、中断程序和功能四种。可以根据不同的用途创建多个程序模块,如专门用于主控制的程序模块,用于位置计算的程序模块,用于存放数据的程序模块,以达到方便归类管理不同用途的例行程序与数据的目的。

2. RAPID 程序的功能

控制机器人动作:RAPID 程序中包含一连串控制机器人的指令,执行这些指令可以实现对机器人的控制操作,如移动机器人、设置输出、读取输入等。

实现逻辑控制:RAPID 程序可以实现决策、重复其他指令、构造程序与系统操作员交流等功能,从而实现复杂的逻辑控制。

与外部设备交互:RAPID 程序可以控制机器人与外部设备的交互,如读取传感器数据、控制外部设备的输出等。

3. RAPID 程序的应用场景

RAPID 编程广泛应用于汽车制造、电子装配、食品加工等多个行业。它支持从简单的单机器人操作到复杂的多机器人协作，都能实现精准控制。在自动化仓库、物流和组装等应用场景中，RAPID 编程可提高生产效率，减少人力成本，并确保生产过程的一致性。

4. RAPID 程序的学习资源

ABB 官方文档：RAPID 相关技术参考手册，可以帮助用户快速上手并深入学习 RAPID 编程。

RobotStudio 帮助文档：内置 RAPID 语法提示和示例程序。

RAPID 程序是 ABB 机器人实现自动化任务的核心，其模块化设计和丰富的指令能够满足从简单搬运到复杂工艺的广泛需求。掌握 RAPID 语法和调试技巧是高效使用 ABB 机器人的关键。建议学习者结合 RobotStudio 仿真与实际示教器操作进行实践学习。

[任务实施]

2.4.2 工作站系统仿真运行

1. 同步工作站

在 RobotStudio 中，为了保证虚拟控制器中的数据与工作站数据一致，需要同步虚拟控制器与工作站的数据。当工作站中数据修改后，需要执行"同步到 RAPID"，反之则需要执行"同步到工作站"。仿真运行前需将工作站数据同步到 RAPID 程序，具体有以下两种方式：

（1）在"基本"功能选项卡中，单击"同步"，选择"同步到 RAPID"，如图 2-74 所示。

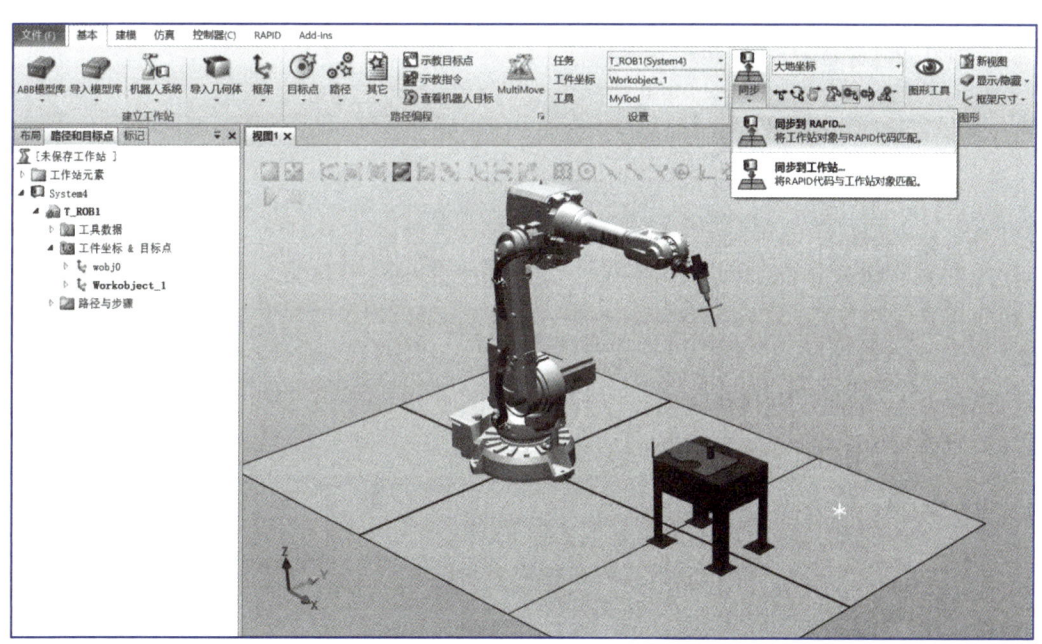

图 2-74　工作站数据同步到 RAPID 1

（2）在左侧"路径和目标点"栏中右键单击"Path_10"，选择"同步到 RAPID"，如图 2-75 所示。

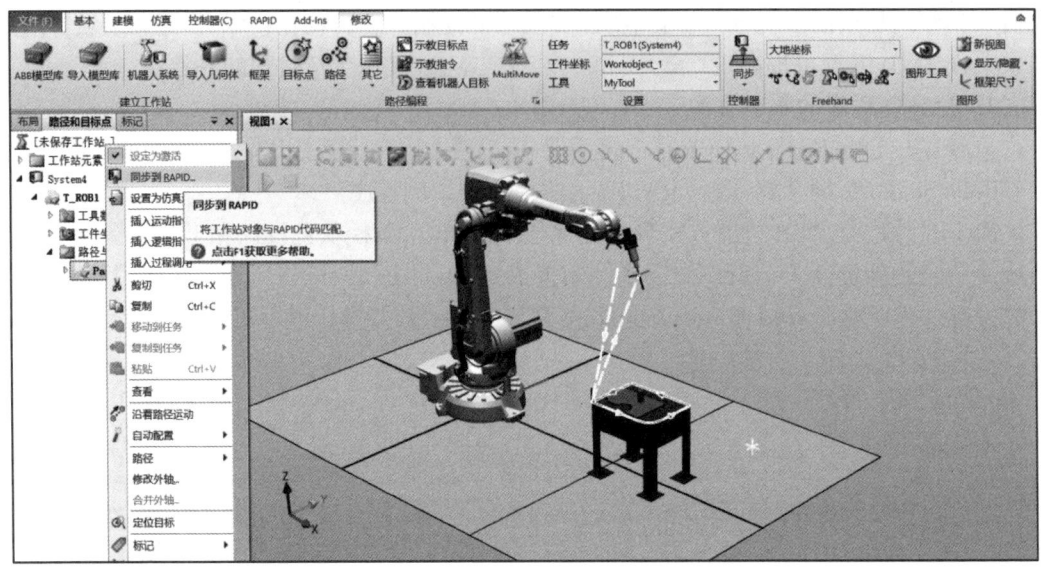

图 2-75　工作站数据同步到 RAPID 2

2. 设置同步参数

在"同步到 RAPID"对话框中选择需要同步的项目,然后单击"确定",一般全部勾选,如图 2-76 所示。

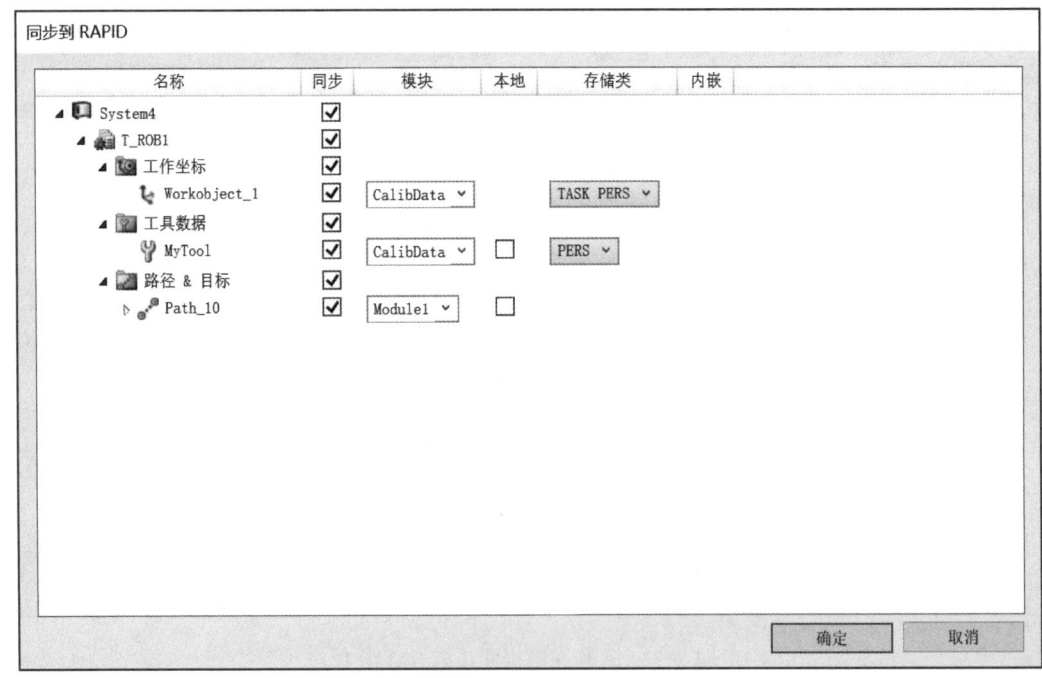

图 2-76　设置同步参数

3. 仿真设定

仿真设定即设定仿真程序的进入点是主程序 Main 还是某一条 Path 路径。本节中没有创建主程序 Main，故选择仿真"进入点"为"Path_10"，具体方法如下：

（1）在"仿真"功能选项卡中，单击"仿真设定"。

（2）在"仿真对象"输入框中单击"T_ROB1"，然后在"T_ROB1 的设置"中选择"进入点"为"Path_10"。

（3）单击"关闭"，完成设定，如图 2-77 所示。

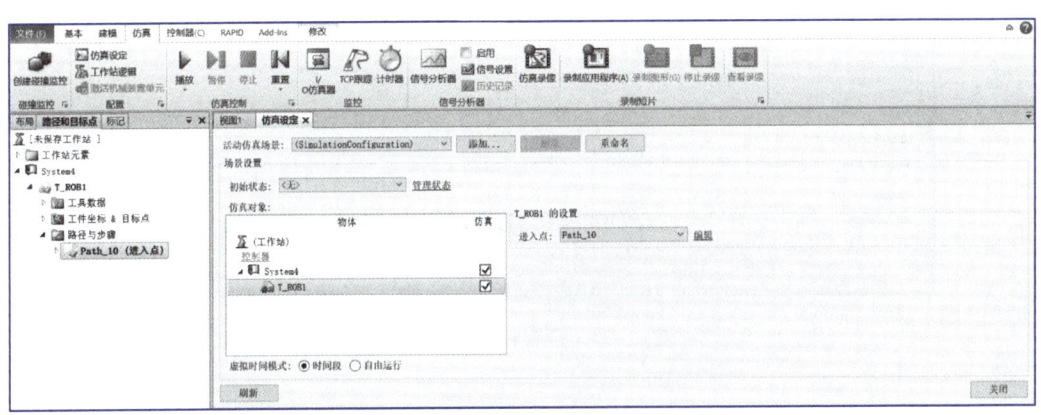

图 2-77　仿真设定

4. 仿真运行

在"仿真"功能选项卡中，单击"播放"，即可看到机器人按照之前示教的轨迹进行运动，如图 2-78 所示。单击"保存"，保存工作站。

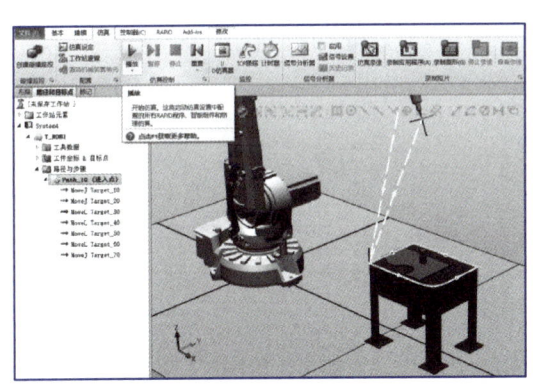
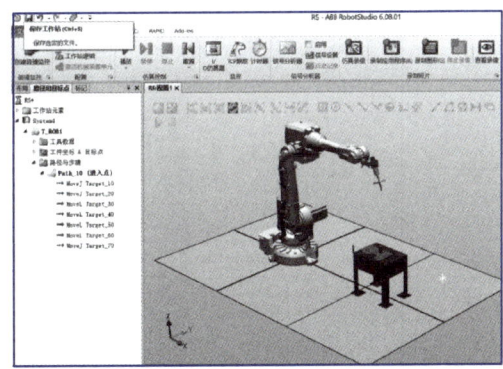

图 2-78　仿真运行并保存工作站

2.4.3　工作站仿真视频录制

为方便展示创建的工作站，RobotStudio 提供了仿真视频和仿真视图录制功能。录制前需设置屏幕录像的相关参数和保存路径。在"文件"功能选项卡中，单击"选项"，选择"屏幕录像机"，设置录像参数、保存路径等，然后单击"确定"，如图 2-79 所示。

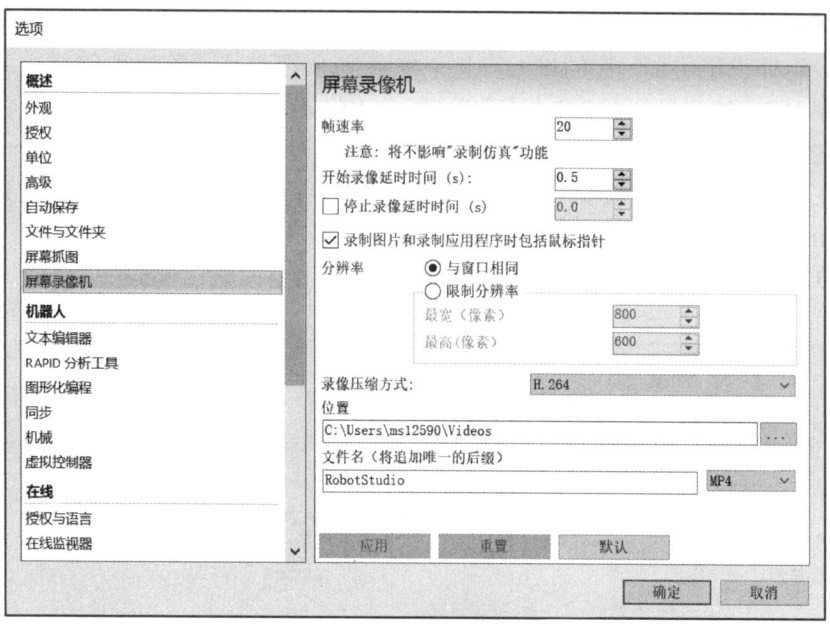

图 2-79　设置视频录制参数

1. 仿真录像

（1）在"仿真"功能选项卡中，单击"仿真录像"，再单击"播放"，仿真结束后仿真录像会自动停止，录制完成，如图 2-80 所示。

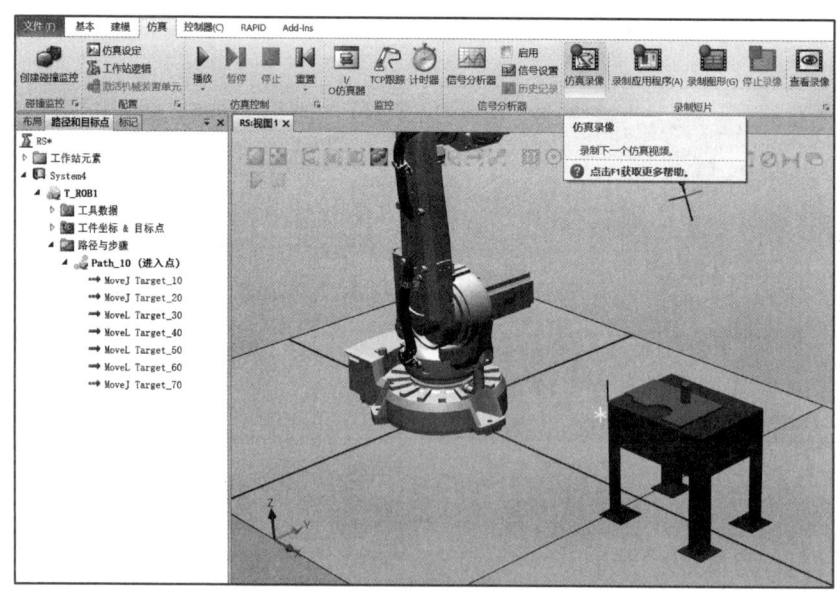

图 2-80　仿真录像

（2）录制的仿真视频保存后，随时可以查看。在"仿真"功能选项卡中，单击"查看录像"就可以打开之前的仿真视频，如图 2-81 所示。

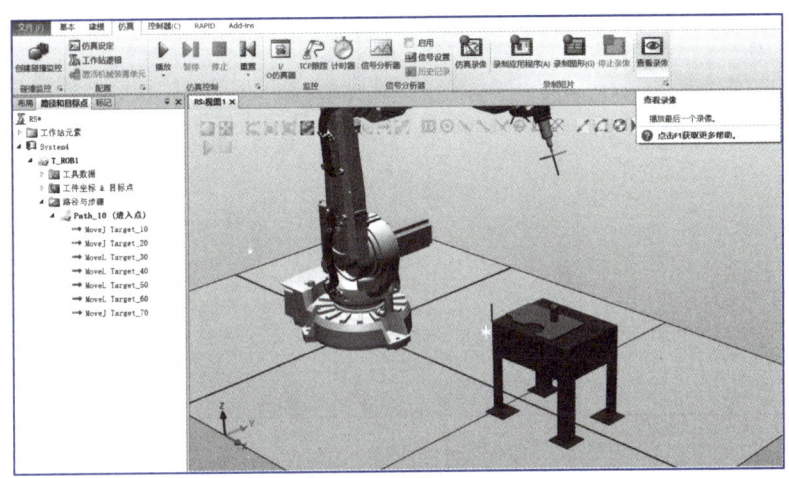

图 2-81　查看仿真录像

2. 录制图形

在"仿真"功能选项卡中，单击"播放"，再单击"录制图形"，即可完成计算机桌面活动图形的录制，如图 2-82 所示。

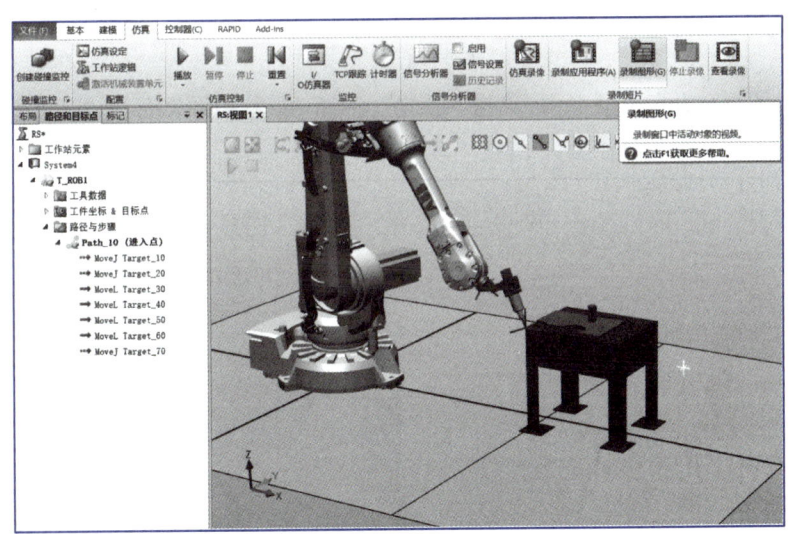

图 2-82　录制图形

3. 录制应用程序

在"仿真"功能选项卡中，单击"播放"，再单击"录制应用程序"，如图 2-83 所示。

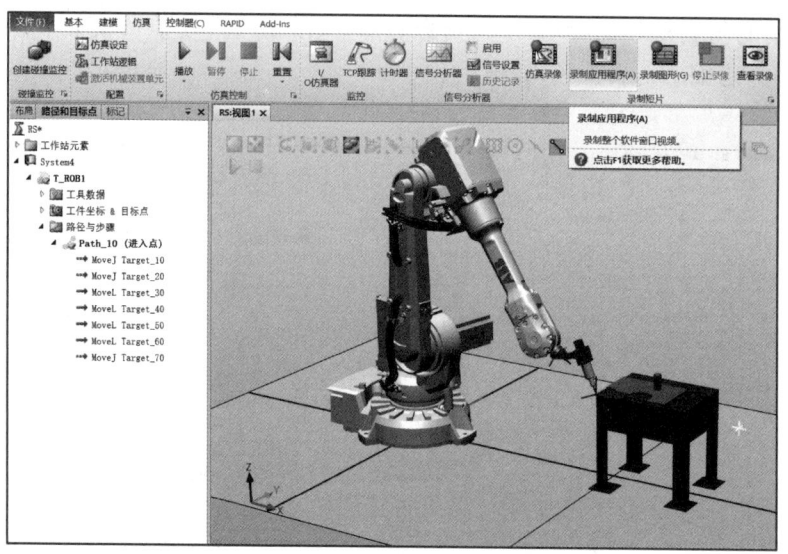

图 2-83　录制应用程序

录制图形与录制应用程序操作都可录制 RobotStudio 界面中活动的图形,具有屏幕录像机的功能。

2.4.4　工作站工程文件录制

为方便在第三方平台更为真实、全面地展示创建的工作站,RobotStudio 提供了"录制视图"的强大功能,可将工作站仿真运行过程录制成 .exe 可执行文件,能够便捷、全方位地展示三维工作站。

(1)在"仿真"功能选项卡中,单击"播放",选择"录制视图",如图 2-84 所示。

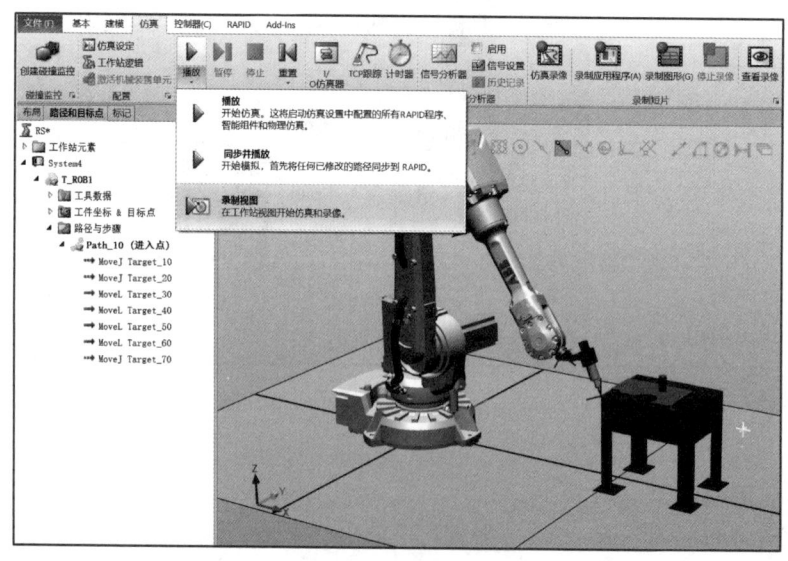

图 2-84　录制视图

（2）录制视图完成后，在弹出的"另存为"对话框中指定保存位置，然后单击"保存"，如图 2-85 所示。

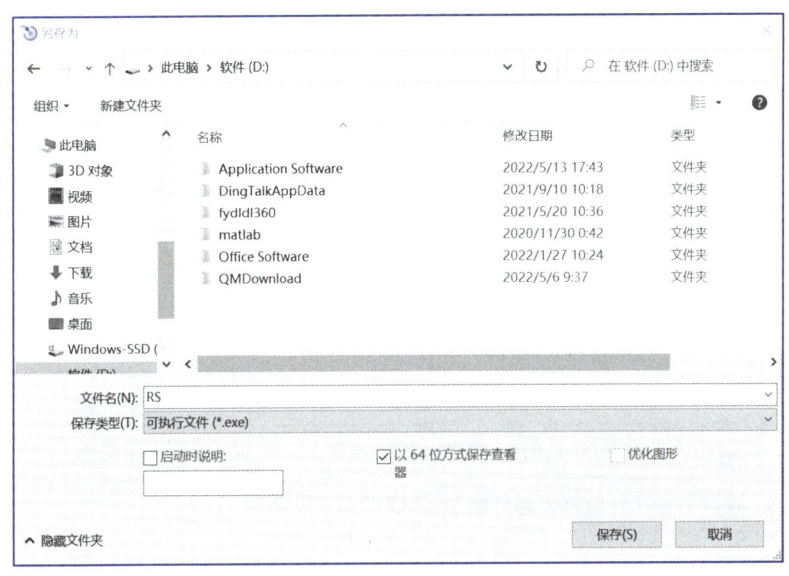

图 2-85　保存录制的视图文件

（3）视频录制完成后，可双击打开保存的 .exe 文件，单击"Play"，即可观看工作站的仿真运行情况，如图 2-86 所示。

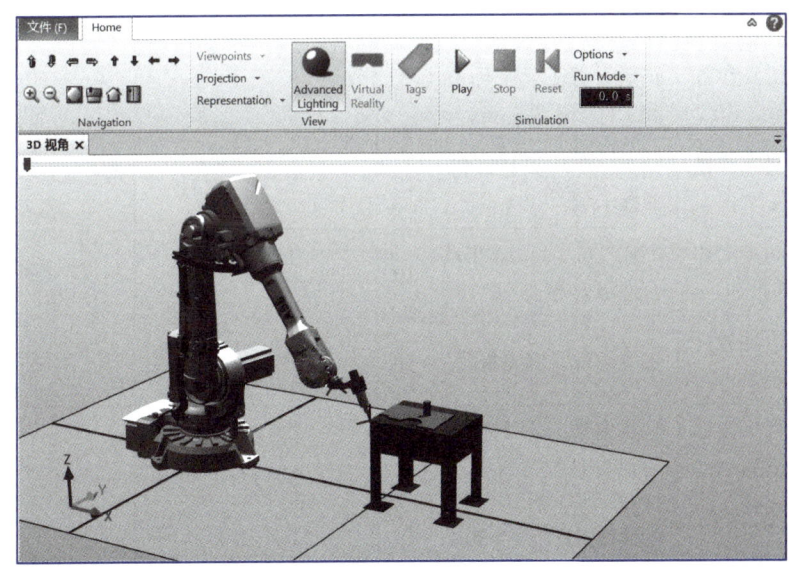

图 2-86　观看工作站仿真运行情况

此时，可以通过 Ctrl+鼠标左键来移动或转动以及放大或缩小工作站，从不同方位观察工作站仿真运行情况。仿真视图提供了脱机展示机器人工作站的便捷方式。

[能力验评]

请根据任务单完成任务,并填写评价表。

任 务 单

任务名称	仓储码垛基本工作站单层路径验证与演示录制
任务背景	基于任务3创建的单层轨迹程序,需验证路径准确性并生成演示视频。要求视频清晰展示单层码垛过程,包含工具运动轨迹特写
任务目标	1. 完成工作站同步配置;2. 实现单层轨迹仿真;3. 录制标准演示视频
技术参数	1. 仿真速度≥50%;2. 视频分辨率≥720 P;3. 视频时长≤60 s
任务流程	同步到RAPID程序→设置仿真参数→录制操作视频
任务内容	1. 仿真参数配置截图;2. 仿真运行录屏文件;3. 视频参数说明文档
成果要求	视频需包含完整路径循环演示,不要求多角度剪辑
小组成员	
计划用时	开始时间

评 价 表

评价维度	评价指标	评价标准	分值	个人自评	小组互评	教师评价	企业导师评价	观测依据
知识与技能(50分)	1. 仿真参数配置	正确设置工具坐标系和工件坐标系	15					仿真配置界面截图
	2. 视频质量标准	分辨率≥720 P且画面无卡顿	15					提交MP4视频文件
	3. 同步操作完整性	完成"同步到RAPID"全选项勾选	10					同步操作截图
	4. 仿真运行稳定性	连续运行3次无报错	10					仿真运行日志
方法与过程(35分)	1. 镜头设计规范性	包含全景/工具末端特写镜头	15					视频文件(标注时间节点)
	2. 参数配置修正能力	能调整仿真速度≥50%	10					参数修改记录表
	3. 文件管理规范性	按标准命名保存视频文件(例:组号_任务4.mp4)	10					文件目录截图

续表

评价维度	评价指标	评价标准	分值	个人自评	小组互评	教师评价	企业导师评价	观测依据
团队协作（10分）	1. 任务协调性	完成录制员/测试员角色分配	5					分工表（含成员签名）
	2. 资源共享	共享仿真参数配置方案	5					文件共享记录截图
创新实践（5分）	视角优化	添加自定义摄像机视角	5					视频中多视角切换片段
综合评价								

总结：

本项目基于RobotStudio平台，以IRB2600工业机器人模型为载体，通过"基础工作站搭建-数字孪生系统开发-典型应用拓展"的三阶递进模式，系统培养学习者在模型选型、控制器配置、I/O信号映射等关键技术环节的实践能力。项目融入仓储码垛等工程案例，重点训练工件坐标系标定、多模式运动操控（关节/线性/重定位）、路径优化及虚拟PLC联调等核心技能，通过虚实融合的垛型计算、防碰撞检测和食品企业真实工况，构建学习者解决实际问题的能力体系，为智能制造系统规划与运维岗位培养具备数字化产线集成思维的复合型技术人才。

[技术前沿]

数字孪生技术在制造业中的应用

随着信息技术的飞速发展，数字孪生技术逐渐成为制造业转型升级的重要支撑。该技术通过构建物理实体的数字化模型，实现对产品全生命周期的模拟、监控和优化，为制造业带来了前所未有的机遇与挑战。下面将详细介绍数字孪生技术在制造业中的应用，旨在拓宽学习者的知识面，帮助其更好地理解这一前沿技术。

1. 什么是数字孪生技术

数字孪生技术是指通过集成实时数据、历史数据等多种来源，利用原理、机制和流程模型等工具，创建一个精确地实时反映实体对象状态的数字模型。其技术架构通常包括物理层、数据层、模型层和功能层。在制造业中，数字孪生技术可以应用于产品设计、生产制造、设备维护等多个环节，帮助制造商提高生产效率、降低成本、提升产品质量。

2. 数字孪生技术在制造业中的应用领域

（1）产品设计与研发

在产品设计与研发阶段，数字孪生技术可以创建产品的虚拟模型，通过模拟产品在不同条件下的性能，提前发现和解决问题，减少原型开发成本和时间。设计师可以更好地理解产品在实际使用中的表现,从而优化设计方案,提高产品的可靠性和性能。

(2)生产制造

在生产制造阶段,数字孪生技术可以用于虚拟调试,优化生产流程,提高装配线的效率,减少制造缺陷。通过创建生产过程的数字孪生模型,制造商可以模拟生产过程中的各个环节,提前发现潜在问题,优化生产计划和资源配置。

(3)设备维护与管理

进行设备维护与管理时,数字孪生技术可以创建设备的数字孪生模型,通过实时监控设备的运行状态,预测设备故障,提前进行维护,减少停机时间。在制造业中,设备的故障往往会导致生产中断,造成巨大的经济损失。通过数字孪生技术,制造商可以实现对设备的实时监控和预测性维护,提高设备的可靠性和运行效率。

(4)供应链管理

在供应链管理中,数字孪生技术可以创建供应链的数字孪生模型,通过模拟供应链的运行情况,优化物流和库存管理,提高供应链的效率和响应速度。例如,在电子产品制造中,通过数字孪生技术优化供应链管理,可以减少库存成本,提高供应链的响应速度。

3. 数字孪生技术的应用案例

(1)汽车制造

某汽车制造厂利用数字孪生技术优化了生产线布局,减少了20%的生产周期。通过创建生产线的数字孪生模型,制造商可以模拟生产过程中的各个环节,提前发现潜在问题,优化生产流程,提高生产效率。此外,数字孪生技术还可以实现对生产过程的实时监控和优化,进一步提高产品质量和生产效率。

(2)电子产品制造

某电子产品公司通过实时数据分析,及时调整生产计划,使得生产效率提高了15%。通过创建产品的数字孪生模型,制造商可以模拟产品在不同条件下的性能,提前发现和解决问题,减少原型开发成本和时间。

(3)设备维护

在风力发电中,通过创建风力涡轮机的数字孪生模型,监测其性能,预测可能的故障并进行早期干预,可以提高风力发电的效率和可靠性。

4. 数字孪生技术的发展趋势

随着技术的不断进步,数字孪生技术正朝着更加智能化、集成化和普及化的方向发展。未来,数字孪生技术将与人工智能、物联网、云计算等技术深度融合,实现更加高效的生产管理和优化。例如,通过与人工智能技术的结合,数字孪生技术可以实现更加智能的故障预测和维护,提高设备的可靠性和运行效率。此外,数字孪生技术还将应用于更多领域,如医疗保健、交通运输、能源和环境等,为各行业的发展提供有力支持。

数字孪生技术在制造业中的应用前景广阔,它可以通过构建物理实体的数字化模型,实现对产品全生命周期的模拟、监控和优化,为制造商带来显著效益。未来,随着技术的不断进步和应用领域的不断拓展,数字孪生技术将为制造业的智能化升级和高质量发展提供更加有力的支持。

[思考与练习]

1. 将下列工作站搭建步骤按正确顺序排列（　　　）。
   A. 导入 IRB2600 机器人　　　　B. 创建工件坐标系
   C. 调整周边模型位置　　　　　　D. 安装 myTool 工具
   E. 录制仿真视频
2. 在 RobotStudio 中放置物体的方法有（　　　）。
   A. 2 种　　　　B. 3 种　　　　C. 4 种　　　　D. 5 种
3. （　　　）是正确的工业机器人操作使用注意事项。
   A. 在工厂内，为了确保安全，需注意"严禁烟火""高电压""危险"等标识；当电气设备起火时，应使用泡沫灭火器，切勿使用二氧化碳灭火器
   B. 工业机器人安装场所除操作人员以外，其他人员也能靠近
   C. 作为防止发生危险的手段，操作工业机器人时需穿戴好工作服、安全帽等
   D. 避免在工业机器人周围做出危险行为，接触工业机器人或周边机械有可能造成人身伤害
4. ABB 机器人工件坐标系定义采用（　　　）。
   A. 两点法　　　B. 三点法　　　C. 四点法　　　D. 五点法
5. （　　　）不是手动重定位模式。
   A. 快速定位　　B. 紧急停止　　C. 安全避让　　D. 创建系统
6. 如果需要在没有安装 RobotStudio 的计算机上查看机器人运行状态，可以将工作站（　　　）。
   A. 屏幕截图　　B. 制作成小程序　　C. 保存文件　　D. 录制视频
7. 搬运玻璃瓶时应选用的工具末端执行器是（　　　）。
   A. 机械夹爪　　B. 真空吸盘　　C. 电磁　　　　D. 焊枪
8. 某食品厂需搭建每小时码垛 480 箱（10 kg/箱）的工作站，要求负载安全系数≥1.2，请从以下型号中选择最合适的机器人（　　　）。
   A. IRB120（负载为 5 kg）　　　　B. IRB2600（负载为 12 kg）
   C. IRB4600（负载为 20 kg）　　　D. IRB6700（负载为 300 kg）
9. 若 IRB2600 的 X 轴移动速度为 200 mm/s，Y 轴旋转速度为 30°/s，则 propeller table 沿 X 方向移动 500 mm 并绕 Y 轴旋转 90°的总耗时为（　　　）。
   A. 2.5 s　　　　B. 3 s　　　　C. 5.5 s　　　　D. 6 s
10. 发现同事未佩戴安全帽操作示教器，正确的处理方式是（　　　）。
    A. 立即切断电源　　　　　　　B. 口头提醒并报告安全员
    C. 协助完成操作以加快进度　　D. 录制视频作为反面案例

项目 3
工业机器人仿真模型创建

创建工业机器人工作站时,需要创建或者导入不同类型的三维模型、机械装置和机器人工具。本项目将介绍 RobotStudio 部分建模功能,包括基本模型创建、测量工具的使用、机械装置的创建、机器人工具的创建等。通过本项目的学习,学习者可以系统掌握创建工作站系统模型的基本方法和技巧,能够处理一般机械装置模型的创建,并能够创建和安装自定义的机器人工具。

[项目目标]

1. 知识目标
(1)掌握 RobotStudio 基础几何体建模原理及参数化设计方法
(2)理解第三方 CAD 模型导入的格式转换规范与兼容性处理要点
(3)掌握测量工具在虚拟调试中的应用场景与误差分析方法
(4)理解机械装置运动学原理与关节参数配置方法
(5)掌握机器人工具坐标系定义与载荷参数匹配原则

2. 能力目标
(1)能运用 RobotStudio 完成典型工业场景的几何体建模与装配
(2)能实现 SolidWorks/UG 等三维软件的模型导入与拓扑优化
(3)能使用测量工具完成工作站布局验证与干涉检查
(4)能构建包含旋转/平移关节的简易机械装置
(5)能设计满足工艺要求的定制化机器人工具并完成负载验证

3. 素养目标
(1)培养符合 ISO 标准的三维建模规范意识
(2)强化虚拟调试中的工程思维与数据验证习惯
(3)建立工业场景下的安全间距与容差设计理念
(4)提升团队协作中的模型版本管理与数据交接能力
(5)培育基于数字孪生的工艺优化创新意识

创建基本模型

[任务描述]

RobotStudio 可以根据需要创建一些简单的模型,对模型的位置、尺寸、颜色等进行设定,用来仿真验证如节拍、到达能力等,如果对周边模型参数要求不高,可以使用 RobotStudio 软件的建模功能,用简单的等同实际大小的基本模型来代替,从而节约仿真验证时间,提高工作效率。在实际应用中,需要根据具体工作任务来创建工作站及其所用的模型,精度要求较高,通常使用第三方软件进行建模,如 UG NX、CATIA、SolidWorks 等主流软件,并通过.stp、.sat、.igs 等格式导入到 RobotStudio 中来完成建模布局工作。

本任务通过 RobotStudio 创建矩形体、圆柱体、组合体模型,让学习者熟悉 RobotStudio 建模功能和流程,为创建其他模型打下基础。

[知识准备]

3.1.1 基础几何体建模

1. 基础几何体建模的作用

对于矩形体来说,可以通过定义设备安装空间,例如汽车焊装线工作台、机器人底座、安全围栏等提前进行空间占位规划,另外还可以生成工业机器人运行的包络体。使用矩形体作为模型的意义在于它可以替代复杂 CAD 模型,提升仿真速度,同时可以减少模型细节以适配低配硬件。

对于圆柱体来说,它可以模拟轴类、孔类特征,例如定位销、气缸体,主要适用于对旋转对称结构的表达。另外,在打磨、喷涂工艺中可以生成圆形路径,进行运动轨迹验证。

对于圆锥体来说,它可以通过构建斜面结构规划导向与避碰方案,例如物料滑道、工具倒角等,也可以替代复杂曲面模型,例如铸造浇口杯。建模方法相似,不做赘述。

对于组合体来说,它可以构建模块化设备,例如夹具基板、定位销、传感器槽等,便于精确控制实际模块物理属性。

2. 工业级建模的原则

(1) 简化与细节平衡

保留特征:影响功能的几何元素(如定位面、装配孔)。

删除冗余:装饰性倒角、纹理模型面数。

(2) 精度分级原则

概念级模型:仅保留占位尺寸(如 AGV 通道宽 800 mm)。

工程级模型:包含关键特征。

生产级模型:集成物理属性(材质密度、摩擦系数)。

3. 基础几何体建模的意义

基础几何体建模是工业机器人虚拟仿真的基石,其价值不仅在于"形似",更在于通过标准化、参数化设计实现"神似"——模型功能与物理实体的一致性。通过将教材内容与汽车、3C、新能源等典型行业场景深度结合,使学习者掌握从简单几何体到复杂产线的系统构建能力,为智能制造时代的工程实践奠定坚实基础。

[任务实施]

3.1.2 矩形体创建

(1)新建空工作站。选择"文件"功能选项卡,依次单击"新建"→"空工作站"→"创建",建立一个新的工作站,如图 3-1 所示。

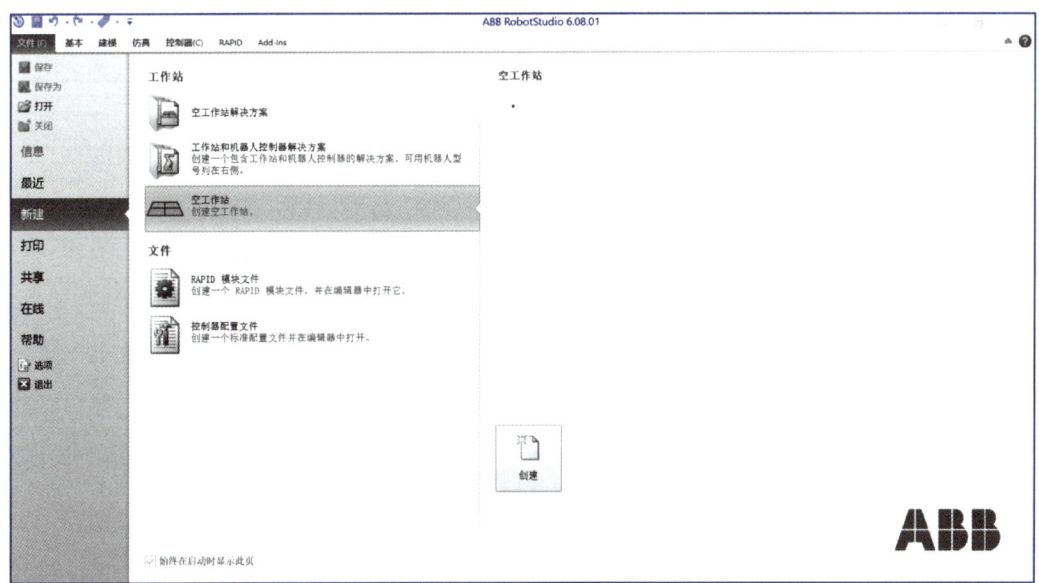

图 3-1 新建空工作站

(2)创建矩形体。选择"建模"功能选项卡,单击"固体",然后选择"矩形体",如图 3-2 所示。

(3)设定参数。在"创建方体"栏中设定长度为 1 000 mm,宽度为 600 mm,高度为 200 mm。单击"创建",创建矩形体完成,如图 3-3 所示。

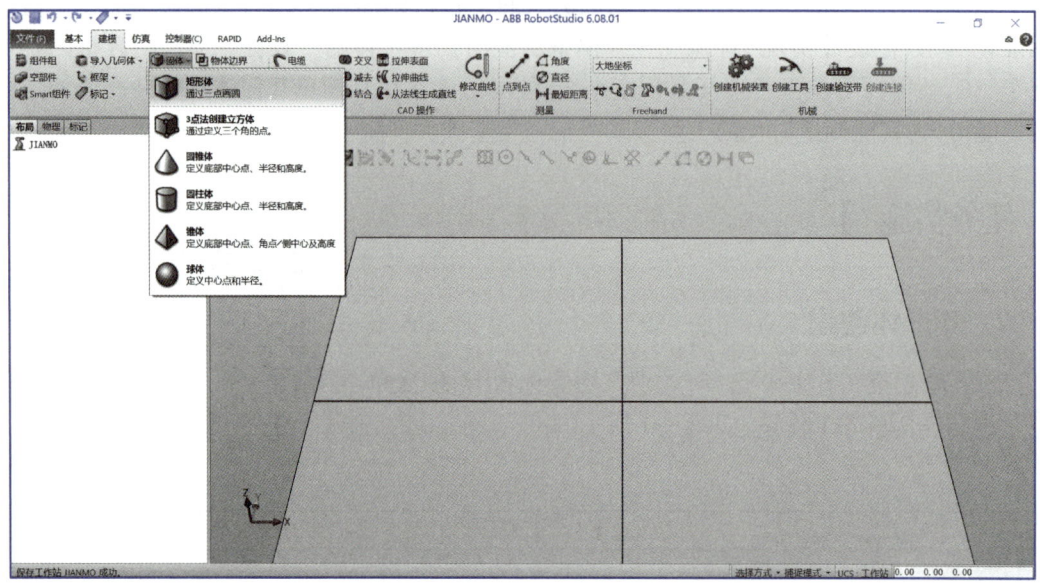

图 3-2 创建矩形体

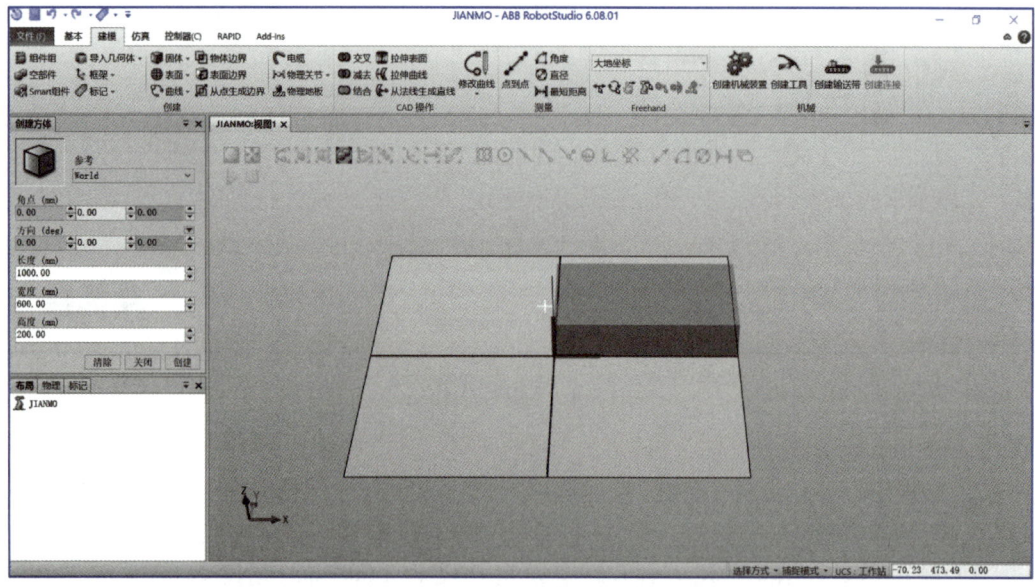

图 3-3 设定参数

（4）设定颜色。右键单击所创建的矩形体模型，在弹出的菜单中选择"修改（M）"→"设定颜色"，可将模型设定成所需要的颜色，如图3-4、图3-5所示。

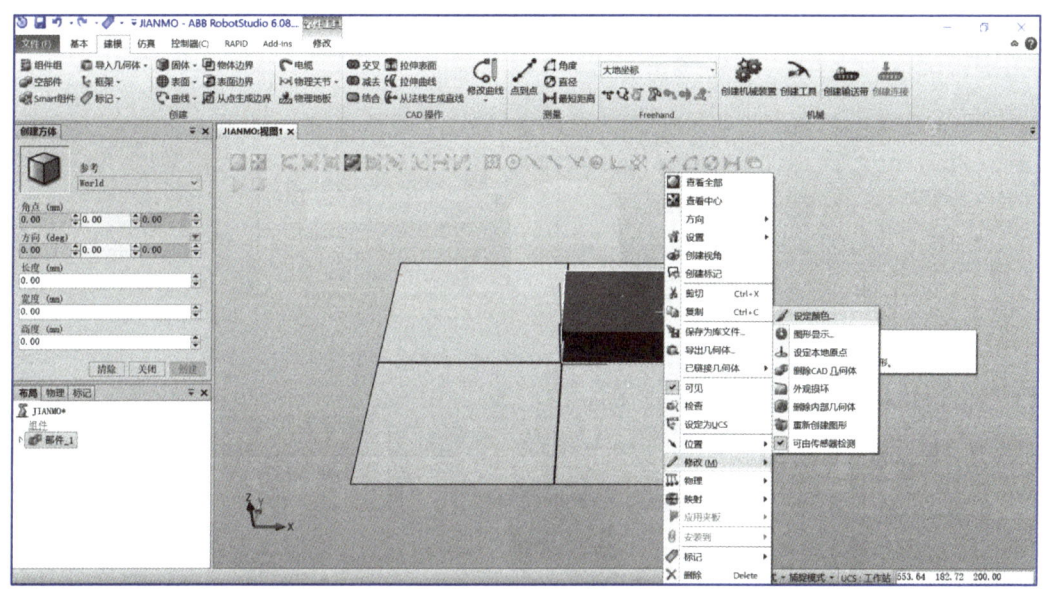

图3-4 设定颜色

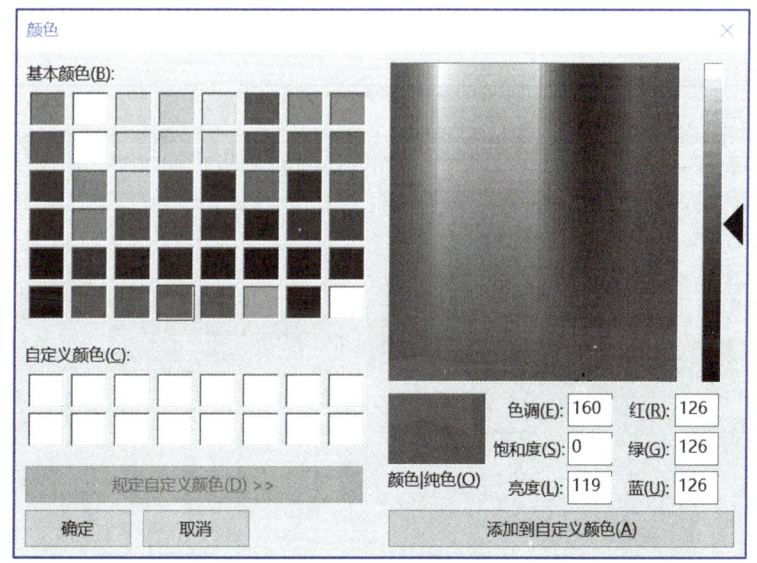

图3-5 选择颜色

在快捷菜单中选择"修改"后，可以看到，除了设定颜色外还可以进行图形显示、设定本地原点等操作。

（5）保存文件。右键单击矩形体模型，在弹出的菜单中选择"保存为库文件"，将创建的模型保存为库文件，也可选择"导出几何体"，方便以后创建类似模型时使用，如图3-6所示。

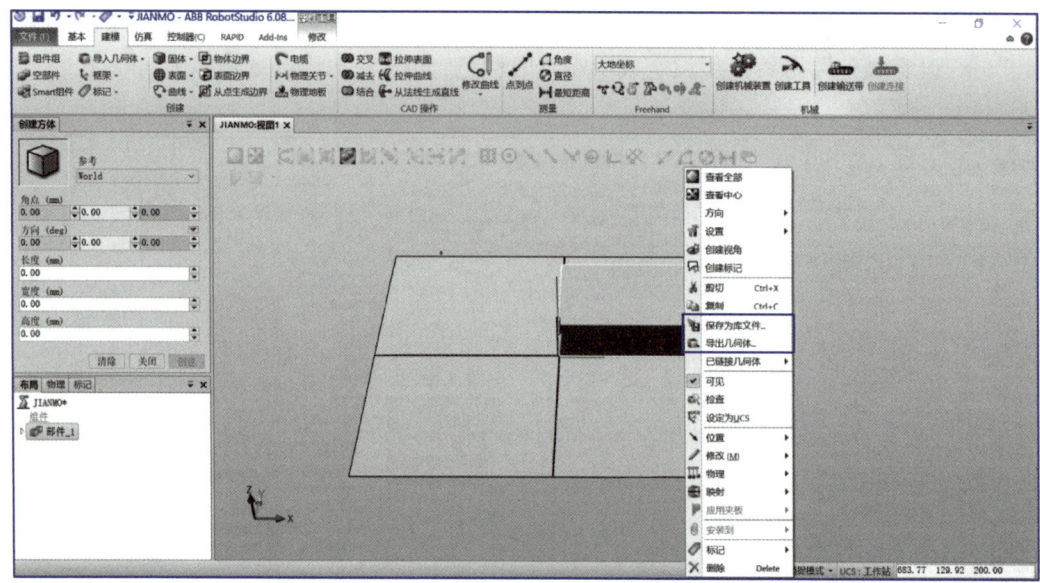

图 3-6　保存文件

3.1.3　圆柱体创建

（1）创建圆柱体。选择"建模"功能选项卡，单击"固体"，然后选择"圆柱体"，如图 3-7 所示。

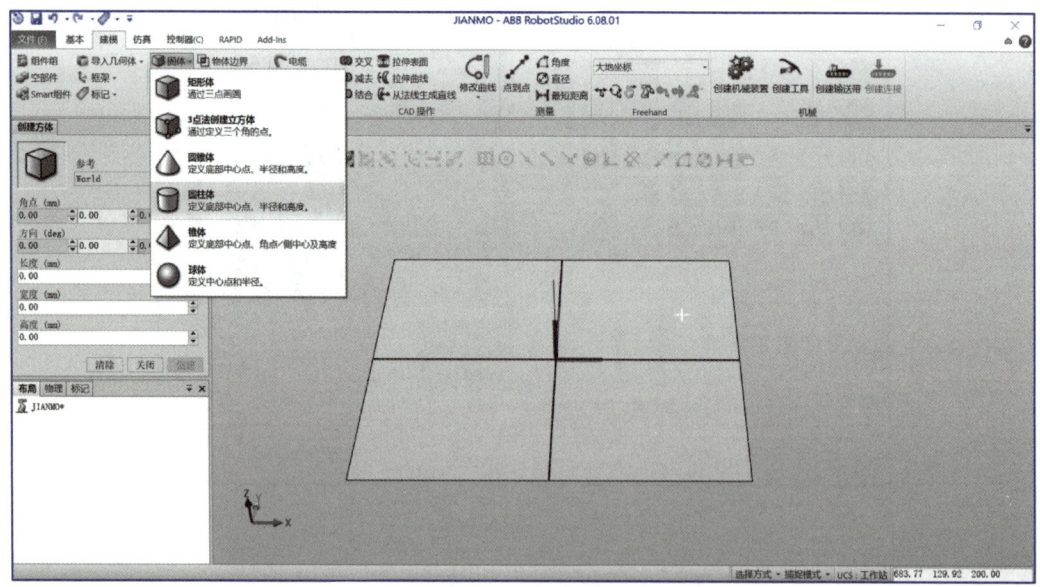

图 3-7　创建圆柱体

（2）设定参数。在"创建圆柱体"栏中设定基座中心坐标为（-400,200,0），半径为 300 mm，直径为 600 mm，高度为 400 mm。单击"创建"，创建圆柱体完成，如图 3-8 所示。

项目 3　工业机器人仿真模型创建

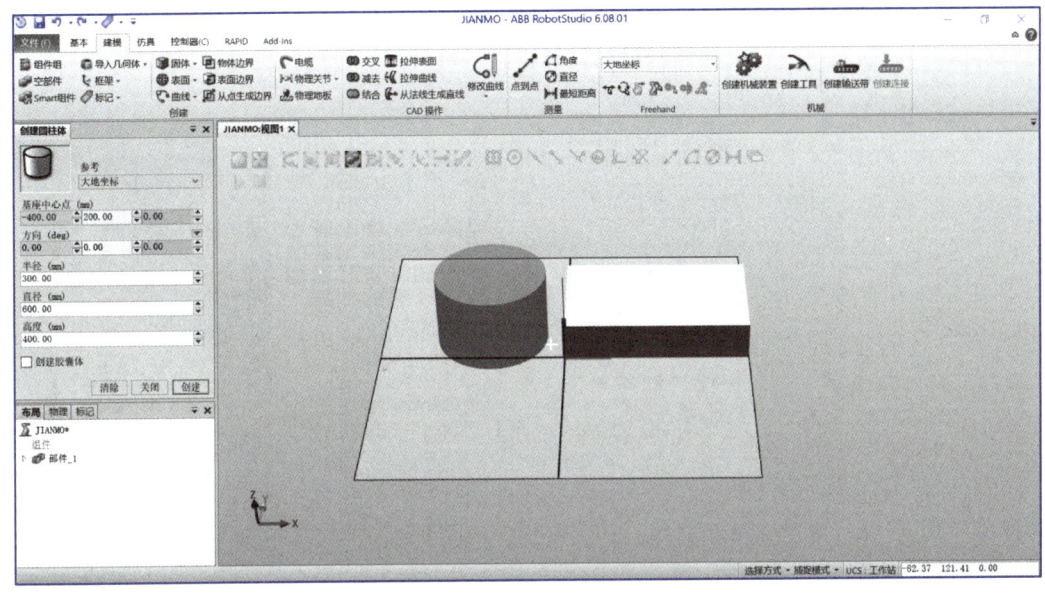

图 3-8　设定参数

（3）设定颜色。右键单击"布局"栏中的"部件_2",在弹出的菜单中选择"修改（M）"→"设定颜色",将模型设定成所需要的颜色,如图 3-9、图 3-10 所示。

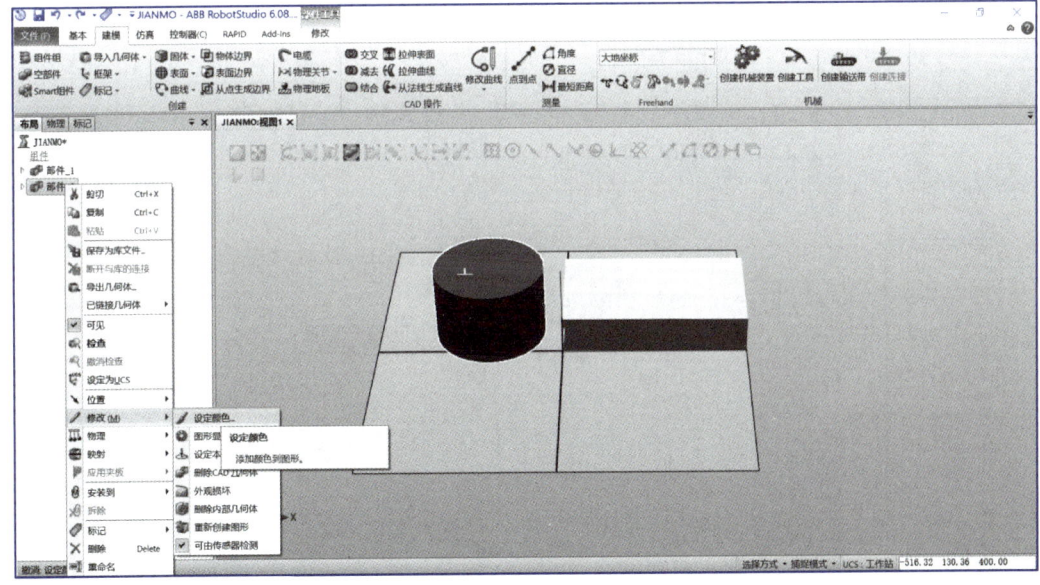

图 3-9　设定颜色

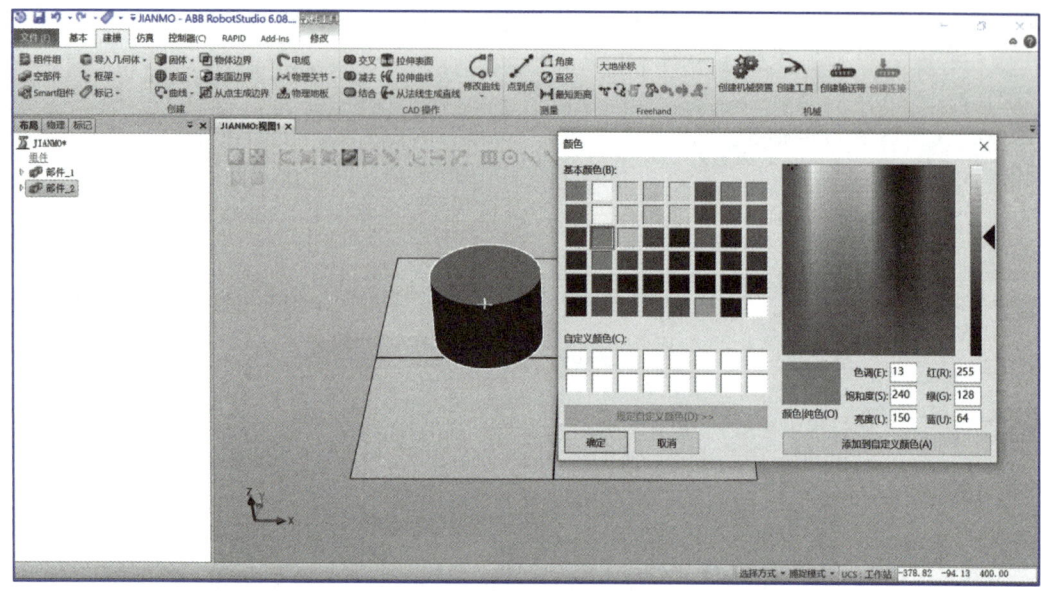

图 3-10 选择颜色

（4）保存文件。右键单击"布局"栏中的"部件_2"，在弹出的菜单中选择"保存为库文件"，将创建的模型保存为库文件，也可选择"导出几何体"，方便以后创建类似模型时使用，如图 3-11 所示。

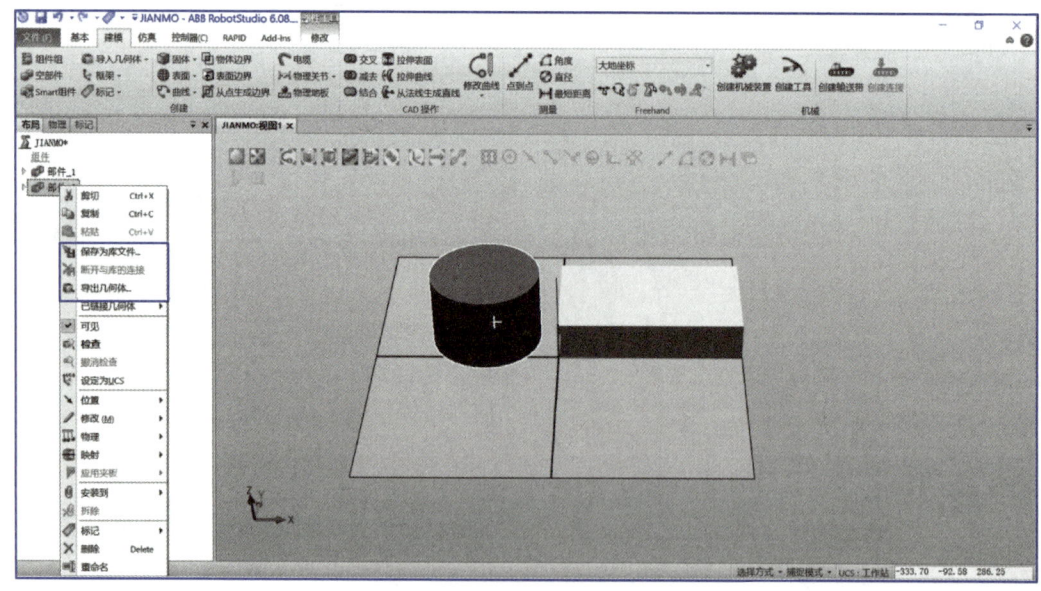

图 3-11 保存文件

为了提高与各种版本 RobotStudio 的兼容性，建议学习者在做任何保存操作时，保存的路径和文件的命名均使用英文字符。

3.1.4 组合体创建

本任务通过创建一个托盘来练习组合体的创建。

（1）创建矩形体。选择"建模"功能选项卡，单击"固体"，然后选择"矩形体"。

（2）设定参数。在"创建方体"输入框中，角点为模型创建的原点，该角点将成为模型的本地原点，本任务中采用默认值。设定长度为 1 000 mm，宽度为 1 000 mm，高度为 100 mm，设置完成后单击"创建"，如图 3-12 所示。

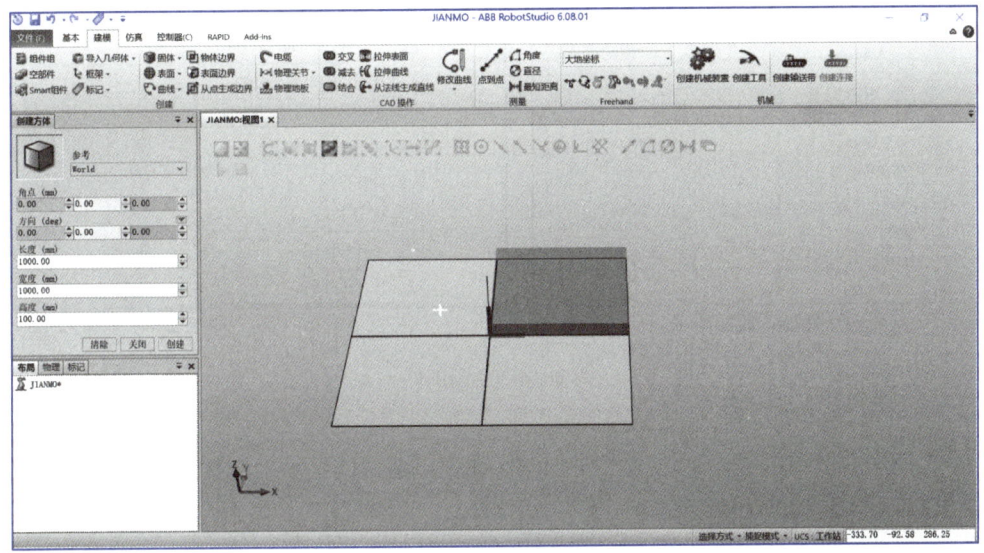

图 3-12　设置托盘表面尺寸

（3）再创建一个矩形体作为托盘底座，设定底座角点坐标为(-400,0,400)，长度为 200 mm，宽度为 1 000 mm，高度为 200 mm，设置完成后单击"创建"，如图 3-13 所示。

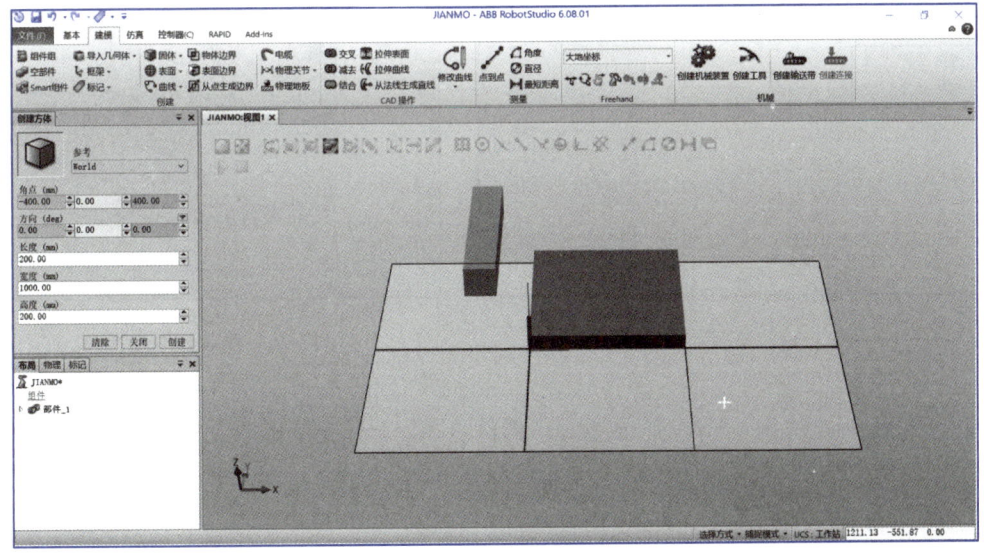

图 3-13　设置托盘底座尺寸

（4）复制两个"部件_2"。在"布局"栏中，右键单击"部件_2"，在弹出的快捷菜单中选择"复制"，然后右键单击工作站名称"JIANMO*"，在弹出的快捷菜单中选择"粘贴"，如图3-14所示，"部件_2_1"创建完成。

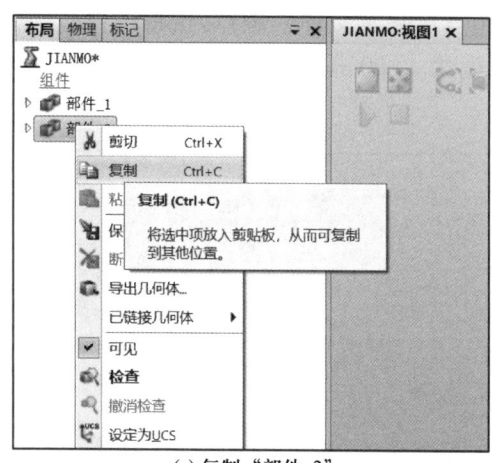

(a) 复制"部件_2"

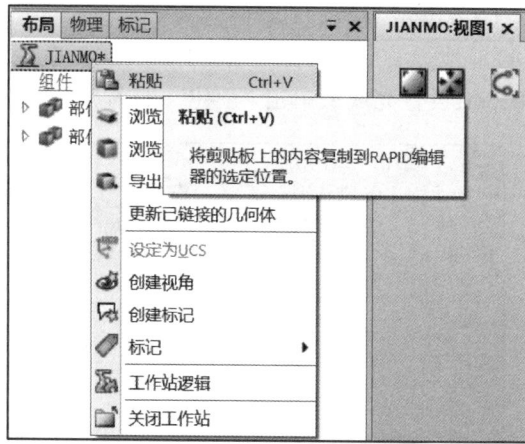

(b) 粘贴"部件_2"

图 3-14　复制部件

（5）再次右键单击工作站名称"JIANMO*"，在弹出的快捷菜单中选择"粘贴"，"部件_2_2"创建完成，如图3-15所示。

（6）把"部件_2_1"和"部件_2_2"移动到图3-16所示位置，方便下一步的安装。

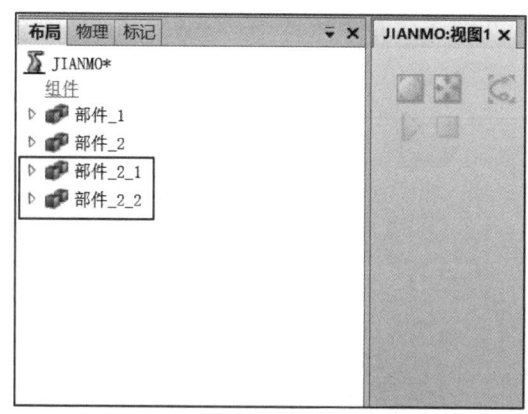

图 3-15　复制部件完成

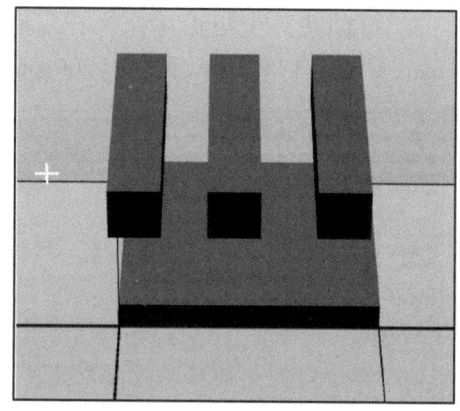

图 3-16　移动部件位置

（7）采用一点法把"部件_2"放置到"部件_1"上。右键单击"部件_2"，在弹出的菜单中选择"位置"→"放置"→"一个点"，如图3-17所示。

（8）选择合适的捕捉方式和工具，这里选择"选择部件"和"捕捉末端"。在"放置对象"输入框中，单击"主点-从"的第一个输入框，捕捉 A 角点并单击，单击"主点-到"的第一个输入框，捕捉 B 角点并单击，相应的坐标值会自动显示在输入框中，然后单击"应用"，如图 3-18 所示。

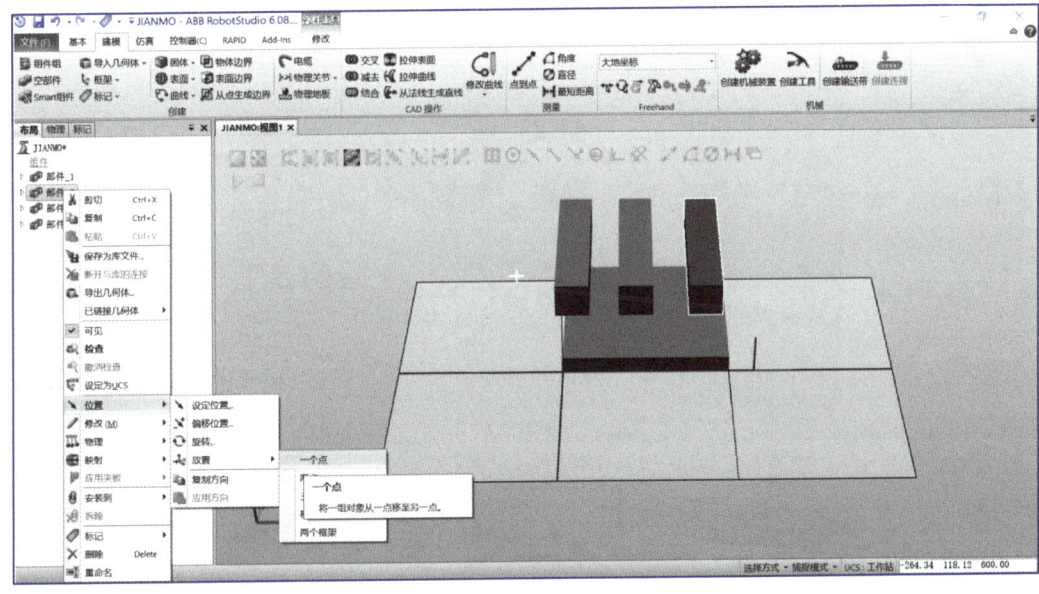

图 3-17　放置部件

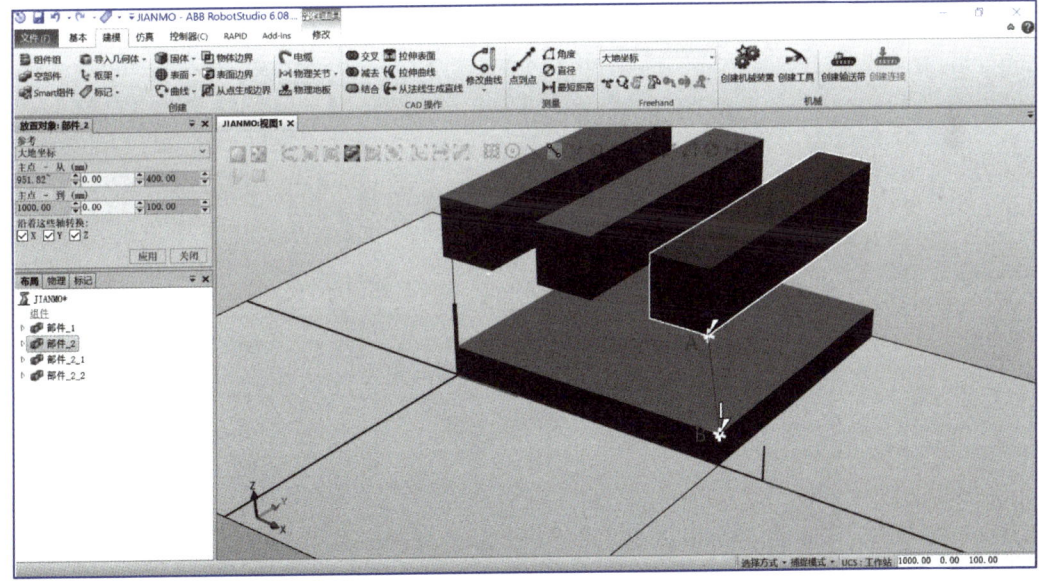

图 3-18　采用一点法放置"部件_2"

（9）"部件_2"放置完成后,如图3-19所示。

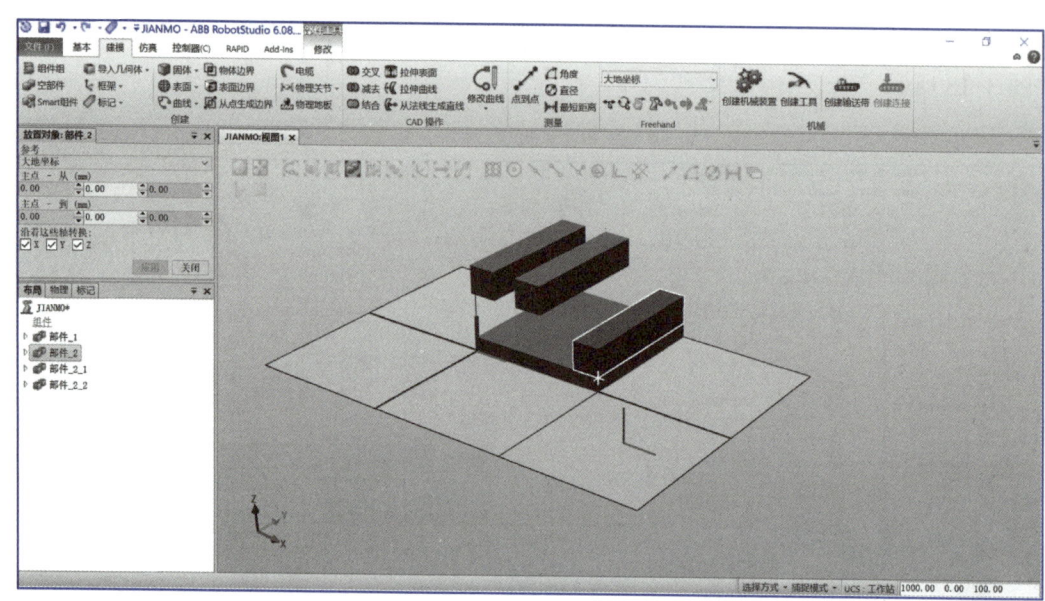

图3-19　"部件_2"放置完成

（10）用相同的方法,把"部件_2_1"放置到"部件_1"的中点位置,这里需要注意的是捕捉方式选择"捕捉中点",设置完成后单击"应用",如图3-20所示。

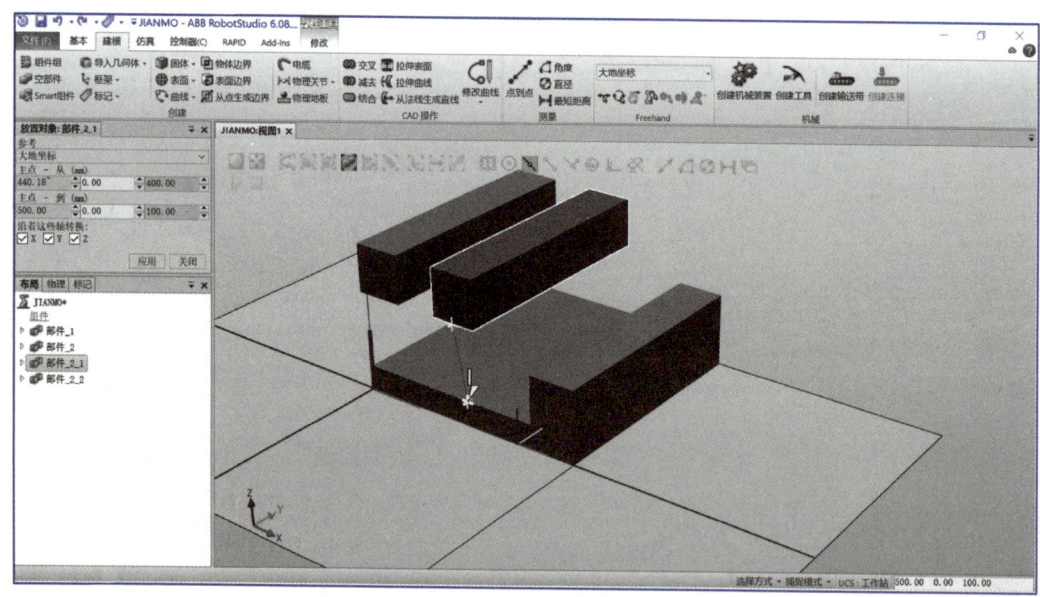

图3-20　放置"部件_2_1"

（11）把"部件_2_2"放置到"部件_1"的左端点位置，这里需要注意的是捕捉方式选择"捕捉末端"，设置完成后单击"应用"，如图 3-21 所示。全部放置完成后的托盘模型如图 3-22 所示。

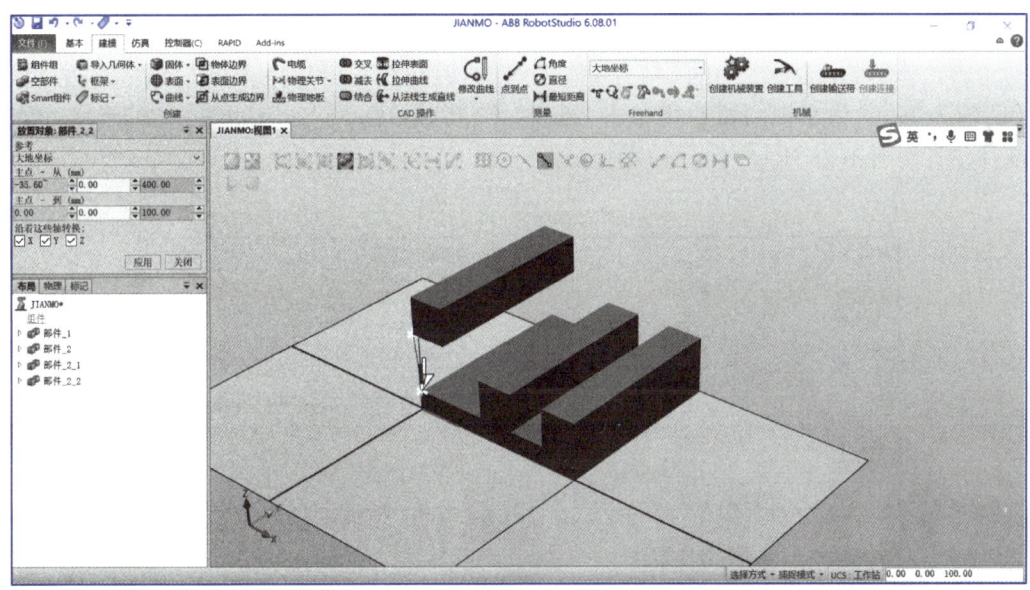

图 3-21　放置"部件_2_2"

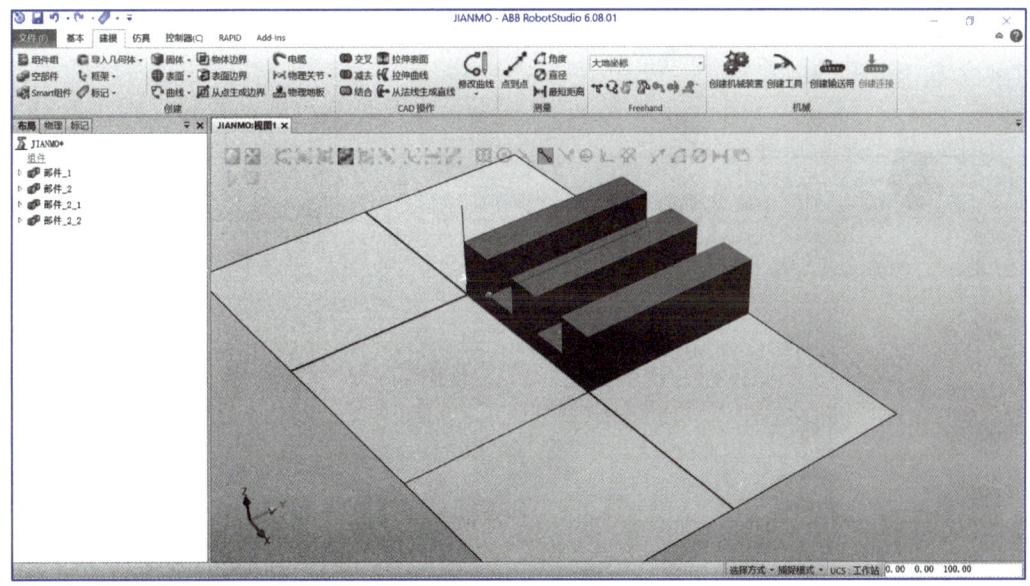

图 3-22　托盘模型

（12）选择"建模"功能选项卡，单击"结合"，把四个部件组合成一个装配体，如图 3-23 所示。

图 3-23 "结合"功能

（13）单击"结合"栏中的"结合"输入框，然后在视图窗口中单击"部件_2"；再单击"和"输入框，然后在视图窗口中单击"部件_1"，然后单击"创建"，如图 3-24 所示。生成"部件_3"，如图 3-25 所示。

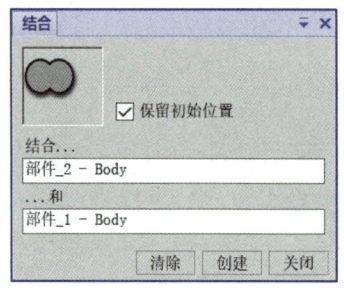

图 3-24 选择结合的部件

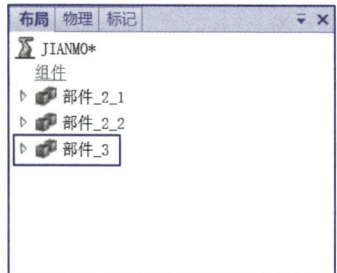

图 3-25 生成"部件_3"

（14）用同样的方法继续创建组合体，使"部件_3"和"部件_2_1"结合成"部件_4"，最后结合"部件_4"和"部件_2_2"，生成"部件_5"。

（15）修改模型颜色。方法同设定矩形体和圆柱体的颜色一样，设定好的托盘颜色如图 3-26 所示。

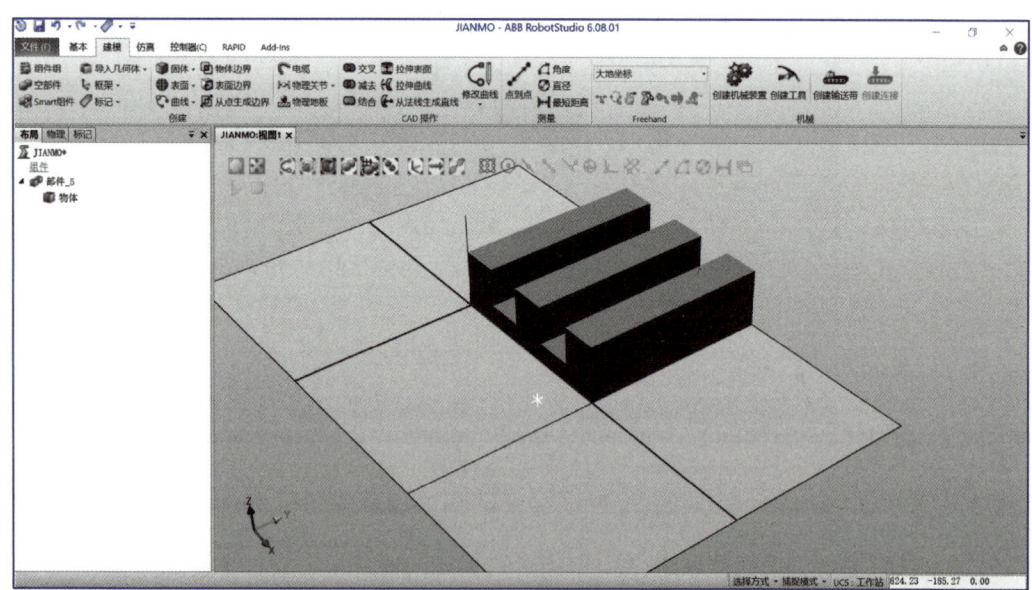

图 3-26 设定托盘颜色

（16）对托盘位置进行调整。右键单击模型，在弹出的菜单中选择"位置"→"设定位置"，进行位置调节，如图 3-27 所示，调整好的托盘位置如图 3-28 所示。

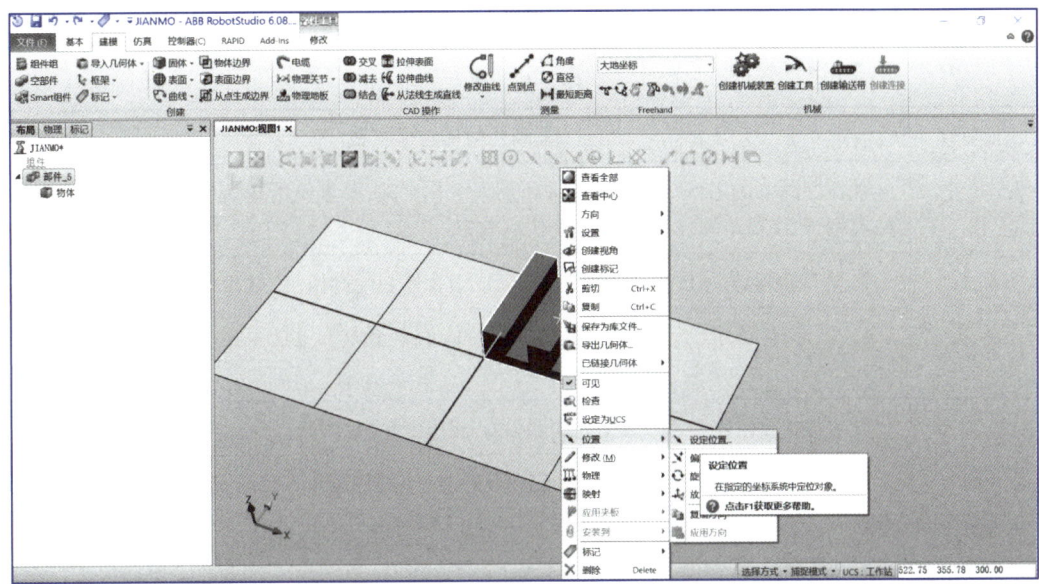

图 3-27　设定托盘位置

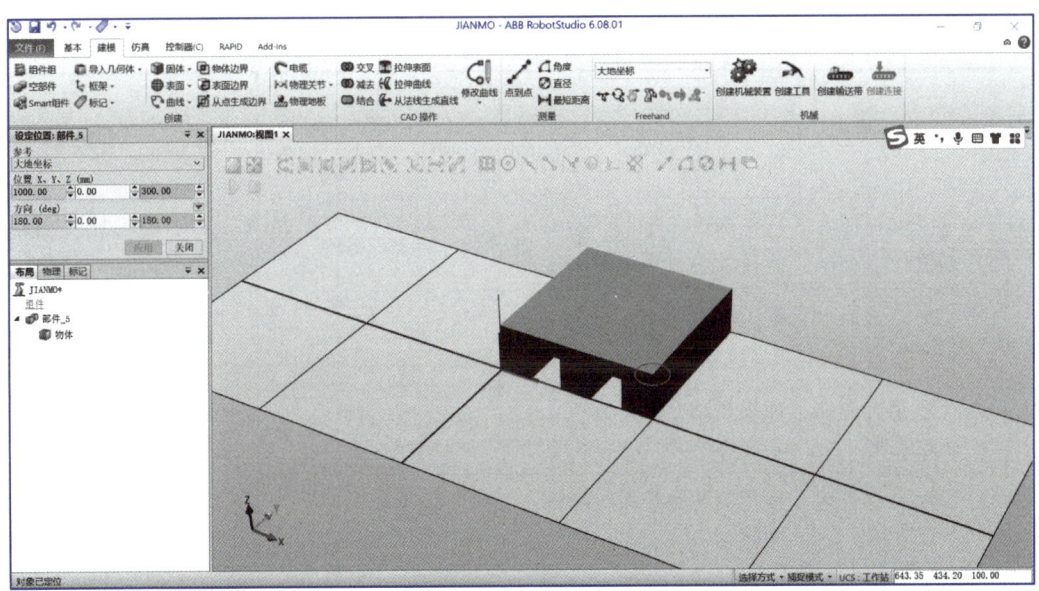

图 3-28　托盘组合体创建完成

至此，托盘模型创建完成。

[能力验评]

请根据任务单完成任务,并填写评价表。

任务单

任务名称	基础几何体建模实践
任务背景	某新能源电池生产线需快速验证机器人工作空间,要求使用基础几何体构建简易工作站模型,替代复杂 CAD 模型以提高仿真效率
任务目标	1. 掌握矩形体/圆柱体创建方法;2. 完成组合体装配操作;3. 输出模型参数表
技术参数	1. 矩形体尺寸误差≤±5 mm;2. 圆柱体直径误差≤±3 mm;3. 组合体装配间隙≤2 mm
任务流程	创建基础几何体→参数调整→组合装配→模型导出
任务内容	1. 创建机器人底座(矩形体);2. 创建物料立柱(圆柱体);3. 装配安全围栏(组合体)
成果要求	1. 工作站三维截图;2. 模型参数记录表;3. 组合体装配过程说明
小组成员	
计划用时	开始时间

评 价 表

评价维度	评价指标	评价标准	分值	个人自评	小组互评	教师评价	企业导师评价	观测依据
知识与技能(50分)	1. 几何体参数设置	能正确输入长、宽、高/直径/高度参数	15					模型属性面板截图
	2. 本地原点理解	能说明本地原点对装配的影响	15					课堂问答记录
	3. 组合体创建原理	能描述结合操作的布尔运算逻辑	10					操作步骤说明文档
	4. 文件管理规范	使用英文路径保存库文件	10					文件保存截图
方法与过程(35分)	1. 捕捉工具应用	正确使用末端/中点捕捉功能	15					装配过程录屏
	2. 模型参数记录	完整记录3个几何体尺寸数据	10					参数记录表
	3. 颜色管理	区分不同功能区域的颜色设置	10					模型着色截图

续表

评价维度	评价指标	评价标准	分值	个人自评	小组互评	教师评价	企业导师评价	观测依据
团队协作（10分）	1. 角色分工	建模员/记录员/装配员职责明确	5					分工表（含成员签名）
	2. 进度同步	每完成一个子任务进行组内通报	5					会议记录截图
创新实践（5分）	模型优化建议	提出简化倒角或增加定位标记建议	5					优化方案说明
综合评价								

任务 2
使用测量工具

[任务描述]

构建工业机器人工作站时需要导入不同的三维模型,有时候还需要对创建或导入的模型进行必要的测量,RobotStudio 提供了长度、角度、直径、最短距离测量等测量方式。本任务将重点介绍如何使用 RobotStudio 测量工具对三维模型进行测量。

[知识准备]

3.2.1　模型测量的意义

在虚拟仿真技术广泛应用于工业设计的今天,仿真的核心目标是通过数字化手段精准模拟真实世界的物理行为,从而替代高成本的物理试错。然而,虚拟环境的可信度与实用价值,直接依赖于模型本身的精确性和逻辑合理性。若缺乏对模型的系统性测量,仿真的结果可能丧失工程指导价值——一个尺寸偏差的机器人工具、一处未校准的工件位置,甚至一个忽略的安全距离,都可能导致仿真结论与实际情况严重背离,轻则影响工艺质量(如焊接路径偏移),重则引发安全隐患(如设备碰撞及人员伤害)。因此,模型测量是虚拟仿真的基石,其本质是通过量化手段回答以下关键问题:

"模型是否真实?"——验证几何尺寸、物理属性与现实的匹配度;

"逻辑是否成立?"——确认运动路径、工艺参数在理论上的可行性;

"风险是否可控?"——识别潜在冲突并量化安全边界。

只有通过严谨的测量,虚拟仿真才能从"视觉演示"升级为"决策工具",为设计优化、风险预判和资源节约提供可靠依据。这一过程不仅是技术流程,更是连接数字模式与物理实体的关键技术途径。

RobotStudio 软件不仅提供了基础的建模功能,还提供了模型测量功能。测量主要有以下几个方式:

(1)点到点:计算任意两点之间的距离、X/Y/Z 轴分量。

(2)角度:计算两直线/两平面之间的角度以及圆锥体母线倾角。

(3)直径:计算圆的直径。

(4)最短距离:计算视窗中两个对象的直线距离。

RobotStudio 测量工具是连接虚拟模型与工业落地的关键桥梁。通过严格遵循标准化流程、精度分级原则与数据管理规范,用户能掌握工具操作,更能理解"测量驱动设计"的工业逻辑,通过数据驱动实现"虚拟验证指导实际部署"。

项目 3　工业机器人仿真模型创建

[任务实施]

3.2.2　测量工具的使用

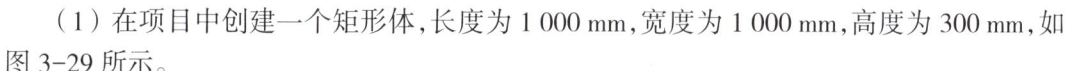

1. 长度测量

（1）在项目中创建一个矩形体，长度为 1 000 mm，宽度为 1 000 mm，高度为 300 mm，如图 3-29 所示。

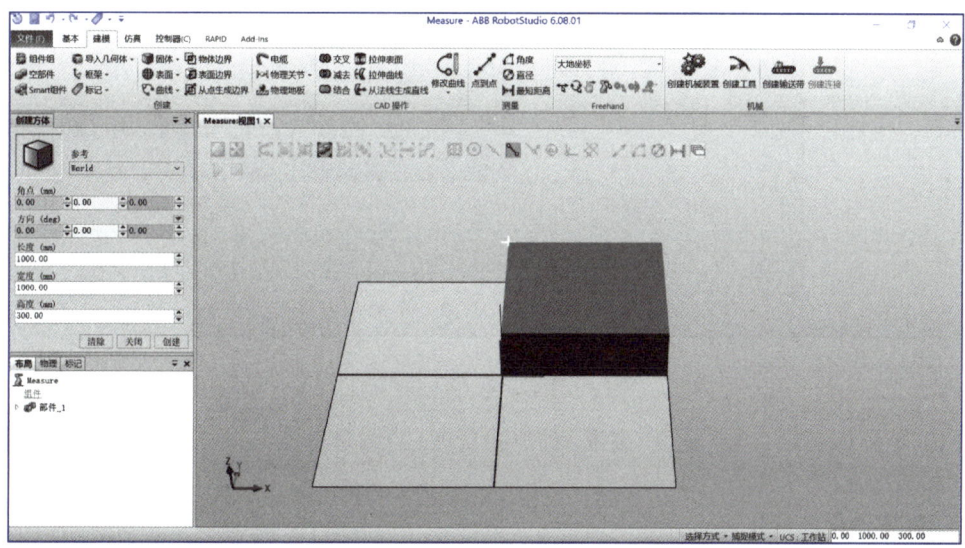

图 3-29　创建矩形体

（2）设置对象。选择"选择部件"和"捕捉末端"，如图 3-30 所示。

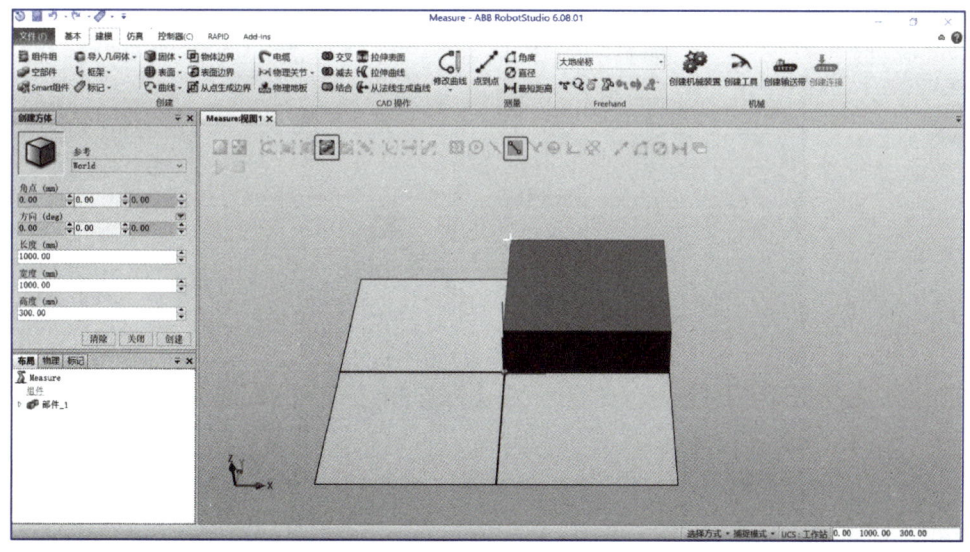

图 3-30　设置对象

（3）点到点测量。选择"建模"功能选项卡，单击"点到点"，捕捉待测量两点之间的距离，测量结果如图 3-31 所示。

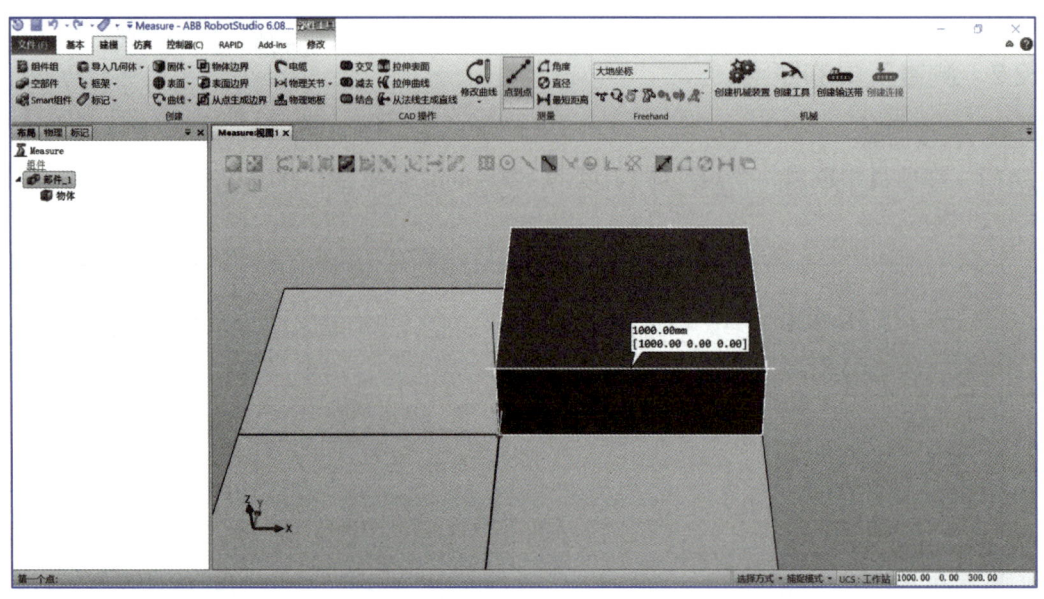

图 3-31　点到点测量

（4）矩形体其余参数（宽度、高度、对角线长度）的测量方法与此相同，学习者可以自行练习。

2. 角度测量

（1）在项目中创建一个锥体，从中心到边为 300 mm，高度为 600 mm，侧面的条数为 4，如图 3-32 所示。

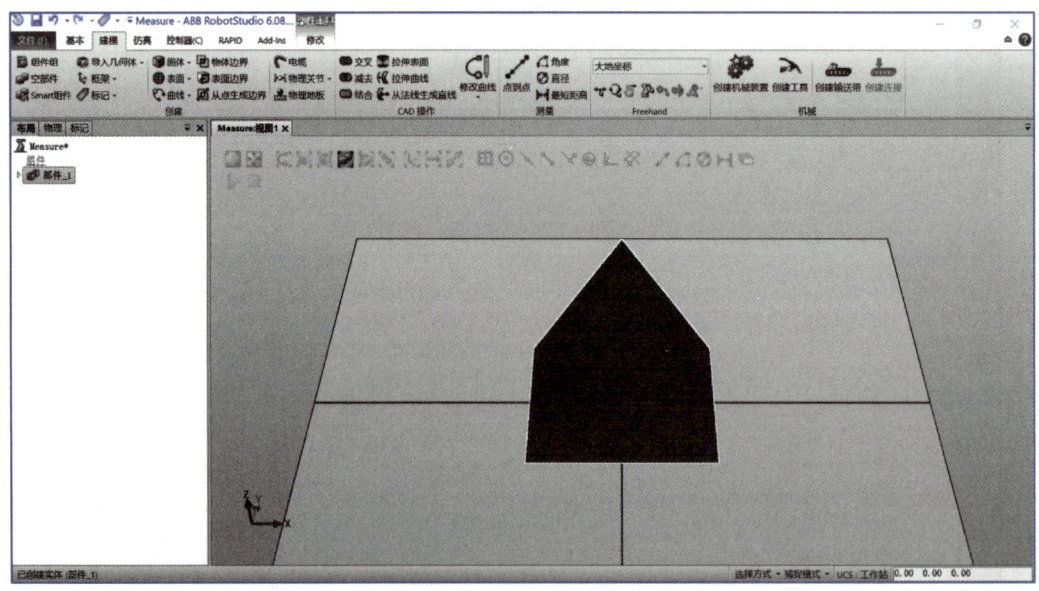

图 3-32　创建锥体

（2）设置对象。选择"选择部件"和"捕捉末端"。

（3）锥体角度测量。依次单击锥体上的 A、B、C 三点,将其作为测量点,以测量∠BAC 为例,测量结果如图 3-33 所示。

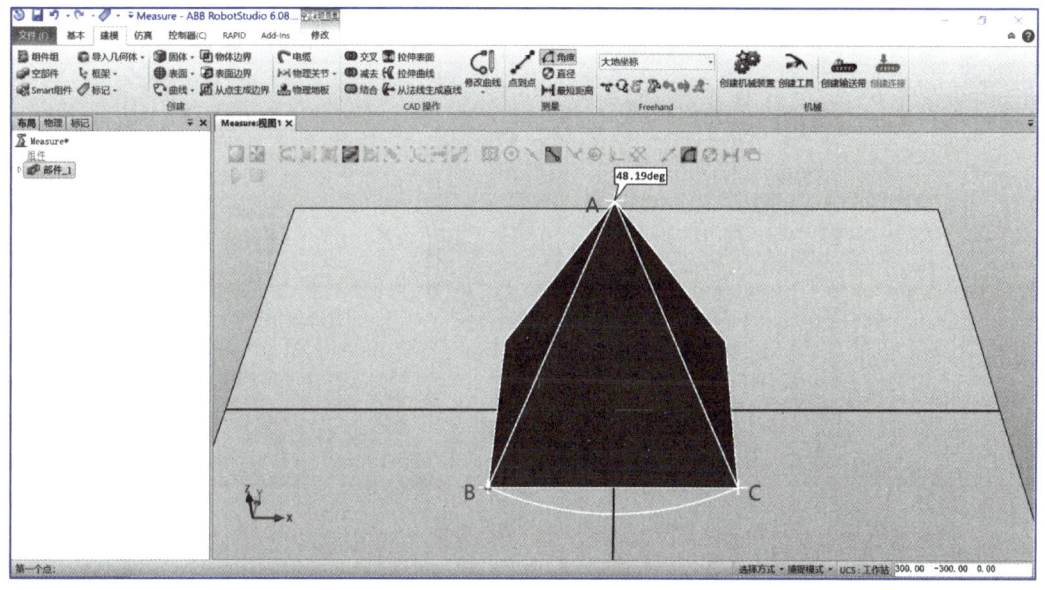

图 3-33　锥体角度测量

3. 直径测量

（1）在项目中创建一个圆柱体,半径为 300 mm,直径为 600 mm,高度为 600 mm,如图 3-34 所示。

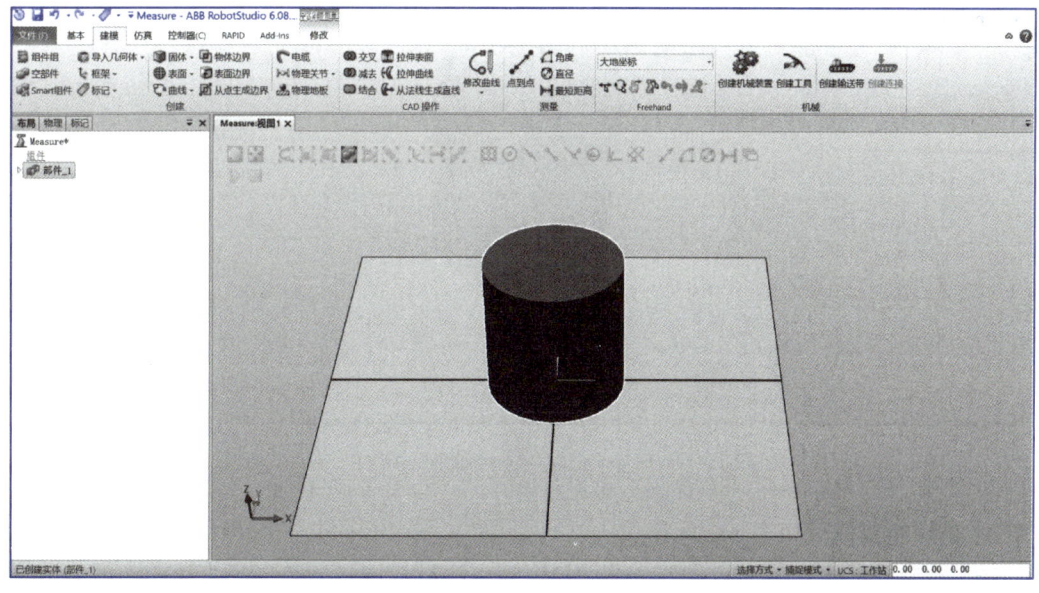

图 3-34　创建圆柱体

(2)设置对象。选择"选择部件"和"捕捉边缘",如图 3-35 所示。

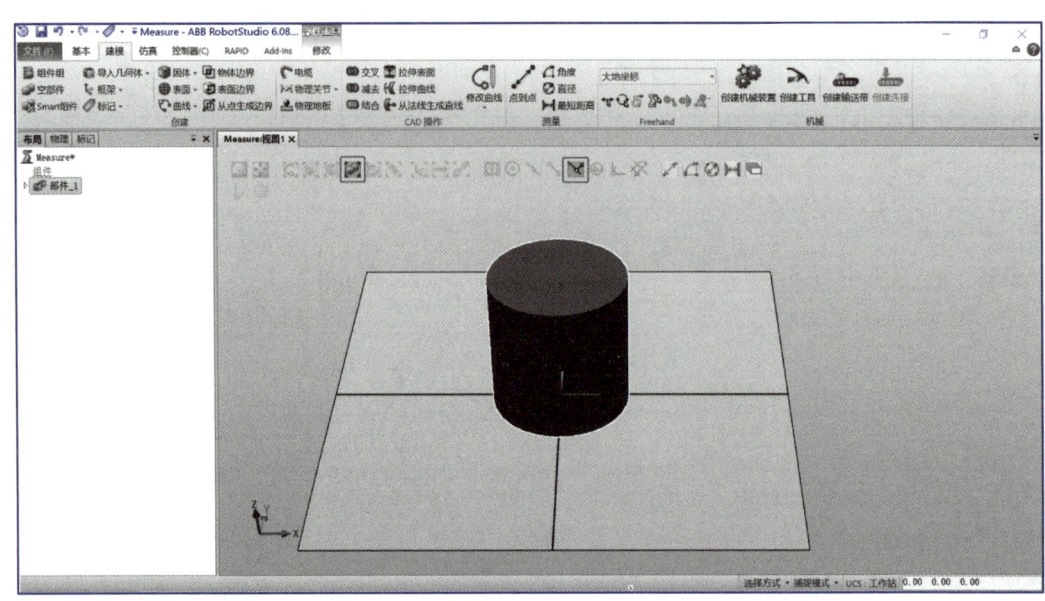

图 3-35　设置对象

(3)直径测量。依次单击圆柱体上边缘 A、B、C 三点,将其作为测量点,测量结果如图 3-36 所示。

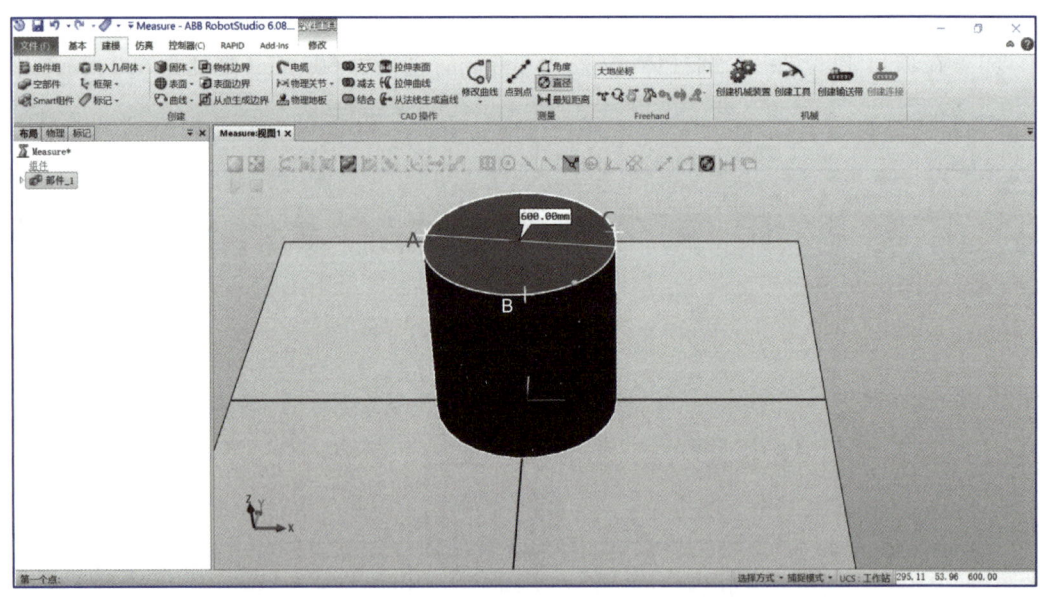

图 3-36　直径测量

4. 最短距离测量

(1)选择"建模"功能选项卡,单击"最短距离",打开测量两个对象直线距离的功能,如图 3-37 所示。

项目3 工业机器人仿真模型创建

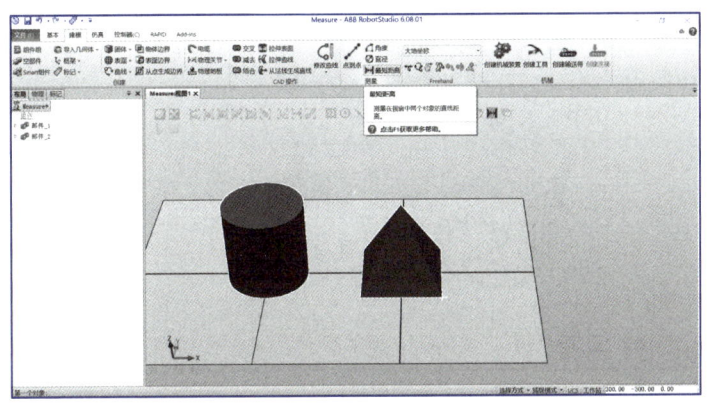

图 3-37 打开最短距离测量功能

（2）设置对象。选择"选择部件"和"捕捉末端"。

（3）最短距离测量。单击圆柱体上任意一点，再单击锥体上任意一点，两个物体之间的最短距离如图 3-38 所示。

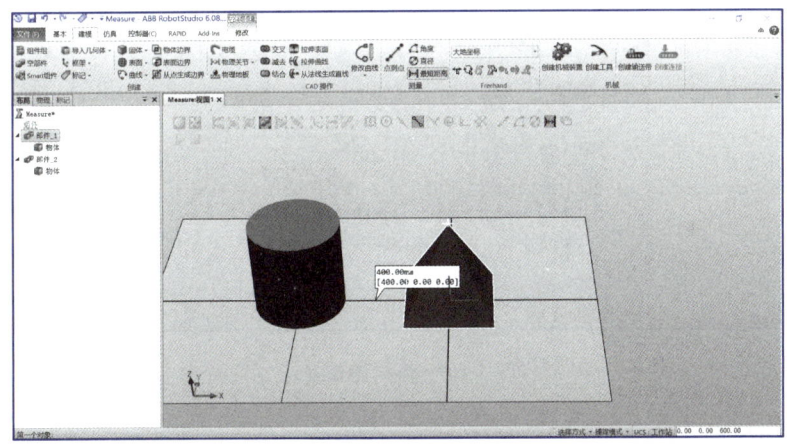

图 3-38 最短距离测量

3.2.3 测量的技巧

1. 测量结果的保持

（1）在测量过程中，有时需要保存当前的测量结果以便于后续创建模型使用，因此，RobotStudio 提供了保持测量结果的功能。如图 3-39 所示，在测量前单击"保持测量"，就可以实现该功能。

107

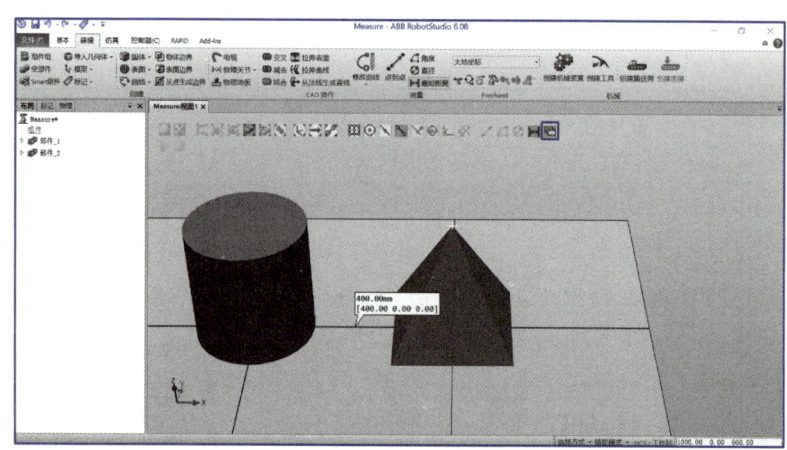

图 3-39　保持测量结果功能

（2）此时，再进行圆柱体直径或者其他尺寸的测量时，之前测量的最短距离依然保持显示，如图 3-40 所示。

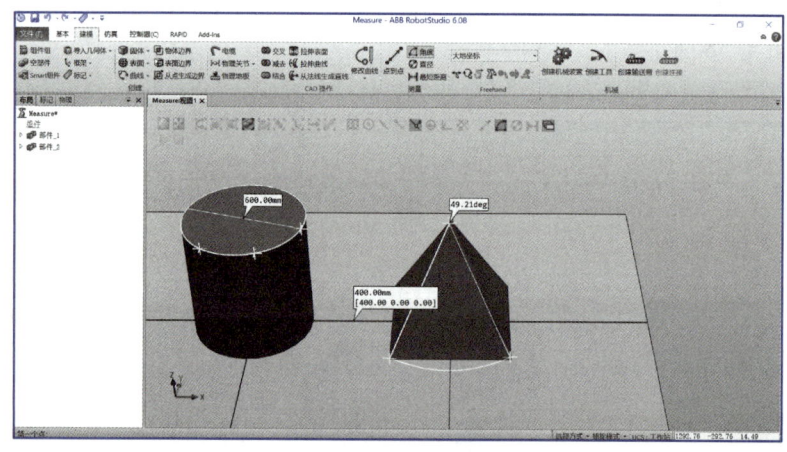

图 3-40　保持测量显示

2. 测量的技巧

测量技巧的重点是能够准确熟练地选择合适的部件选择方式、捕捉模式、测量方式等，需要学习者不断练习和积累经验。部件选择方式、捕捉模式、测量方式的主要图标如图 3-41 所示。

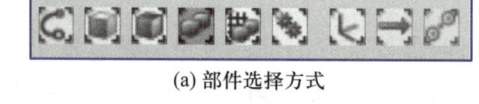

(a) 部件选择方式

(b) 捕捉模式　　　　　　　(c) 测量方式

图 3-41　测量操作相关图标

[能力验评]

请根据任务单完成任务,并填写评价表。

任 务 单

任务名称	模型精度验证与测量
任务背景	新能源电池生产线工作站初步模型已构建,需验证几何体尺寸精度及装配间隙是否符合工艺要求,确保机器人工作空间仿真有效性
任务目标	1. 掌握点到点/角度测量方法;2. 验证模型尺寸误差;3. 生成测量报告
技术参数	1. 机器人底座平面度误差≤±2 mm;2. 物料立柱垂直度≤1°;3. 围栏装配间隙≤1.5 mm
任务流程	加载任务 1 模型→关键尺寸测量→误差分析→模型修正
任务内容	1. 测量机器人底座对角线长度;2. 验证物料立柱垂直度;3. 检测围栏装配间隙
成果要求	1. 测量过程录屏;2. 误差分析表;3. 修正后模型截图
小组成员	
计划用时	开始时间

评 价 表

评价维度	评价指标	评价标准	分值	个人自评	小组互评	教师评价	企业导师评价	观测依据
知识与技能（50 分）	1. 测量工具应用	正确使用点到点/角度测量功能	15					测量操作录屏
	2. 误差分析	误差值计算准确度达 95% 以上	15					误差分析表
	3. 模型修正	修正后参数符合技术指标	10					模型属性截图
	4. 测量规范执行	符合 GB/T 3177—2009 产品几何技术规范	10					标准操作流程文档
方法与过程（35 分）	1. 测量流程	完整执行"加载-测量-分析-修正"流程	15					过程记录文档
	2. 数据记录	完整记录 10 组关键测量数据	10					测量数据表
	3. 报告规范	测量报告包含结论与改进建议	10					报告文档

续表

评价维度	评价指标	评价标准	分值	个人自评	小组互评	教师评价	企业导师评价	观测依据
团队协作（10分）	1. 角色分工	测量员/记录员/分析员职责明确	5					分工表（含成员签名）
	2. 协作效率	团队任务完成时间误差≤10%	5					时间记录表
创新实践（5分）	测量优化	提出新型测量点布置方案	5					优化方案说明
综合评价								

任务 3 创建机械装置

[任务描述]

在工业机器人工作站中,为了更好地展示仿真效果,通常会为机器人周边的模型制作动画效果,如输送链(带)、滑台、夹具等。创建机械装置的类型由构建树形结构中的主要节点决定,分别为:链接、关节、框架/工具和校准。它们最初被标为红色,当每个节点都配置有足够的子节点使其有效时,标记变为绿色。一旦所有节点都变为有效,即可编译机械装置。本任务介绍如何创建一个机器人机械装置——滑台。从创建固体模型到不同的部件组合、位置调整等,最后创建机械装置库文件,步骤分明,循序渐进。

本任务旨在引导学习者学习并掌握在 RobotStudio 软件环境下创建机械装置的方法与要点。通过完成此任务,学习者将深入理解机械装置在工业机器人工作站中的关键作用,熟悉其构成原理以及在虚拟仿真中的呈现方式,进而具备独立构建各类常见机械装置的能力,为后续复杂工作站的搭建与仿真操作奠定坚实基础。

[知识准备]

3.3.1 机械装置

在工业机器人应用领域,机械装置是不可或缺的组成部分,也是实现自动化生产流程的关键。它们与机器人协同工作,完成各种复杂的生产任务。无论是简单的物料搬运,还是精密的零件加工,都离不开合适机械装置的配合。而 RobotStudio 作为功能强大的机器人仿真软件,能提供一个在虚拟环境中创建、调试和优化机械装置的平台。掌握在该软件中创建机械装置的知识与技能,对学习者而言至关重要,是进行实际工业应用前的关键一步。

1. **机械装置的定义与分类**

机械装置是由若干刚性或柔性部件通过运动副(如旋转副、平移副)连接形成的运动系统。在 RobotStudio 中,机械装置是由若干机械零件组装在一起的装置,通过设置其机械特性能够实现相应的运动,其本质是通过几何模型与运动学参数的绑定,模拟真实设备的运动行为。机械装置根据功能可分为三类:

输送装置:如输送链(带)、滚筒线,用于物料连续传输。
定位装置:如滑台、旋转台,提供精确的位置调整功能。
操作装置:如气动夹具、真空吸盘,执行抓取或装配动作。

2. **机械装置的组成要素**

部件:机械装置的静态或动态几何模型,需按实际结构分层组装。
关节:定义部件间的相对运动关系,包括旋转关节和平移关节。

驱动：通过信号控制关节运动的逻辑单元，如电动机、气缸的虚拟等效模型。
约束：限制部件的运动范围或速度，确保仿真符合物理规律。

3. 机械装置的运动学特性

自由度：装置中独立运动参数的数量，如三轴滑台具有 3 个平移自由度。
运动链：开链结构（如机械臂）与闭链结构（如并联机构）的建模差异。
参考坐标系：需明确基坐标系与末端执行器坐标系的绑定关系。

4. RobotStudio 中的机械装置实现

在 RobotStudio 中创建机械装置需遵循以下原则：
层级装配：按物理连接顺序定义父子部件关系。
参数化建模：关节的旋转轴方向、行程范围需与实际数据一致。
同步仿真：通过信号与机器人控制器交互，实现多设备协同运动。

机械装置的虚拟建模是工业机器人工作站仿真的核心技术之一。掌握其运动学原理与 RobotStudio 实现方法，不仅能提高仿真精度，还可为后续的碰撞检测、节拍优化等高级功能提供支持。需特别注意机械装置的参数要严格参照实际设备，避免因建模误差导致仿真结果失真。

[任务实施]

微课
创建机械装置

3.3.2　创建机械装置模型

（1）创建空工作站。打开 RobotStudio 软件，创建一个新的空工作站，如图 3-42 所示。

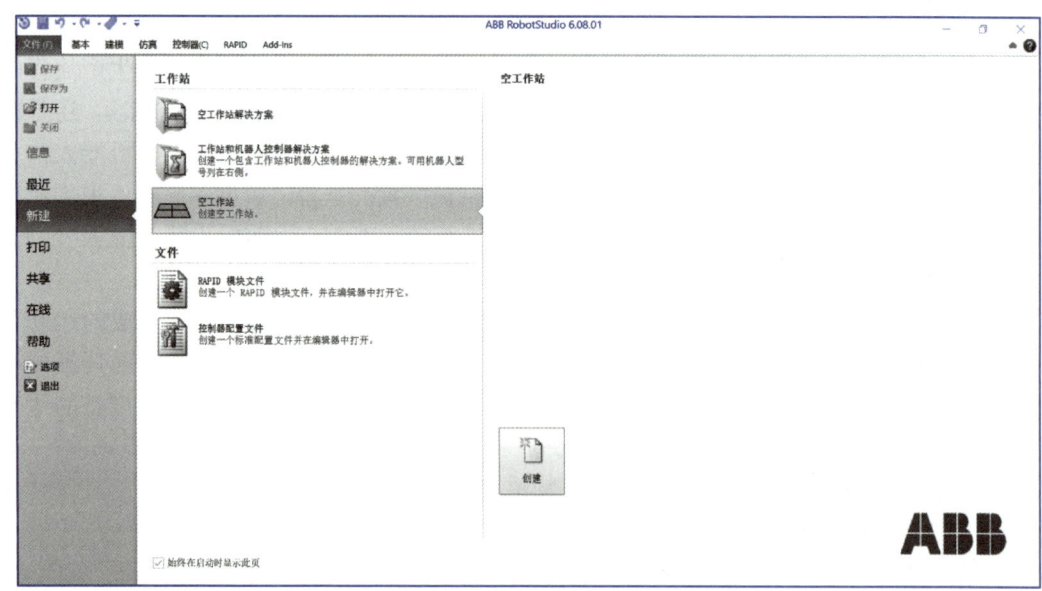

图 3-42　创建空工作站

（2）设置模型。在"建模"功能选项卡中，单击"固体"，选择"矩形体"，如图3-43所示。

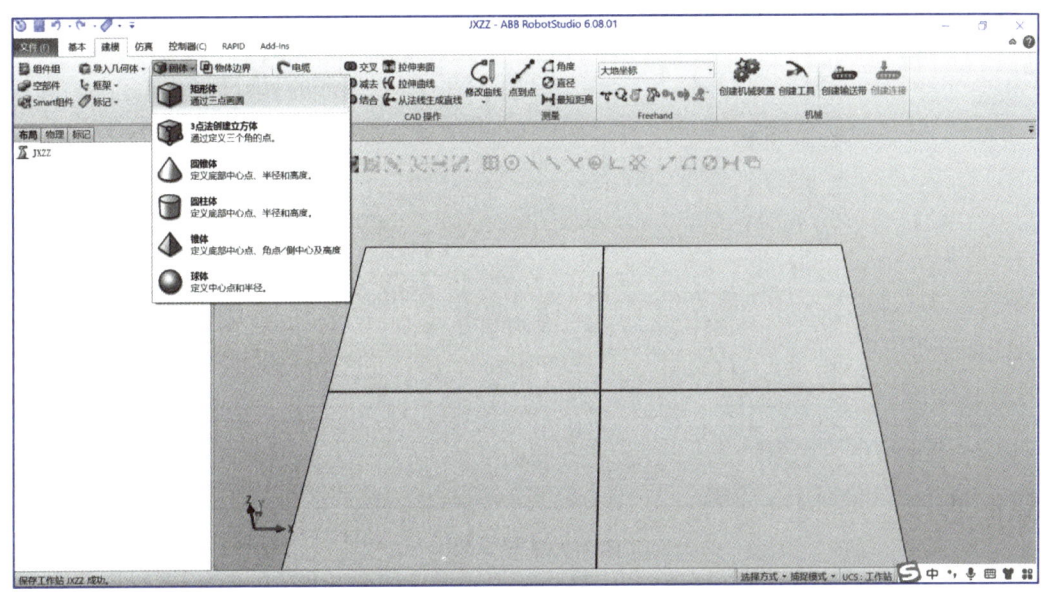

图3-43　设置模型

（3）创建滑台。设置矩形体长度为2 000 mm，宽度为600 mm，高度为100 mm，然后单击"创建"，如图3-44所示。

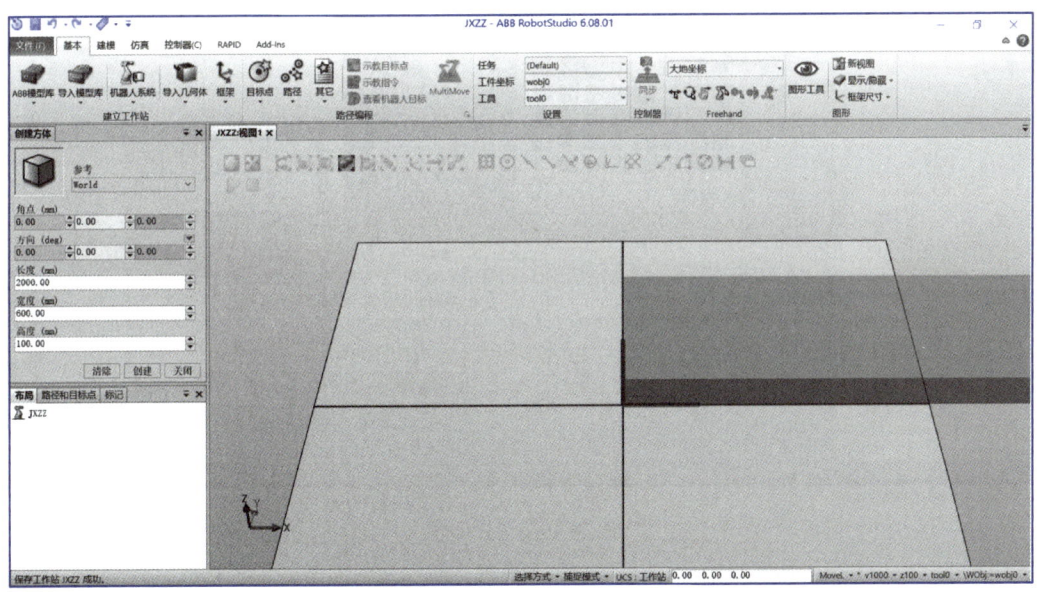

图3-44　创建滑台

（4）设定颜色。右键单击创建的滑台或者"布局"栏中的"部件_1"，在弹出的菜单中选择"修改"→"设定颜色"，如图3-45所示。

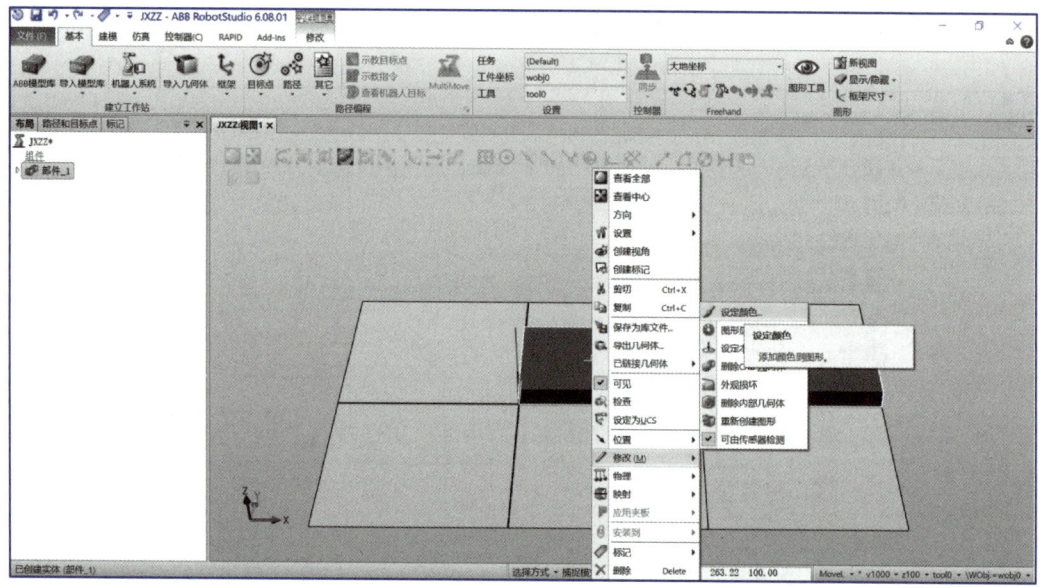

图 3-45 设定颜色

（5）选择颜色。选择合适的颜色，如黄色后，单击"确定"，如图 3-46 所示。

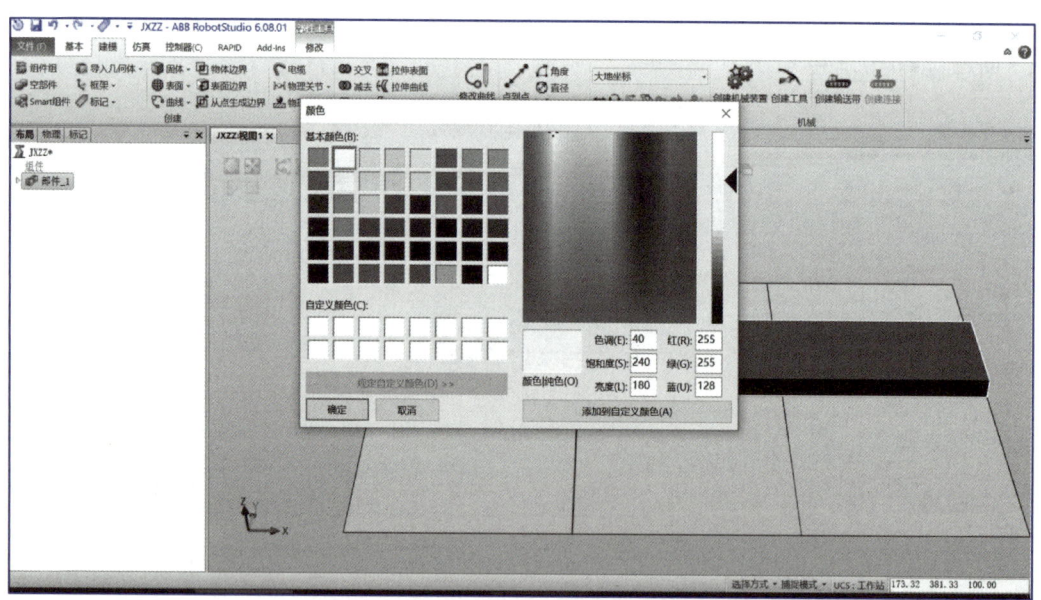

图 3-46 选择颜色

（6）创建滑块。使用"矩形体"命令创建滑块，按照滑块的数据参数要求，设置角点坐标为（0, 100, 100），长度为 400 mm，宽度为 400 mm，高度为 100 mm，然后单击"创建"。此时，创建的滑块正好位于滑台的左端中间位置，如图 3-47 所示。

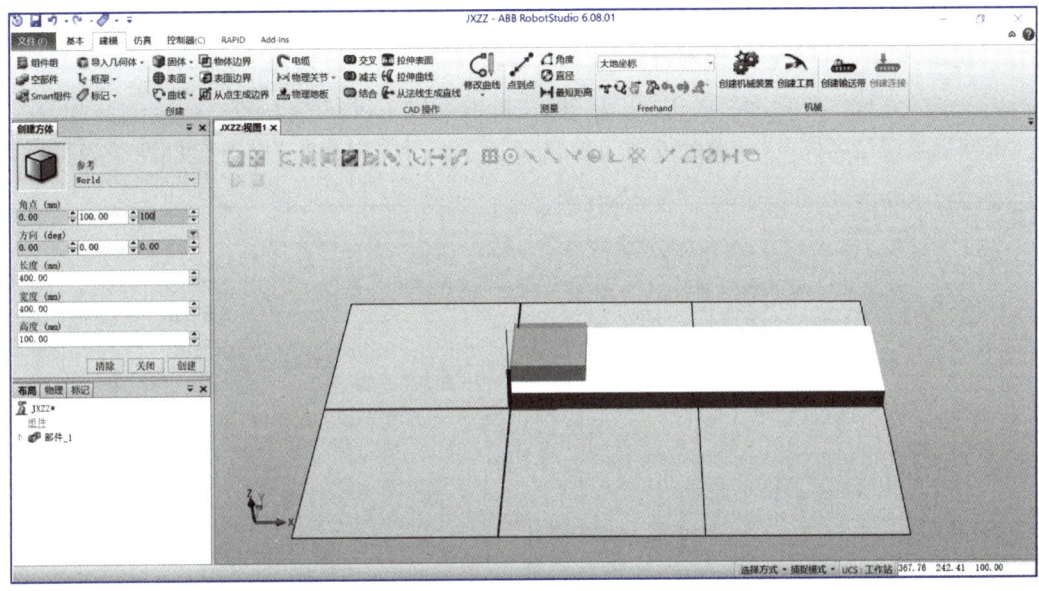

图 3-47　创建滑块

（7）设定颜色。按照上述方法，对滑块颜色进行设定，可以将滑块颜色设置成绿色。

（8）部件重命名。双击两个部件的名称，或者右键单击需要重命名的部件，并选择"重命名"，然后输入便于识别的名称，如图 3-48 所示。

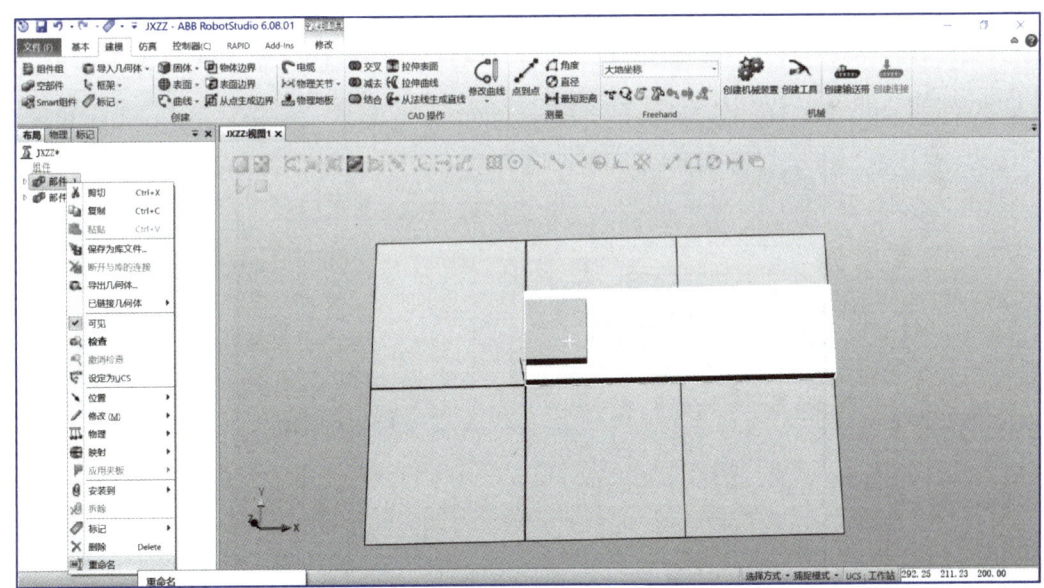

图 3-48　部件重命名

3.3.3 创建机械装置运动特性

(1)在"建模"功能选项卡中,单击"创建机械装置",设置"机械装置模型名称"为"滑台装置",在"机械装置类型"中选择"设备",如图 3-49 所示。

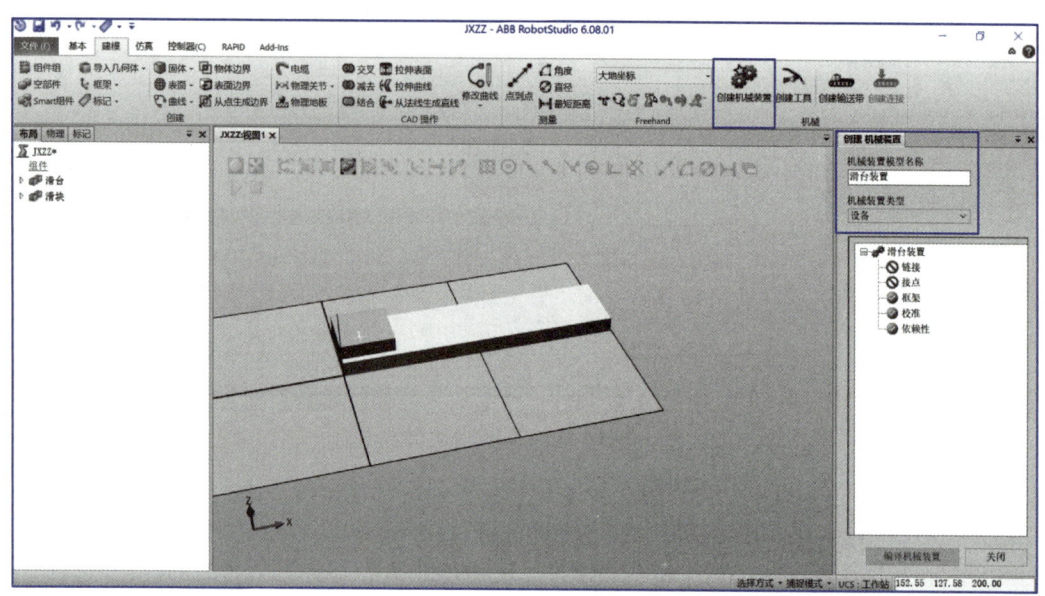

图 3-49 创建机械装置

(2)双击"创建机械装置"栏中的"链接",打开"创建链接"对话框,在"链接名称"中输入"L1",在"所选组件"中选择"滑台",勾选"设置为 BaseLink",然后再单击"添加",最后单击"应用",如图 3-50 所示。

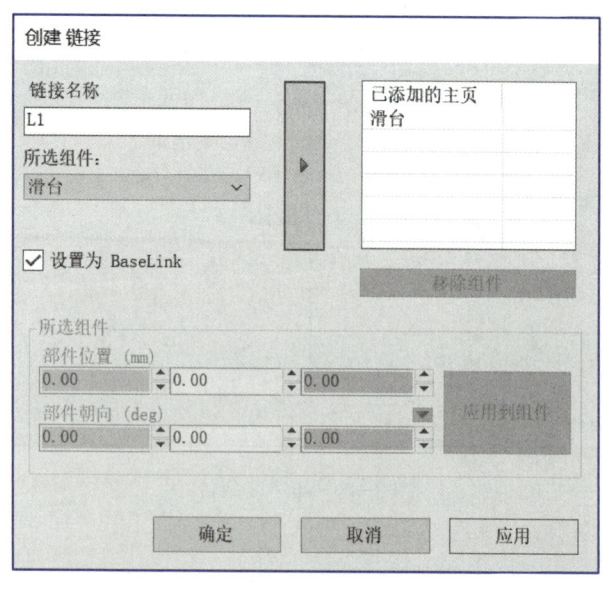

图 3-50 创建机械装置链接 L1

（3）按上述步骤再创建机械装置链接 L2，在"所选组件"中选择"滑块"，单击"添加"，再单击"确定"，如图 3-51 所示。

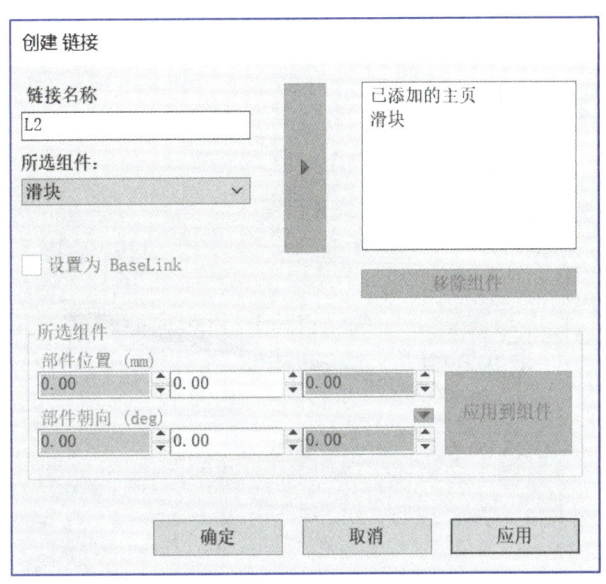

图 3-51　创建机械装置链接 L2

（4）选择"选择部件"和"捕捉末端"，双击"创建机械装置"栏中的"接点"，打开"创建接点"对话框，在"关节名称"中输入"J1"，在"关节类型"中选择"往复的"，单击"关节轴"下"第一个位置"的第一个输入框，如图 3-52 所示。

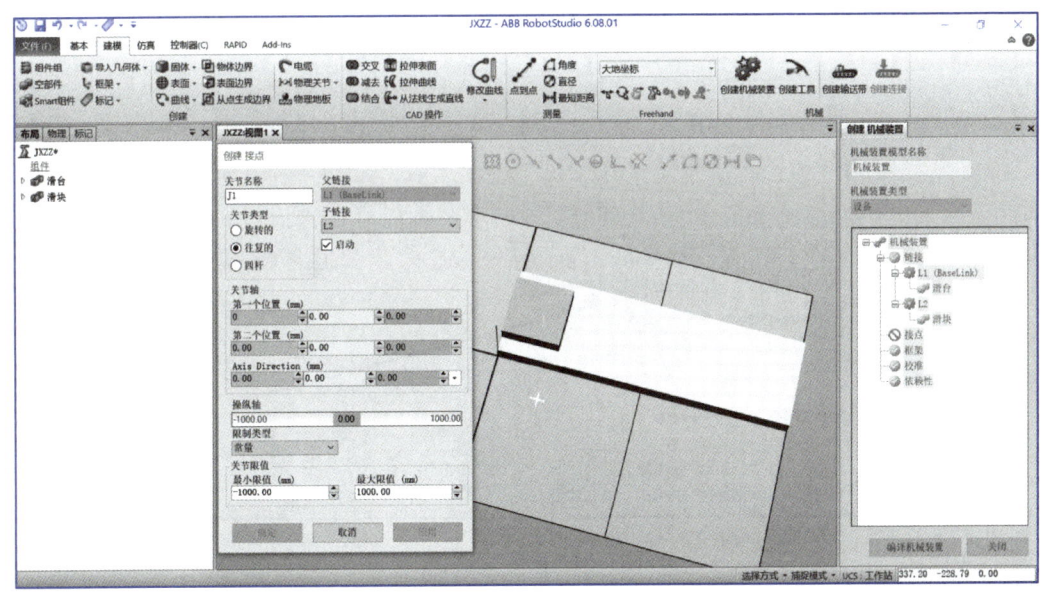

图 3-52　设置关节参数

(5)单击滑台 A 角点、B 角点,则"第一个位置"和"第二个位置"的数据及运动的参考方向已添加进对话框,将 X 轴的运动方向设置为 2 000 mm,如图 3-53 所示。

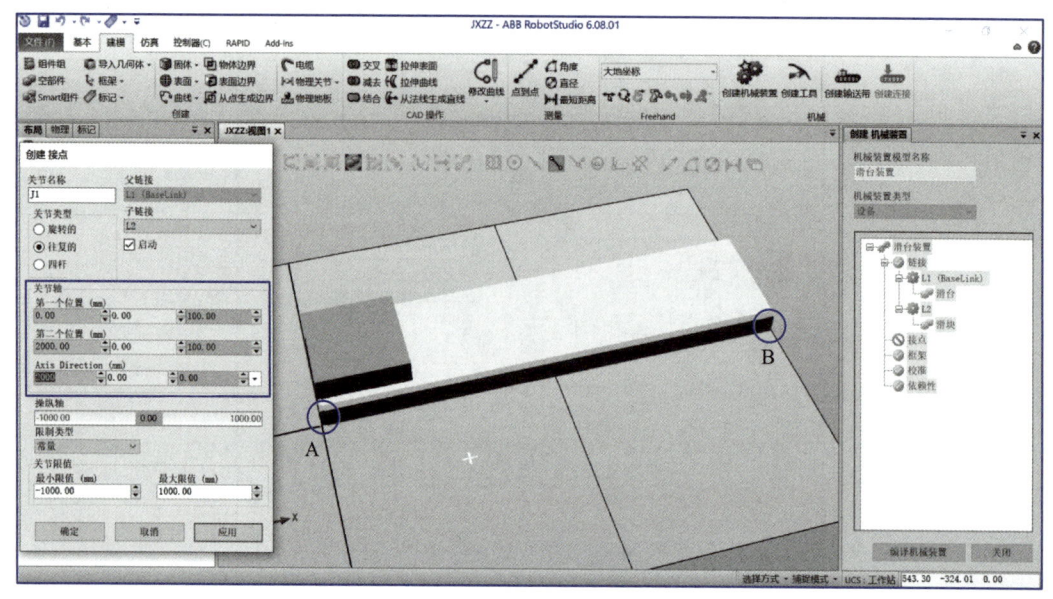

图 3-53　设置关节运动位置和方向

(6)设定关节限值,最小限值为 0 mm,最大限值为 1 500 mm,设置完成之后,单击"确定",如图 3-54 所示。

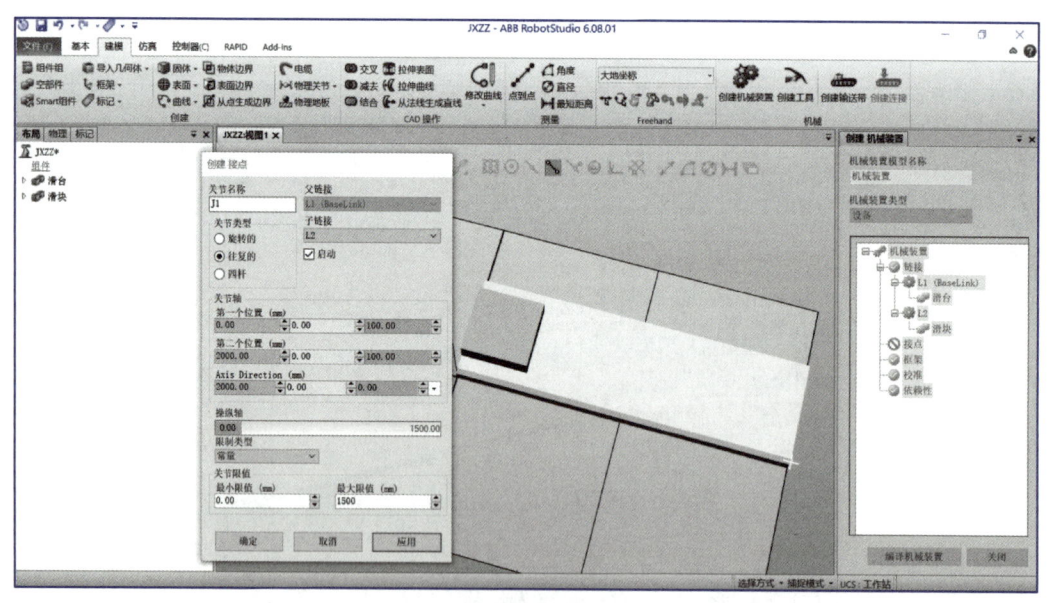

图 3-54　设定关节限值

(7)单击"创建机械装置"栏中的"编译机械装置",然后单击弹出的对话框左下方的"添加",如图 3-55 所示,准备添加机械装置运动姿态。

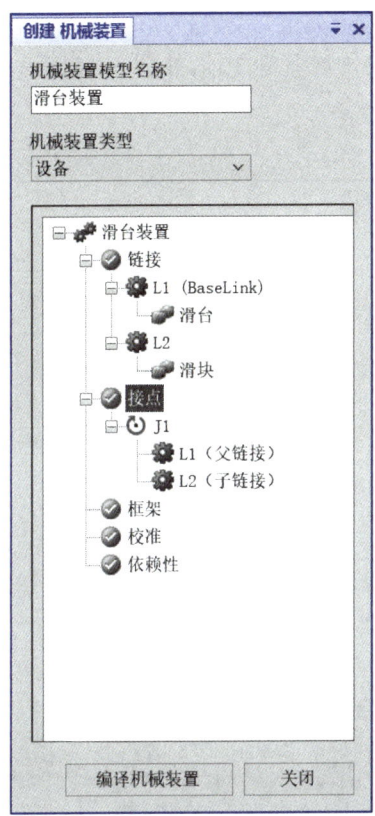 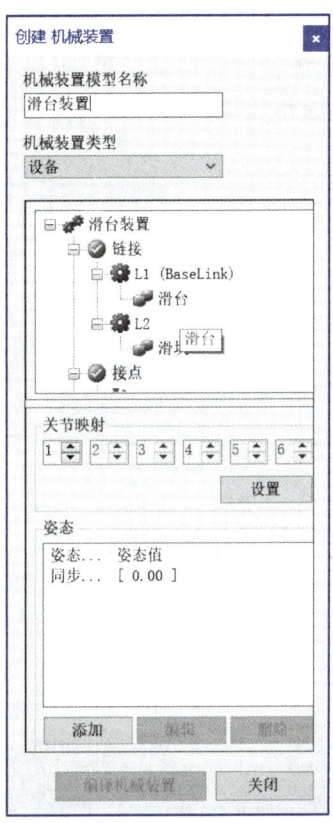

图 3-55 编译机械装置

（8）添加姿态。设置新的"姿态名称"为"原点位置"，设置合适的"关节值"，然后勾选"原点姿态"，最后单击"应用"。再设置另外一个"姿态名称"为"终点位置"，"关节值"可根据实际情况设定，最后单击"确定"，如图 3-56、图 3-57 所示。

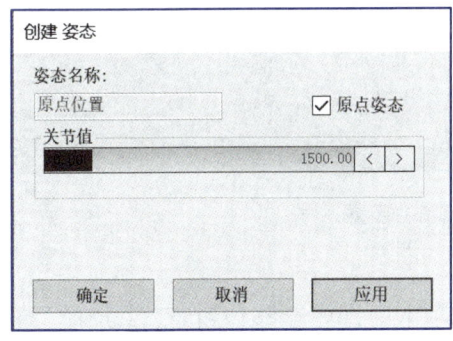 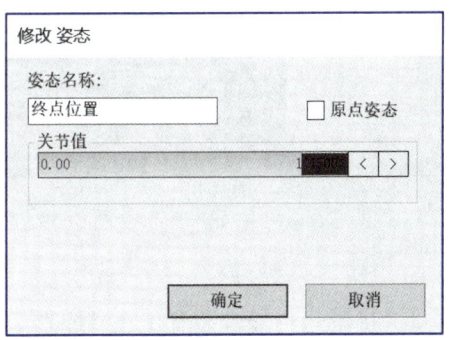

图 3-56 设置原点位置　　　　　　　　图 3-57 设置终点位置

（9）返回"创建机械装置"对话框，单击右下方的"设置转换时间"按钮，设置不同姿态的转换时间。为方便观察移动效果，本任务中均设置为 10 s，如图 3-58 所示，然后单击"确定"按钮，最后关闭"创建机械装置"对话框。

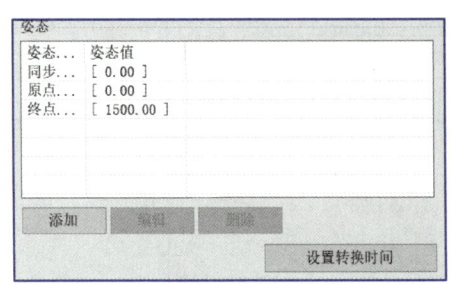
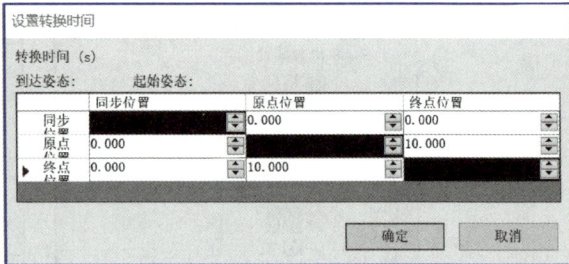

图 3-58　设置运动姿态转换时间

（10）手动运行滑台装置。在"建模"功能选项卡中，选择"Freehand"中的"手动关节"，用鼠标拖动滑块即可实现滑块在滑台上的移动，如图 3-59 所示。

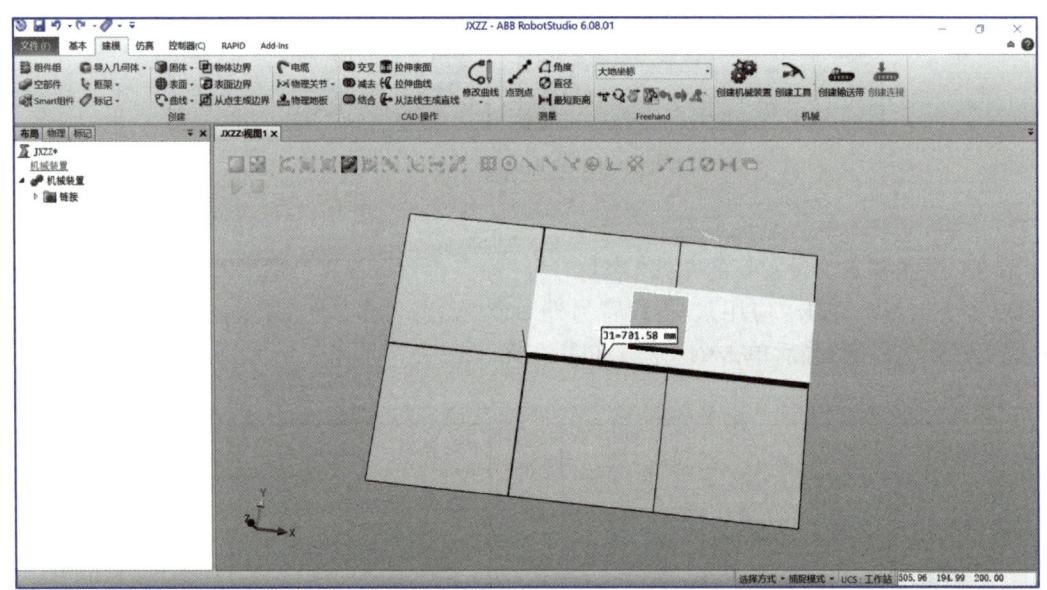

图 3-59　手动运行滑台装置

（11）自动运行滑台装置。在"修改"功能选项卡中，单击"移动到姿态"，选择"终点位置"，此时滑块在滑台上沿 X 轴正方向缓慢移动，10 s 后停在最大限值 1 500 mm 位置，如图 3-60 所示。

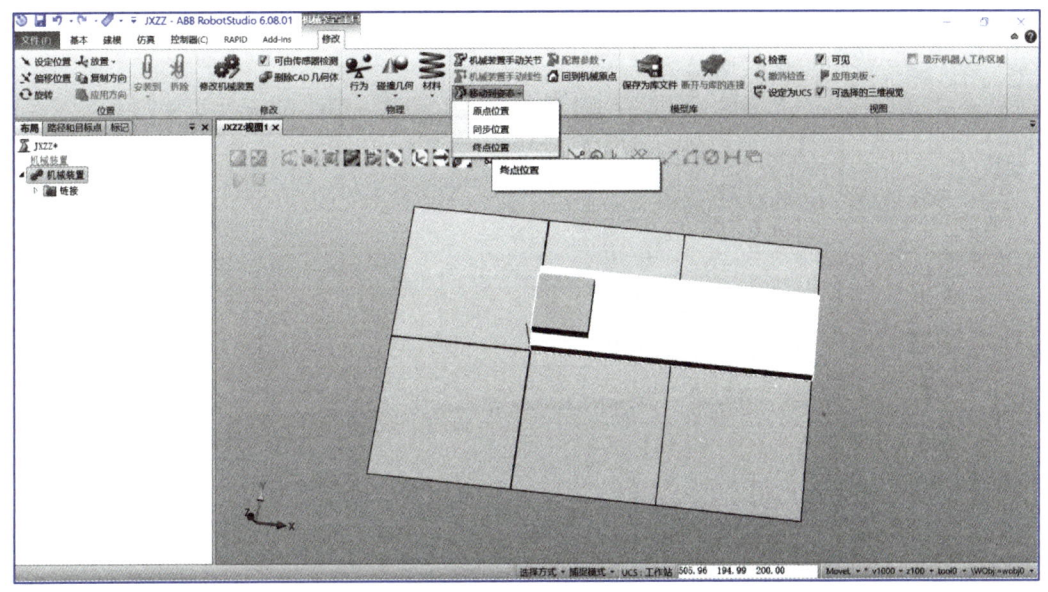

图 3-60　自动运行滑台装置

（12）在"修改"功能选项卡中，单击"移动到姿态"，选择"原点位置"，此时滑块在滑台上沿 X 轴负方向缓慢移动，10 s 后停在最小限值 0 mm 位置，如图 3-61 所示。

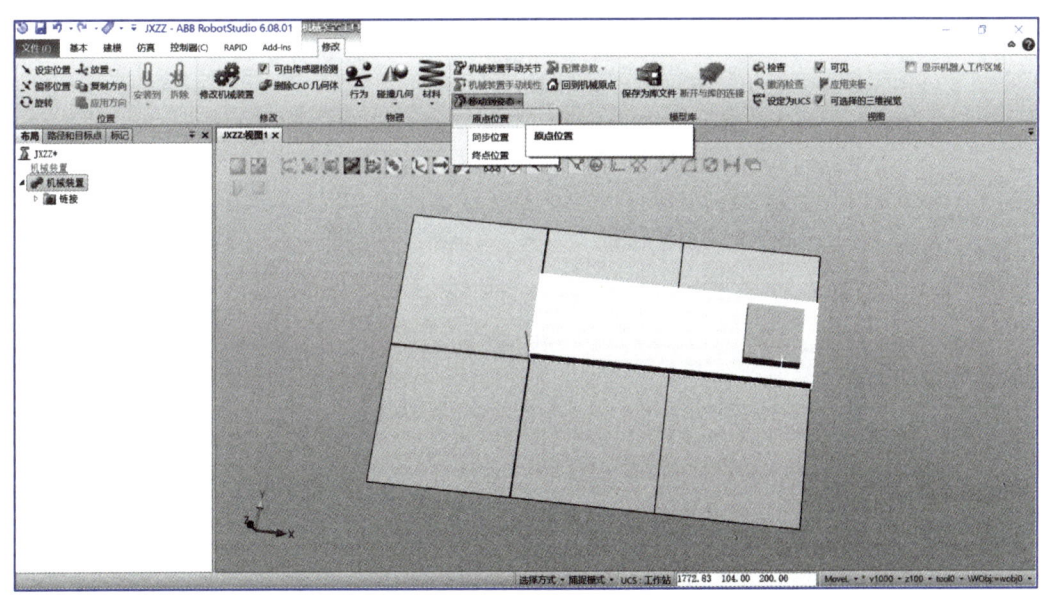

图 3-61　自动返回原点位置

（13）在左侧"布局"栏中，右键单击滑台装置，选择"保存为库文件"，可以将创建的机械装置保存起来以便后续工作中使用，如图 3-62 所示。

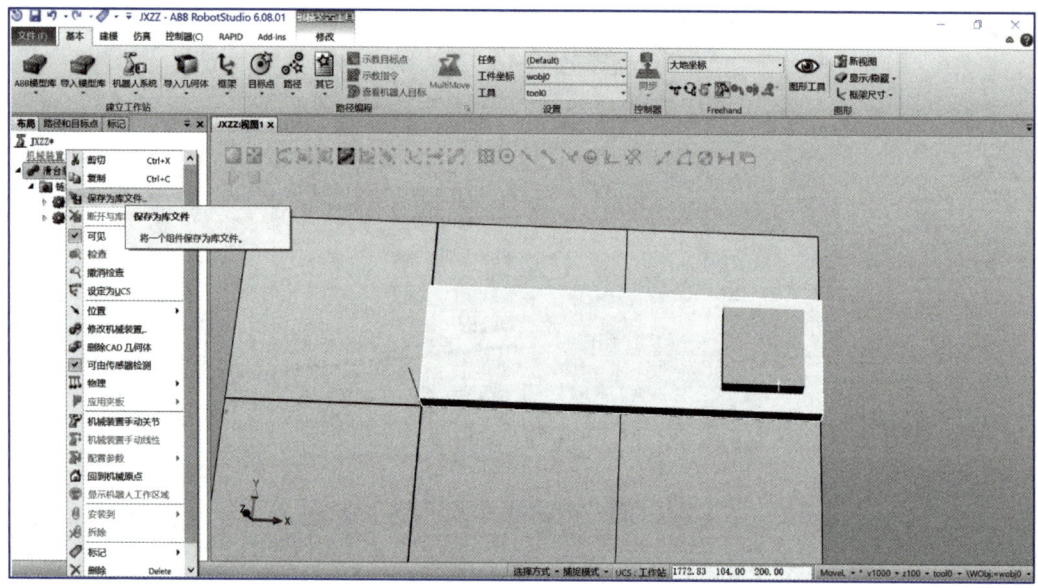

图 3-62　保存为库文件

（14）在"基本"功能选项卡中，单击"导入模型库"，选择"用户库"或"浏览库文件"，可以加载已保存的滑台装置，如图 3-63 所示。

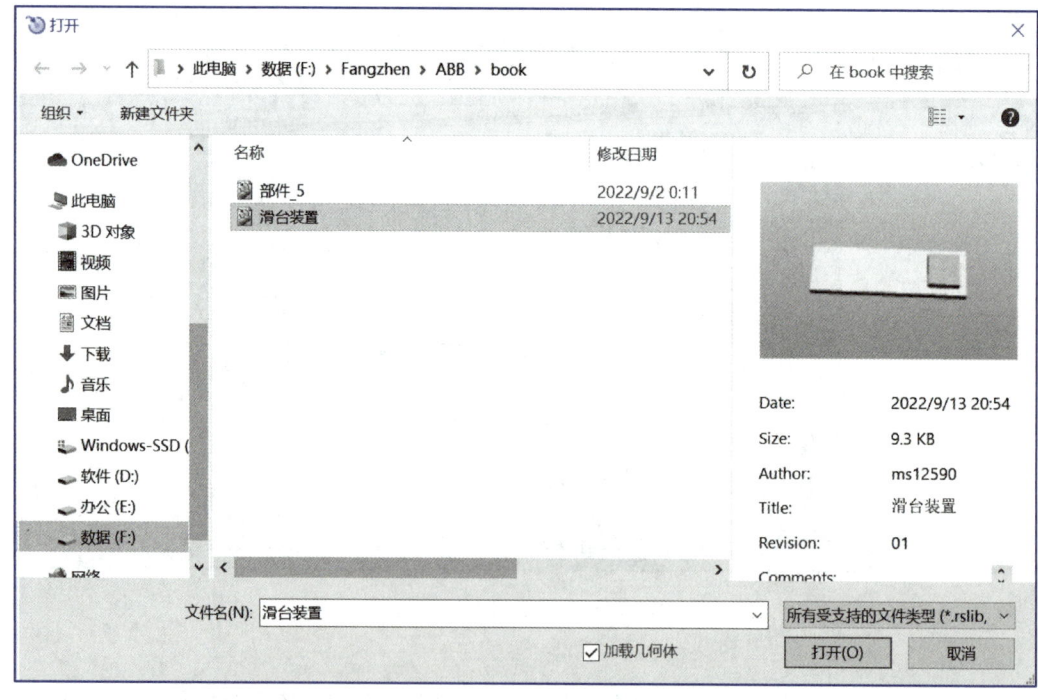

图 3-63　加载滑台装置

[能力验评]

请根据任务单完成任务,并填写评价表。

任 务 单

任务名称	电池夹具机构构建		
任务背景	根据项目进展,需在生产线工作站中增加电池夹具装置,要求使用基础几何体构建可开合的模块化夹具,满足电池模组快速定位需求		
任务目标	1. 掌握运动副定义方法;2. 完成夹具开合机构装配;3. 实现机构运动仿真		
技术参数	1. 夹具行程≥150 mm;2. 重复定位精度为±0.5 mm;3. 开合角度范围为0°~90°		
任务流程	创建夹具基体→添加运动副→设置限位参数→运动测试		
任务内容	1. 构建夹具固定框架;2. 设计可滑动夹爪机构;3. 定义旋转/平移运动副		
成果要求	1. 机构运动仿真视频;2. 运动副参数表;3. 机构装配爆炸图		
小组成员			
计划用时		开始时间	

评 价 表

评价维度	评价指标	评价标准	分值	个人自评	小组互评	教师评价	企业导师评价	观测依据
知识与技能（50分）	1. 运动副设置	正确定义旋转/平移运动副	15					运动副参数截图
	2. 机构精度	实际行程误差≤±1 mm	15					运动测试数据
	3. 限位设置	角度/行程限位有效	10					限位设置截图
	4. 机械原理应用	合理应用连杆机构/齿轮齿条机构原理	10					机构原理示意图
方法与过程（35分）	1. 装配顺序	按"基体-动件-运动副"顺序装配	15					装配过程录屏
	2. 干涉检查	完成全行程干涉验证	10					干涉检查报告
	3. 文件管理	规范保存机构组件	10					文件目录截图

续表

评价维度	评价指标	评价标准	分值	个人自评	小组互评	教师评价	企业导师评价	观测依据
团队协作（10分）	1. 技术讨论	开展至少2次机构方案讨论	5					会议记录
	2. 任务衔接	各环节交接时间≤5 min	5					交接记录表
创新实践（5分）	结构优化	提出轻量化设计方案	5					优化方案文档
综合评价								

项目 3　工业机器人仿真模型创建

任务 4　创建机器人工具

[任务描述]

在构建工业机器人时,其法兰盘末端通常会安装用户自定义的工具。用户通常希望能够像在 RobotStudio 模型库中的工具一样,安装时能够调用自定义工具并自动安装到工业机器人法兰盘末端且保证坐标方向一致,在工具末端能够自动生成工具坐标系,从而避免工具方面的仿真误差。

本任务旨在指导学习者掌握工业机器人虚拟仿真中用户自定义工具的创建与安装方法。通过学习,能够理解机器人末端工具的功能分类及其在自动化工作站中的作用。任务重点在于通过工具模型的本地坐标系与机器人法兰坐标系(Tool0)的精确匹配,实现工具的无缝安装与工具坐标系的自动生成。

[知识准备]

3.4.1　自定义工具安装原理

在工业机器人工作站中,末端工具(如焊枪、夹具、吸盘等)是机器人执行具体作业的直接载体,其安装精度直接影响任务执行的可靠性。虚拟仿真中,工具模型的几何特性、质量属性及坐标系定义需与真实工具完全一致,否则可能导致仿真结果偏离实际。RobotStudio 允许用户自定义工具模型,并通过严格的坐标系绑定机制,确保工具安装后与机器人法兰盘末端自动对齐,同时生成准确的工具坐标系(TCP)。本节将系统阐述用户自定义工具的设计原理、坐标系定义规则及其在 RobotStudio 中的实现逻辑。

1. 自定义工具的定义与功能分类

定义:用户根据实际工艺需求设计的机器人末端执行器,需包含几何模型、质量属性、运动约束等参数。

按功能可分为:

加工类工具:如焊枪、激光切割头,需定义加工方向与作用范围;

抓取类工具:如气动夹具、电磁吸盘,需明确夹持面与开合逻辑;

检测类工具:如视觉相机、测距传感器,需绑定传感器坐标系。

2. 工具模型的组成要素

几何模型:需基于实际工具尺寸建模,避免因尺寸偏差导致干涉或定位错误;

质量属性:包括质量、重心位置,影响机器人负载计算与运动稳定性;

安装接口:与机器人法兰盘匹配的机械连接结构,需保证几何兼容性。

3. 自定义工具安装原理

工具安装过程的原理是工具模型的本地坐标系与机器人法兰盘坐标系 Tool0 重合，工具末端的工具坐标系框架即作为机器人的工具坐标系。

用户自定义工具建模与安装是工业机器人工作站仿真的关键技术环节。工具坐标系与机器人法兰盘坐标系的匹配程度，直接影响路径规划精度与仿真结果的可信度。需特别注意工具几何模型的尺寸准确性、本地坐标系的方向一致性，以及质量属性的真实还原。通过学习用户自定义工具的安装流程，可有效避免因工具建模误差导致的仿真失真，为后续的离线编程、工艺调试提供可靠保障。

[任务实施]

3.4.2　导入工具模型

（1）新建一个空工作站并保存为"GongJu"。

（2）在"基本"功能选项卡中，单击"ABB 模型库"，导入"IRB2600_12_165_C_01"机器人模型，如图 3-64 所示。

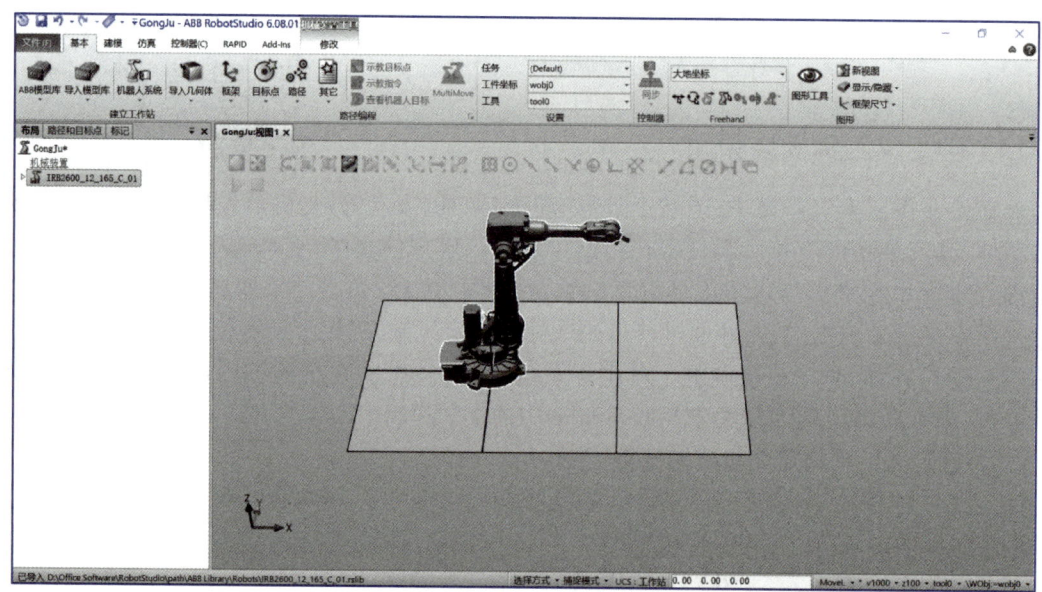

图 3-64　导入机器人模型

（3）在"基本"功能选项卡中，单击"导入几何体"，选择"浏览几何体"，找到要导入的模型 UserTool，单击"打开"，完成模型的导入，如图 3-65、图 3-66 所示。

项目 3　工业机器人仿真模型创建

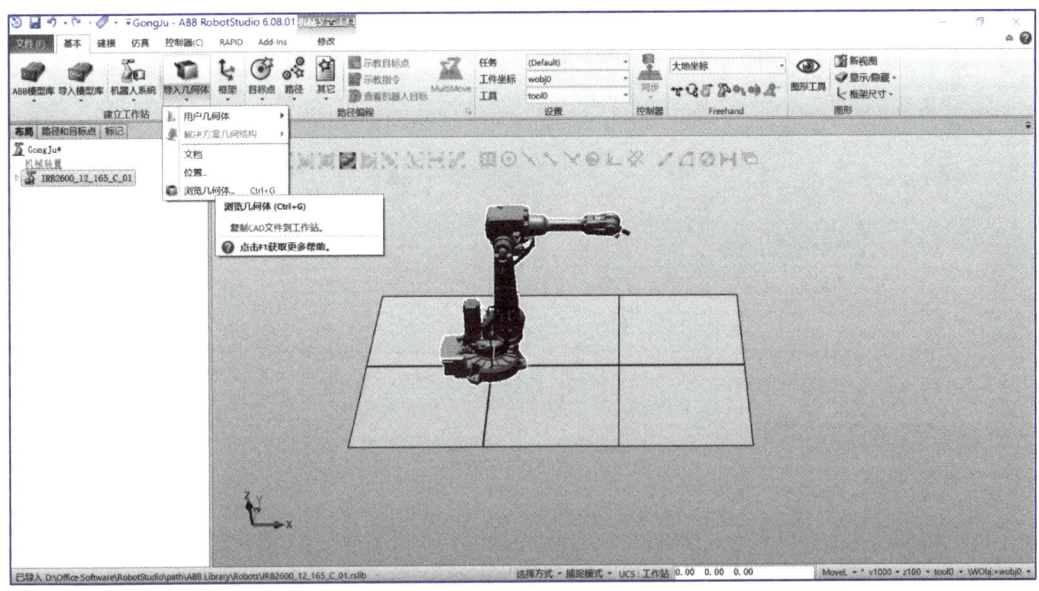

图 3-65　导入几何体

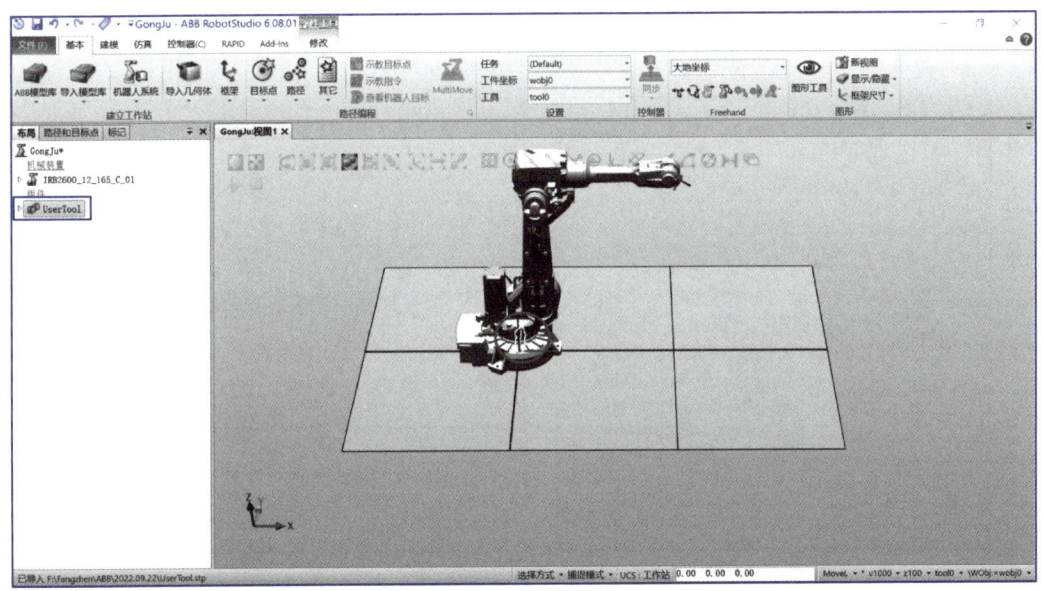

图 3-66　导入 UserTool

（4）为了便于观察和处理，需要隐藏机器人模型。在左侧"布局"栏中，右键单击"IRB2600_12_165_C_01"，取消勾选"可见"，如图 3-67 所示。

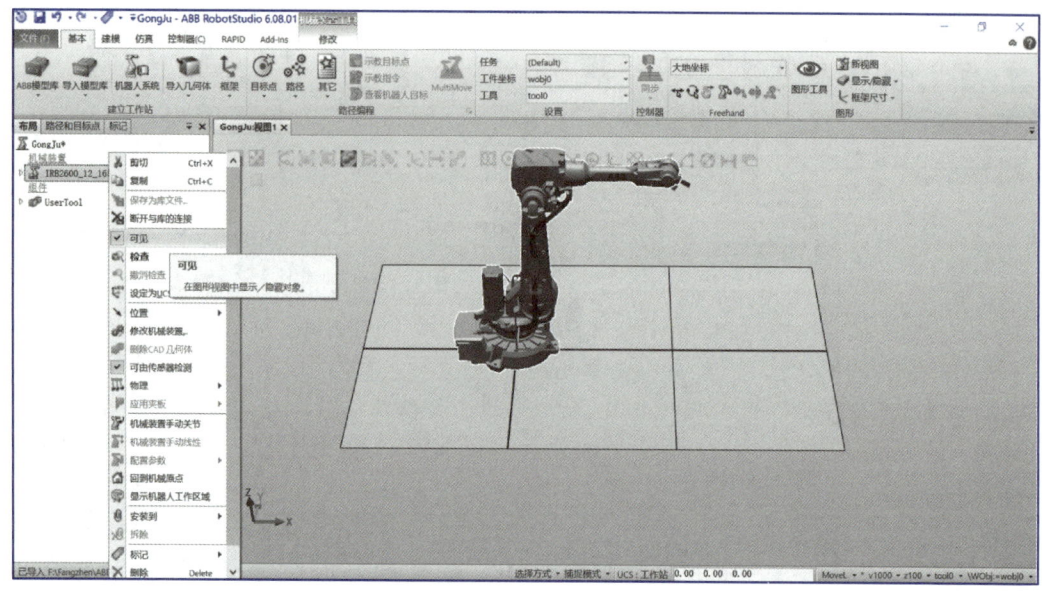

图 3-67　隐藏机器人模型

（5）此时可以在视图栏中看到工具 UserTool，如图 3-68 所示。

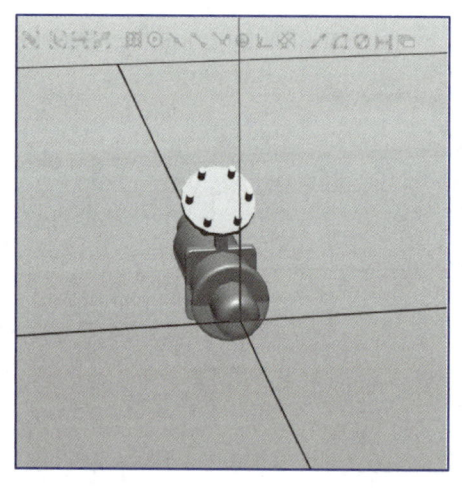
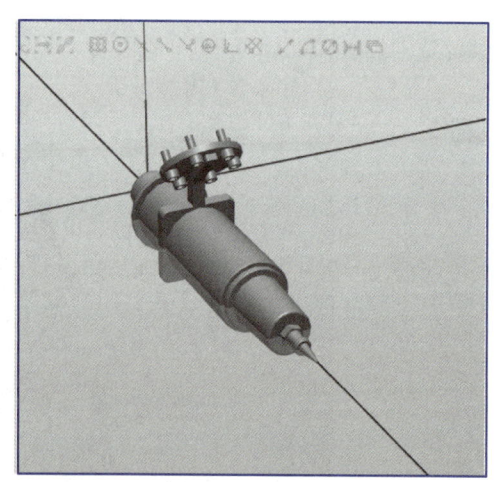

图 3-68　查看导入工具

（6）调整工具模型。

① 三点法调整工具模型 UserTool，将其法兰盘所在平面与 XY 平面重合。

主点、X 轴上的点、Y 轴上的点的位置分别按照图 3-69（a）中的标注进行选择，"主点-到"为"0,0,0"，"X 轴上的点-到"为"100,0,0"，"Y 轴上的点-到"为"0,100,0"，单击"应用"，调整完成，如图 2-69（b）所示。

项目3 工业机器人仿真模型创建

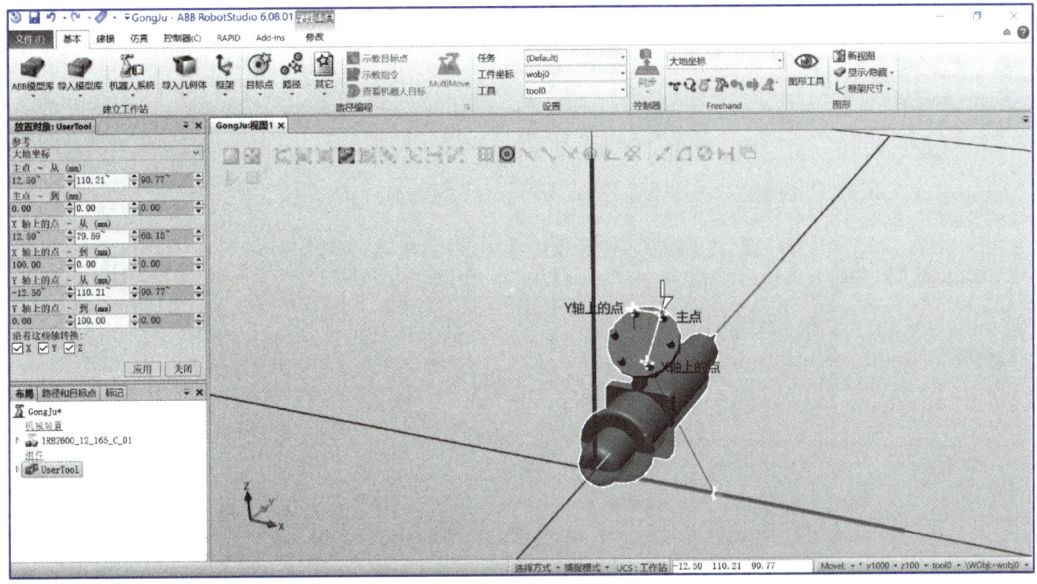

(a) 参数设置

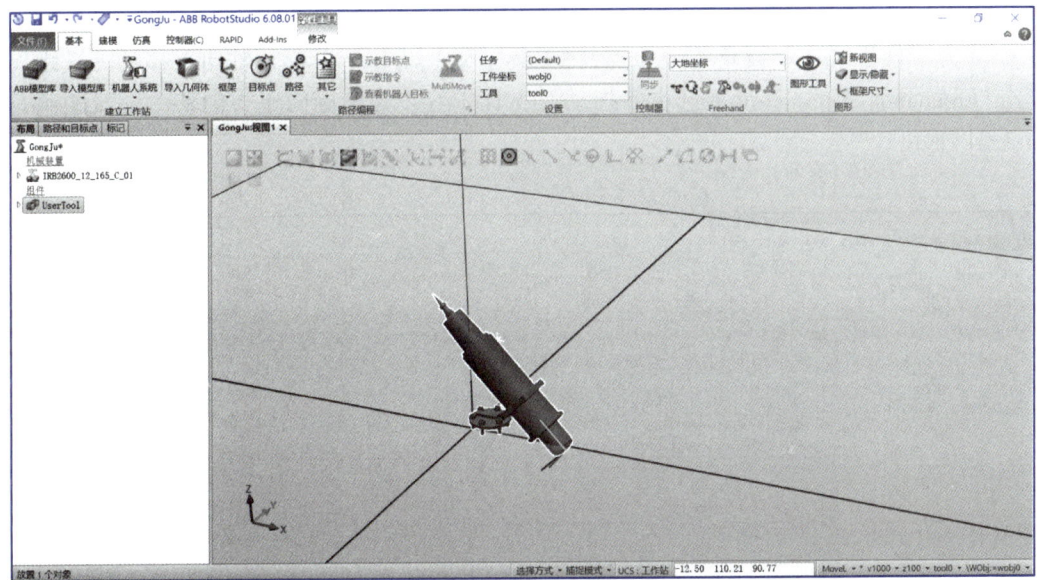

(b) 设定后工具姿态

图 3-69 调整工具模型

② 右键单击工具模型"UserTool",选择"位置"→"旋转",将工具模型 UserTool 绕 Y 轴旋转 180°,然后单击"应用",完成旋转,如图 3-70 所示。

129

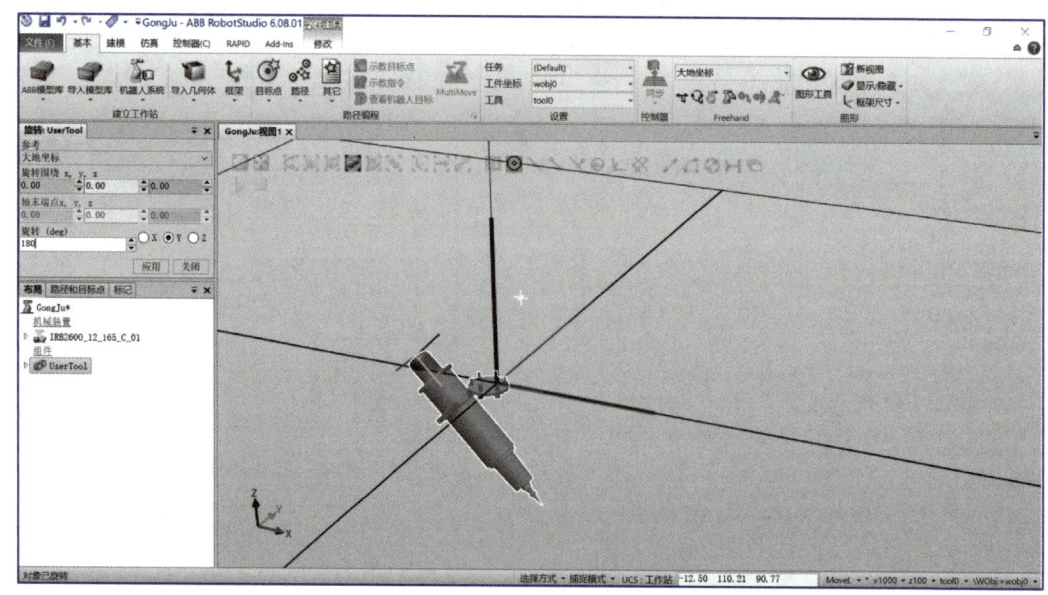

图 3-70　设置工具旋转参数

③ 为了便于观察和设定本地原点，将工具模型 UserTool 沿着 Z 轴向上移动一段距离。单击 "Freehand" 中的 "移动"，选中并拖动 UserTool 沿 Z 轴坐标向正方向移动一段距离，如图 3-71 所示。

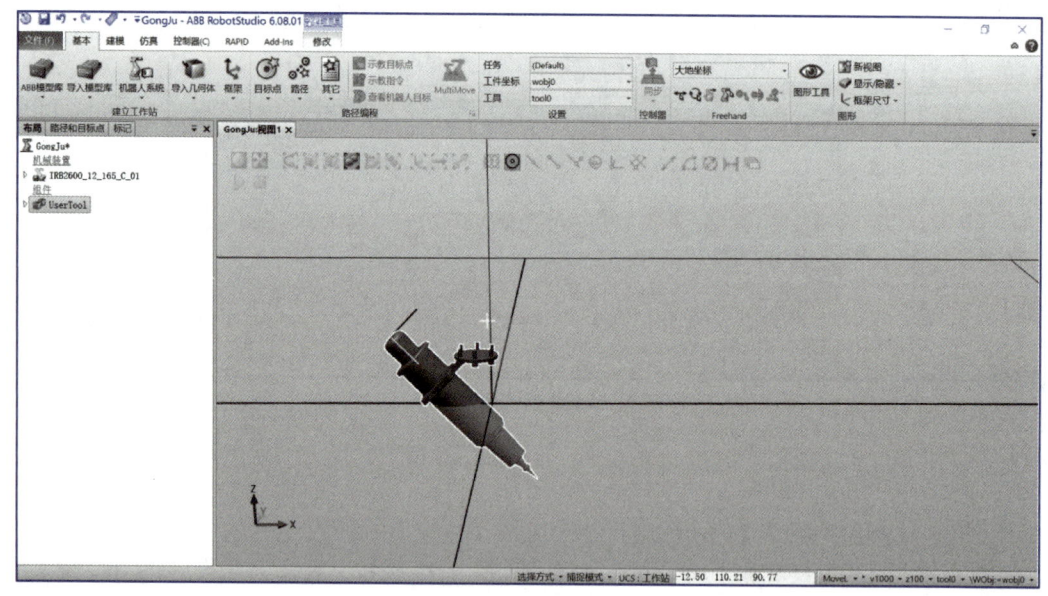

图 3-71　沿 Z 轴正方向移动

④ 设定工具模型 UserTool 法兰盘本地原点。右键单击工具模型 "UserTool"，选择 "修改" → "设定本地原点"，捕捉法兰盘中心点位置作为本地原点，"方向" 设为 "180,0,0"，然后单击 "应用"，如图 3-72 所示。

项目 3　工业机器人仿真模型创建

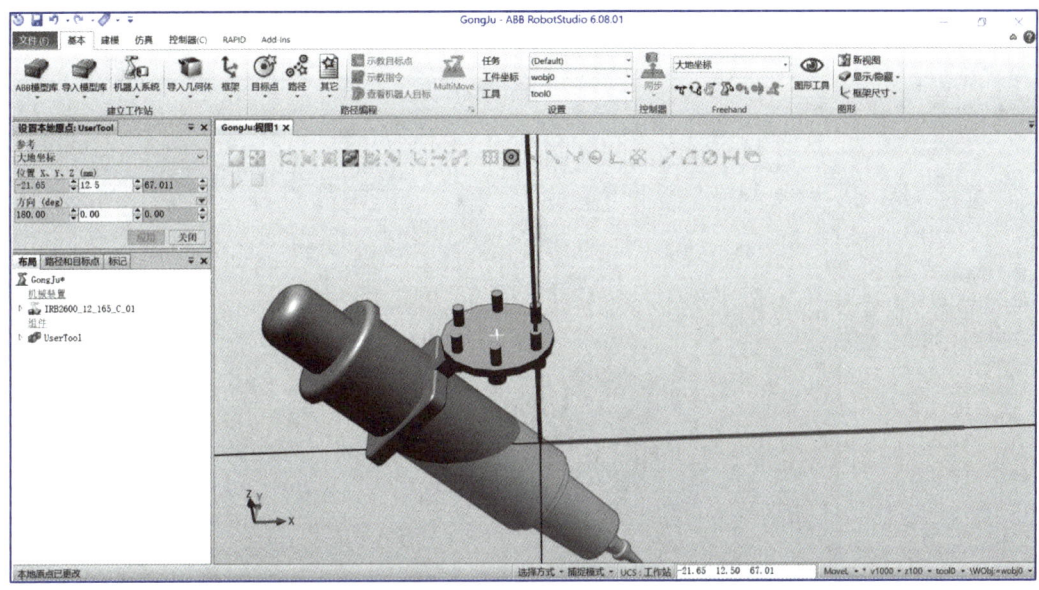

图 3-72　设定法兰盘本地原点

⑤ 设定工具模型 UserTool 位置，使其本地坐标系与工业机器人法兰盘坐标系 Tool0 重合。右键单击工具模型"UserTool"，选择"位置"→"设定位置"，"位置"设为"0，0，0"，"方向"设为"0，0，0"，然后单击"应用"，如图 3-73 所示。

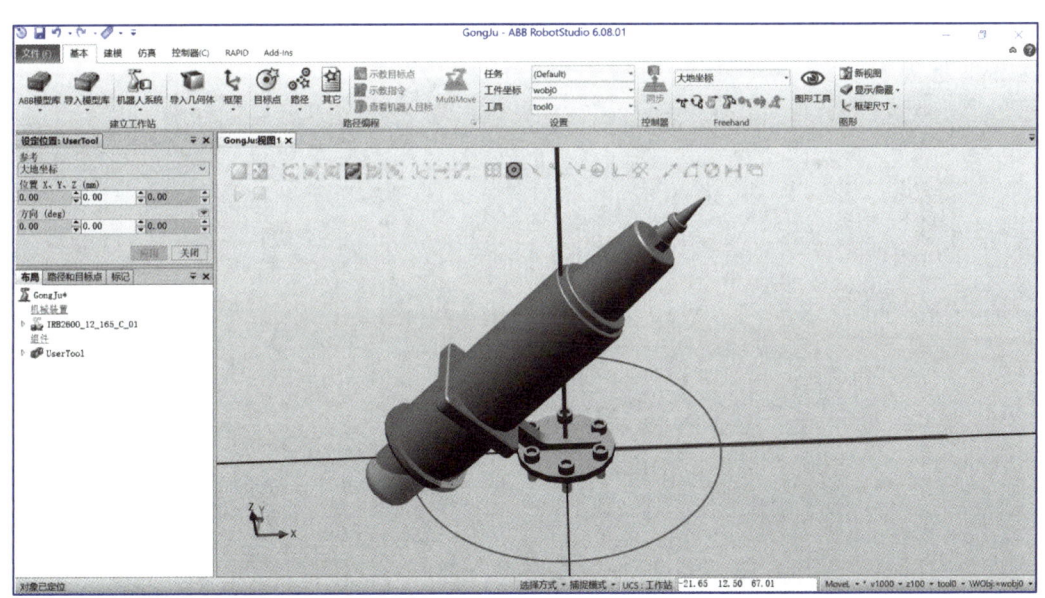

图 3-73　设定工具位置

3.4.3　创建工具坐标系框架

（1）工具模型的本地坐标系设定完成后，可以在工具末端创建工具坐标系。在"基本"功能选项卡中，单击"框架"，选择"创建框架"，捕捉工具模型

UserTool 末端圆心作为框架的位置,"框架方向"设为"0,0,0",然后单击"创建",如图 3-74 所示。

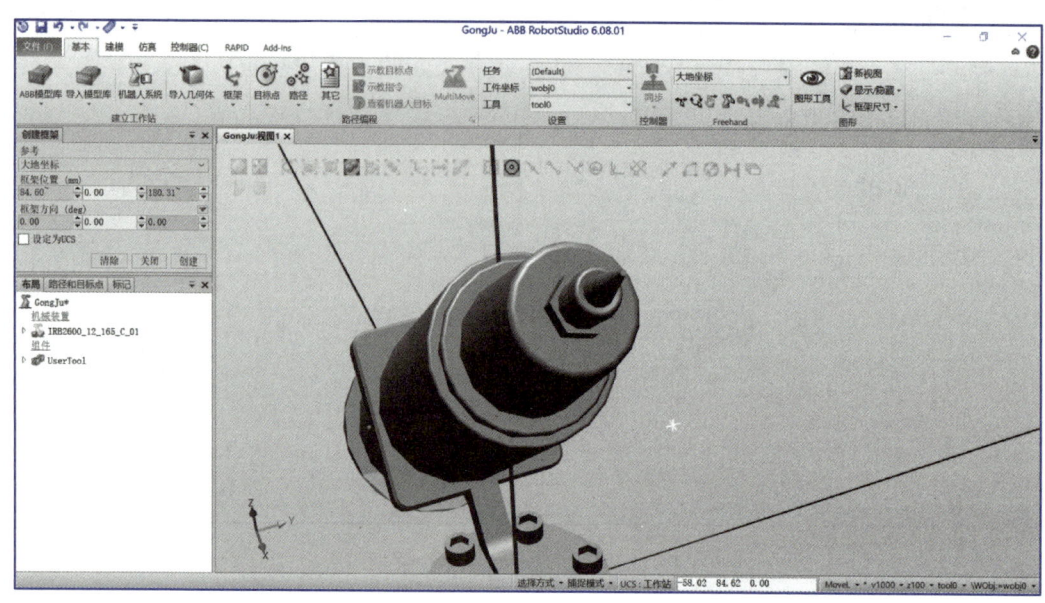

图 3-74　创建坐标系框架

（2）一般期望生成的坐标系框架 Z 轴与工具末端表面垂直,而上一步创建的框架中 Z 轴并不垂直于工具末端表面,如图 3-75 所示,因此还需要对框架进行调整。

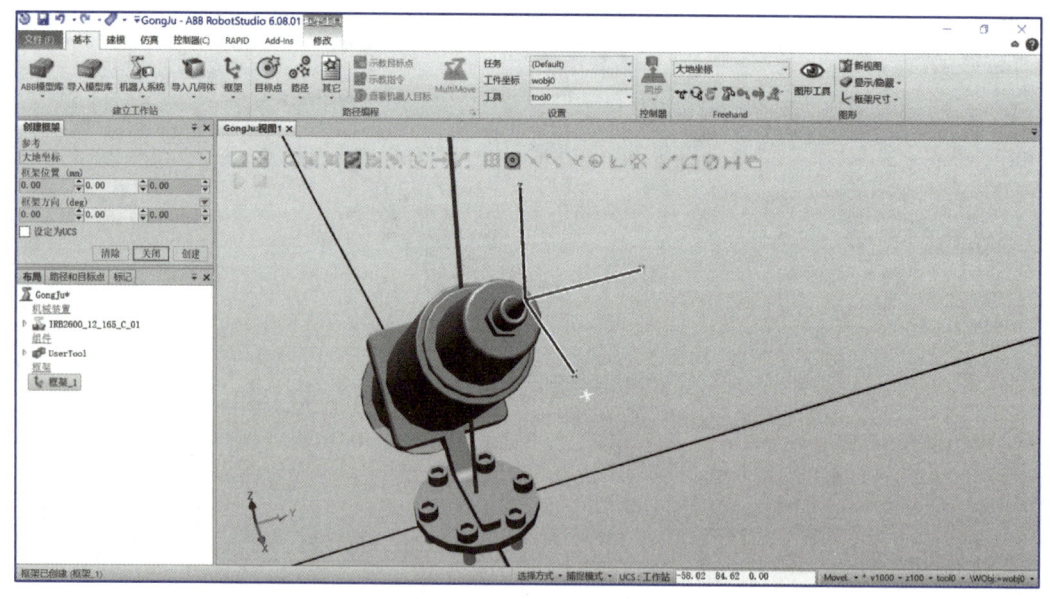

图 3-75　待调整的坐标系框架

（3）在"布局"栏中,右键单击"框架_1",选择"设定为表面的法线方向"→"选择表面",单击"表面或部分"输入框,捕捉工具模型 UserTool 末端表面,然后单击"应用",如图 3-76 所示。

项目 3　工业机器人仿真模型创建

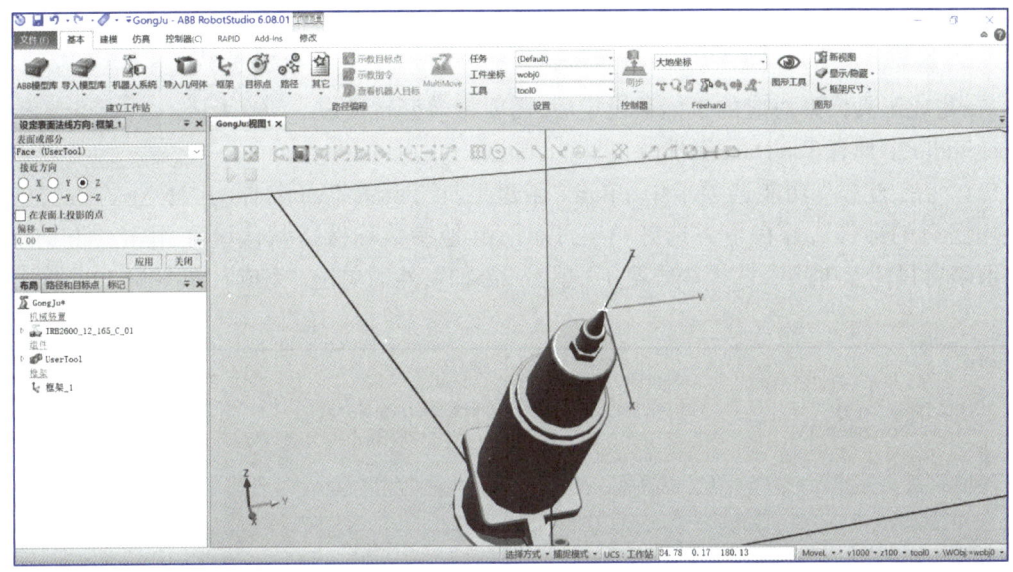

图 3-76　设定工具表面法线

在 RobotStudio 中的坐标系，蓝色表示 Z 轴正方向，绿色表示 Y 轴正方向，红色表示 X 轴正方向，通过上述步骤的调整，工具坐标系 Z 轴已经垂直于工具末端表面。此时便完成了"框架_1" Z 轴方向的设定，至于其 X 轴和 Y 轴的朝向，一般采用默认的方向即可。

在实际应用过程中，工具坐标系原点一般与工具末端有一段的间距，例如焊枪中的焊丝伸出的距离，或者激光切割枪、涂胶枪需要与待加工工件保持适当的距离，因此，本任务中只需要将工具坐标系框架沿其 Z 轴正方向移动一段距离就能够满足实际需求。

（4）在"布局"栏中，右键单击"框架_1"，选择"设定位置"，将"位置"设为"0,0,2"，"方向"设为"0,0,0"，然后单击"应用"，使 Z 轴方向偏移工具坐标系原点，如图 3-77 所示。

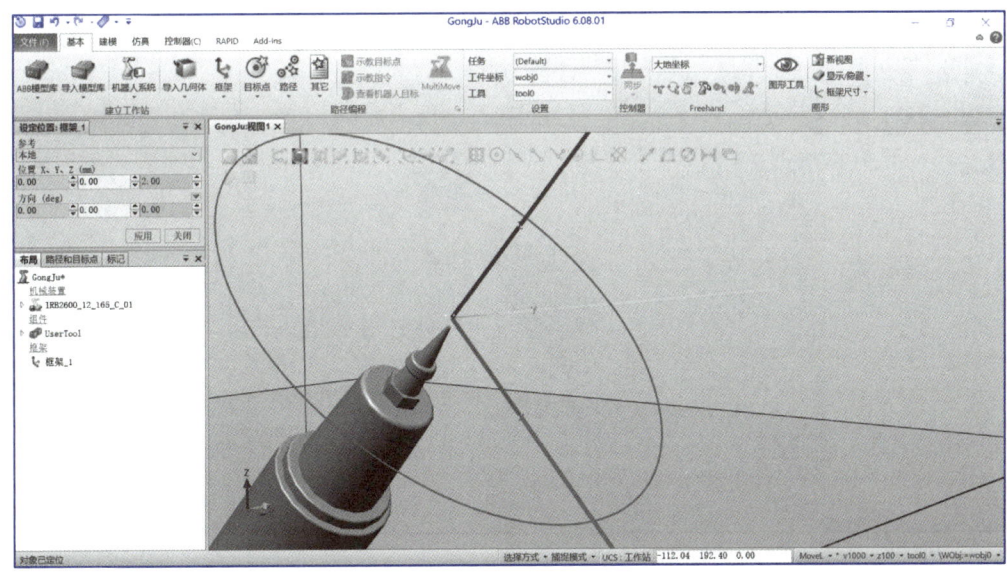

图 3-77　Z 轴方向偏移工具坐标系原点

3.4.4 创建工具

在完成工具模型对应的坐标系设定后,需要将模型转换成 RobotStudio 中具有 ToolData 属性的工具。

(1)在"建模"功能选项卡中,单击"创建工具",设置 Tool 名称为"MyNewTool",选择"使用已有的部件",并在下方选择"UserTool",其他参数均保持默认设置,单击"下一个","数值来自目标点/框架"选择"框架_1",单击"添加",然后单击"完成",如图 3-78 所示。

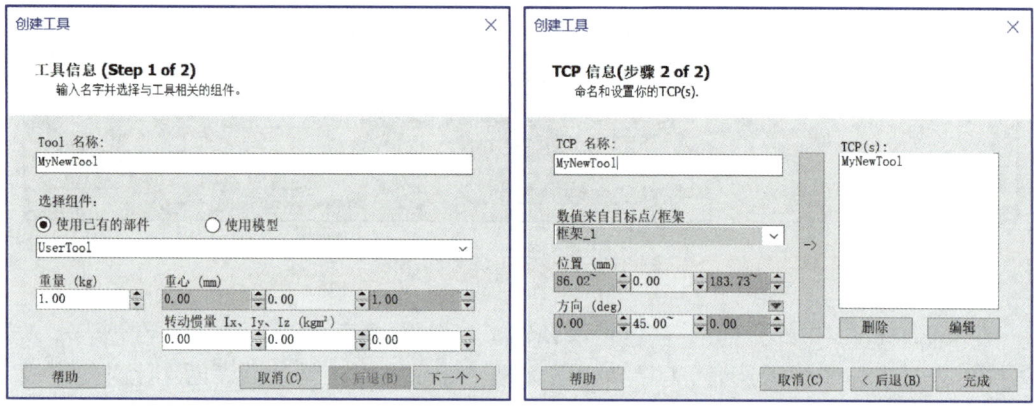

图 3-78 设置工具参数

(2)工具创建完成后,"布局"栏中的工具模型 UserTool 名称变成 MyNewTool,如图 3-79 所示。

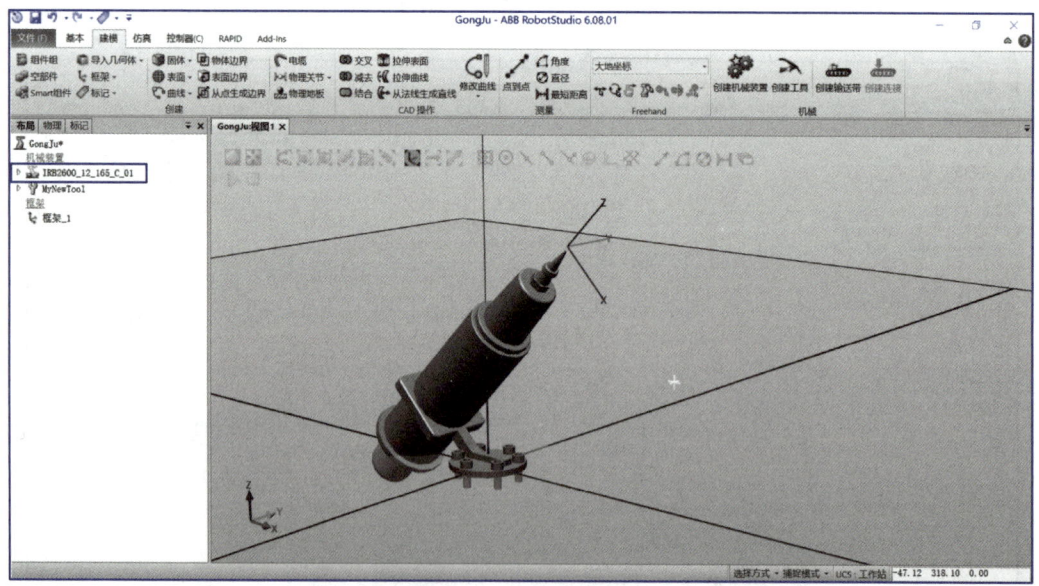

图 3-79 创建工具完成

3.4.5 工具安装验证

（1）在"布局"栏中，右键单击"IRB2600_12_165_C_01"，选择"可见"，如图3-80所示。

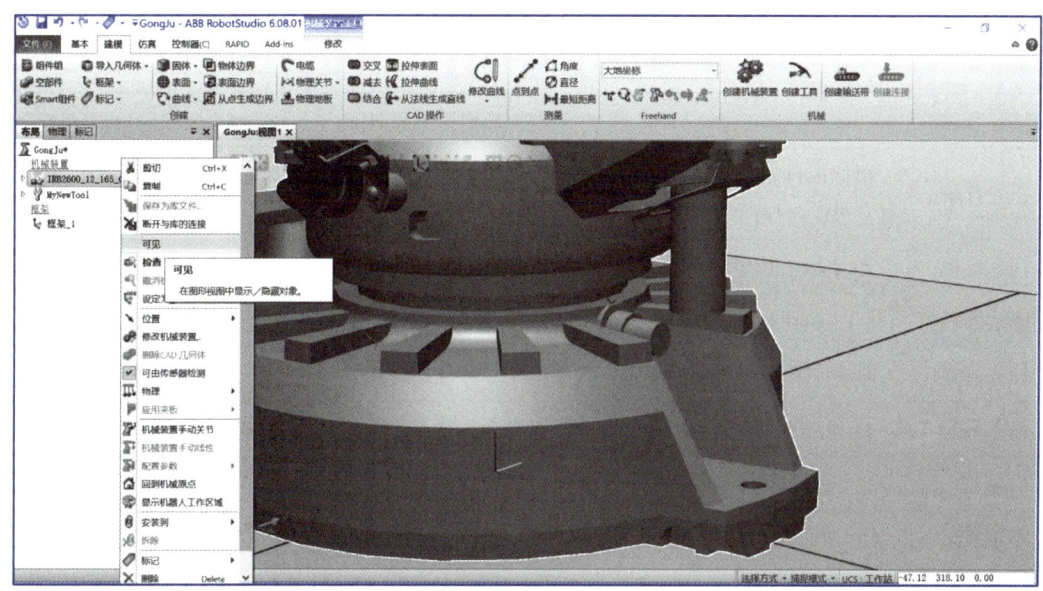

图3-80　设置机器人"可见"

（2）在"布局"栏中，单击"MyNewTool"，按住鼠标左键将其拖动到"IRB2600_12_165_C_01"上，然后在弹出的"更新位置"对话框中，单击"是"，完成工具的安装，如图3-81所示。

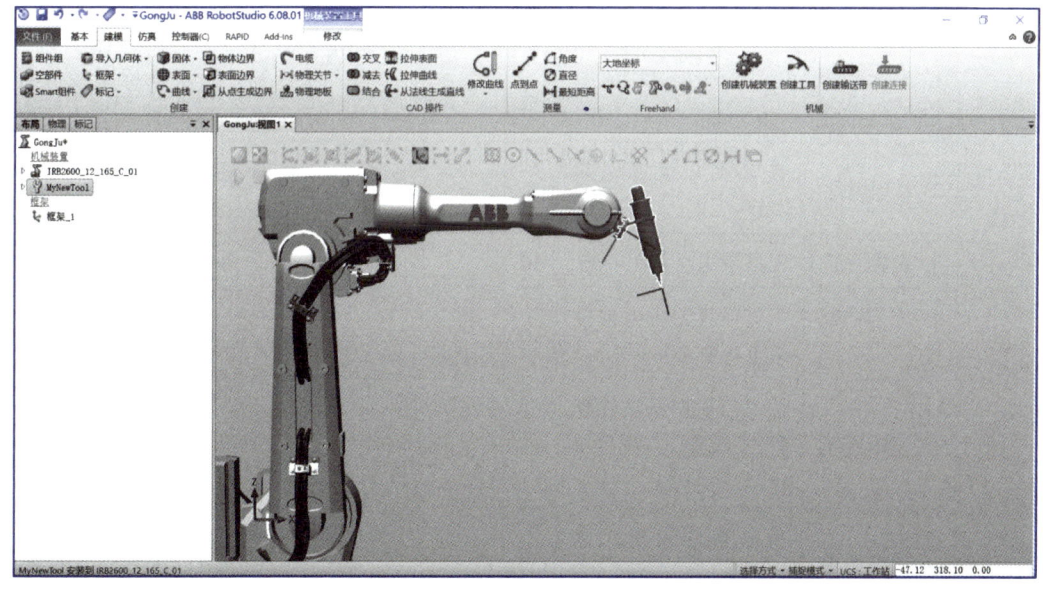

图3-81　安装工具

由图3-81可以看出，常见的用户工具已经正确安装在了机器人的法兰盘上，其位置和姿态符合要求。

[能力验评]

请根据任务单完成任务,并填写评价表。

任 务 单

任务名称	电池抓取工具设计
任务背景	根据项目需求,要为机器人设计专用电池抓取工具,要求工具末端适配夹具机构,具备真空吸盘与导向结构,满足电池模组快速拾取与精准放置需求
任务目标	1. 掌握工具坐标系设定;2. 完成工具物理属性配置;3. 实现工具与机器人法兰盘对接
技术参数	1. 工具质量≤15 kg;2. 吸盘间距误差≤±1 mm;3. 法兰盘安装面平面度≤0.2 mm
任务流程	创建工具几何模型→设定工具坐标系→添加物理属性→安装验证
任务内容	1. 设计工具主体结构;2. 配置吸盘阵列参数;3. 验证工具可达性
成果要求	1. 工具三维模型文件;2. 工具坐标系设定截图;3. 安装验证报告
小组成员	
计划用时	开始时间

评 价 表

评价维度	评价指标	评价标准	分值	个人自评	小组互评	教师评价	企业导师评价	观测依据
知识与技能（50分）	1. 坐标系设定	工具坐标系偏差≤0.5 mm	15					坐标系校准截图
	2. 物理属性	质量/质心设置误差≤5%	15					属性参数表
	3. 安装验证	工具与法兰盘无干涉	10					安装验证视频
	4. 工艺适配性	工具设计符合电池模组工艺要求	10					工艺参数对照表
方法与过程（35分）	1. 设计流程	按"几何建模-属性配置-安装测试"流程执行	15					设计过程文档
	2. 参数优化	吸盘布局调整次数≥3次	10					版本迭代记录
	3. 安全规范	设置工具急停安全区域	10					安全设置截图

续表

评价维度	评价指标	评价标准	分值	个人自评	小组互评	教师评价	企业导师评价	观测依据
团队协作（10分）	1. 跨组协作	与夹具设计组对接次数≥2次	5					对接记录表
	2. 知识传递	编制工具使用说明书	5					说明书文档
创新实践（5分）	功能扩展	提出快换接口设计方案	5					接口设计草图
综合评价								

总结：

本项目围绕工业机器人仿真模型构建的核心技能，主要介绍 RobotStudio 创建三维模型的基本方法、测量工具的使用方法、机械装置的创建方法、机械装置运动特性的设置方法、创建用户自定义工具的基本方法等，以新能源电池产线工作空间快速验证为典型应用场景，系统培养学习者"建模-测量-装配-验证"的工程实践能力。通过 RobotStudio 平台的任务驱动式训练，进一步掌握基础几何体参数化设计、组合体装配、测量工具精准应用等关键技术，形成"简化特征保留定位面、删除冗余装饰倒角"的工业建模思维。在实施过程中，通过模拟企业项目组的角色分工，强化团队协作与版本管理意识；借助本地原点设定、工具坐标系标定等实操环节，建立"模型物理属性与真实设备一致"的数字化调试理念。项目成果直接对接智能制造岗位需求，使学习者具备从虚拟工作站搭建到工艺优化建议提出的完整能力，为数字孪生技术应用奠定坚实基础。

[技术前沿]

新能源汽车生产四大核心工段——智能制造与绿色革命的交汇战场

在全球碳中和目标的驱动下，新能源汽车产业正以年均 30% 的增速重塑制造业格局。一条现代化新能源汽车生产线，既是工业机器人、AI、物联网技术的集成展示平台，也是轻量化材料、电池科技与可持续理念的实践战场。下面以典型新能源汽车工厂为例，解析其核心生产流程与技术突破。

1. 冲压车间：铝钢混合材料的"雕塑工坊"

作为新能源汽车轻量化革命的核心战场，冲压车间正经历从传统钢制车身向铝钢混合材料的结构转型。以 6000 系铝合金、1 500 MPa 热成型钢为代表的新型材料，通过精密塑性变形技术被塑造成车身骨架——例如特斯拉 Model Y 的一体化后底板采用 2.0~3.0 mm 厚铝合金板材，相较传统钢板实现 25% 的减重突破。这一工艺突破的核心驱动力在于 8 000 吨级巨型压铸机的引入：通过将 70 余个分散零件整合为单一铸件，生产周期从 2 h 压缩至 3 min，同时消除焊接缝隙带来的刚度损失。而面对铝材回弹率高的挑战，工程师采用激光辅助校准技术,在高速伺服冲压(15~20 冲次/min)后对零件轮廓进行 0.1 mm 级精修,确保车门框、翼子板等关键部位的公差控制在 ±0.2 mm 以内。冲压车间已不仅是"力的艺术",更是材料学、热力学与数字仿真的跨界融合舞台,为新能源汽车突破续航瓶颈奠定结构性基础。

2. 焊装车间:机器人与激光的"毫米级共舞"

焊装车间是轻量化车身成型的核心战场,机器人集群与高能激光在此编织出毫米级精度的连接艺术。针对铝合金与高强度钢的混合车身,工程师突破氧化膜阻抗难题,采用中频直流焊机(电流为 25 kA,压力为 4 kN)实现铝点焊的稳定连接;而激光飞行焊技术(焊接速度为 100 mm/s)则如"光之针线"般穿梭于车顶与侧围之间,以 0.3 mm 级熔宽完成无痕拼接。更具颠覆性的是结构胶粘接工艺——1.2~1.5 mm 宽的胶线替代 30% 传统焊点,凭借 30 MPa 的粘接强度将车身扭转刚度提升 15%。在这一过程中,搭载 3D 视觉的机器人化身"感知型工匠",实时补偿零件装配公差(±0.5 mm),而数字孪生技术则通过热变形仿真预判车门框的形变趋势,将生产初期调试周期缩短 40%。从激光路径规划到胶层厚度控制,焊装车间正重新定义"连接"的智能内涵。

3. 电池车间:动力心脏的"超净密室"

在万级洁净度的电池车间内,动力电池的制造精度已逼近微观极限。电极涂布环节的 ±1 μm 级涂覆控制(相当于人类红细胞厚度的 1/5),需在湿度≤1%RH 的干燥环境中完成,以确保活性物质均匀分布;而比亚迪刀片电池采用的叠片工艺,则以小于 0.3 mm 的极片对齐误差实现能量密度 50% 的跃升。当电芯迈向模组集成时,柔性 Busbar 的激光焊接成为关键——0.5 mm 熔深与小于 5% 气孔率的严苛标准,保障了电池包在 −30~60℃ 极端工况下的导电稳定性。为确保动力心脏的绝对密封,氦质谱检漏仪以 5×10^{-6} mbar·L/s 的灵敏度扫描每一处焊缝,使电池包达成 IP67 防护等级。从纳米级涂布到分子级检漏,电池车间以"超净"环境与"超精"工艺守护着新能源车的续航与安全命脉。

4. 总装车间:人机协同的"终极组装"

总装车间是机械精密与人类智慧的融合舞台,AGV(自动导引车)载着底盘与车身以 ±0.1 mm 的定位精度精准合装,螺栓拧紧扭矩的公差控制(±3%)堪比瑞士钟表装配。蔚来 ES8 的全自动风挡涂胶机器人以 (4.0±0.2) mm 的胶线宽度,将玻璃与车身粘接的抗拉强度提升至 20 MPa;而在底盘线束插接环节,协作机器人(如 UR10e)的六维力传感器感知 0.1N 级阻力变化,引导操作员实现"零损伤"装配。当车辆驶下产线,激光雷达扫描系统以 0.5 mm 级分辨率捕捉车身间隙,而云端 OTA 升级与功能测试的同步完成,使传统 72 h 调试流程压缩至"零等待"。从毫米级合装到纳米级感知,总装车间以人机共生的智慧,将数万个零件转化为驰骋道路的智能载体。

新能源汽车生产线不仅是技术密集型产业的标杆,更是中国制造业转型升级的缩影。从铝板冲压的精准控制到电池模组的纳米级涂布,从虚拟仿真的数字预演到 5G 连接的实时响应,每一个环节都在重新定义"制造"的内涵。对于我们而言,唯有深入理解"精度、效率、可持续"的行业逻辑,才能成为未来智能工厂的中坚力量。

思考与练习

1. 工业级建模中,应优先保留的特征是( )。
   A. 装饰性倒角　　　　　　　　B. 定位面与装配孔
   C. 表面纹　　　　　　　　　　D. 非功能圆角
2. ( )不是 RobotStudio 能够直接导入模型格式的建模软件。
   A. UG NX　　　B. CATIA　　　C. SolidWorks　　　D. Matlab
3. 机械装置在进行编译时,会被保存的参数有( )。
   A. 可编辑机械装置　　　　　　B. 姿态
   C. 关节映射　　　　　　　　　D. 转换时间
4. 自定义的 3D 模型在导入 RobotStudio 时会丢失( )。
   A. 姿态　　　B. 时间　　　C. 速度　　　D. 图形特征
5. 该符号是测量功能中的( )。
   A. 角度　　　B. 点到点　　　C. 直径　　　D. 最短距离
6. 创建机械装置时,"关节映射"参数的作用是( )。
   A. 定义机械臂运动轨迹　　　　B. 关联物理驱动与虚拟关节
   C. 设置关节运动速度　　　　　D. 调整关节摩擦力
7. 为确保工具末端与工件表面保持一段合理距离,需要将框架沿着其本身( )正方向移动。
   A. X 轴　　　B. Y 轴　　　C. Z 轴　　　D. 法兰盘表面
8. 在组合体装配中,若需将定位销精确插入基板孔,应使用的捕捉方式是( )。
   A. 捕捉面　　　B. 捕捉末端　　　C. 捕捉中心　　　D. 捕捉顶点
9. 某汽车焊装线需验证机器人可达性,使用圆柱体模拟气缸体时,应重点关注的参数是( )。
   A. 圆柱体颜色　　　　　　　　B. 直径与高度尺寸
   C. 表面纹理精度　　　　　　　D. 材质导热系数
10. 工程师在创建生产级模型时,发现模型仿真速度过慢,最合理的优化措施是( )。
    A. 增加装饰性倒角　　　　　　B. 删除非关键定位孔
    C. 按 ISO 2768 放宽尺寸公差　　D. 将模型降级为概念级

项目 4 工业机器人离线轨迹编程

在智能制造领域,工业机器人面对复杂几何轨迹的加工需求时,传统示教编程的局限性日益凸显。本项目以激光切割工作站为实践平台,围绕离线轨迹编程的核心技术展开系统性教学,通过"轨迹生成-姿态优化-程序验证-安全监控"的全流程实践,构建从三维模型解析到可执行代码生成的工程能力闭环。

通过本项目的实践训练,学习者将系统掌握工业机器人离线轨迹编程的核心流程:从工件三维模型提取边缘特征生成切割轨迹,完成路径参数配置,理解工艺精度与运动模式的关联;通过工具姿态调整与轴参数优化,掌握机器人可达性分析与运动学约束的解决方法;在仿真验证中调试关节参数确保轨迹平滑性,并通过碰撞监控与 TCP 跟踪培养安全操作意识。基于激光切割案例的任务单驱动,学习者需提交轨迹参数配置表、姿态调整对比图及仿真验证视频等关键成果,并标注技术决策依据。评价体系从知识应用(参数合理性)、实践能力(轨迹连续性)、职业素养(操作规范性)三个维度展开,例如通过路径误差分析考察技术严谨性,结合问题改进方案评估创新思维,最终构建从模型解析到安全运行的完整能力体系,为复杂轨迹编程奠定基础。

〔 项目目标 〕

1. 知识目标

(1)掌握基于几何特征提取的离线轨迹生成原理与工艺参数匹配方法
(2)理解工件坐标系与工具坐标系的映射关系及三点法创建规范
(3)熟悉目标点姿态调整策略与轴配置参数的运动学约束原理
(4)掌握轨迹程序优化策略及碰撞监控、TCP 跟踪的技术要点

2. 能力目标

(1)能够运用 RobotStudio 完成三维模型轨迹曲线的自动生成与参数化设置
(2)具备通过欧拉角旋转调整工具姿态及批量处理目标点的操作能力
(3)能够完成轴配置参数优化与路径可达性验证的完整工作流程
(4)掌握轨迹程序仿真调试方法及工艺参数优化技巧
(5)具备碰撞检测分析能力与 TCP 运动轨迹可视化监控技能

3. 素养目标

(1)培养精密操作的工匠精神与工艺参数设置的严谨规范意识
(2)强化工业安全标准认知与设备操作规范执行意识
(3)建立轨迹优化中的质量成本意识与工艺改进创新思维
(4)形成团队协作中技术文档规范化的管理习惯
(5)培育智能制造场景下的系统调试与问题诊断能力

任务 1
创建轨迹曲线与路径

[**任务描述**]

工业机器人激光切割工作站需要将机器人沿着待切工件的外边缘进行切割,其运行轨迹是一条三维曲线。传统方法采用描点法示教相应数量的目标点,从而生成机器人的离线轨迹,这种方法既费时又费力且不容易保证精度。

本任务将根据工件三维模型创建工业机器人的离线轨迹曲线和路径。通过本任务的学习,使学习者掌握离线编程轨迹和路径的创建技能。

[**知识准备**]

4.1.1 离线轨迹规划基础

1. 轨迹曲线生成原理

轨迹曲线通过提取工件表面几何特征(如边缘、孔洞)自动生成,是离线编程的基础。操作时需选定与加工面平行的表面作为基准,利用"表面边界"工具提取轮廓线,并设置容差参数控制拟合精度。此方法适用于规则几何体(如钣金件)的轮廓提取,但对自由曲面需进行分段线性或圆弧插补处理,确保轨迹与模型误差小于工艺阈值。

2. 用户坐标系设定规范

用户坐标系通过建立工件与机器人基坐标的映射关系简化路径编程,其基准点应优先选择定位销、工艺孔等稳定特征。采用三点法创建时,需依次选取原点、X 轴方向点和 Y 轴方向点构建正交坐标系,并通过激光跟踪仪校准特征点坐标,避免因装夹误差导致路径偏移。

3. 路径参数配置策略

路径参数需根据轨迹特征选择插补模式,参数类型配置可参考表 4-1。

表 4-1 参数类型配置

参数类型	运动模式	适用场景
线性	全段线性插补	简单折线轮廓(如矩形)
圆弧运动	分段线性/圆弧插补	含圆弧的复合轮廓
常量	等间距插补点	自由曲面高精度切割

关键参数中,"最小距离"(0.1~0.5 mm)用于过滤冗余点,"弦差"(≤0.05 mm)用于控制轨迹拟合偏差,"最大半径"(≥1 000 mm)用于区分直线与圆弧特征,需结合工艺要求

动态调整。

4. 安全操作规范

仿真前需隐藏围栏、传感器等非必要设备以简化操作界面,并验证工具坐标系(tLaserGun)与工件坐标系(Workobject)的匹配性。路径生成后需检查关节超限、奇异点及工具姿态干涉,通过速度模拟确认切割头运动平滑性,避免实际运行中发生碰撞或轨迹抖动。

[任务实施]

4.1.2　创建切割轨迹曲线

(1)工作站压缩包解压。双击压缩包"Laser_cutting_workstation",根据提示,单击"下一个",选择合适的解压路径(注意目标文件夹路径中不能出现中文字符),解压完成后,导入的工作站模型如图4-1所示。

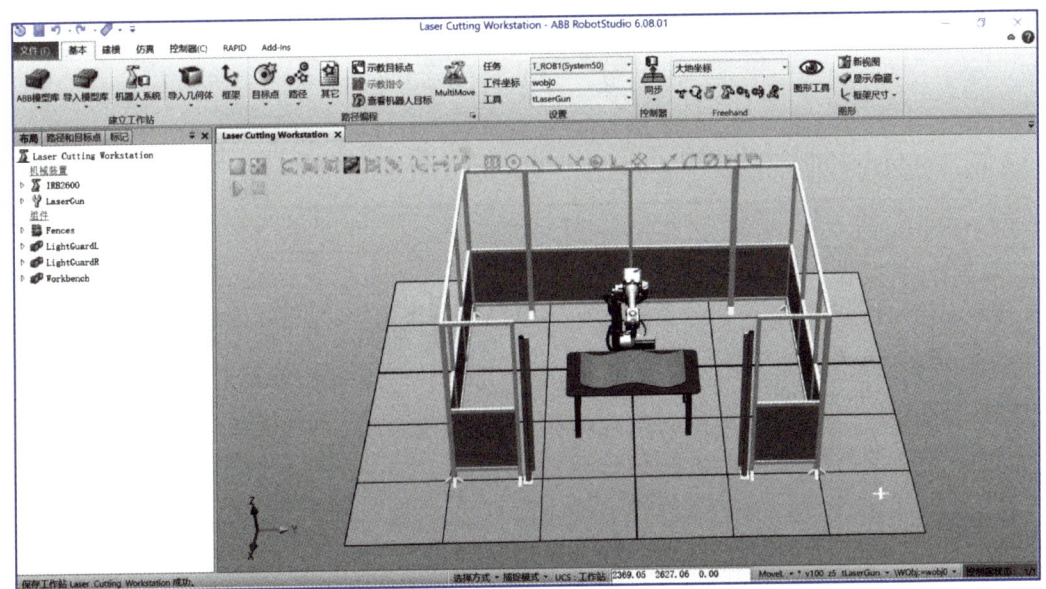

图4-1　导入工作站模型

(2)工作站布局完成后,为了方便操作,可以暂时隐藏工作站的安全围栏和安全光栅,隐藏后的工作站如图4-2所示。

(3)创建轨迹曲线。在"建模"功能选项卡中,单击"表面边界",选择工具为"选择表面",单击"选择表面"输入框,选择待加工工件的上表面,然后单击"创建",如图4-3所示。

(4)创建完曲线后,待加工工件表面轮廓的白线即为创建的离线轨迹曲线,同时在"布局"栏中显示的"部件_1"即为生成的曲线,如图4-4所示。

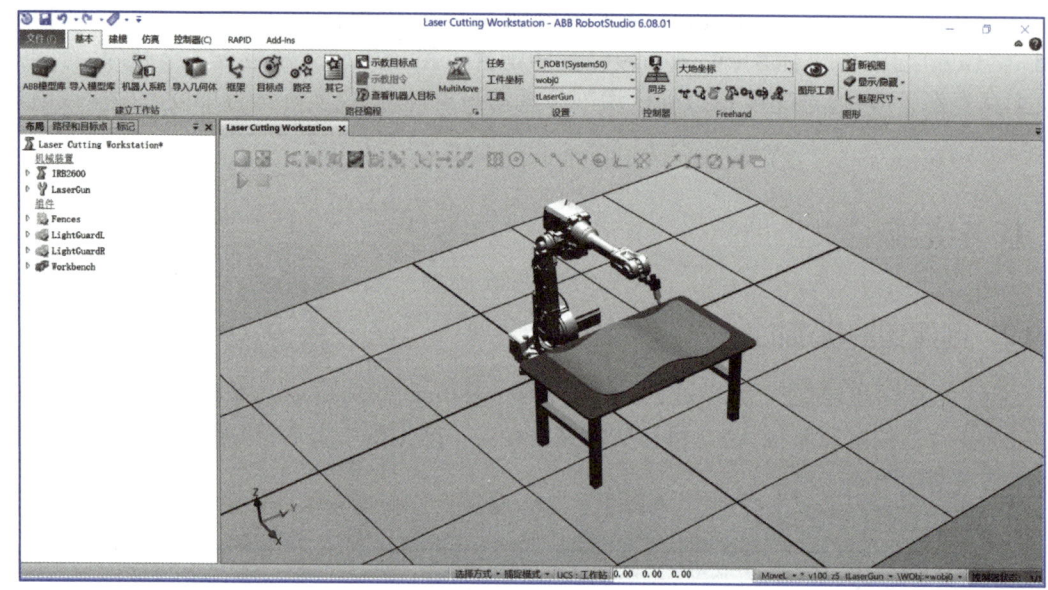

图 4-2 隐藏后的工作站

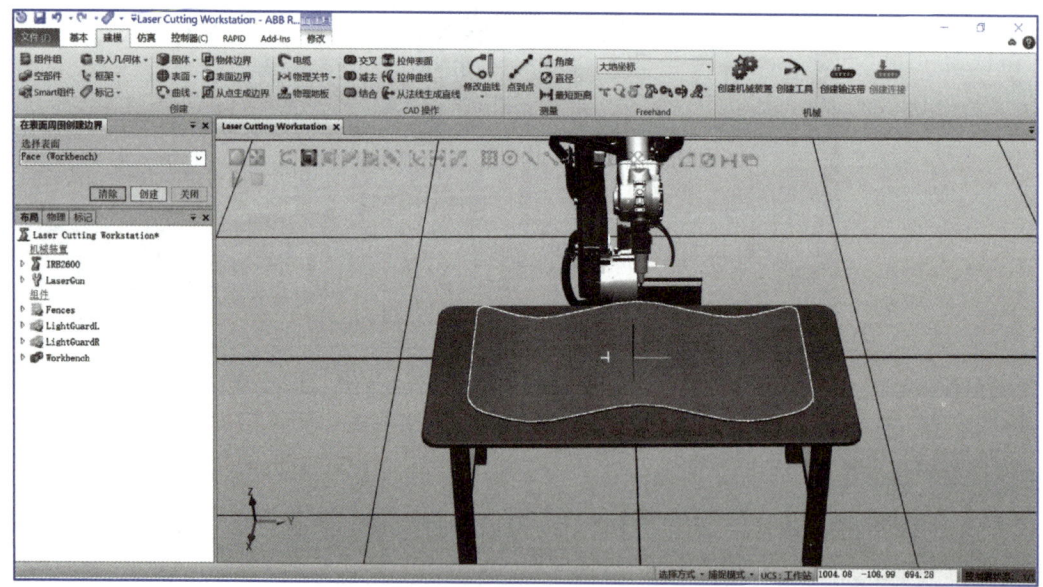

图 4-3 创建轨迹曲线

项目 4　工业机器人离线轨迹编程

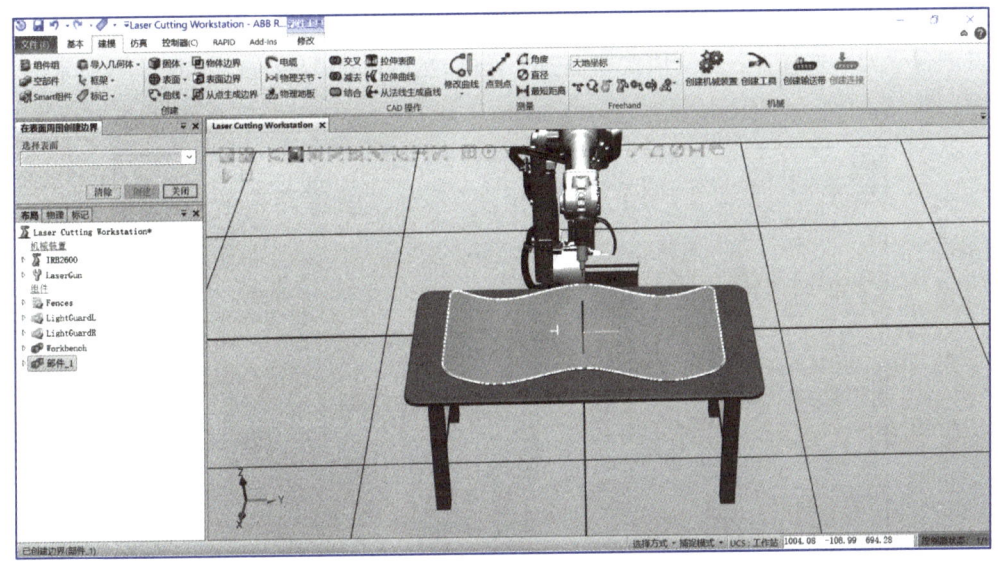

图 4-4　生成轨迹曲线

4.1.3　生成切割运行路径

离线轨迹编程中,通常需要创建用户坐标系以方便进行编程和路径修改。用户坐标系的创建一般以待加工工件的固定装置特征点为基准。

在实际工程应用中,一般在固定装置上设置定位销,用来保证待加工工件与固定装置之间的位置精度,因此,在实际应用中,建议以定位销为基准创建用户坐标系,以保证其定位精度。本任务以工作台底部的一个点作为基准创建用户坐标系。

（1）创建工件坐标。在"基本"功能选项卡中,单击"其它",选择"创建工件坐标",如图 4-5 所示。

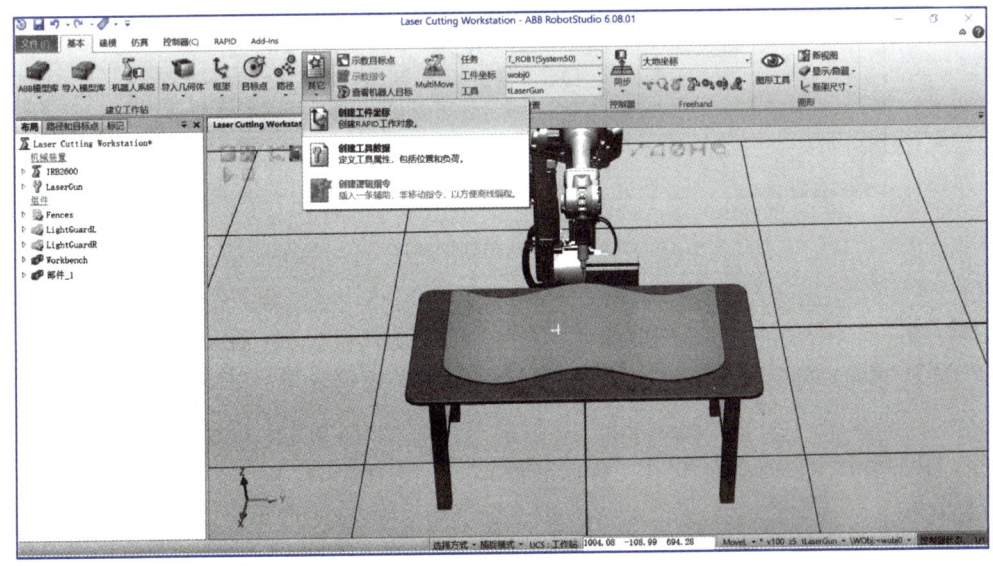

图 4-5　创建工件坐标

（2）在"创建工件坐标"栏中，名称默认为"Workobject_1"，单击"用户坐标框架"中的"取点创建框架"，选择"三点"，依次捕捉三个点位，然后单击"Accept"，如图4-6所示。

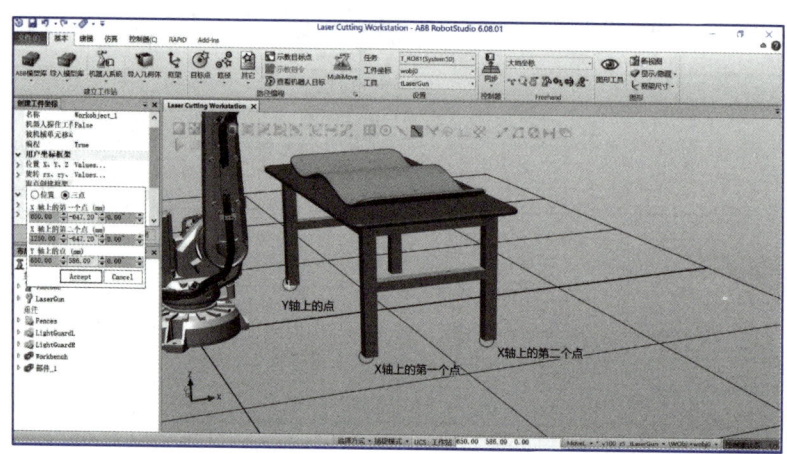

图4-6 三点法创建工件坐标

（3）单击"创建工件坐标"栏右下角的"创建"，完成工件坐标的创建，如图4-7所示。

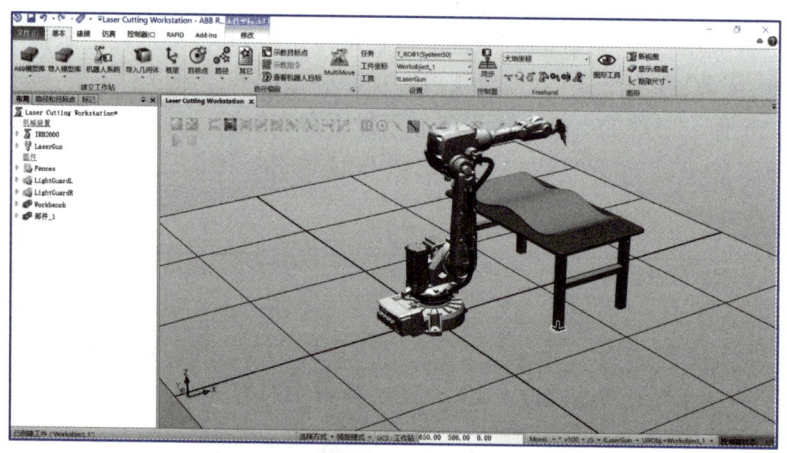

图4-7 工件坐标创建完成

（4）在"基本"功能选项卡中，将"设置"中的"任务"设为"System50 T_ROB1"，"工件坐标"设为"Workobject_1"，"工具"设为"tLaserGun"，并对轨迹指令进行相应设置，如图4-8所示。

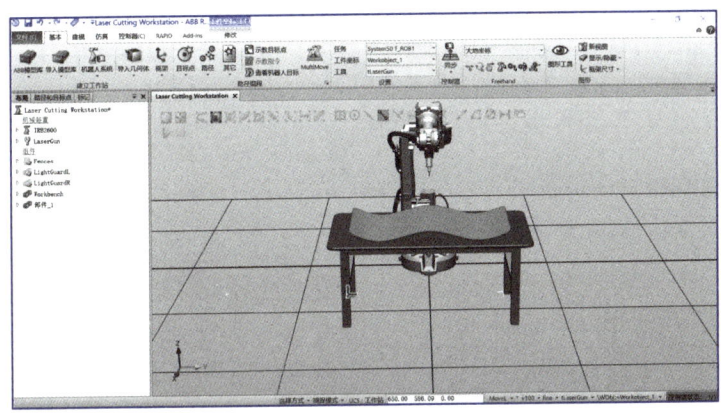

图 4-8 设置参数

（5）在"基本"功能选项卡中，单击"路径"，选择"自动路径"，选择工具为"选择曲线"，捕捉之前创建的曲线"部件_1"，如图 4-9 所示。

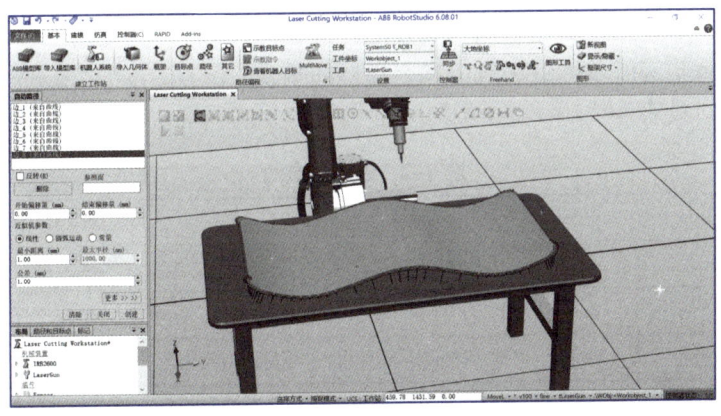

图 4-9 捕捉离线轨迹曲线

（6）选择工具为"选择表面"，单击"参照面"输入框，然后捕捉待加工工件上表面，"近似值参数""最小距离"等参数保持默认设置即可，然后单击"创建"，完成轨迹路径的创建，如图 4-10、图 4-11 所示。

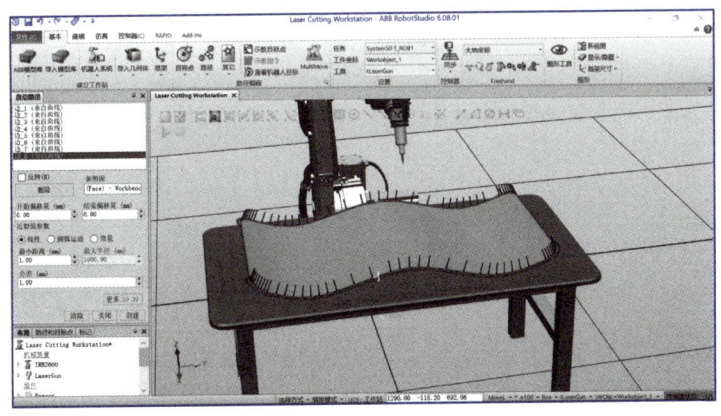

图 4-10 设置路径参数

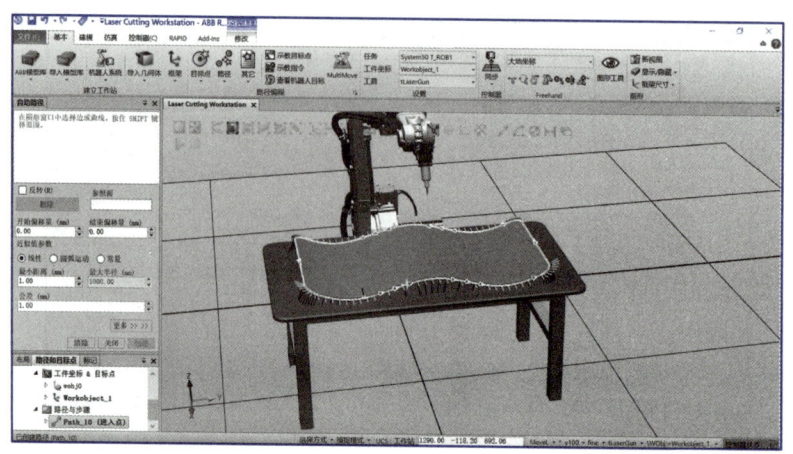

图 4-11 生成运行路径

如图 4-11 所示的"自动路径"输入框中的参数说明如下:

反转:运行轨迹方向置反,默认为顺时针运行,反转后则逆时针运行。

参照面:运行轨迹的目标点 Z 轴方向与参照面垂直。

近似值参数:见表 4-2。

表 4-2 近似值参数

属性值	说明
最小距离/mm	设置两生成点之间的最小距离,小于该距离的点将被过滤
最大半径/mm	在将圆弧视为直线前确定圆的半径大小,直线视为半径无限大的圆
公差/mm	设置生成点所允许的几何描述的最大偏差

在实际应用中,需要根据不同的曲线特征选择不同类型的近似值参数。通常情况下选择"圆弧运动",这样在处理曲线时,线性部分执行线性运动,圆弧部分执行圆弧运动,不规则曲线部分则执行分段式的线性运动。而"线性"和"常量"都是固定模式,处理曲线时有可能会产生大量多余点位或路径精度不能满足工艺要求。

所有设置完成后,将自动生成如图 4-11 所示的工业机器人路径 Path_10,在后面的任务中会对此路径进行处理,并转换成工业机器人程序代码,以便完成机器人轨迹程序的编写。

项目 4　工业机器人离线轨迹编程

[能力验评]

请根据任务单完成任务,并填写评价表。

任 务 单

任务名称	激光切割轨迹生成与路径规划
任务背景	某钣金加工企业需对异形工件进行激光切割,要求切割轨迹误差≤0.1 mm,路径生成效率需提升 50%
任务目标	1. 掌握表面边界提取方法;2. 完成工件坐标系创建;3. 生成自动切割路径
技术参数	1. 轨迹容差≤0.05 mm;2. 最小间距为 0.2 mm;3. 公差≤0.1 mm
任务流程	工作站准备→提取轮廓曲线→创建工件坐标系→路径参数配置
任务内容	1. 解压工作站文件;2. 提取工件表面边界;3. 三点法创建坐标系;4. 设置圆弧运动参数
成果要求	1. 表面边界曲线截图;2. 工件坐标系创建过程录屏;3. 路径参数配置表
小组成员	
计划用时	开始时间

评 价 表

评价维度	评价指标	评价标准	分值	个人自评	小组互评	教师评价	企业导师评价	观测依据
知识与技能（50 分）	1. 轨迹生成原理	能说明表面边界提取原理	15					轨迹参数设置截图
	2. 坐标系设定	正确完成三点法坐标创建	10					坐标系创建录屏
	3. 路径参数配置	合理设置公差/间距参数	15					参数配置界面截图
	4. 安全规范	正确隐藏非必要设备	10					工作站布局截图
方法与过程（35 分）	1. 曲线提取	完整提取工件轮廓线	15					轨迹曲线对比图
	2. 参数优化	选择适合的插补模式	10					路径参数对比表
	3. 路径验证	完成初步仿真验证	10					仿真运行截图
团队协作（10 分）	1. 文件管理	规范保存工作站文件	5					文件目录结构
	2. 问题记录	建立操作问题清单	5					问题记录表

续表

评价维度	评价指标	评价标准	分值	个人自评	小组互评	教师评价	企业导师评价	观测依据
创新实践（5分）	参数优化	提出容差优化建议	5					参数对比分析
综合评价								

任务 2 目标点调整与轴配置

[任务描述]

在上个任务中,虽然待加工工件边缘曲线自动生成了一条工业机器人运行轨迹 Path_10,但是工业机器人可能难以到达全部目标点,暂时还不能直接照此轨迹仿真运行。本任务将对工业机器人目标点的姿态进行适当调整,使其能够到达全部目标点。

[知识准备]

4.2.1 目标点与轴配置基础知识

1. 工业机器人坐标系基础

工件坐标系是以加工对象为基准建立的坐标系统,用于统一描述目标点的空间位置和姿态,其核心作用是简化轨迹规划并确保机器人运动轨迹与加工工件几何特征精确匹配。本任务通过"Workobject_1_of"坐标系可直观显示所有生成的目标点。工具坐标系(TCP)则以机器人末端执行器(如激光枪)为基准定义,其校准精度直接影响加工质量,本任务通过绑定"LaserGun"工具模型验证目标点的可达性。

2. 目标点姿态调整原理

目标点姿态调整的核心在于通过欧拉角旋转规则修正工具方向。当机器人因关节限制无法到达目标点时,需要在本地坐标系下绕工具自身轴(如 Z 轴旋转-180°)调整姿态,确保末端执行器处于合理位姿。对于批量目标点,可通过"对准目标点方向"功能锁定关键轴(如 Z 轴固定为工件法线方向),统一对齐其他轴(如 X 轴沿轨迹方向),从而保障路径连续性和运动效率。

3. 轴配置参数与运动规划

轴配置参数(Cfg)是描述机器人各关节角度组合的关键参数,直接影响末端执行器的可达性与运动稳定性。本任务通过选择合适的轴配置参数,避免关节超限或奇异位形,同时利用"自动配置"功能为路径全局优化关节参数。验证时,通过"沿着路径运动"功能检测轨迹的连续性和可达性,确保机器人能按规划路径完成加工任务。

4. 机器人运动学基础

机器人运动学要求目标点必须满足工作空间约束(物理运动范围)和姿态约束(关节角度限制)。调整工具姿态和轴配置参数可规避运动极限问题。例如,通过旋转操作避开关节超限,或选择合适的 Cfg 参数远离奇异位形(如关节轴线共面导致的自由度丢失状态),最终实现安全、稳定的轨迹运行。

[任务实施]

4.2.2 目标点调整

（1）在图 4-12 所示的左侧"路径和目标点"栏中，单击"工件坐标 & 目标点"下的"Workobject_1_of"，即可显示生成的全部目标点。

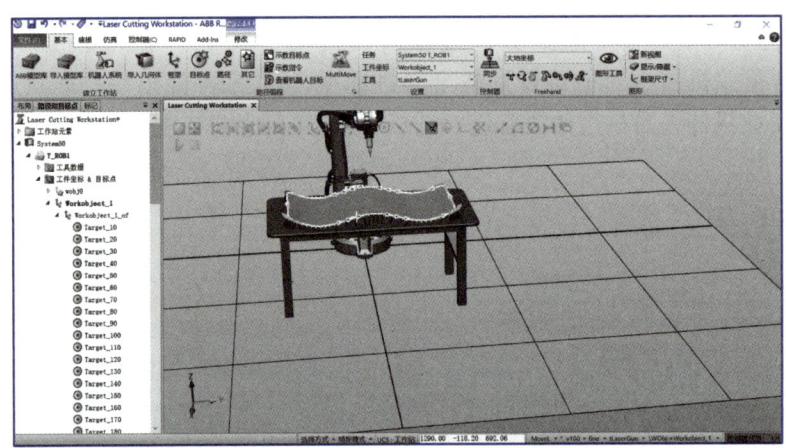

图 4-12　显示生成目标点

（2）右键单击要查看的目标点，如图 4-13 所示，选择"查看目标处工具"，勾选"LaserGun"，然后即可看到目标点处显示出了工具，以"Target_10"为例。

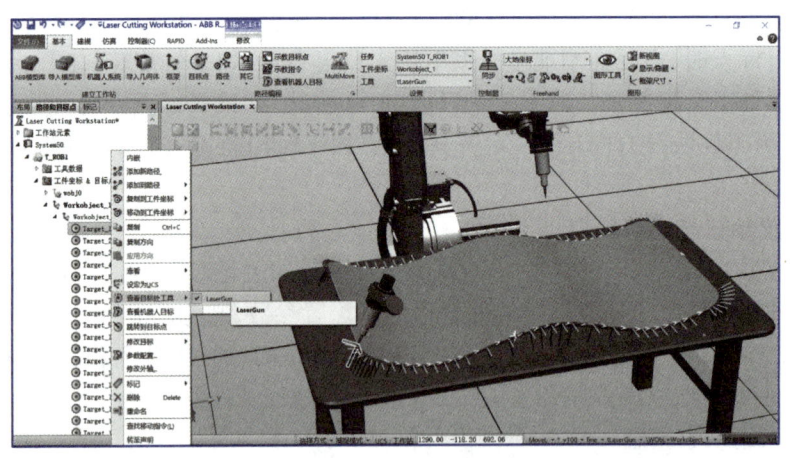

图 4-13　查看目标处工具

如图 4-13 所示的目标点"Target_10"处的工具姿态工业机器人难以达到，应当适当调整该目标点，使机器人能够顺利到达。

（3）右键单击目标点"Target_10"，选择"修改目标"中的"旋转"，如图 4-14 所示。

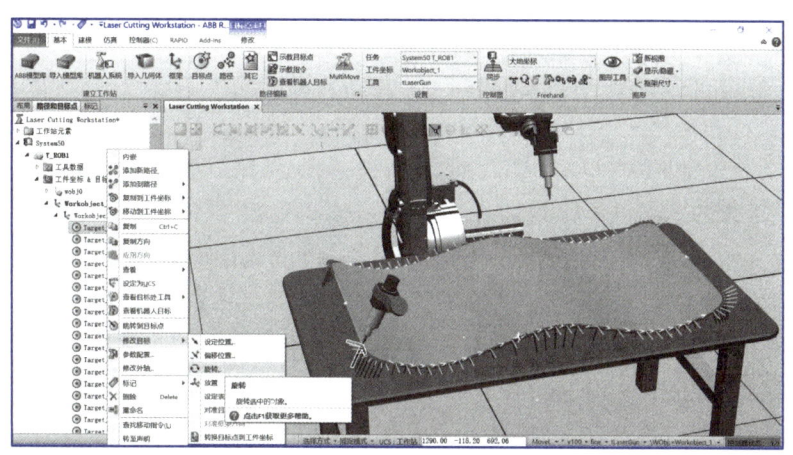

图 4-14 设置目标点工具旋转

（4）在"旋转"栏中，"参考"设为"本地"，"旋转（deg）"设为"-180"，勾选"Z"，单击"应用"，完成目标点工具旋转参数设置如图 4-15 所示。

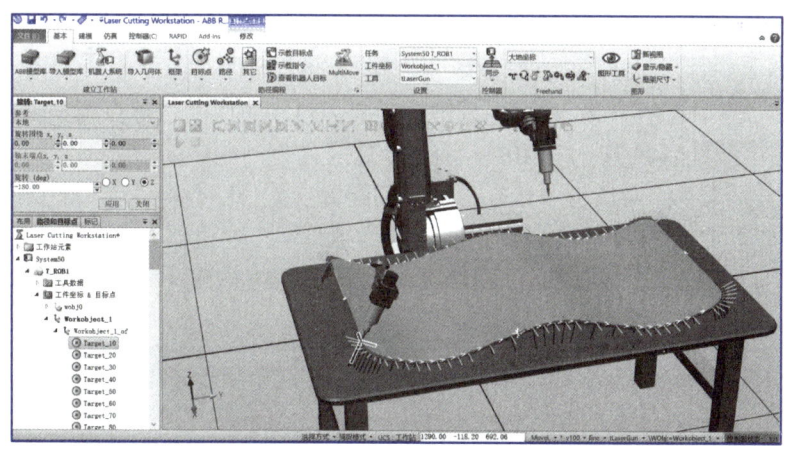

图 4-15 设置目标点工具旋转参数

对比图 4-14 和图 4-15 可以看出，目标点"Target_10"处的工具姿态已调整完成，调整后的目标点机器人更容易达到。

"Target_10"调整完成后，可以根据需要调整其余的目标点。工作站中需要生成大量目标点时，RobotStuido 可以批量处理。在本任务中，当前自动生成的目标点的 Z 轴方向均为待加工工件上表面的法线方向，因此无需修改 Z 轴，只需要调整各目标点 X 轴方向即可。

（5）单击 Shift+鼠标左键，选中剩余的所有目标点，右键单击"修改目标"中的"对准目标点方向"。

（6）在"对准目标点"栏中，左键单击"参考"输入框，然后再单击目标点"Target_10"，"对准轴"设为"X"，"锁定轴"设为"Z"，单击"应用"，如图 4-16 所示。

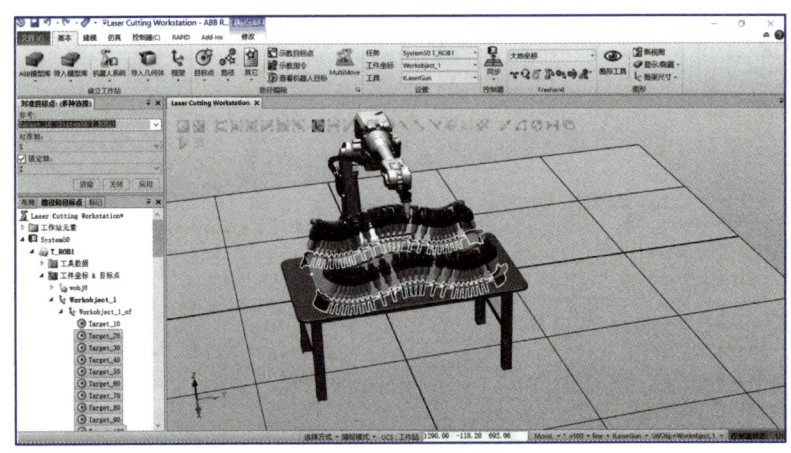

图 4-16 设置对准目标点

所有的目标点调整完成后的效果如图 4-16 所示,剩余所有目标点的 X 轴方向都已对准已调整好姿态的"Target_10" X 轴的方向。

4.2.3 轴配置调整

工业机器人到达目标点,可能需要多个关节轴的配合,因此需要为多个关节轴配置参数,也可以理解为是要为自动生成的目标点调整轴配置参数。

(1) 右键单击目标点"Target_10",选择"参数配置"。

(2) 在"配置参数"对话框中选择合适的轴配置参数,此时,可查看"配置参数"框中的"关节值",以做参考,如图 4-17(a) 所示。若想详细设定工业机器人到达该目标点时各关节轴的度数,可勾选"包含转数",如图 4-17(b) 所示。设置完成后单击"应用"。

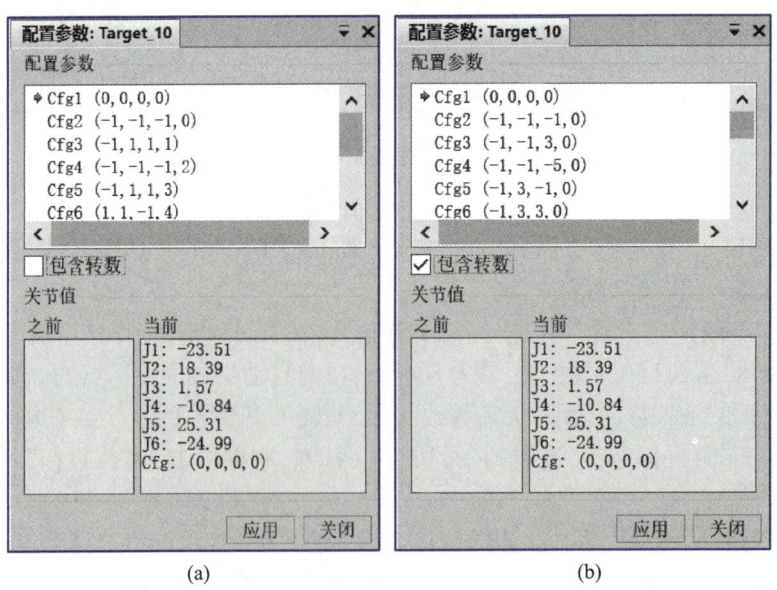

图 4-17 轴配置参数

之前：目标点原来的轴配置参数对应的各关节轴度数。
当前：当前勾选的轴配置参数对应的各关节轴度数。

本任务使用默认的第一种轴配置参数，选择"Cfg1（0,0,0,0）"，然后单击"应用"。该工作站中生成了大量目标点，单独设置目标点轴配置参数将是一项烦琐的工作，在路径属性中，可以为所有目标点自动调整轴配置参数。

（3）右键单击"Path_10"，选择"自动配置"中的"所有移动指令"，机器人将沿轨迹自动运行一次，完成所有目标点参数的自动配置，如图4-18所示。

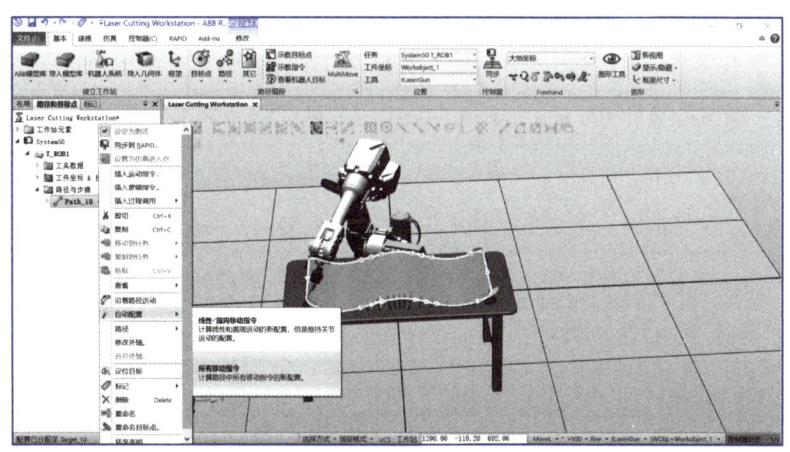

图4-18　自动配置目标点参数

（4）目标点参数配置完成后，可以验证参数配置是否正确。参数配置正确后，右键单击"Path_10"，选择"沿着路径运动"，机器人将沿着规划的运动轨迹路径自动行走一周，如图4-19所示。

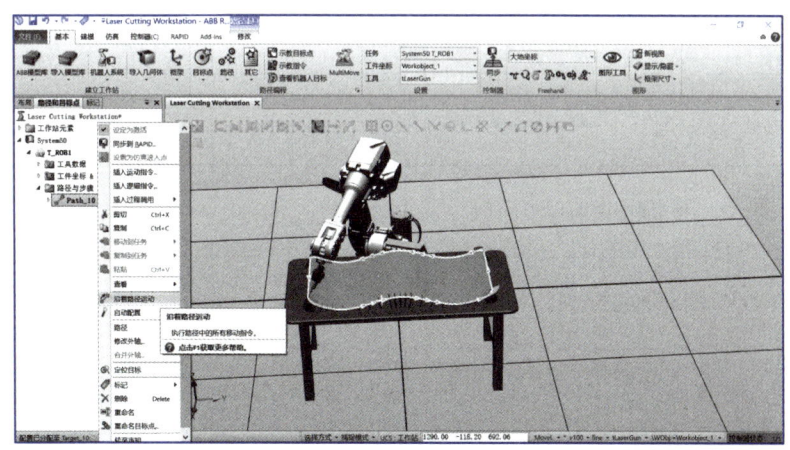

图4-19　配置参数验证

[能力验评]

请根据任务单完成任务,并填写评价表。

任 务 单

任务名称	切割路径优化与运动验证
任务背景	初步生成的切割路径存在目标点不可达问题,需调整工具姿态并优化轴配置参数,确保路径连续可达
任务目标	1. 掌握目标点姿态调整方法;2. 完成轴配置参数优化;3. 验证路径可达性
技术参数	1. 姿态旋转角度≤±180°;2. 关节限位误差≤5°;3. 路径连续性达标率为100%
任务流程	显示目标点→调整工具姿态→配置关节参数→路径验证
任务内容	1. 查看问题目标点;2. Z 轴旋转调整;3. 批量对齐 X 轴方向;4. 自动配置关节参数
成果要求	1. 姿态调整对比图;2. 轴配置参数表;3. 路径验证视频
小组成员	
计划用时	开始时间

评 价 表

评价维度	评价指标	评价标准	分值	个人自评	小组互评	教师评价	企业导师评价	观测依据
知识与技能（50分）	1. 姿态调整原理	理解本地坐标系旋转规则	15					旋转参数设置截图
	2. 轴配置参数	正确选择 Cfg 参数	15					配置参数选择截图
	3. 批量处理	掌握多目标点对齐方法	10					批量操作录屏
	4. 运动学验证	理解关节限位原理	10					关节角度监测图
方法与过程（35分）	1. 单点调整	完成典型目标点修正	15					调整前后对比图
	2. 自动配置	正确执行全局参数优化	10					自动配置日志
	3. 路径验证	完成完整轨迹仿真	10					仿真运行视频

续表

评价维度	评价指标	评价标准	分值	个人自评	小组互评	教师评价	企业导师评价	观测依据
团队协作（10分）	1. 角色分工	明确调整与验证职责	5					分工表（含成员签名）
	2. 异常处理	记录配置失败案例	5					异常记录表
创新实践（5分）	配置优化	提出轴配置优选方案	5					配置对比分析
综合评价								

任务 3 程序优化与仿真运行

[任务描述]

在上个任务中已经完成了工业机器人激光切割离线轨迹路径的创建。在实际应用中,为确保安全生产和工作质量,往往还需要对机器人轨迹路径进行优化,加入轨迹起始点接近点、轨迹结束点以及安全位置点,本任务将对机器人轨迹路径进行优化并仿真运行。

[知识准备]

4.3.1 轨迹优化基础知识

1. 目标点与坐标系原理

目标点是机器人末端执行器在空间中的精确位置和姿态,由笛卡尔坐标(X,Y,Z)和欧拉角(Rx,Ry,Rz)共同定义。本地坐标系偏移是基于工具当前姿态的坐标轴方向进行位置调整,例如沿工具 Z 轴负方向偏移可生成接近点或离开点;而安全位置点(如 Home 点)通常在全局工件坐标系(wobj0)中设置,确保机器人运动与工作站空间逻辑一致。

2. 运动指令参数解析

机器人运动指令分为关节运动(Joint)和直线运动(MoveL)两类:前者通过多轴联动实现快速非直线移动,适用于安全过渡;后者保持工具末端直线轨迹,用于精确加工。关键参数包括速度(如 v100 表示最大速度的 100%)、区域参数(如 z10 表示路径平滑半径)及工具坐标系(如 LaserGun),需根据任务需求匹配参数以平衡效率与精度。

3. 路径优化策略

轨迹优化需在起始点和结束点分别添加接近点(pApproach)与离开点(pDepart),通过本地坐标系 Z 轴负方向偏移避免工具与工件碰撞;安全位置点(pHome)通常选择机械原点,要求远离障碍物且关节处于非极限状态。路径冗余可通过"自动配置"功能校验运动连续性,消除不可达点或奇异点风险。

4. 仿真验证技术要点

离线程序需转换为控制器可执行的 RAPID 代码,同步工具、坐标系及运动参数;仿真运行可检测轨迹超限、碰撞及姿态异常情况,通过虚拟环境预演降低实体设备调试成本。部分系统支持动态碰撞检测,需预设障碍物模型及安全距离阈值。

5. 激光切割工艺的特殊要求

激光切割要求轨迹连续匀速运动(避免速度突变导致切口不平),工具姿态需保持激光枪轴线垂直加工表面以确保能量分布均匀。针对高温引起的工件热变形,可通过路径预补偿或实时传感反馈修正轨迹偏差。

[任务实施]

4.3.2 优化离线轨迹程序

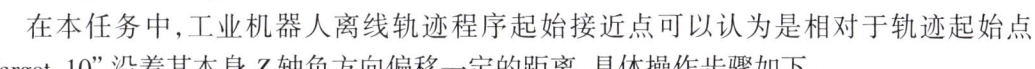

1. 创建轨迹起始接近点

在本任务中,工业机器人离线轨迹程序起始接近点可以认为是相对于轨迹起始点"Target_10"沿着其本身 Z 轴负方向偏移一定的距离,具体操作步骤如下。

(1)在左侧"路径和目标点"栏中,单击"工具坐标系 & 目标点",再右键单击目标点"Target_10",选择"复制",然后右键单击"Workoject_1",选择"粘贴",生成新的目标点"Target_10_2",即轨迹起始接近点,如图 4-20 所示。

(2)右键单击"Target_10_2",选择"重命名",将其命名为"pApproach"。

(3)右键单击"pApproach",选择"修改目标"中的"偏移位置","参考"默认为"本地",在"Translation"输入框中将"Z"值设为"-100",单击"应用",如图 4-21 所示。

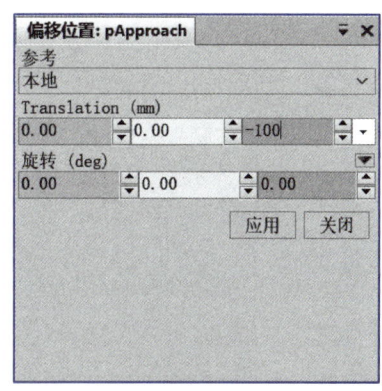

图 4-20 创建轨迹起始接近点　　图 4-21 设置轨迹起始接近点偏移参数

(4)右键单击"pApproach",选择"添加至路径"→"Path_10"→"<第一>",将起始接近点添加至路径第一行如图 4-22 所示。

2. 创建轨迹结束离开点

(1)在本任务中,工业机器人离线轨迹结束离开点是相对于轨迹结束点"Target_850"在其本身 Z 轴负方向偏移一段距离,以起到保护作用。具体创建过程与轨迹起始接近点的过程一致,轨迹结束离开点创建完成后可以将其命名为"pDepart"。

(2)右键单击"pDepart",依次选择"添加至路径"→"Path_10"→"<最后>",将结束离开点添加至路径最后一行,如图 4-23 所示。

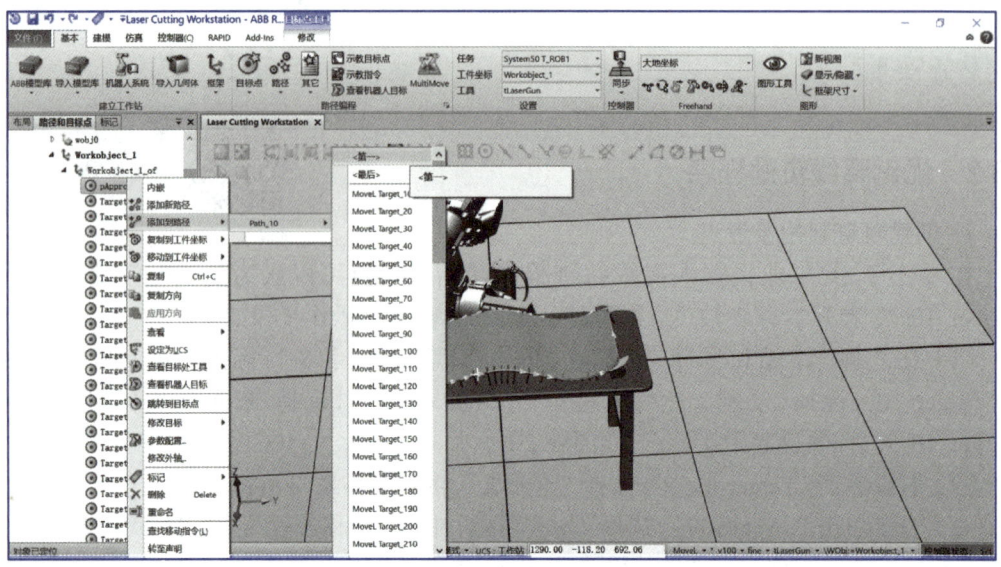

图 4-22　将起始接近点添加至路径第一行

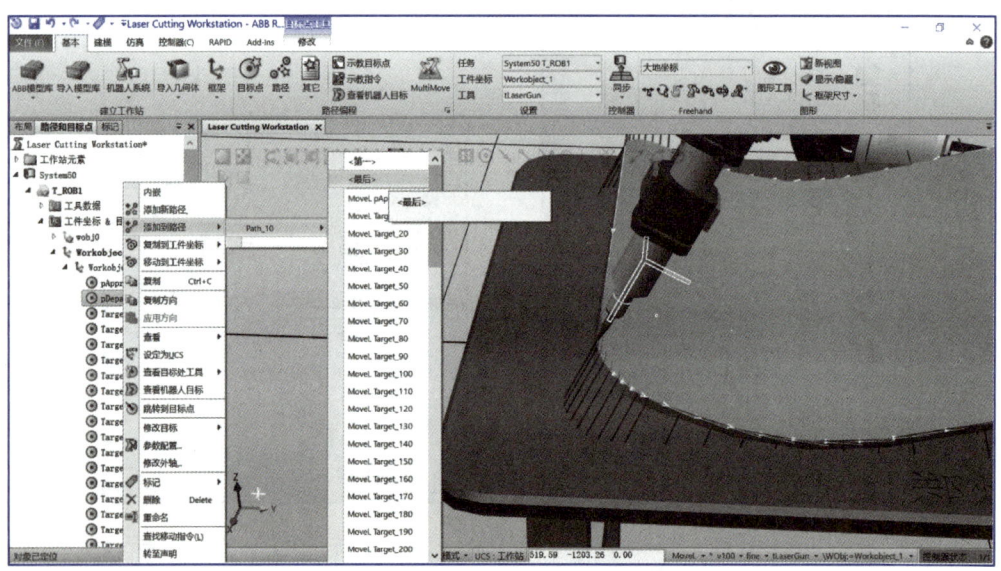

图 4-23　将结束离开点添加至路径最后一行

3. 创建安全位置点

安全位置点是工业机器人运行过程中的安全过渡点,可根据工作站实际情况设置,本任务中将此处做简化处理,直接将工业机器人机械原点设为安全位置点。

(1) 在"布局"栏中,右键单击"IRB 2600",选择"回到机械原点"。

(2) Home 点一般在"wobj0"坐标系中创建。在"基本"功能选项卡中,"工件坐标"设为"wobj0",其他默认。

(3) 在"基本"功能选项卡中,单击"示教目标点",在弹出的对话框中单击"是",并将新生成的目标点命名为"pHome",如图 4-24 所示。

项目 4　工业机器人离线轨迹编程

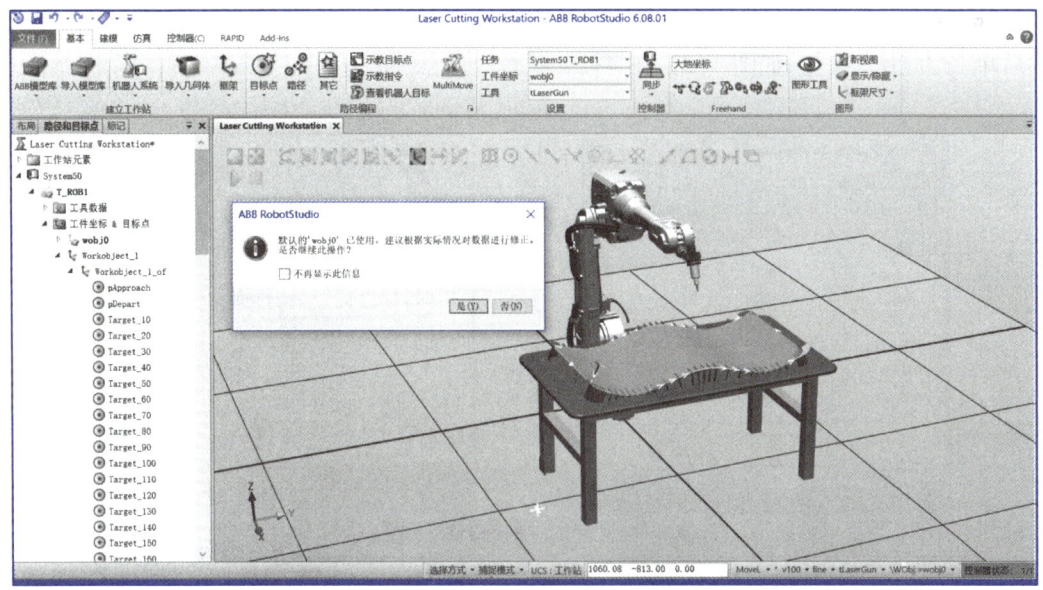

图 4-24　创建安全位置点

（4）将安全位置点 pHome 分别添加到路径的第一行和最后一行，如图 4-25 所示。

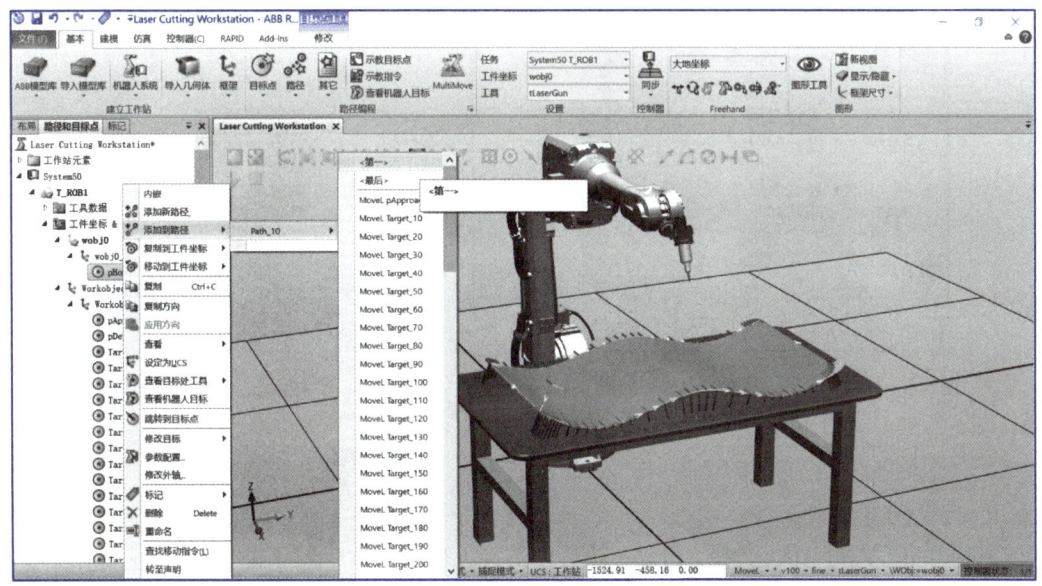

图 4-25　将安全位置点添加至路径

4. 修改相应的运动指令

（1）展开"路径与步骤"，在"Path_10"中右键单击"MoveL pHome"，选择"编辑指令"。其中，"动作类型"设为"Joint"，"Speed"设为"v100"，"Zone"设为"z10"，"Tool"设为"LaserGun"，然后单击"应用"，如图 4-26 所示。

（2）同理，在"Path_10"中分别修改"pApproach""pDepart""pHome"处的运动指令参数，然后单击"应用"按钮，如图4-27~图4-29所示。

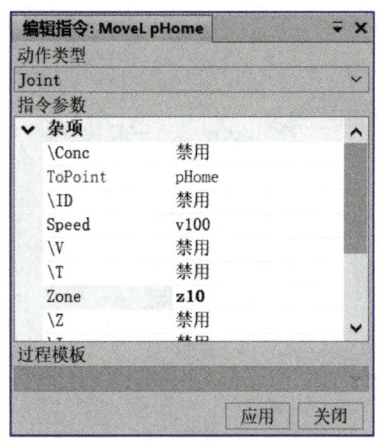

图4-26 设置"pHome"运动指令参数

图4-27 修改"pApproach"运动指令参数

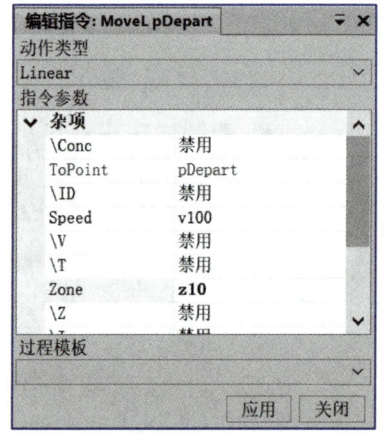

图4-28 修改"pDepart"运动指令参数

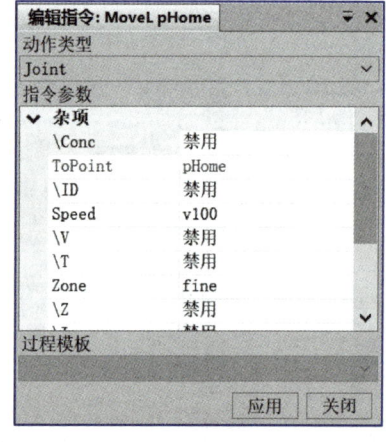

图4-29 再次修改"pHome"运动指令参数

5. 自动配置参数

右键单击"Path_10"，选择"自动配置"中的"所有移动指令"，工业机器人将自动沿着创建的轨迹运行一次，完成参数配置的检验。

4.3.3 轨迹程序仿真运行

（1）在"基本"功能选项卡中，单击"同步"中的"同步到RAPID"将生成的路径转换成RAPID代码程序，如图4-30所示。

项目4 工业机器人离线轨迹编程

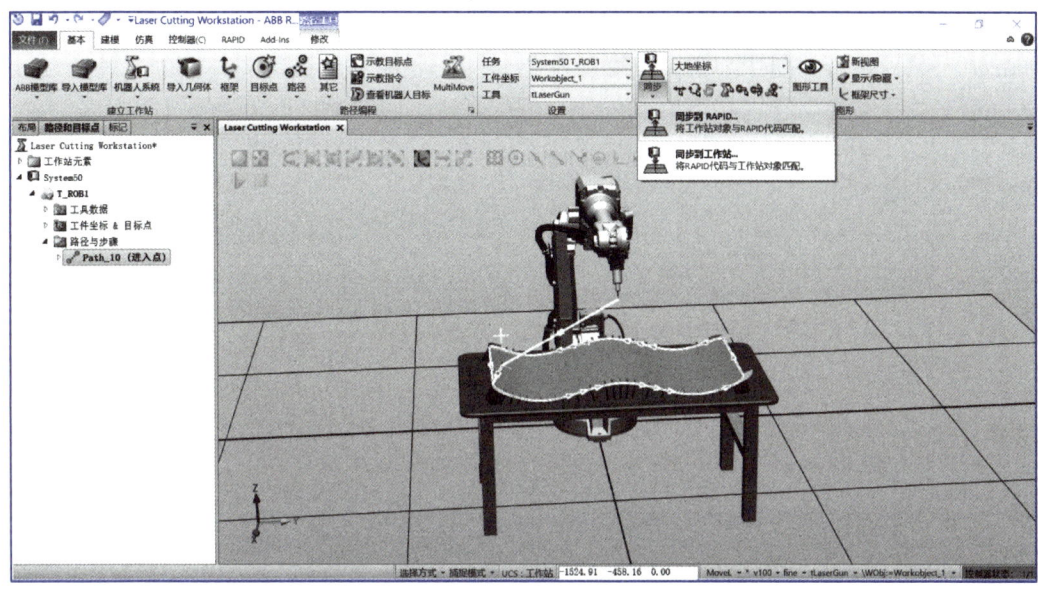

图 4-30 同步到 RAPID

（2）勾选 "System50" 选项下所有内容，然后单击 "确定"，如图 4-31 所示。

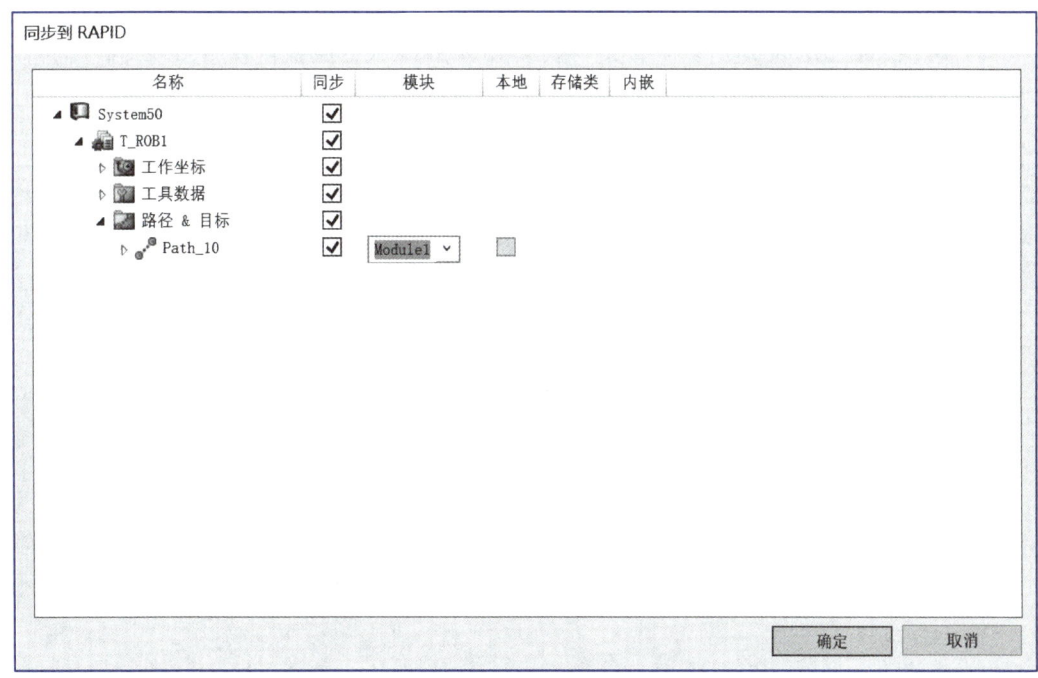

图 4-31 设置同步到 RAPID 选项

（3）在"仿真"功能选项卡中，单击"仿真设定"中的"T_ROB1"，"进入点"选择"Path_10"，然后单击"关闭"，如图 4-32 所示。

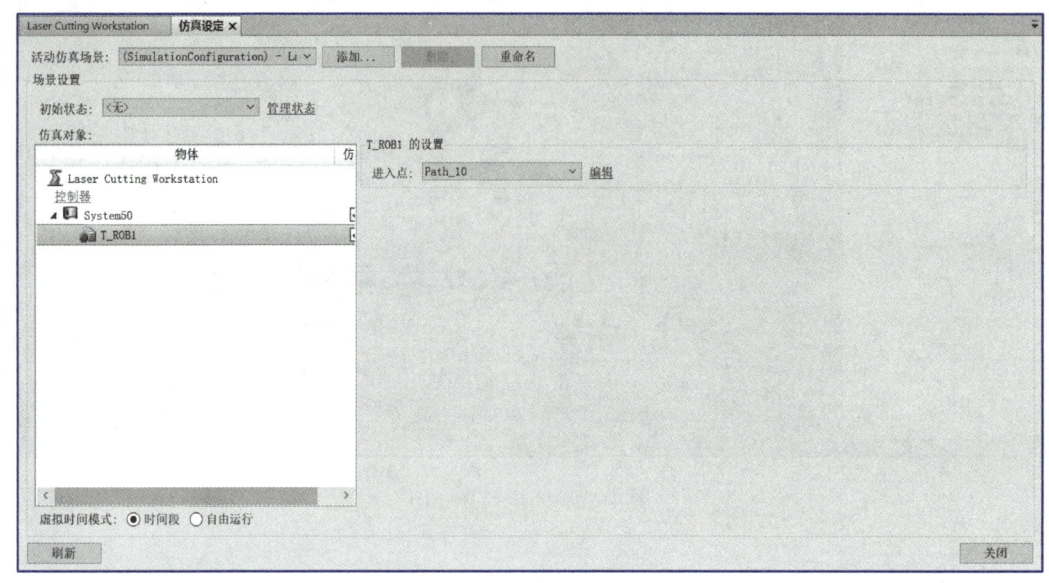

图 4-32　设定仿真参数

（4）在"仿真"功能选项卡中，单击"播放"，工业机器人开始执行程序，沿着创建的路径运行，通过仿真可以观察工作站的运行情况，如图 4-33 所示。

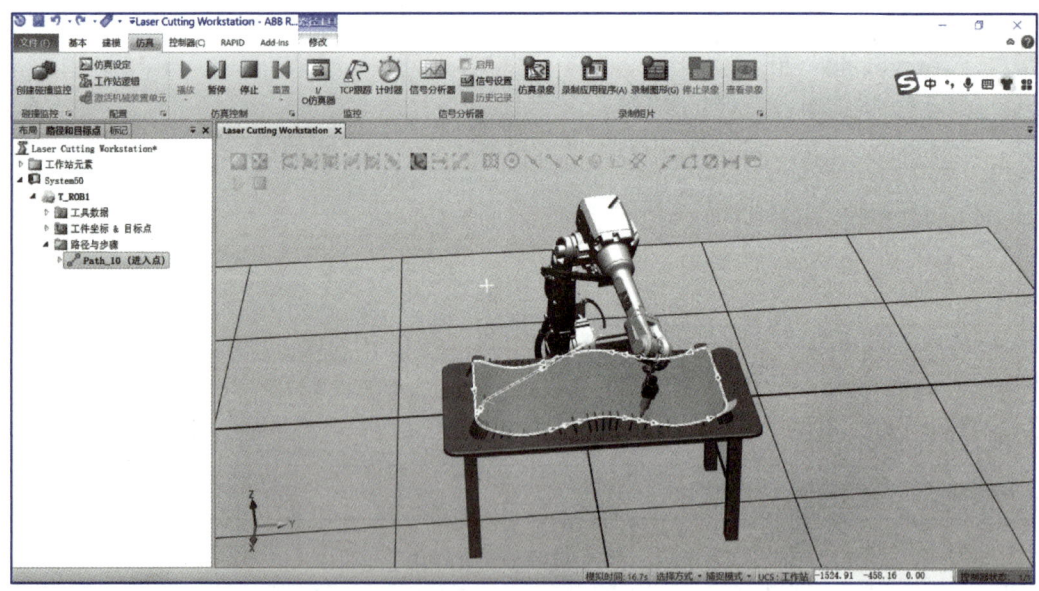

图 4-33　工作站仿真运行

项目4　工业机器人离线轨迹编程

[能力验评]

请根据任务单完成任务，并填写评价表。

任　务　单

任务名称	切割程序优化与运动仿真
任务背景	优化后的切割路径需进行运动节拍优化与仿真验证，要求程序运行时间缩短20%，TCP速度波动率≤15%
任务目标	1. 掌握速度参数设置方法；2. 完成程序节拍优化；3. 输出仿真验证报告
技术参数	1. 切割速度为200~500 mm/s；2. 加速度限制为80%；3. 过渡半径≥5 mm
任务流程	路径参数优化→速度曲线调整→添加过渡指令→仿真验证。
任务内容	1. 设置速度/加速度参数；2. 优化关键点过渡方式；3. 添加圆弧过渡指令；4. 执行完整路径仿真
成果要求	1. 速度参数配置表；2. 优化前后对比图；3. 仿真分析报告
小组成员	
计划用时	开始时间

评　价　表

评价维度	评价指标	评价标准	分值	个人自评	小组互评	教师评价	企业导师评价	观测依据
知识与技能（50分）	1. 速度参数设置	正确配置v500/z50参数	15					速度参数界面截图
	2. 过渡指令应用	合理添加fine/zone参数	15					程序指令列表
	3. 节拍计算	准确计算优化前后时间差	10					仿真时间对比表
	4. 运动平滑性	TCP速度波动≤15%	10					速度曲线图
方法与过程（35分）	1. 参数优化	完成速度/加速度调整	15					参数配置日志
	2. 过渡优化	正确设置过渡半径	10					过渡指令设置截图
	3. 仿真验证	生成完整仿真视频	10					仿真录屏文件

续表

评价维度	评价指标	评价标准	分值	个人自评	小组互评	教师评价	企业导师评价	观测依据
团队协作（10分）	1. 数据共享	建立参数优化数据库	5					共享文件夹截图
	2. 协同分析	联合完成节拍分析	5					分析会议记录
创新实践（5分）	节拍优化	提出创新性优化方案	5					优化方案说明
综合评价								

任务 4　碰撞监控与 TCP 跟踪

[任务描述]

在仿真过程中,规划好机器人运行轨迹后,一般需要验证当前机器人轨迹是否与周边设备产生干涉。此外,在轨迹应用过程中,如焊接、切割等,机器人工具实体尖端与工件表面的距离需要保证在合理的范围内,既不能与工件发生碰撞,也不能距离过大,以保证工艺要求。在 RobotStudio 软件的"仿真"功能选项卡中有专门用于检测碰撞的"碰撞监测"功能。

[知识准备]

4.4.1　碰撞监控与 TCP 跟踪基础

1. 碰撞监控技术基础

碰撞监控通过实时检测两组对象集(ObjectsA 与 ObjectsB)间的空间位置关系,判定是否发生物理干涉或接近风险。其核心原理是基于几何干涉计算,当对象间距≤0 mm 时触发碰撞报警,当间距小于预设安全阈值(接近丢失值)时触发预警。该技术分为静态检测(验证预设轨迹可行性)与动态检测(实时监控运动过程),广泛应用于焊接、切割等场景中工具与工件的安全距离控制,以及多机器人协同作业的防干涉保障。

2. TCP 跟踪技术原理

TCP(Tool Center Point)是机器人末端执行器的作业基准点,其运动轨迹精度直接影响工艺质量(如焊接熔深、切割路径)。TCP 跟踪技术通过记录并可视化工具尖端轨迹,结合速度信号监控(如设定速度阈值区分颜色标识),可实时分析机器人运动状态。例如,轨迹颜色变化可反映速度波动(如黄色标记超速段),为工艺优化(消除拐点突变)和设备保护(避免机械损伤)提供数据支持。

3. RobotStudio 核心功能解析

碰撞检测设定:支持创建多组独立检测集,每组包含 A、B 两类对象,通过拖拽布局对象至检测集完成配置。参数设置包括碰撞颜色(默认红色)、接近丢失阈值(1~100 mm 可调)及对应预警颜色,仿真中实时显示碰撞或接近事件。

TCP 跟踪工具:启用后自动记录工具轨迹,支持基础色(恒定轨迹)与信号色(动态速度映射)双模式显示,可关联速度变量并设置阈值(如超 350 mm/s 触发黄色标记),仿真结束后可清除或分析轨迹数据。

[任务实施]

4.4.2 碰撞监控功能的使用

1. 创建碰撞监控

（1）在"仿真"功能选项卡中，单击"创建碰撞监控"，创建"碰撞检测设定_1"，如图 4-34 所示。

（2）展开"碰撞检测设定_1"，显示 ObjectsA 和 ObjectsB，如图 4-35 所示。

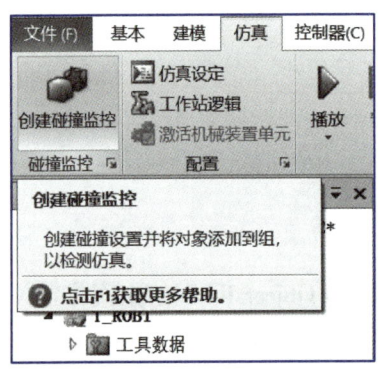

图 4-34　创建碰撞监控

图 4-35　碰撞检测设定_1 对象集

碰撞集包含 ObjectsA 和 ObjectsB 两组对象，需要将检测对象放入检测集中，再检测两组对象之间是否发生碰撞。当 ObjectsA 内任何物体与 ObjectsB 内任何物体发生碰撞时，此碰撞将显示在图像视图里并记录在输出窗口中，从而实现碰撞监控。一个工作站可以设置多个碰撞集，但每一个碰撞集仅能包含两组对象。本任务中需要检测机器人用工具、待加工工件、工作站平台是否会发生碰撞。

（3）在左侧"布局"栏中，单击需要检测的对象，将其拖到对应的组，即完成检测对象的放置，如图 4-36 所示。

2. 设置碰撞参数

右键单击"碰撞检测设定_1"，选择"修改碰撞监控"，如图 4-37 所示。"修改碰撞设置"对话框相关设置如图 4-38 所示。

图 4-36　放置检测对象到对应组

项目4　工业机器人离线轨迹编程

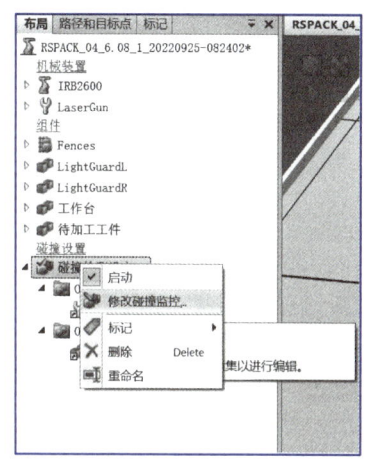

图 4-37　修改碰撞监控

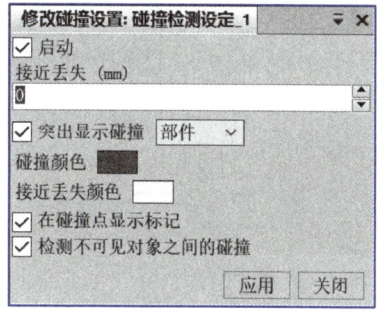

图 4-38　设定碰撞监控

接近丢失：选择的两组对象之间的最小距离，当小于该数值时，则显示设定的颜色作为提示。

碰撞颜色：选择的两组对象之间发生了碰撞，则显示设定的颜色作为提示。

接近丢失颜色：选择的两组对象之间的距离小于设置的"接近丢失"值时，则显示设定的颜色作为提示。

3. 工作站碰撞监控

（1）本任务采用系统默认的参数，然后手动拖动工具"LaserGun"与工件发生碰撞，如图 4-39 所示。

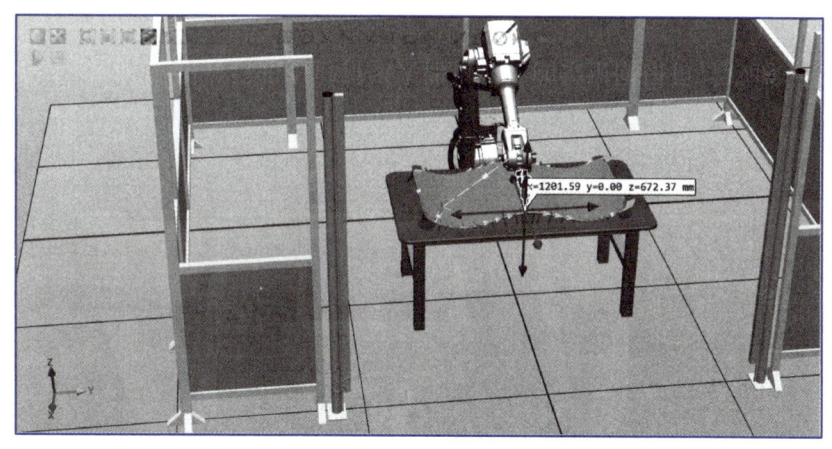

图 4-39　设置碰撞点

（2）"接近丢失"设定为"1 mm"，则在仿真运行过程中可以监控机器人工具与待加工工件之间的距离是否过远，若过远，则不显示接近丢失颜色；当两者距离小于设定值时，提示接近丢失颜色。同时，若工具与待加工工件、工作台之间发生碰撞，则显示碰撞颜色，如图 4-40 所示。

169

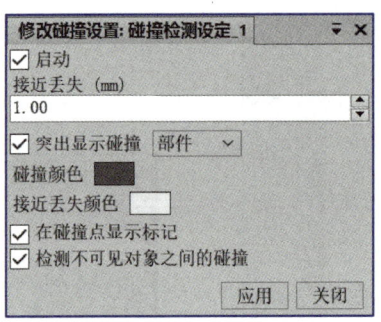

图 4-40　设置碰撞参数

4.4.3　TCP 跟踪功能的使用

1. 设置 TCP 参数

（1）在"修改碰撞设置"中，取消勾选"启动"，关闭"碰撞监控功能"，如图 4-41 所示。

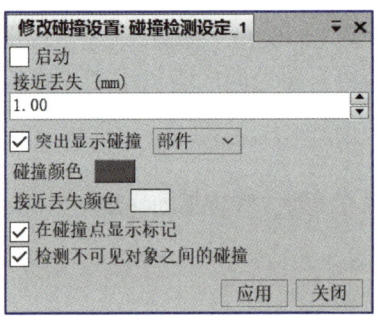

图 4-41　关闭碰撞监控功能

（2）为了便于观察和记录 TCP 轨迹，先隐藏工作站中的所有目标点和路径。在"基本"功能选项卡中，单击"显示/隐藏"，取消勾选"全部目标点/框架""全部路径"，如图 4-42 所示。

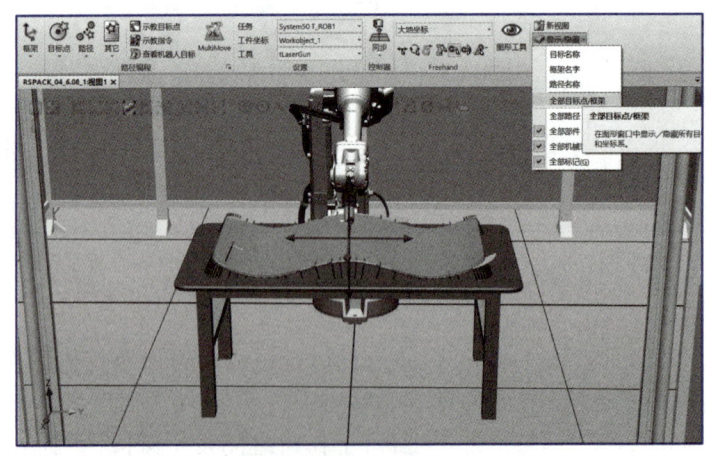

图 4-42　隐藏目标点和路径

(3)单击"仿真"功能选项卡中的"TCP 跟踪",如图 4-43 所示。

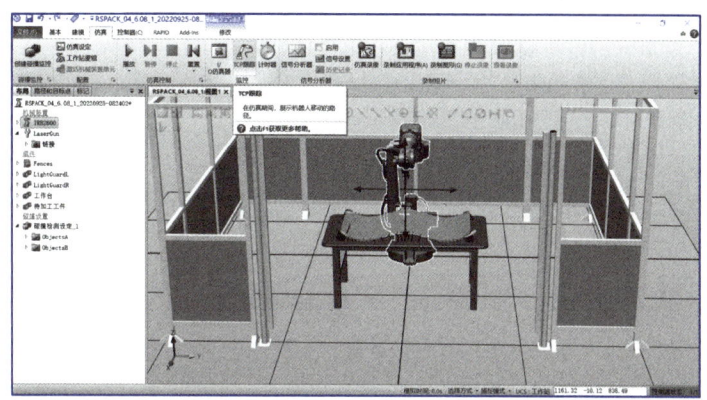

图 4-43　启动"TCP 跟踪"

(4)设置"TCP 跟踪"参数。勾选"启用 TCP 跟踪",设定"基础色"为红色,勾选"信号颜色",单击"…",选择"当前 Wobj 中的速度",单击"使用副色",颜色设为黄色,将"当信号为"设为"高于""350.00",如图 4-44 所示。

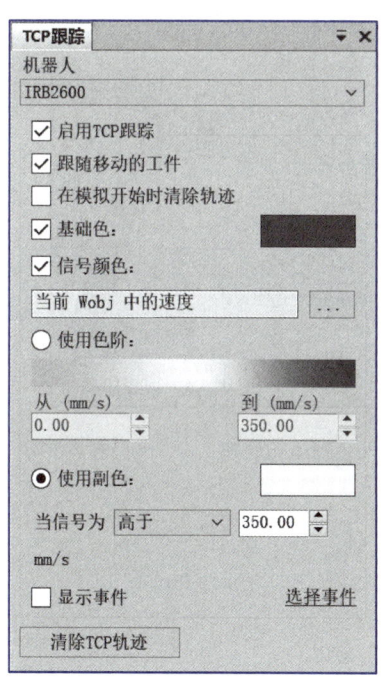

图 4-44　设置 TCP 跟踪参数

2. TCP 功能的使用

(1)在"仿真"功能选项卡中单击"播放",记录工业机器人运行轨迹,并监控工业机器人运行速度是否超出限值,如图 4-45 所示。

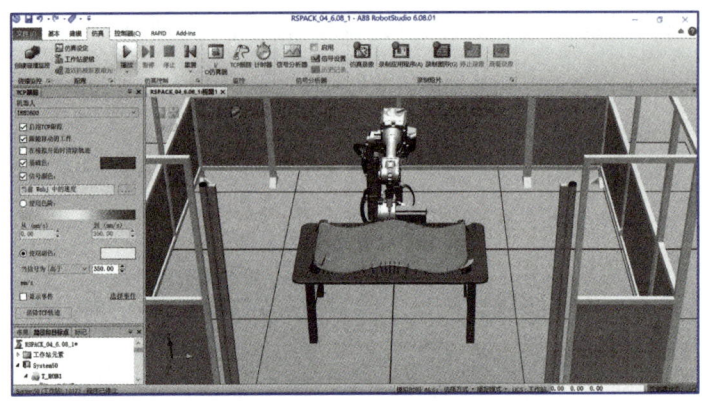

图 4-45　记录机器人运行轨迹

（2）运行完成后,可根据记录的工业机器人运行轨迹进行分析,工业机器人完整运行轨迹如图 4-46 所示。

（3）若想清除记录的轨迹,可在仿真监控对话框中选择"清除 TCP 轨迹"即可,如图 4-47 所示。

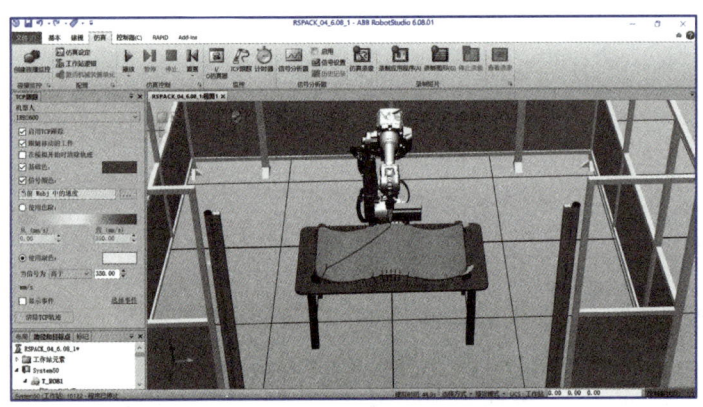

图 4-46　工业机器人完整运行轨迹

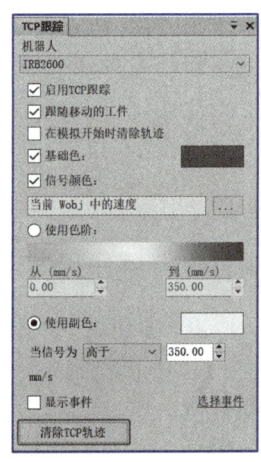

图 4-47　清除机器人运行轨迹

项目 4 工业机器人离线轨迹编程

[能力验评]

请根据任务单完成任务,并填写评价表。

任 务 单

任务名称	安全检测与轨迹验证
任务背景	需对优化程序进行碰撞安全检测与 TCP 轨迹验证,要求检测精度≤1 mm,轨迹偏差报警率≤2%
任务目标	1. 掌握碰撞包络设置;2. 完成 TCP 轨迹跟踪;3. 输出安全检测报告
技术参数	1. 检测间距为 5 mm;2. 轨迹采样率为 100 Hz;3. 报警响应时间≤0.5 s
任务流程	设置碰撞体积→激活监控功能→执行轨迹跟踪→生成检测报告
任务内容	1. 定义工具碰撞模型;2. 配置监控参数;3. 运行实时跟踪;4. 分析偏差数据
成果要求	1. 碰撞检测截图;2. TCP 轨迹对比图;3. 安全检测报告
小组成员	
计划用时	开始时间

评 价 表

评价维度	评价指标	评价标准	分值	个人自评	小组互评	教师评价	企业导师评价	观测依据
知识与技能 (50分)	1. 碰撞模型	正确设置工具包络体	15					碰撞体积参数表
	2. 监控原理	说明安全距离计算规则	15					监控参数设置截图
	3. 轨迹分析	识别轨迹偏差类型	10					偏差分析图表
	4. 报警处理	正确解读报警代码	10					报警记录截图
方法与过程 (35分)	1. 检测设置	完成碰撞监控激活	15					监控状态界面截图
	2. 轨迹跟踪	获取完整 TCP 坐标数据	10					轨迹数据文件
	3. 报告生成	包含关键检测指标	10					检测报告文档
团队协作 (10分)	1. 联合调试	协同完成紧急停止测试	5					测试过程视频
	2. 数据复核	交叉验证检测结果	5					复核签字表

评价维度	评价指标	评价标准	分值	个人自评	小组互评	教师评价	企业导师评价	观测依据
创新实践（5分）	节拍优化	提出创新性优化方案	5					优化方案说明
综合评价								

总结：

本项目系统构建了工业机器人离线轨迹编程的技术体系，通过"模型解析-路径生成-运动优化-安全验证"的完整流程，实现了复杂轨迹的高精度规划与控制。基于RobotStudio平台，学习者从工件三维模型提取几何特征生成切割轨迹，通过线性与圆弧插补参数配置满足工艺精度要求，并建立用户坐标系保障路径基准的一致性。针对机器人运动学约束，采用工具姿态调整与轴配置优化策略，有效规避关节超限与奇异位形问题，确保轨迹连续可达。程序仿真阶段通过全局参数调试验证运动平滑性，结合碰撞监控与TCP跟踪功能实现安全防护与动态校准，形成完整的离线编程解决方案。

通过任务驱动的实践训练，学习者掌握了轨迹规划、运动学分析、程序调试等核心技术，并借助多维度评价体系完成能力闭环。评价聚焦参数配置的合理性、轨迹运行的连续性以及安全规程的执行规范性，强化精益求精的工匠精神与创新协作意识。通过本项目的学习，为智能制造领域复杂轨迹编程任务提供了扎实的理论基础与实践能力支撑，体现了从模型解析到工程落地的系统性技术思维。

[技术前沿]

绿色制造与碳中和目标下的能耗仿真技术应用

1. 绿色制造与碳中和的协同路径

工业部门贡献了全球约32%的二氧化碳排放量（国际能源署2024年数据），其能源消耗强度直接决定碳中和目标的实现进度。绿色制造通过工艺革新、设备能效提升、清洁能源替代和循环经济模式，构建起"资源-能源-排放"的协同优化体系。在这一体系中，能耗仿真技术的作用体现在三个层面：

过程透明化：通过构建数字孪生模型，量化原材料加工、设备运行、废弃物处理等环节的能耗特征；

决策支持：识别高耗能工序，对比不同工艺路线的碳排放差异，例如铸造工艺中传统燃煤加热与电磁感应加热的能耗对比可精确至±2.3%；

动态优化：结合生产排程数据，模拟不同生产负荷下的能源需求波动，为电网互动与储能配置提供依据。

2. 能耗仿真的核心技术体系

现代能耗仿真系统是基于多学科交叉的方法,其技术架构包含三个关键环节:

（1）系统边界定义与数据耦合

以汽车制造为例,需将冲压、焊接、涂装、总装四大工艺段的设备级能耗(如点焊机瞬时功率)、车间级能耗(空调与照明系统)以及厂区级能耗(余热回收系统)进行分层建模。数据采集依托工业物联网(IIoT)技术,以某新能源汽车工厂实践表明,部署5 000个以上的智能电表可实现全厂区秒级能耗监测。

（2）多尺度建模技术

在微观层面,采用离散事件仿真(DES)模拟单台设备的启停特性,如数控机床空载功耗占额定功率的15%~25%;在宏观层面,系统动力学模型可反映供应链物流与能源网络的耦合关系。美国NIST研究显示,集成物料流与能源流的仿真模型能提升能效诊断精度达18%。

（3）低碳策略验证平台

国内某钢铁企业构建的仿真平台显示,将高炉煤气回收率从75%提升至92%,可使吨钢综合能耗下降14.6 kgce。此类平台支持多种减排情景推演,包括可再生能源渗透率提升、氢能炼钢工艺切换等。

3. 典型行业应用实践

案例1:汽车制造涂装车间优化

上汽集团通过建立涂装线数字孪生体,发现烘干炉的保温材料老化导致热损失增加27%。仿真结果显示,采用纳米气凝胶隔热材料改造后,天然气消耗量降低19%,年度减碳量达4 200吨。

案例2:离散制造业电力需求响应

某消费电子企业通过仿真模拟不同电价时段的设备调度方案,将20%的精密加工工序转移至夜间低谷时段,在保障良品率的前提下,年度用电成本下降320万元,相当于减少电网侧燃煤发电碳排放1 600吨。

案例3:流程工业余热利用

宝武钢铁集团在仿真系统中对比了余热发电与区域供热两种方案的经济性,最终选择将中低温余热用于周边社区冬季供暖,使厂区能源利用率从68.5%提升至81.2%。

4. 技术挑战与发展趋势

当前能耗仿真技术面临三大瓶颈:

数据质量制约:制造企业存在计量仪表覆盖率低、异构数据融合困难等问题,某省级调研显示仅34%的企业完成能源管理数字化改造;

模型泛化能力不足:不同行业的生产特性差异导致仿真工具复用率低于40%;

实时性需求提升:传统离线仿真难以满足数字孪生场景下毫秒级响应的要求。

未来技术发展呈现三大方向:

融合物理机理与机器学习:采用深度学习算法补偿机理模型误差,德国Fraunhofer研究所开发的混合模型在注塑机能耗预测中误差率低于3%;

云边端协同架构:通过边缘计算设备实现车间级实时仿真,云端平台进行跨工厂能效对标;

碳足迹全链追溯:集成区块链技术确保供应链各环节能耗数据的不可篡改性,欧盟碳边境调节机制(CBAM)已推动相关技术试点。

5. 结论

能耗仿真技术正在从单一能效分析工具,发展为支撑制造业碳中和目标的系统级解决方案。随着数字孪生、5G通信和人工智能技术的深度融合,仿真系统将在工艺创新验证、碳资产管理、绿电消纳等领域发挥更大作用。建议行业加快制定能耗数据标准体系,推动仿真平台与制造执行系统/企业资源规划(MES/ERP)系统的深度集成,为绿色制造提供更强大的技术支撑。

[思考与练习]

1. 在创建切割轨迹曲线时,使用哪种工具来提取工件表面边界(　　)。
   A. 表面边界工具　　　　　　　　B. 曲线绘制工具
   C. 路径生成工具　　　　　　　　D. 坐标系工具
2. 当处理包含圆弧和直线的复合轮廓时,应选择哪种近似值参数(　　)。
   A. 线性　　　　　　　　　　　　B. 圆弧运动
   C. 常量　　　　　　　　　　　　D. 分段线性
3. 在调整目标点姿态时,若需要绕工具自身 Z 轴旋转180°,应选择哪种参考坐标系(　　)。
   A. 基坐标系　　　　　　　　　　B. 工件坐标系
   C. 本地坐标系　　　　　　　　　D. 工具坐标系
4. 轴配置参数(Cfg)的主要作用是(　　)。
   A. 定义工具坐标系　　　　　　　B. 避免关节超限和奇异位形
   C. 设置路径速度　　　　　　　　D. 调整TCP跟踪
5. 在优化离线轨迹程序时,以下哪项措施可以有效减少路径点数量(　　)。
   A. 增加弦差参数　　　　　　　　B. 减小最小距离参数
   C. 使用常量插补模式　　　　　　D. 选择线性运动模式
6. 坐标系用于定义位置和(　　)。
   A. 坐标　　　　B. 方向　　　　C. 姿态　　　　D. 速度
7. 目标点定义并存储为(　　)坐标系内的坐标。
   A. Tool　　　　B. Workobject　　C. 框架　　　　D. 任务
8. 在创建用户坐标系时,优先选择定位销作为基准点的主要原因是(　　)。
   A. 简化操作界面　　　　　　　　B. 保证工件与固定装置的位置精度
   C. 减少路径点数量　　　　　　　D. 提高仿真运行速度
9. 在实际工程应用中,通常对目标点的调整需要进行(　　)。
   A. 一次　　　　B. 两次　　　　C. 三次　　　　D. 多次
10. 碰撞监控功能的每一碰撞集能够包含(　　)对象。
    A. 一组　　　　B. 两组　　　　C. 三组　　　　D. 四组

项目 5
工业机器人码垛工作站仿真

在智能制造技术快速发展的背景下,工业机器人码垛工作站的设计与验证成为提升生产线自动化水平的重要环节。传统人工码垛作业效率低、精度不足的问题日益凸显,而基于虚拟仿真技术的数字化预演为工作站优化提供了高效路径。本项目以 RobotStudio 平台为载体,通过动态输送链构建、创建动态夹具及工作站逻辑设定三个核心任务,系统化展现工业机器人码垛作业的完整流程,旨在培养学习者从组件配置到系统联调的工程实践能力。

本项目通过 Smart 组件技术模拟真实生产场景:动态输送链模块实现物料的自动生成与连续输送,结合传感器检测与逻辑控制形成闭环供料系统;动态夹具模块开发夹爪动作与检测功能,确保物料抓取与输送链状态的实时匹配;工作站逻辑模块则通过信号交互与程序解析,建立机器人、输送链、夹具的协同控制网络。能力验评环节以任务驱动为核心,要求学习者完成组件选型、逻辑设计及仿真调试,重点考核坐标系校准、信号异步处理、多设备联动等关键技能,培养精益求精的职业习惯与系统化工程思维。

[项目目标]

1. 知识目标
（1）理解 Smart 组件在工业机器人仿真中的核心作用与组件架构原理
（2）掌握动态输送链关键组件的参数配置方法
（3）掌握动态夹具传感器检测机制与拾放动作逻辑设计要点

2. 能力目标
（1）能够独立完成输送链产品源生成、运动参数配置及传感器检测区域设置
（2）具备 Smart 组件属性连结与信号连接调试能力（包含逻辑门电路应用）
（3）能够构建符合工艺要求的码垛工作站逻辑控制流程
（4）掌握 I/O 信号映射与虚拟 PLC 控制接口的配置方法

3. 素养目标
（1）树立符合标准化的 Smart 组件建模规范意识
（2）培养虚拟调试中的系统性工程思维与数据驱动验证习惯
（3）构建工业场景下的动态安全间距控制与容差设计理念
（4）强化团队协作中的 BOM 版本控制与跨平台数据无缝交接能力
（5）发展基于数字孪生的工艺参数优化与产线重构创新能力

任务 1 创建动态输送链

[任务描述]

在 RobotStudio 中创建码垛仿真工作站,输送链的动态效果对整个工作站起到关键作用。Smart 组件的功能就是在 RobotStudio 中实现动画效果的高效工具,在本任务中学习者可以创建一个拥有动态属性的 Smart 输送链来感受一下其强大功能。Smart 组件输送链动态效果:输送链前端自动生成产品、产品随着输送链向前移动、产品到达输送链末端后停止运动、产品被移走后输送链前端再次生成产品,依次循环。

[知识准备]

5.1.1 Smart 组件基础知识

1. Smart 组件的驱动逻辑

Smart 组件是 RobotStudio 中构建动态仿真逻辑的核心模块,其本质是通过事件驱动和信号交互模拟真实设备的自动化行为,即通过外部信号或内部条件触发特定动作。例如,在本任务中,当外部输入信号 diStart 激活时,Source 组件会生成产品副本;当产品到达输送链末端时,PlaneSensor 检测到物体并输出信号 SensorOut=1,触发 Queue 组件将产品移出队列。这种逻辑依赖信号状态的实时变化(如 0→1 或 1→0)。确保各环节动作按序执行。在输送链任务中,事件驱动逻辑的核心体现为"信号触发→生成产品→运动控制→检测反馈→循环再生"的闭环流程。

2. Smart 组件核心功能

本任务用到 Smart 组件见表 5-1。

表 5-1 Smart 组件说明

组件名称	功能描述	关键属性/参数	应用技巧与常见问题
Source	生成产品副本	Product Source:指定原始模型; Interval:生成间隔时间(可选); Transient:自动清除副本	避免频繁生成导致卡顿,可设置生成间隔; 若副本未生成,检查原始模型是否被隐藏或锁定
Queue	管理运动队列	Enqueue:加入队列的触发信号; Dequeue:退出队列的触发信号; Capacity:队列容量(默认无限制)	队列容量设为1,可模拟单文件输送; 若产品未运动,检查 Queue 是否绑定到 LinearMover

续表

组件名称	功能描述	关键属性/参数	应用技巧与常见问题
LinearMover	驱动物体线性运动	Direction：运动方向（mm）； Speed：运动速度（mm/s）； Object：绑定目标（通常为Queue）	方向需与输送链实际布局一致； 速度过高可能导致仿真跳帧，建议≤500 mm/s
PlaneSensor	检测物体进入指定区域	Origin：原点坐标（需精确定位）； Axis1/Axis2：平面范围（定义检测区域）； SensorOut：输出信号（0/1）	检测区域需略大于产品尺寸； 若误触发，检查周边设备是否勾选"可由传感器检测"
LogicGate	逻辑信号处理	Operator：逻辑类型（NOT/AND/OR）； InputA/InputB：输入信号； Output：运算结果	NOT门用于信号取反； AND门可组合多传感器信号（如"到位且安全"）

3. Smart 组件的信号交互原理

Smart 组件通过数字输入信号（DI）和数字输出信号（DO）实现与外部设备或逻辑模块的交互。例如：

输入信号：diStart 作为启动信号，触发 Source 组件生成产品。

输出信号：doBoxInPos 在产品到达末端时置 1，通知机器人执行抓取动作。

信号交互的关键在于逻辑门的辅助处理。例如，当 PlaneSensor 检测到产品离开末端（SensorOut=0），通过 NOT 门取反后生成新信号，触发 Source 组件再次生成产品，从而实现循环供料。

4. 组件之间协作关系

Smart 组件通过子组件的协同工作实现复杂功能。Source 组件负责生成产品副本，其 Product Source 属性需绑定原始模型，Transient 属性可自动清理仿真残留对象。Queue 组件管理产品队列，通过 Enqueue 和 Dequeue 信号控制产品加入或退出运动序列。LinearMover 组件驱动物体沿设定方向和速度（如 Direction=−1 000 mm，Speed=300 mm/s）运动，需确保坐标系与实际输送链方向一致。PlaneSensor 组件通过定义原点（Origin）和检测平面范围（Axis1/Axis2）监控产品到位状态，其输出信号直接关联队列退出与循环触发逻辑。LogicGate 组件（如 NOT 门）用于信号取反，解决"信号下降沿触发"问题，例如产品移走后再生新副本。

5. 动态输送链的完整工作流程

初始化启动：外部信号 diStart 激活 Source 组件，生成第一个产品副本。

队列运动控制：产品加入 Queue 队列后，由 LinearMover 驱动沿输送链运动。

末端检测与反馈：产品到达末端时，PlaneSensor 输出 SensorOut=1，触发 Queue 退出队列并停止运动，同时输出 doBoxInPos=1，通知外部设备。

循环再生逻辑：产品被移走后，PlaneSensor 信号复位为 0，经 NOT 门取反触发 Source 生成新副本，形成"生成→运动→检测→再生"的无限循环。

6. 常见问题与解决方案

练习本任务时可能会遇到一些故障现象,试结合表 5-2 的故障现象及原因分析,进行排查解决。

表 5-2 故障现象及原因分析

故障现象	可能原因	解决方案
产品未生成	Source 未绑定原始模型	LogicGate 输入信号未正确连接
产品运动方向错误	LinearMover 方向参数错误	调整 Direction 数值符号
传感器未检测到产品	检测区域偏移或尺寸过小	重新设定 Axis1/Axis2 范围
循环中断	LogicGate 输入信号未正确连接	检查信号连接路径

[任务实施]

微课
Smart 组建创建动态输送链

5.1.2 输送链产品源(Source)的设定

(1)解压工作站压缩包。双击压缩包文件"Stacking_workstation",根据提示,单击"下一个",选择合适的解压路径,注意,目标文件夹路径中不能出现中文字符,解压完成的码垛工作站如图 5-1 所示。

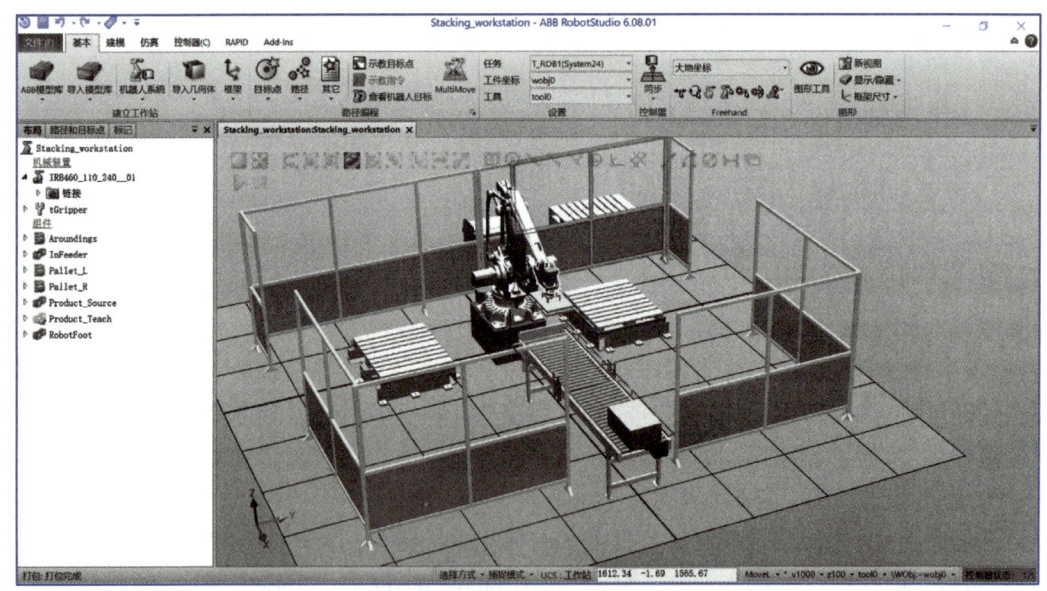

图 5-1 码垛工作站解压完成

(2)添加子组件"Source"并进行设置。子组件"Source"用于设定产品源,每触发一次"Source",都会自动生成一个产品源的复制品,本项目中,将待码垛产品设为产品源,则每次触发后都会产生一个码垛产品的复制品。

"Source"组件的属性设置方法如下:

① 在"建模"功能选项卡中单击"Smart组件",新建一个"Smart组件",将其重命名为"SC_InFeeder",如图5-2所示。

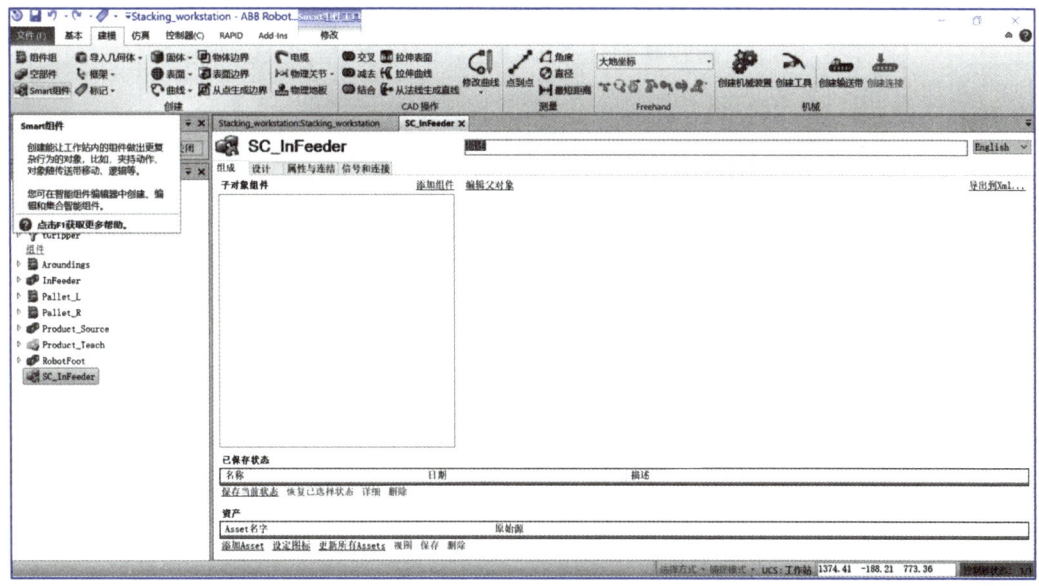

图5-2　新建"Smart组件"

② 单击"添加组件",选择"动作"中的"Source",如图5-3所示。

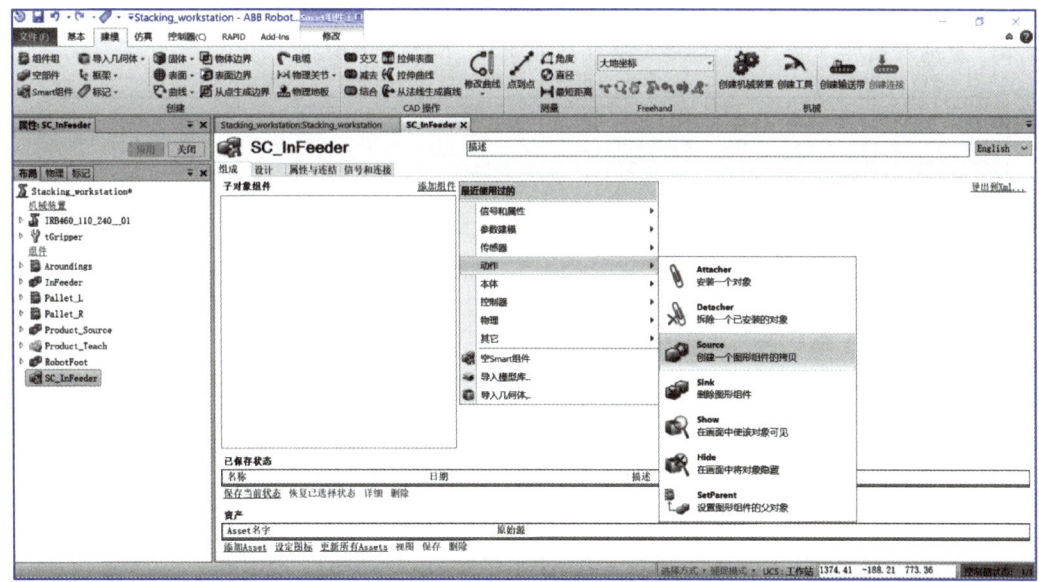

图5-3　选择"Source"功能

③ 在左侧"属性:Source"中选择"Product_Source",设置完成后单击"应用",如图 5-4 所示。

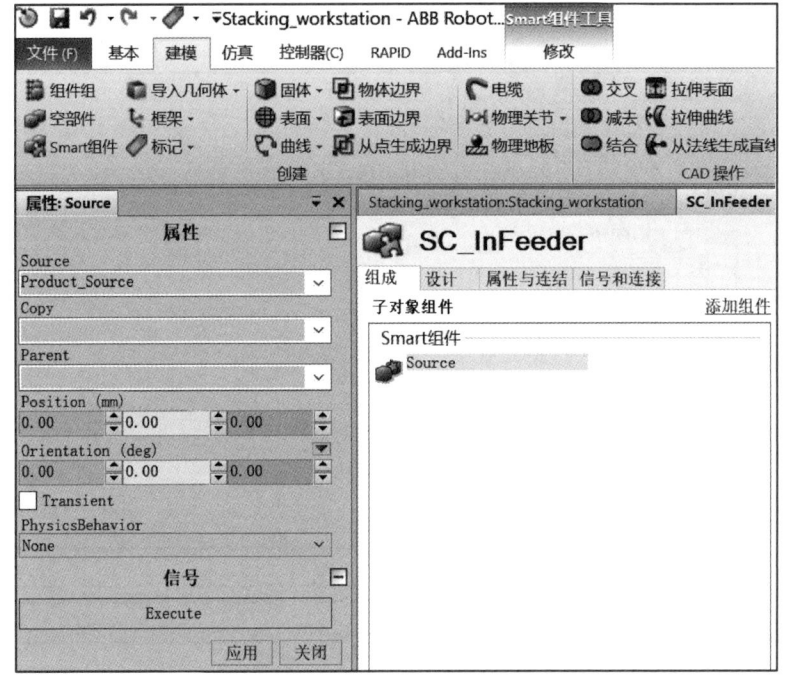

图 5-4　设置"Source"属性

5.1.3　输送链运动属性的设定

(1) 单击"添加组件",选择"其它"列表中的"Queue",子组件"Queue"可以将同类型物体作为队列处理,此处暂时不需要设置其他属性,如图 5-5 所示。

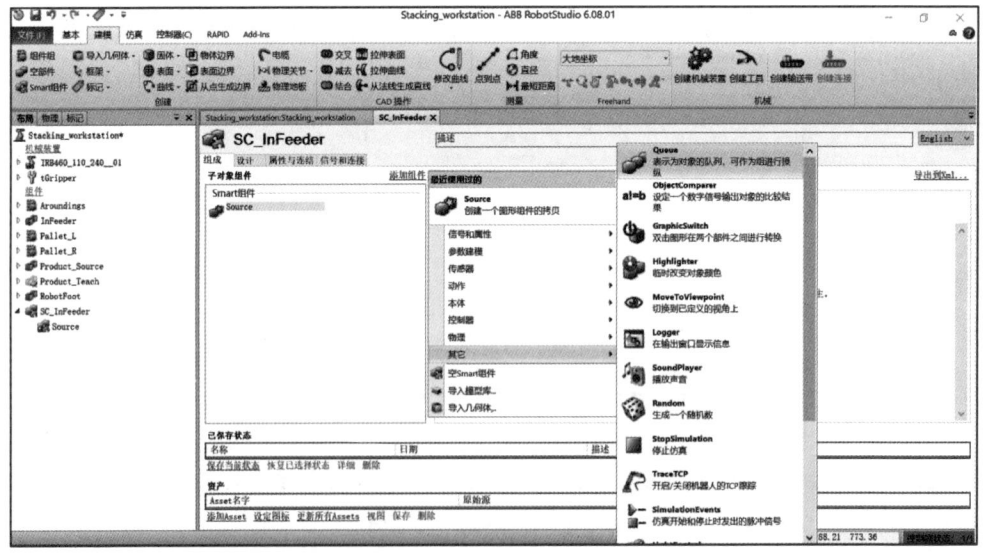

图 5-5　选择"Queue"功能

（2）单击"添加组件"，在"本体"列表中选择"LinearMover"，如图 5-6 所示。

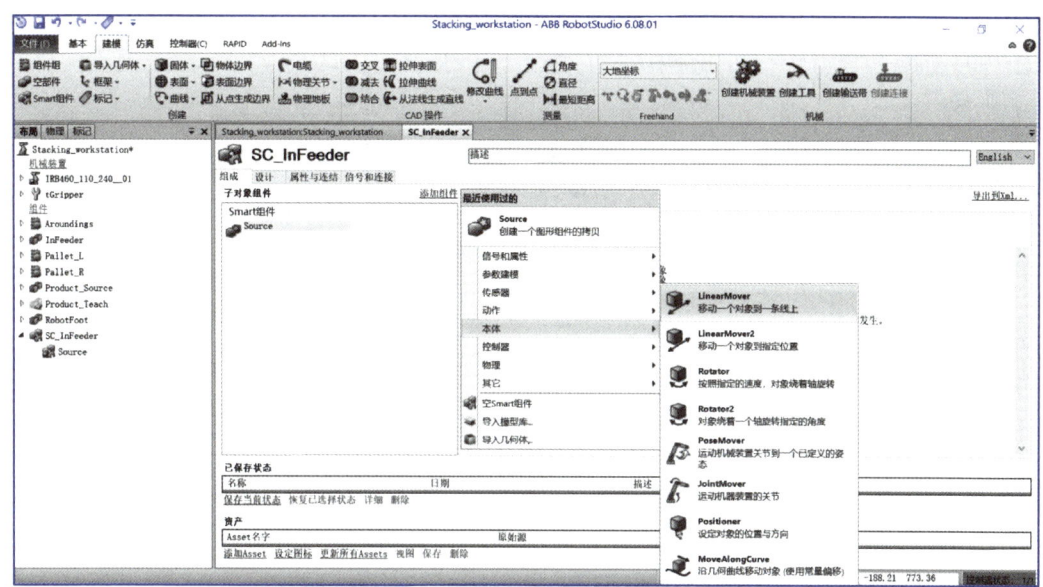

图 5-6　选择"LinearMover"功能

（3）设置"LinearMover"运动属性。"Object"设定为"Source（SC_InFeeder）"，"Direction"第一项数值设定为"-1000"，"Speed"设定为"300"，"Execute"设定为"1"，然后单击"应用"，如图 5-7 所示。

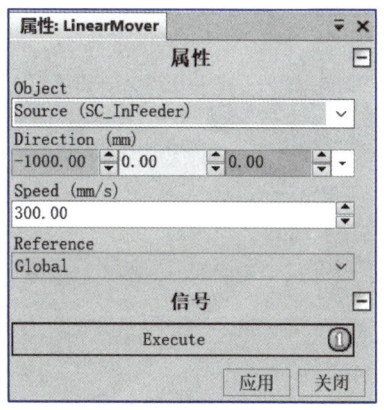

图 5-7　设置"LinearMover"运动属性

5.1.4　输送链限位传感器的设定

（1）单击"添加组件"，选择"传感器"中的"PlaneSensor"，如图 5-8 所示。

接下来需要在输送链末端的挡板处设置面传感器，设定方法为捕捉一个点作为面的原点位置 A，然后参考大地坐标方向设定基于原点位置 A 的两个延伸轴的方向及长度，此时就能够形成一个平面，也可以参考下面的步骤直接输入数值。

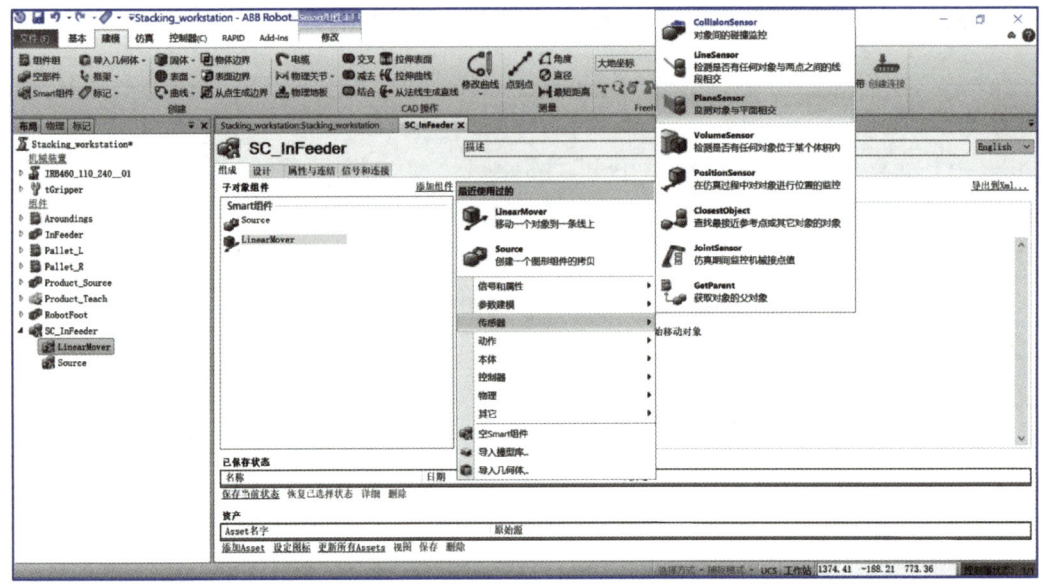

图 5-8 选择 "PlaneSensor" 功能

（2）选择合适的捕捉方式，在左侧 "属性：PlaneSensor" 栏中，单击 "Origin" 输入框，然后单击 A 点作为原点，在 "Axis1" 和 "Axis2" 中分别输入（0,0,100）和（0,680,0），单击 "应用"，如图 5-9 所示。

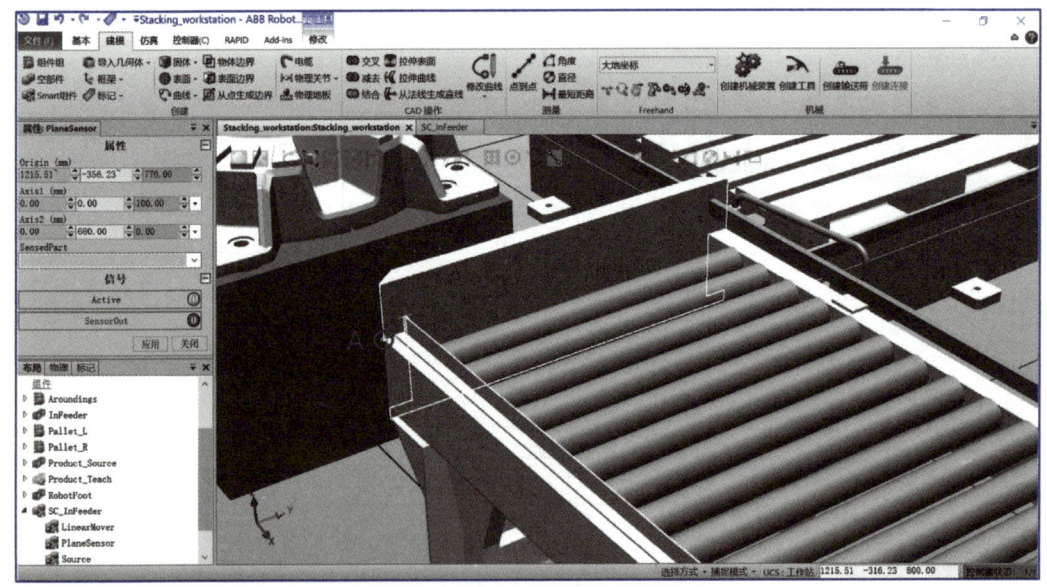

图 5-9 设置 "PlaneSensor" 属性

需要注意，所创建的虚拟传感器一次只能检测一个物体，所以这里需要保证传感器不与周边设备接触，否则无法检测运动到输送链末端的产品。因此，可以在创建虚拟传感器的时候避开周边设备的干涉，通常情况下是将该虚拟传感器检测的周边设备的属性设为 "不可由传感器检测"。

（3）在左侧"布局"栏中右键单击"InFeeder"，再单击"修改"选项，可以看到"可由传感器检测"没有勾选，无需修改，如图 5-10 所示。

图 5-10　设置传感器检测状态

（4）在左侧"布局"栏口中，单击"InFeeder"将其拖放到 Smart 组件"SC_InFeeder"中，以便进行输送链设置，如图 5-11 所示。

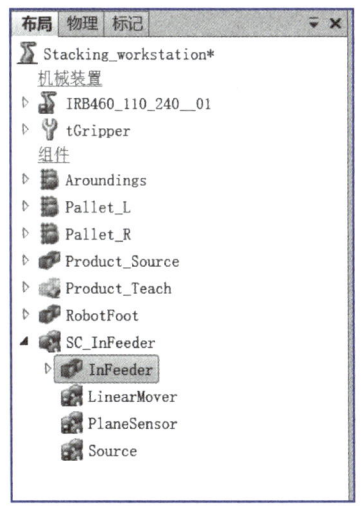

图 5-11　设置"InFeeder"组件

（5）设置逻辑运算非门。单击"添加组件"，选择"信号和属性"中的"LogicGate"，如图 5-12 所示。

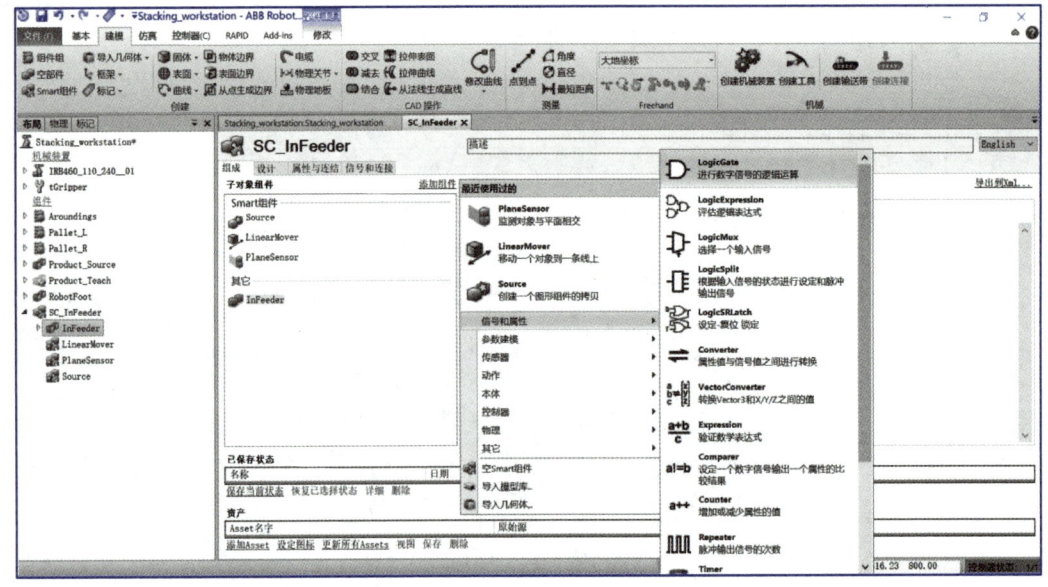

图 5-12 添加 "LogicGate" 功能

（6）在属性窗口将 "Operator" 设为 "NOT"，"InputA" 设为 "0"，设置完成后单击 "应用"，如图 5-13 所示。

在 Smart 组件应用中，当信号发生 0→1 的变化时才可以触发事件。假如有一个信号 A，我们期望当信号 A 由 0→1 时触发事件 B1，信号 A 由 1→0 时触发事件 B2，前者可以直接连接触发事件，而后者需要引入一个非门与信号 A 的输出连接，非门的输出与事件 B2 连接，这样当信号 A 为 1 时经过非门输出为 0；当信号 A 为 0 时经过非门输出为 1，这样就可以实现信号 A 由 1→0 时触发事件 B2。

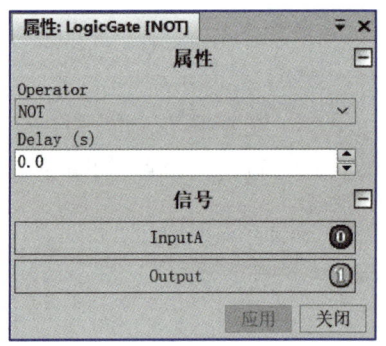

图 5-13 设置 "LogicGate" 属性

5.1.5 创建属性与连结

"属性与连结"是指各 Smart 子组件的某项属性之间的连结。例如，组件 A 中某项属性 A1 与组件 B 中某项属性 B1 建立属性连结，则当 A1 发生变化时，B1 也会跟随发生变化。

（1）单击 "SC_InFeeder" 下的 "设计" 选项组，找到 "Source" 和 "Queue"，单击 "Source" 中的 "Copy"，将其与 "Queue" 中的 "Back" 连结，如图 5-14 所示。

（2）也可通过单击 "SC_InFeeder" 中的 "属性与连结" 选项组进行设置，设置好的属性连结如图 5-15 所示。

"Source" 中的 "Copy" 是指源的复制品，"Queue" 中的 "Back" 是指下一个将要加入队列的物体。通过上述设置，可实现产品源的复制，执行加入队列动作后，该复制品会自动加入队列 "Queue" 中，而 "Queue" 是一直执行线性运动的状态，因此生成的复制品也会随着队列进行线性运动，而当执行退出队列时，复制品退出队列后就线性运动停止。

项目 5　工业机器人码垛工作站仿真

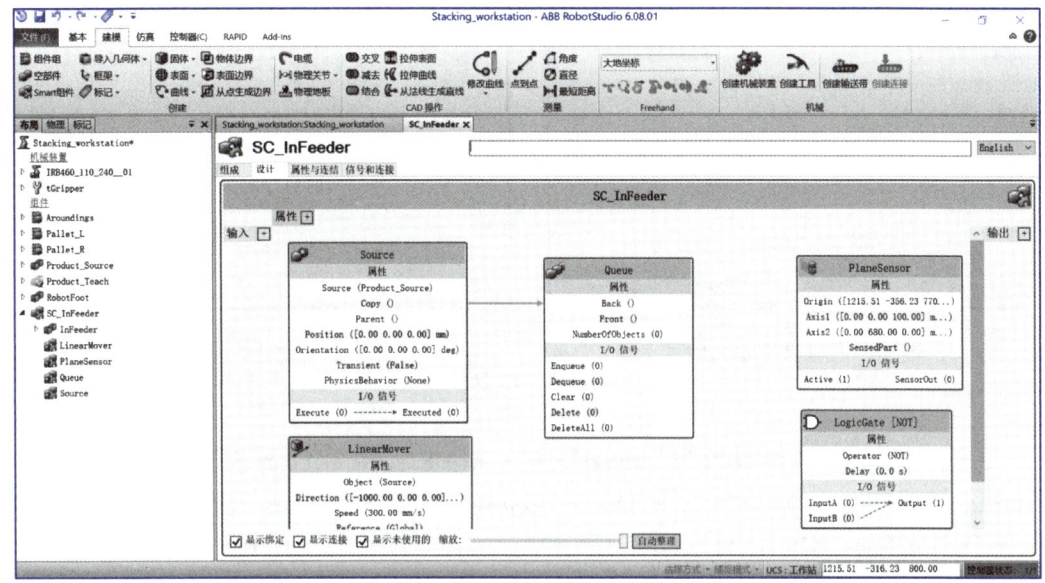

图 5-14　属性连结

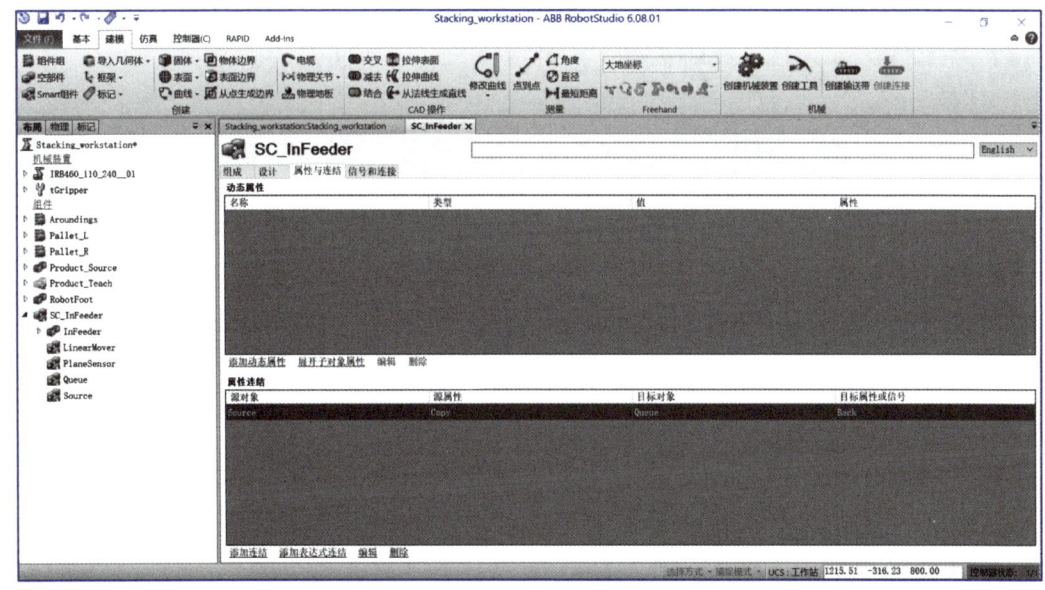

图 5-15　设置属性连结

5.1.6　创建信号与连接

（1）创建数字输入信号。单击"SC_InFeeder"下的"设计"选项组，单击"输入"，将"信号名称"命名为"diStart"，勾选"自动复位"，完成后单击"确定"，用于启动 Smart 输送链，如图 5-16 所示。

（2）创建数字输出信号。单击"SC_InFeeder"下的"设计"选项组，单击"输出"，将"信号名称"命名为"doBoxInPos"，完成后单击"确定"，用于产品到位输出信号，如图 5-17 所示。

187

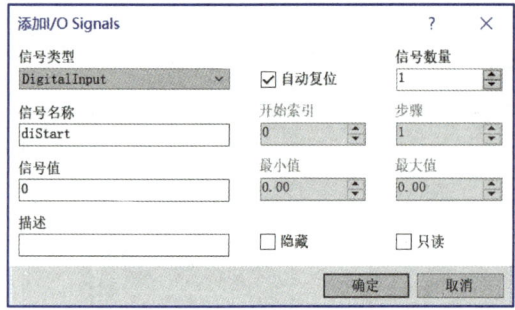

图 5-16　创建数字输入信号

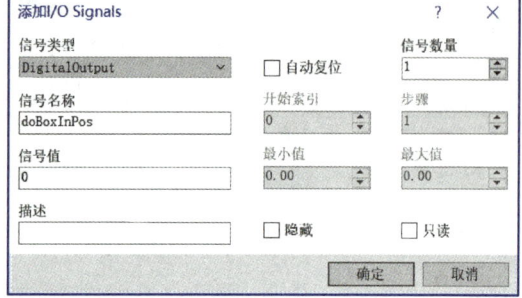

图 5-17　创建数字输出信号

（3）创建连结。连结设置为"diStart"→"Source-Execute""Source-Executed"→"Queue-Enqueue""PlaneSensor-SensorOut"→"Queue-Dequeue""PlaneSensor-SensorOut"→"doBoxInPos""PlaneSensor-SensorOut"→"LogicGate［NOT］-InputA""LogicGate［NOT］-Output"→"Source-Execute"，如图 5-18 所示。

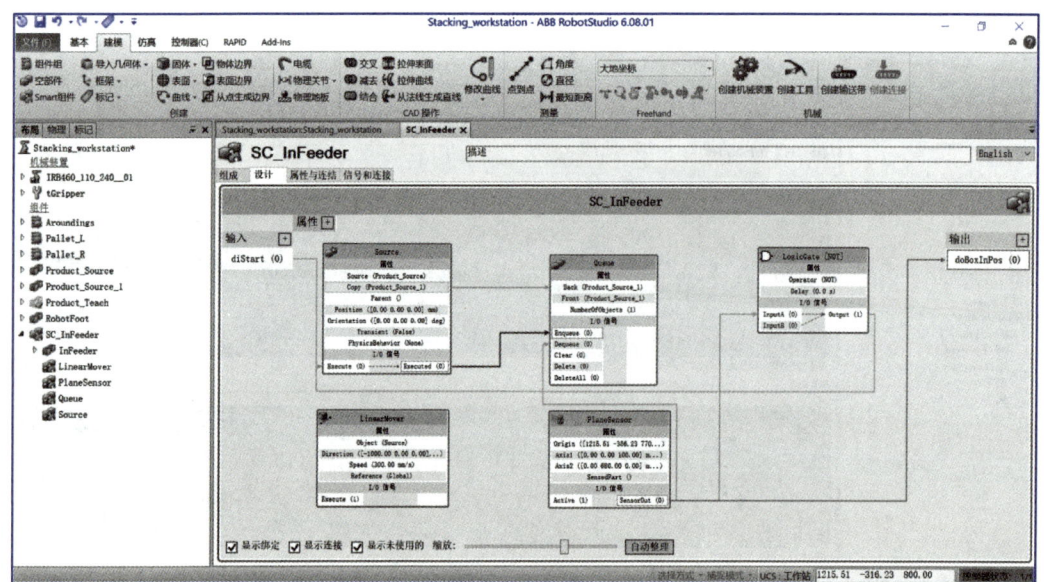

图 5-18　创建连结

用创建的 diStart 触发 Source 组件执行动作，则产品源会自动产生一个复制品，该复制品完成信号再触发 Queue 的加入队列动作，则产生的复制品自动加入队列 Queue。

当复制品与输送链末端的传感器发生接触后，传感器将其本身的输出信号 SensorOut 置为 1，利用此信号触发 Queue 的退出队列动作，则队列里面的复制品自动退出队列。

当产品运动到输送链末端与限位传感器发生接触时，将 doBoxInPos 置为 1，表示产品到位。

将传感器的输出信号和非门进行连接,则非门的信号输出变化和传感器输出信号变化正好相反。

非门的输出信号去触发 Source 的执行,则实现的效果为当传感器的输出信号由 1→0 时,触发产品源 Source 产生一个复制品。

按照各 I/O 连接,仔细设定各个 I/O 连接中的源对象、源信号、目标对象、目标信号。

一共创建了 6 个 I/O 连接,梳理整个事件的触发过程为:

① 利用创建的启动信号 diStart 触发一个 Source,使其产生一个复制品。

② 复制品产生后自动加入设定好的队列 Queue 中,则复制品随着 Queue 一起沿着输送链运动。

③ 当复制品运动到输送链末端,与设置的面传感器 PlaneSensor 接触后,该复制品退出队列 Queue,并且将产品到位信号 doBoxInPos 置为 1。

④ 通过非门的中间连接,最终实现当复制品与面传感器不接触后,自动触发 Source 再产生一个复制品。

此后再进入下一个循环。

5.1.7 输送线仿真运行

完成 Smart 输送链相关设置后,需要通过仿真验证动画效果,具体操作如下:

(1)在"仿真"功能选项卡中,单击"I/O 仿真器",选择"SC_InFeeder",然后单击"播放",进行播放,产生的复制品开始向输送链的末端运动,如图 5-19 所示。

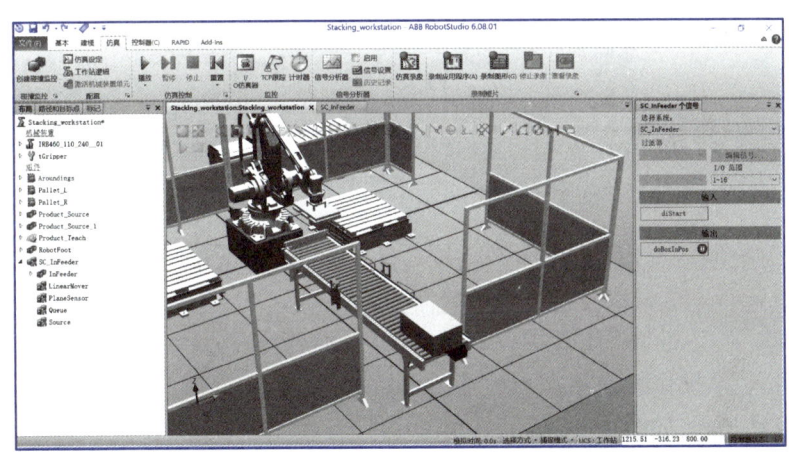

图 5-19 启动仿真功能

(2)复制品移动到输送链末端,当与限位传感器接触时停止运动,在"基本"功能选项卡中,在 FreeHand 中找到"手动线性"将复制品移开,则产品源自动生成下一个复制品,并开始沿着前面设置的输送链方向运动,如图 5-20 所示。

(3)在布局栏中,右键单击产生的复制品,将其删除,一般复制品名称为设定的源名称+数字(Product_Source_1),此时需要注意,不可误删 Product_Souce,如图 5-21 所示。

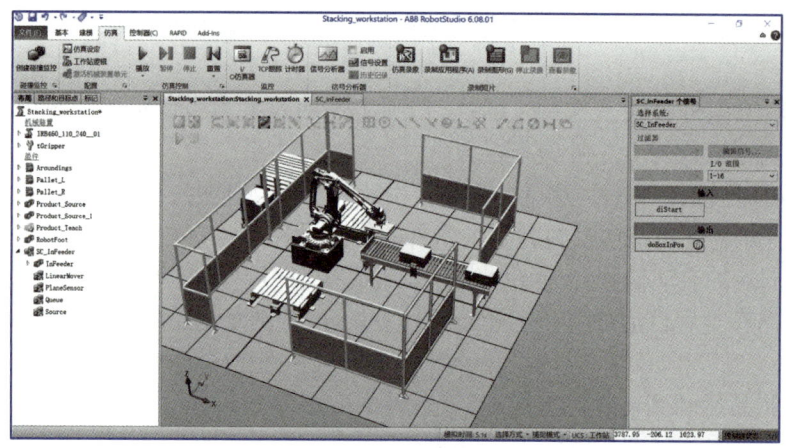

图 5-20 设置运动属性

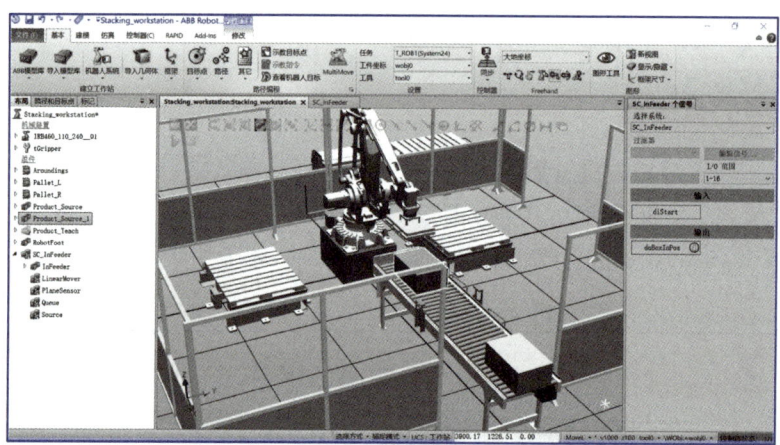

图 5-21 删除复制品

（4）为了避免在后续的仿真中产生较多的复制品，导致整体仿真运行不流畅以及仿真结束后需要手动删除复制品等问题，在"Source"属性中，勾选"Transient"，然后单击"应用"。本操作的作用是当仿真结束后，所生成的复制品会自动消失，如图 5-22 所示。

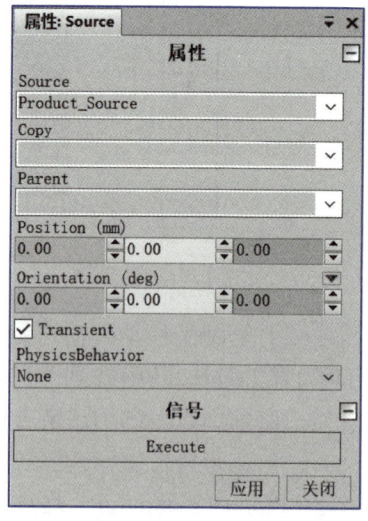

图 5-22 设置"Transient"功能

[能力验评]

请根据任务单完成任务,并填写评价表。

任 务 单

任务名称	基于 Smart 组件的动态输送链构建
任务背景	某食品企业自动化立体仓库需构建动态输送系统,要求实现产品自动生成、连续输送、末端定位功能,输送速度≥300 mm/s,产品生成间隔≤5 s
任务目标	1. 完成 Smart 组件选型配置;2. 建立输送链运动逻辑;3. 实现产品循环生成机制
技术参数	1. 输送速度为 300±50 mm/s;2. 传感器检测精度为±5 mm;3. 产品生成间隔为 3~5 s;4. 最大队列容量为 10 件
任务流程	需求分析→组件配置→属性连结→信号连接→仿真验证
任务内容	1. Smart 组件配置表(含 Source/Queue 参数);2. 输送链布局示意图(标注传感器位置);3. 信号连接逻辑图(Visio 或手绘)
成果要求	1. 实现产品连续生成与运动;2. 末端定位误差≤10 mm;3. 生成间隔误差≤1 s
小组成员	
计划用时	开始时间

评 价 表

评价维度	评价指标	评价标准	分值	个人自评	小组互评	教师评价	企业导师评价	观测依据
知识与技能(50 分)	1. 组件选型正确性	Source/Queue/LinearMover 组件配置完整	15					组件配置表
	2. 参数设置准确性	速度误差≤10%;生成间隔误差≤20%	15					参数调试记录
	3. 传感器定位精度	末端定位误差≤10 mm	10					仿真运行截图
	4. 信号逻辑正确性	I/O 连接完整无错误	10					信号连接图
方法与过程(35 分)	1. 组件配置流程	按手册完成 5 个关键步骤	15					操作过程录像
	2. 仿真调试规范	完成 3 次完整测试循环	10					仿真日志文件
	3. 异常处理能力	解决 2 类典型故障(如产品堆积)	10					故障排除报告

续表

评价维度	评价指标	评价标准	分值	个人自评	小组互评	教师评价	企业导师评价	观测依据
团队协作（10分）	1. 角色分工	明确配置/调试/文档角色	5					分工表(含成员签名)
	2. 过程记录	完整记录3次调试数据	5					实验记录本
创新实践（5分）	流程优化建议	提出生成间隔优化方案	5					补充说明页
综合评价								

项目 5　工业机器人码垛工作站仿真

任务 2　创建动态夹具

[任务描述]

在 RobotStudio 中创建码垛仿真工作站,机器人夹具的拾取和释放动态效果至关重要,本任务使用一个海绵式真空吸盘来拾取和释放项目中的复制品,需要基于此吸盘来创建一个具有 Smart 组件特性的夹具。夹具的动态效果包括:在输送链末端拾取产品、在放置位置释放产品、自动置位复位真空反馈信号等,需要注意的是,创建动态夹具是在上个任务的基础上进行的。

[知识准备]

5.2.1　动态夹具设计基础

1. 动态夹具的工业应用与设计原则

动态夹具是工业机器人实现物料抓取、搬运及放置的核心执行机构,其仿真设计需紧密结合实际生产场景。以真空吸盘夹具为例,其仿真需模拟真实工况中的真空吸附触发、工件位置检测、信号反馈联动等关键环节。设计时需遵循以下原则:

精准检测:通过传感器实时感知工件位置,避免抓取偏移或空抓。
逻辑闭环:利用信号控制实现"拾取-保持-释放"的动作闭环,确保流程稳定性。
安全冗余:设置真空反馈信号(如 doVacuumOK)监控吸附状态,防止意外脱落。

2. Smart 组件核心功能

本任务用到的 Smart 组件见表 5-3。

表 5-3　Smart 组件说明

组件名称	功能描述	关键属性/参数	应用技巧与常见问题
LineSensor	检测夹具与工件的接触状态,触发抓取动作	Start 点 Z 值设为 1 350(避免完全穿透工件),Radius=3.00(匹配工件尺寸);SensedPart 绑定检测对象	调整 Z 值确保传感器部分位于工件内/外;检测失效时检查传感器是否完全嵌入工件内部
Attacher	将检测到的工件动态绑定至夹具	Parent 设为 tGripper(夹具本体);Child 由 LineSensor 自动关联检测结果	确保 Parent 绑定正确,Child 动态关联无需预设;绑定失败时检查传感器是否激活或 Parent 设置错误

续表

组件名称	功能描述	关键属性/参数	应用技巧与常见问题
Detacher	解除夹具与工件的绑定关系	KeepPosition=1（释放后工件保持原位）	释放前确认放置位置精度；工件偏移时检查机器人定位或 KeepPosition 是否启用
LogicGate（NOT）	对输入信号取反，控制释放动作触发条件	Operator=NOT（输入 1 时输出 0；反之亦然）	用于信号逻辑反转（如真空关闭触发释放）；逻辑错误时检查输入/输出信号连接顺序
LogicSRLatch	通过置位（Set）/复位（Reset）信号锁定真空反馈状态	Set 信号绑定拾取完成事件；Reset 信号绑定释放完成事件	避免 Set/Reset 信号同时触发；反馈信号不稳定时检查信号冲突或锁存器未正确初始化

3. 动态夹具的实际应用扩展

（1）码垛场景中的典型流程

拾取阶段：输送链末端工件到达预设位置→LineSensor 检测到工件→diGripper=1，激活 Attacher→工件绑定至夹具→LogicSRLatch 置位（doVacuumOK=1）；

释放阶段：机器人运动至码垛目标点→diGripper=0，触发 Detacher→工件脱离夹具→LogicSRLatch 复位（doVacuumOK=0）。

（2）传感器设计的工程经验

穿透式检测：LineSensor 的检测线需部分位于工件内部（如 Z 轴抬高），避免因完全嵌入导致检测失效；

防干扰设置：关闭夹具本体（tGripper）的"可由传感器检测"属性，防止传感器误触发。

（3）信号联动的工业标准

DI/DO 信号映射：输入信号（diGripper）由 PLC 或机器人控制器下发，输出信号（doVacuumOK）反馈至监控系统，符合控制规范；

故障处理逻辑：若 doVacuumOK 未按预期置 1，需排查传感器检测范围或 Attacher 绑定异常。

4. 常见问题与解决方案

练习本任务时可能会遇到一些故障现象，试结合表 5-4 的故障现象及原因分析进行排查解决。

表 5-4 故障现象及原因分析

故障现象	可能原因	解决方案
LineSensor 无法检测工件	1. 传感器完全嵌入工件内部； 2. Radius 值过小或检测范围未覆盖工件； 3. SensedPart 未正确绑定	1. 调整 Start 点 Z 值（如增加至 1 350 以上）； 2. 扩大 Radius 或延长 End 点检测距离； 3. 检查工件是否勾选"可由传感器检测"

项目5 工业机器人码垛工作站仿真

续表

故障现象	可能原因	解决方案
Attacher 绑定失败	1. Parent 未正确指定为夹具（如 tGripper）； 2. LineSensor 未激活或未检测到工件； 3. Child 对象冲突	1. 确认 Parent 属性绑定到夹具本体； 2. 开启传感器 Active 属性并验证检测结果； 3. 检查是否已有其他 Attacher 占用 Child 对象
Detacher 释放后工件掉落	1. KeepPosition 属性未勾选； 2. 机器人工具坐标系与工件位置偏差过大； 3. 释放时机器人未静止导致惯性位移	1. 勾选 Detacher 的 KeepPosition 属性； 2. 校准工具坐标系与放置位置； 3. 在机器人静止状态下触发 Detacher
真空反馈信号（doVacuumOK）不稳定	1. LogicSRLatch 的 Set/Reset 信号冲突； 2. 信号连接顺序错误（如未通过非门）； 3. 未初始化锁存器状态	1. 避免 Set 和 Reset 信号同时触发； 2. 检查 LogicGate 连接逻辑是否正确； 3. 仿真前重置锁存器状态（Set=0, Reset=0）
工件抓取后位置偏移	1. 夹具坐标系与机器人工具坐标系未对齐； 2. 工件质量/重心参数设置错误； 3. Attacher 的 Parent 绑定错误	1. 重新校准夹具的 Tool Center Point（TCP）； 2. 在工件属性中设置合理质量参数； 3. 检查 Parent 是否为 tGripper
仿真时信号无响应	1. 信号名称拼写错误（如 diGriper）； 2. 信号未关联到 Smart 组件； 3. I/O 仿真器未选择正确系统	1. 核对信号名称与连接关系； 2. 在信号连接界面重新绑定信号源与目标； 3. 在 I/O 仿真器中选择 "SC_Gripper" 系统

[任务实施]

5.2.2 设定动态夹具属性

微课
Smart 组件创建动态夹具

（1）在"建模"功能选项卡中，单击"Smart组件"，新建一个Smart组件，将其命名为"SC_Gripper"，如图5-23所示。

（2）将tGripper添加到"SC_Gripper" Smart 组件中，如果 tGripper 之前已经安装在机器人法兰盘上则需要先将其拆卸下来，如图5-24所示。

（3）打开"SC_Gripper"视图，在"组成"选项卡中右键单击"tGripper"，勾选"设定为Role"，拆卸 tGripper 如图5-25所示。则 SC_Gripper 具有工具坐标系属性，可以被视为工业机器人工具来使用。

（4）将 SC_Gripper 拖放到工业机器人 IRB460 上，这样就将 Smart 工具安装在了工业机器人末端，在弹出的对话框中单击"是"，如图5-26所示。

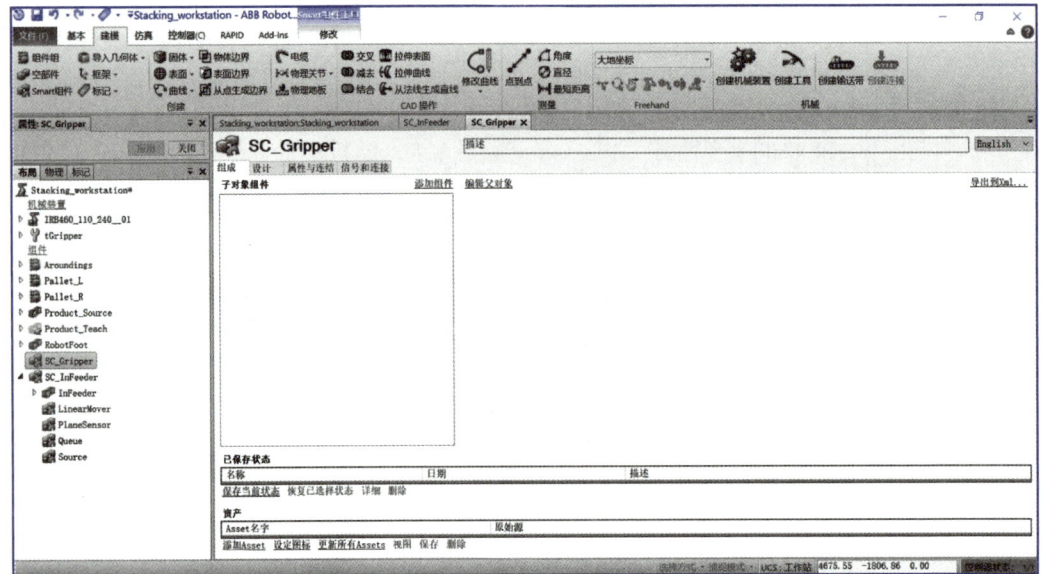

图 5-23 新建 Smart 组件

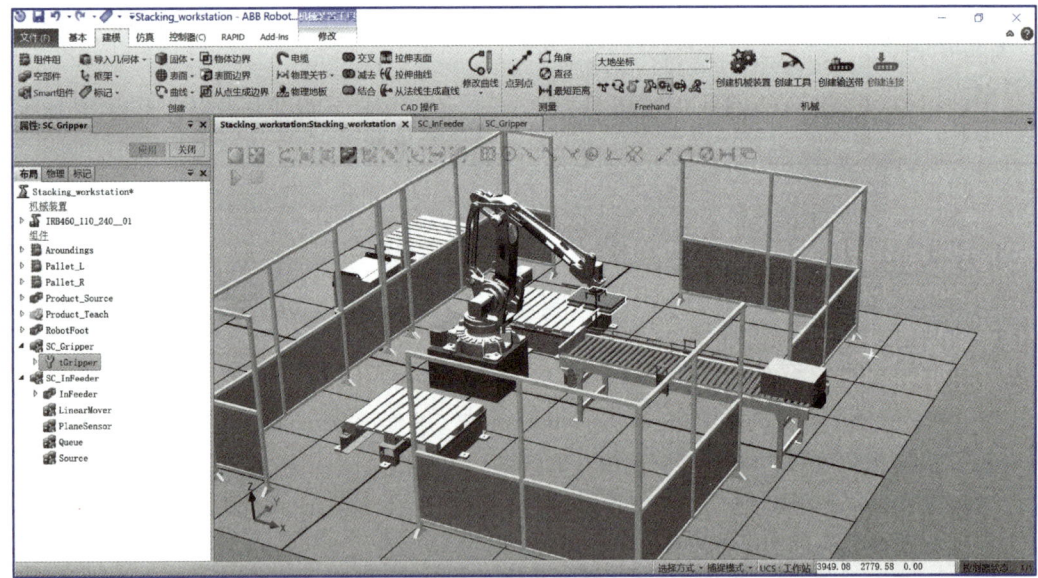

图 5-24 添加 tGripper

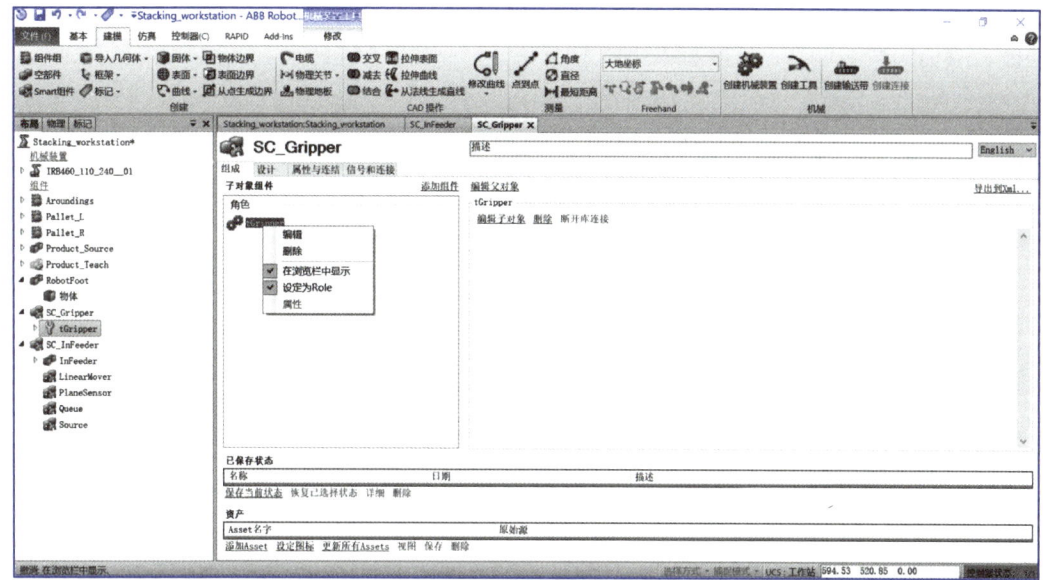

图 5-25 拆卸 tGripper

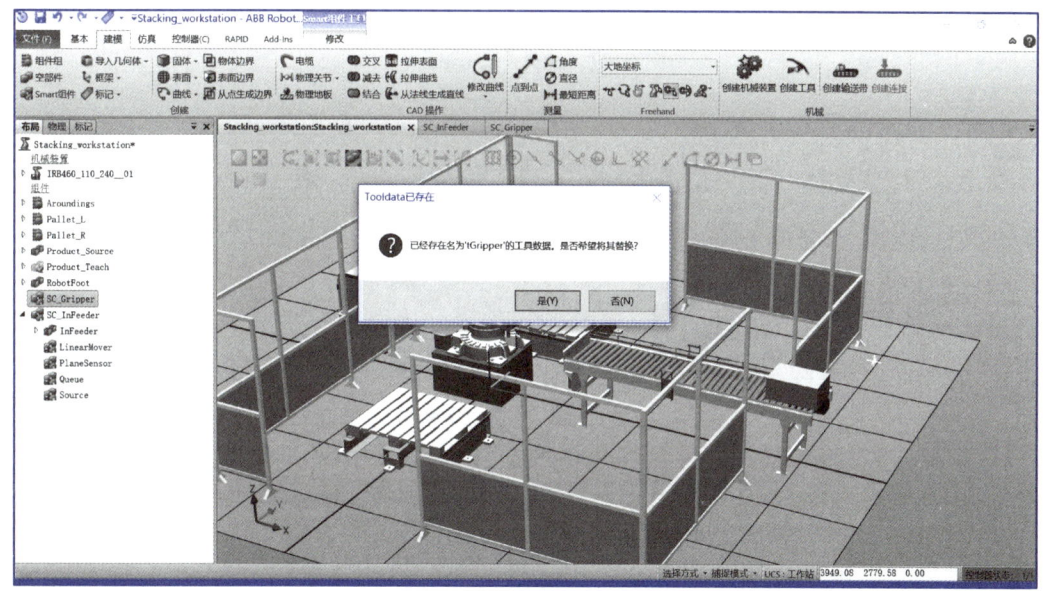

图 5-26 安装 SC_Gripper

5.2.3 设定检测传感器

（1）打开"SC_Gripper"视图，单击"添加组件"，在 Smart 组件窗口的"组成"选项卡中，选择"传感器"中的"LineSensor"，如图 5-27 所示。

（2）设置"LineSensor"检测起始点。在工具与工件接触的面上设定一个用于检测工件的线传感器，Start 设置在工具的下表面，End 可以设置在 Start 的 Z 轴负方向偏移 100 的位置，选择合适的工具和捕捉方式,单击 Start 的第一个输入框,然后在工具下表面捕捉 Start 的点,如图 5-28 所示。

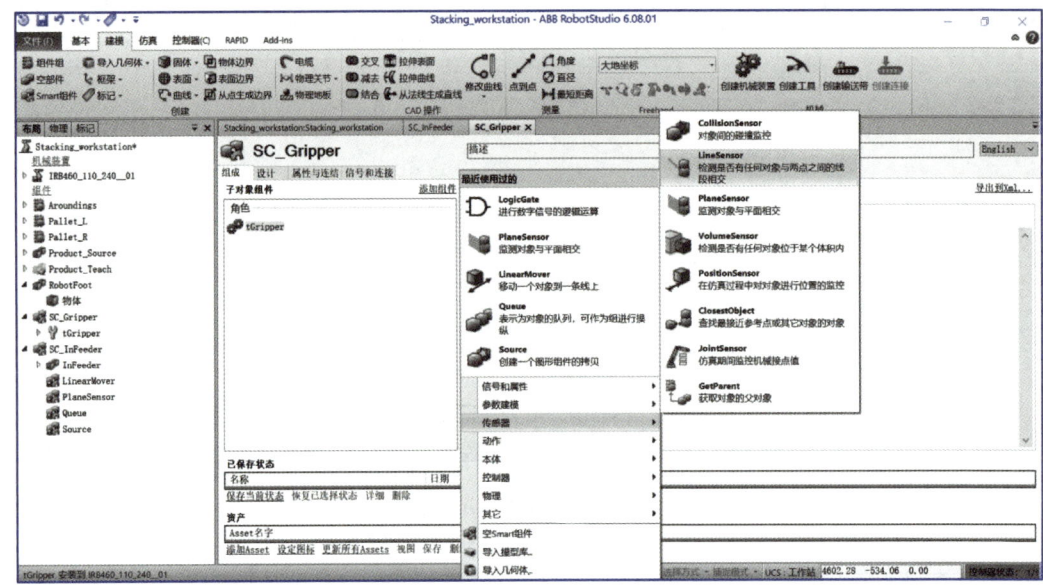

图 5-27　选择"LineSensor"

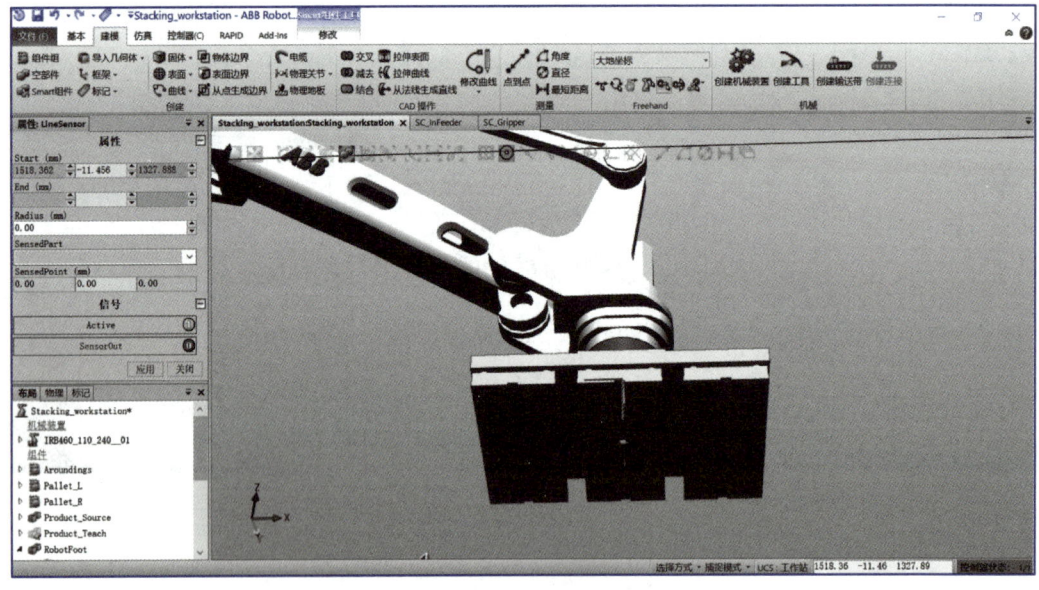

图 5-28　设置"LineSensor"检测起始点

（3）设置"LineSensor"属性,将 Start 的 Z 值增大到 1 350,End 设置为 Start 沿 Z 轴负方向偏移 100 的位置,设定线传感器 Radius 半径为 3.00,SensedPart 为指定与 Line Sensor 相交的部件,SensedPoint 为指定相交对象上的点,距离起始点最近。这里将 Active 置 0,暂时关闭传感器检测,最后单击"应用",如图 5-29 所示,生成的线传感器如图 5-30 所示。

项目 5　工业机器人码垛工作站仿真

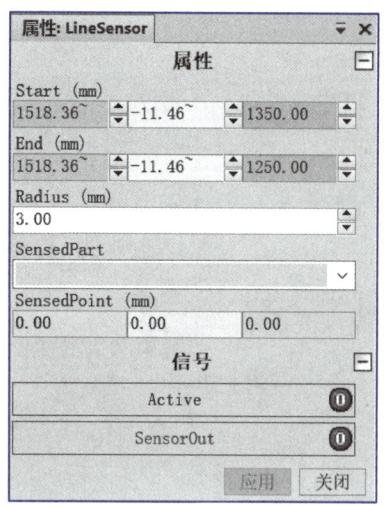

图 5-29　设置"LineSensor"属性

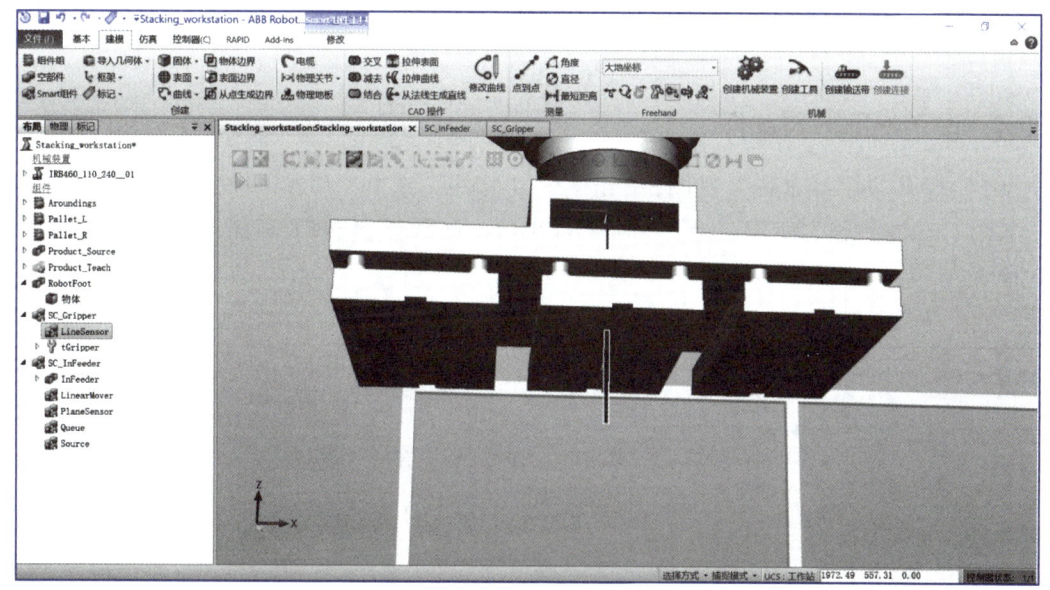

图 5-30　生成线传感器

（4）设定检测状态。右键单击"tGripper",检查工具是否没有勾选"可由传感器检测",如图 5-31 所示。

虚拟传感器使用限制的说明,当物体与传感器接触时,如果接触部分完全覆盖了整个传感器,则传感器不能检测到与之接触的物体,如果要传感器准确检测到物体,就要确保传感器的一部分在被检测物体的内部,一部分在被检测物体的外部,因此本任务为了避免在吸盘拾取产品时 LineSensor 完全进入产品内部,应增加起始点 Start 的 Z 值,这样就保证了拾取时 LineSensor 符合上述要求。

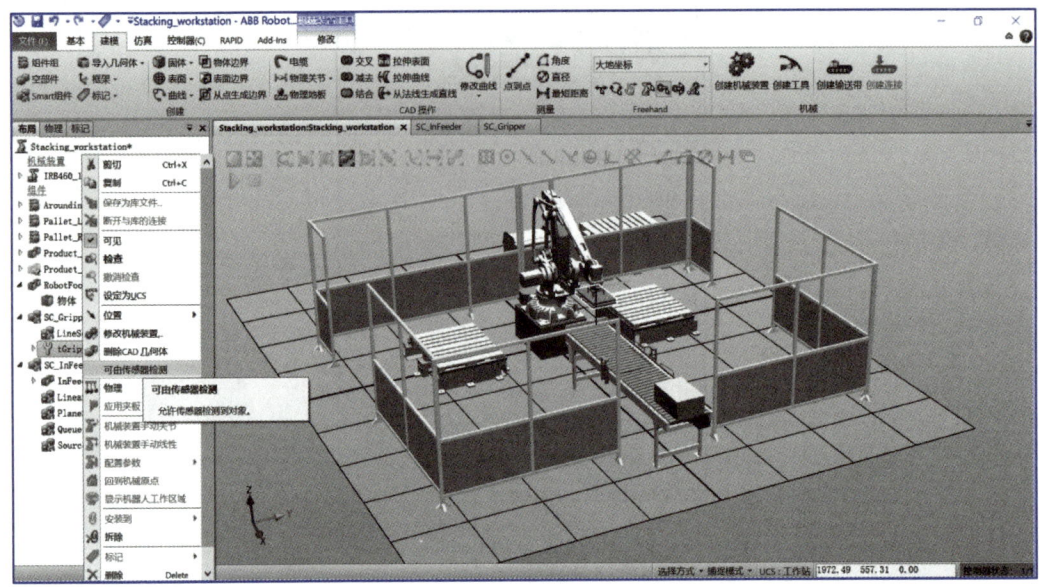

图 5-31 设定检测状态

5.2.4 设定拾取放置动作

(1) 打开"SC_Gripper"视图,单击"添加组件",选择"动作"中的"Attacher",在属性设置中,设定安装的"Parent"父对象为 tGripper(SC_Gripper),单击"应用",完成添加"Attacher",如图 5-32 所示。

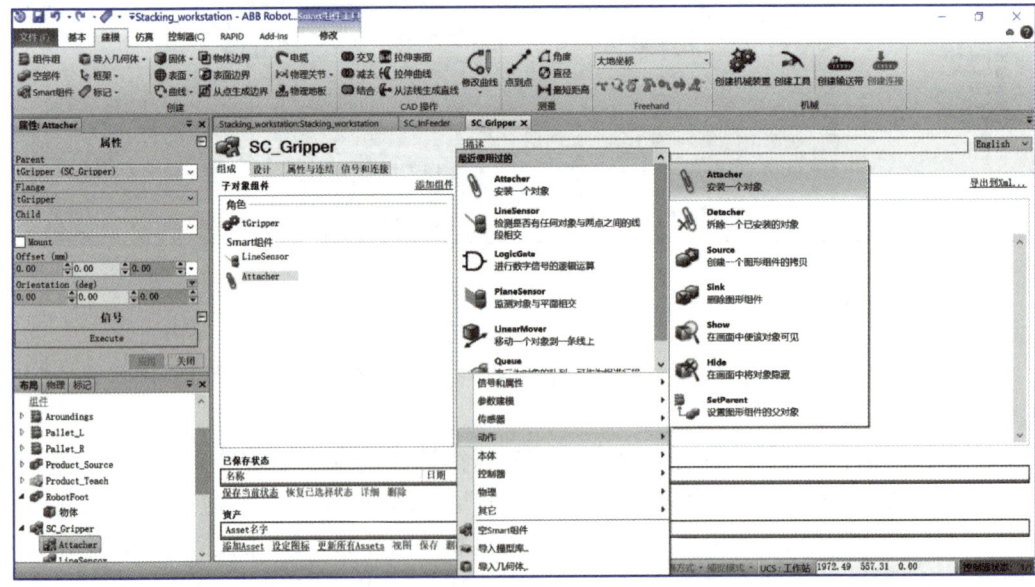

图 5-32 添加"Attacher"

（2）打开"SC_Gripper"视图，单击"添加组件"，选择"动作"中的"Detacher"，确认"KeepPosition"已勾选，即释放后，子对象保持当前的空间位置，然后单击"应用"，完成添加"Detacher"，如图 5-33 所示。

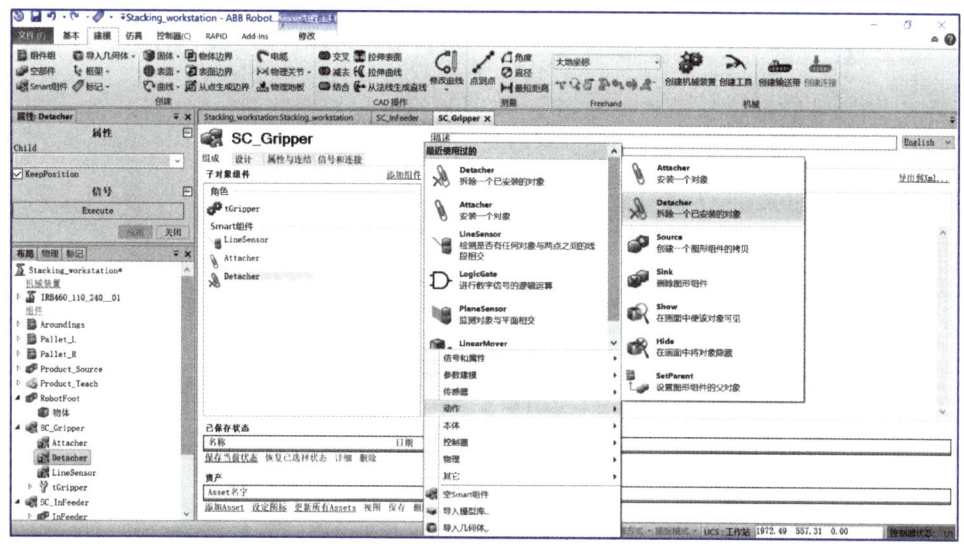

图 5-33　添加"Detacher"

在上述设置中，"Attacher"和"Detacher"中关于子对象"Child"的参数暂时都未设置，这是因为在本任务中处理的工件并不是同一个产品，而是产品源生成的各个复制品，所以无法直接指定子对象。

（3）创建非门。在"SC_Gripper"视图中，单击"添加组件"，选择"信号和属性"中的"LogicGate"，在属性设置中，"Operator"选为"NOT"，然后单击"应用"，完成添加"LogicGate"，如图 5-34 所示。

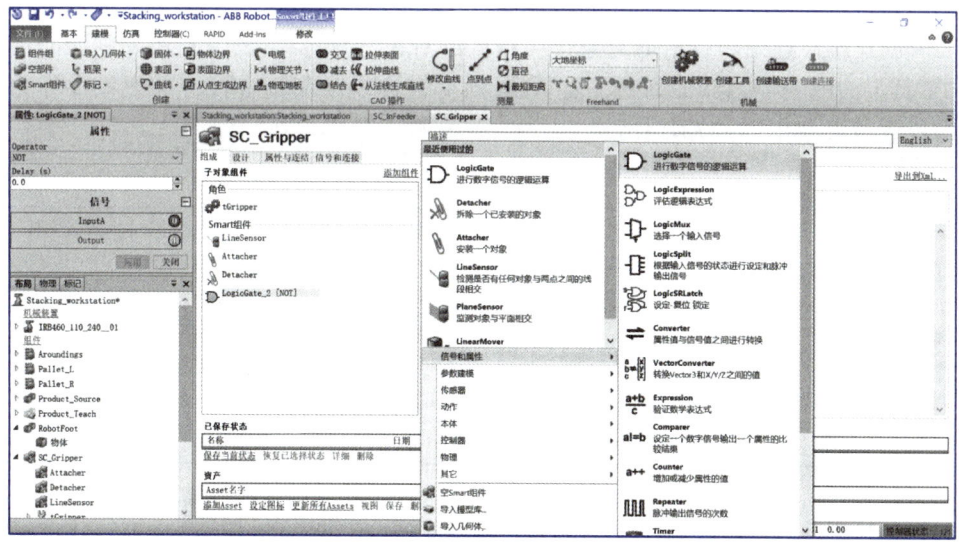

图 5-34　添加"LogicGate"

（4）在"SC_Gripper"视图中，单击"添加组件"，选择"信号和属性"中的"LogicSRLatch"，完成添加"LogicSRLatch"，如图 5-35 所示。

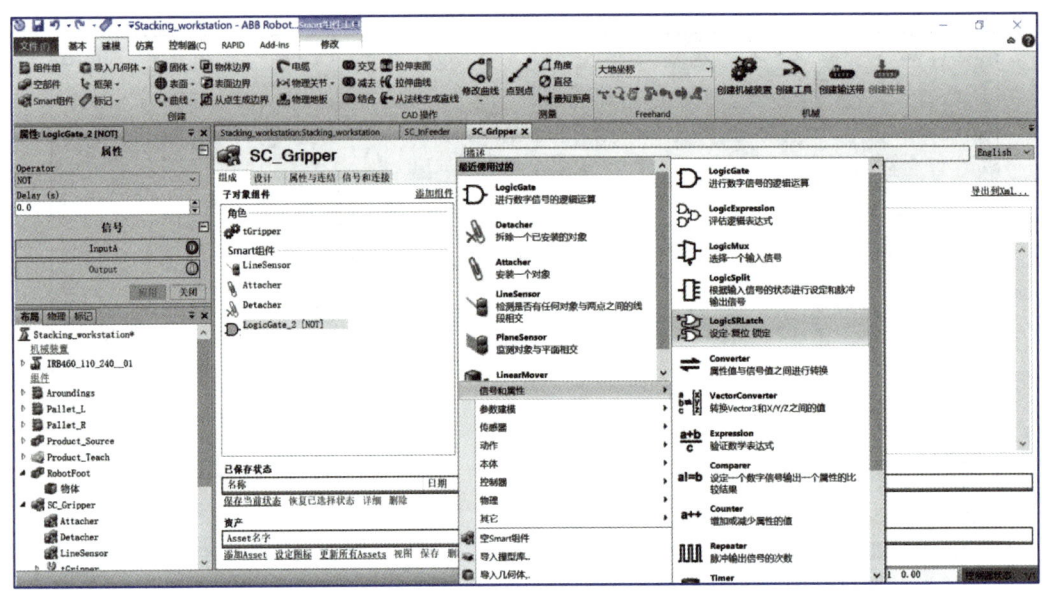

图 5-35 添加"LogicSRLatch"

子组件"LogicSRLatch"用于置位/复位信号，并且带自锁功能，此处用于置位/复位真空反馈信号。

5.2.5 创建属性与信号连接

（1）设置"LineSensor"。创建 LineSensor 中的源属性 SensedPart，是指将线传感器所检测到的与其接触的物体作为拾取对象，如图 5-36 所示。

（2）创建属性连结。将拾取对象作为释放的对象，当机器人的工具运动到产品拾取位置时，工具上面的线传感器检测到了复制品，则复制品即为拾取对象，并将复制品作为到达位置的释放对象，如图 5-37 所示。

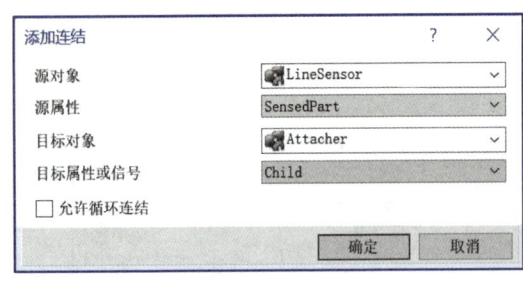

图 5-36 设置"LineSensor"

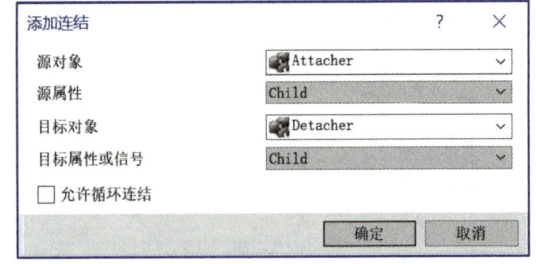

图 5-37 创建属性连结

（3）创建数字输入信号。创建一个数字输入信号将其命名为"diGripper"，用于控制夹具拾取释放动作，置1时为拾取，置0时为释放，然后单击"确定"，如图5-38所示。

（4）创建数字输出信号。创建一个数字输出信号将其命名为"doVacuumOK"，用于真空反馈信息，置1时为真空建立，置0时为真空消失，然后单击"确定"，如图5-39所示。

图 5-38　创建数字输入信号

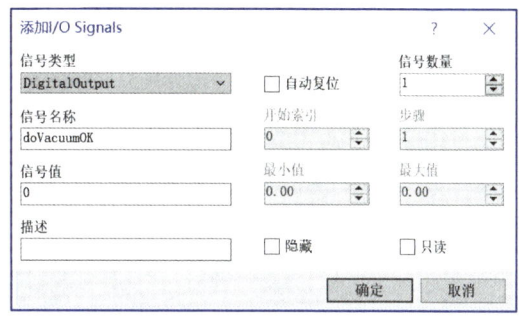

图 5-39　创建数字输出信号

（5）设置检测信号。开启真空动作信号触发传感器，开始检测，如图5-40所示。

（6）设置检测参数。传感器检测到物体之后触发，执行拾取动作，如图5-41所示。

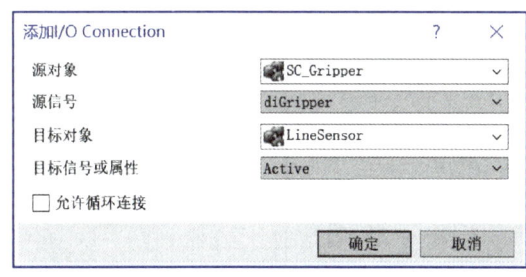

图 5-40　设置检测信号

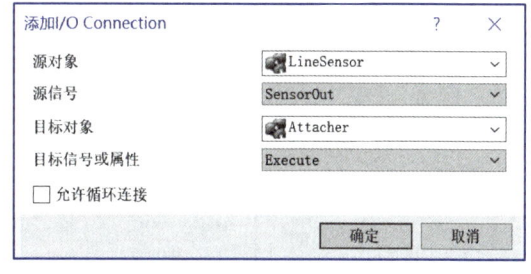

图 5-41　设置检测参数

（7）信号连接。图5-40中的"源信号"和图5-41中的"目标对象"可以利用非门连接，实现关闭真空后触发，执行释放动作，如图5-42、图5-43所示。

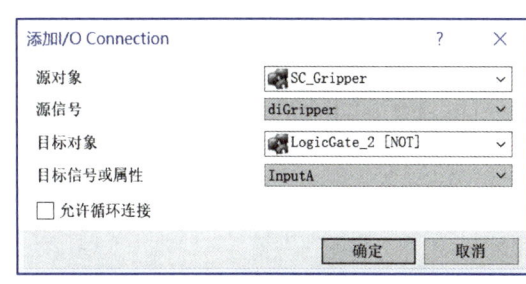

图 5-42　设置非门连接

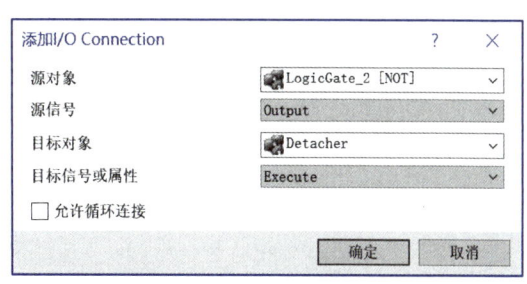

图 5-43　完成设定动作

（8）设置置位。拾取完成后，触发置位/复位组件，执行"置位"动作，如图 5-44 所示。

（9）设置复位。释放完成后，触发置位/复位组件，执行"复位"动作，如图 5-45 所示。

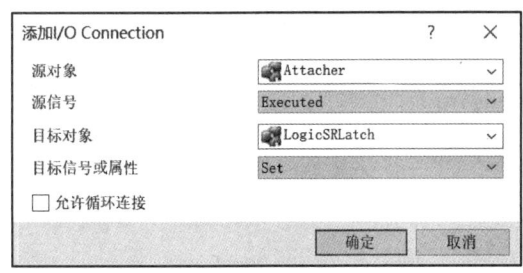

图 5-44　设置置位

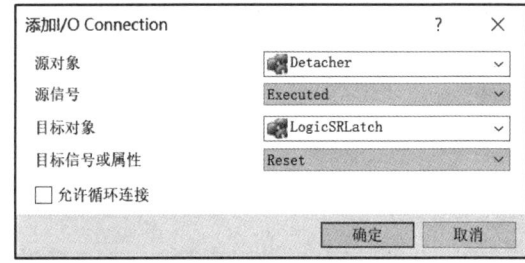

图 5-45　设置复位

（10）设置置位参数。拾取动作完成后，将 doVacuumOK 置 1；释放动作完成后，将 doVacuumOK 置 0，如图 5-46 所示。整个过程为：机器人夹具运动到拾取位置，打开真空，线传感器开始检测，如果检测到产品 A 与其接触，则执行拾取动作，夹具将产品 A 拾取，并将真空反馈信号置 1，然后机器人运动到放置位置，关闭真空之后，执行释放动作，产品 A 被夹具放下，同时将真空反馈信号置 0，机器人再次运动到拾取位置，拾取下一个产品，如此循环。

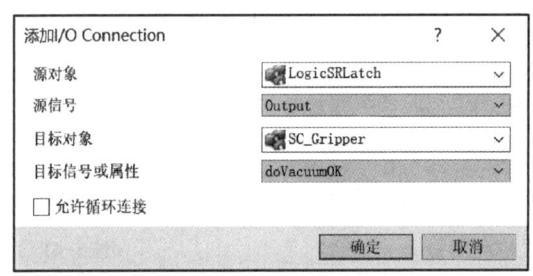

图 5-46　设置置位参数

5.2.6　动态夹具仿真运行

在正确设置了属性与连结、信号和连接之后，在"设计"标签下可以看到夹具的信号连接情况，如图 5-47 所示。

项目 5　工业机器人码垛工作站仿真

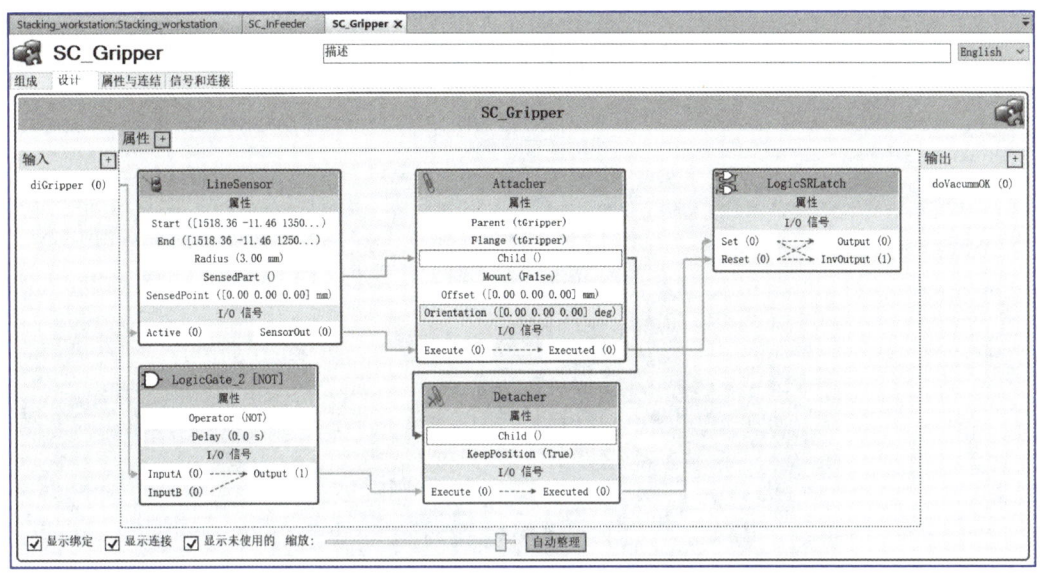

图 5-47　信号连接情况

（1）在左侧"布局"栏右键单击"Product_Teach"，选择"修改"后，勾选"可由传感器检测"，恢复传感器检测状态，如图 5-48 所示。

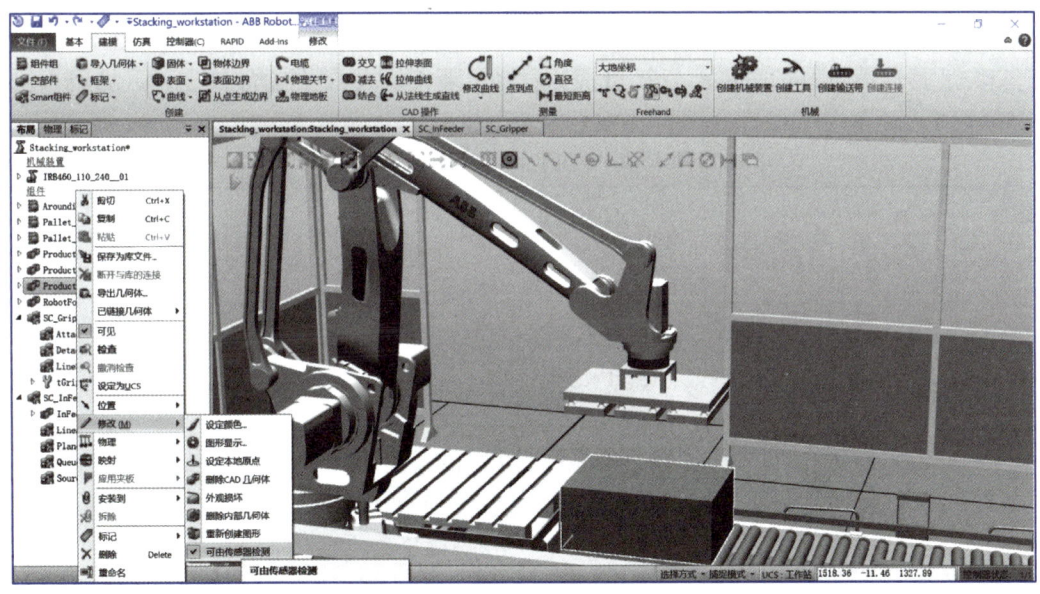

图 5-48　恢复传感器检测状态

（2）在"基本"功能选项卡中，选取 Freehand 中的手动线性，将工业机器人移动到刚好与工件接触的位置，完成工具接触状态，如图 5-49 所示。

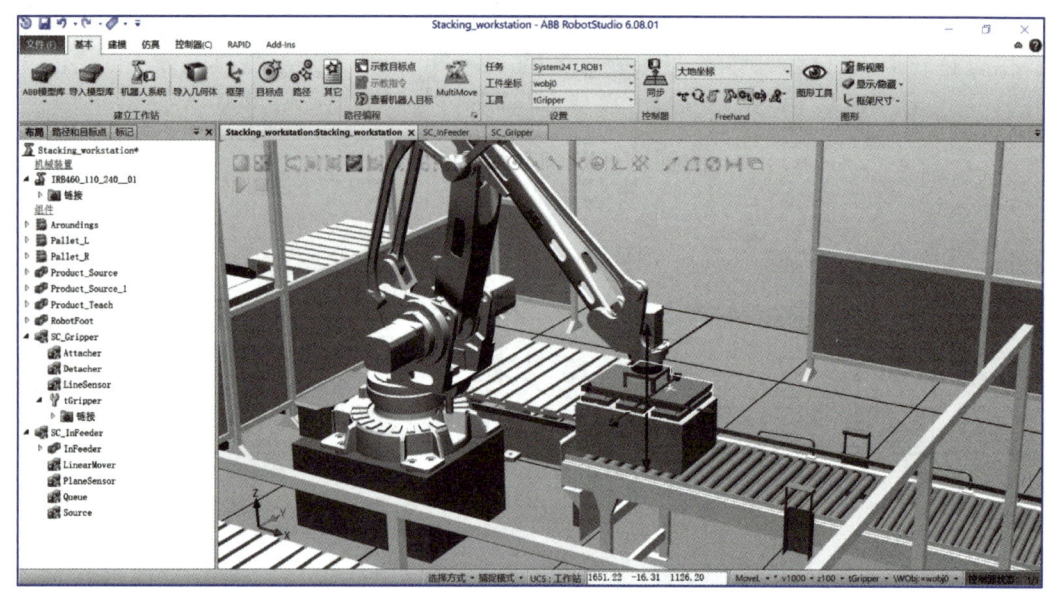

图 5-49　设置工具接触状态

（3）单击"仿真"功能选项卡中的"I/O 仿真器"，"选择系统"选为"SC_Gripper"，将"diGripper"置 1，同时反馈信号"doVacuumOK"自动置 1，此时移动工业机器人，工件将随着工具移动，最后再将"diGripper"置 0，此时再移动工业机器人，工件会脱离工具。如图 5-50、图 5-51 所示。

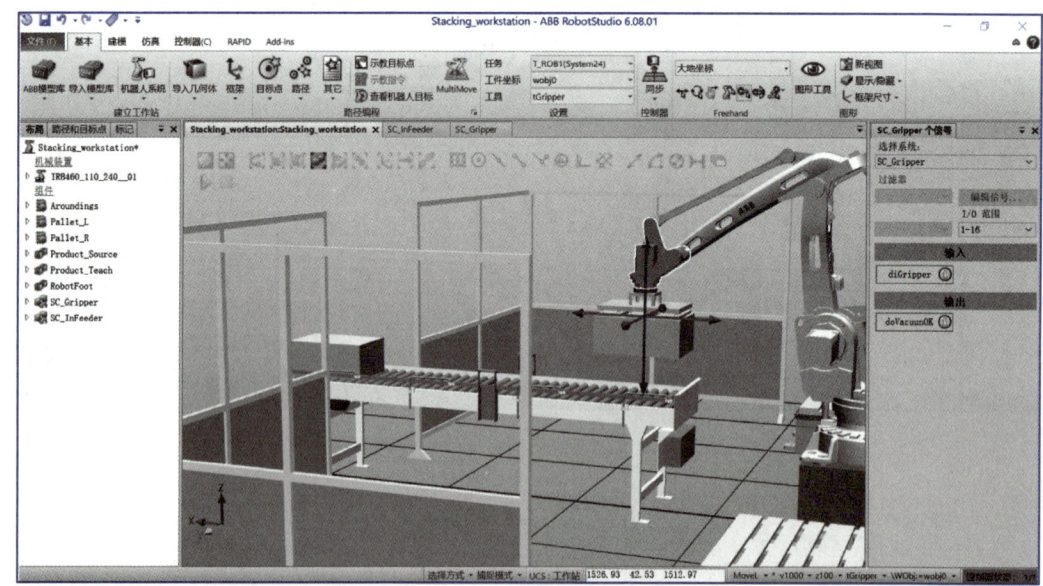

图 5-50　"diGripper"置 1

项目 5　工业机器人码垛工作站仿真

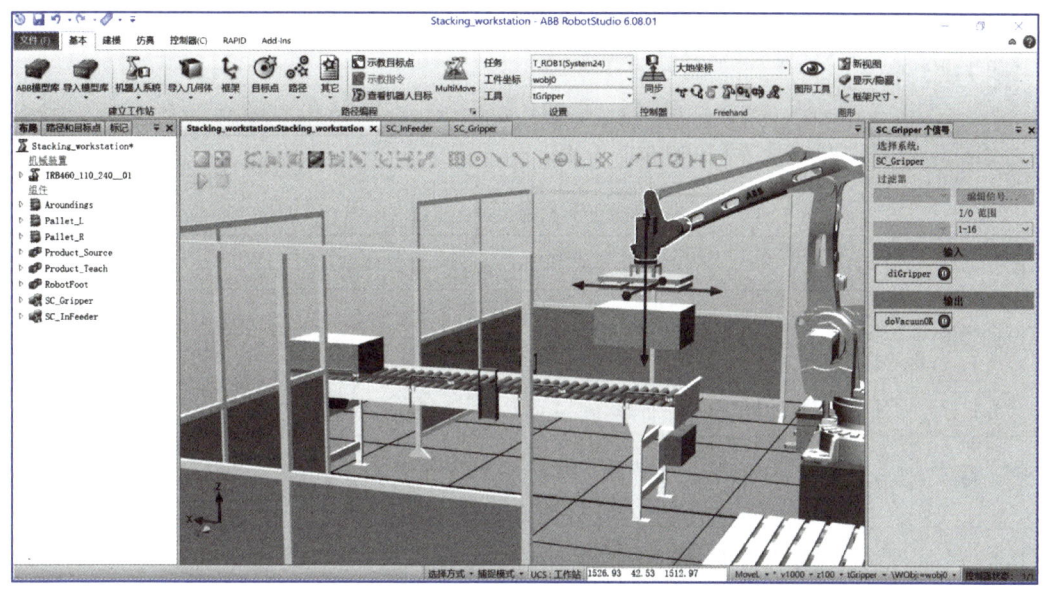

图 5-51　"diGripper" 置 0

（4）在左侧"布局"栏中右键单击"Product_Teach"，单击"修改"选项中的"可由传感器检测"，取消勾选，完成传感器检测状态设置如图 5-52 所示。

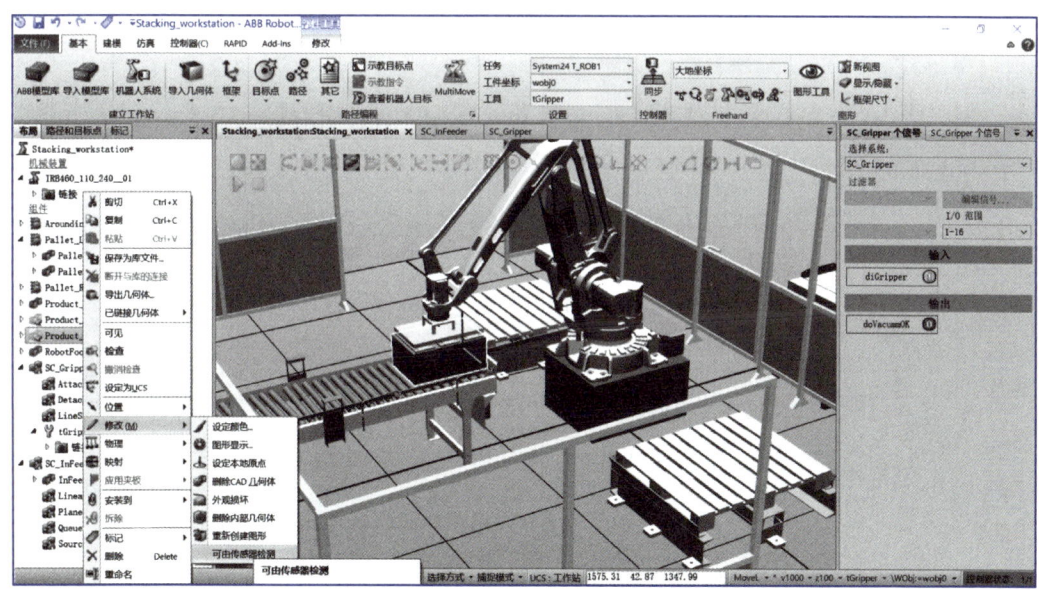

图 5-52　设置传感器检测状态

207

[能力验评]

请根据任务单完成任务,并填写评价表。

任 务 单

任务名称	基于 Smart 组件的动态夹具开发
任务背景	在任务 1 的基础上,需开发真空吸盘夹具系统,要求实现产品精准拾取(定位误差 ≤3 mm)、可靠吸附(真空反馈延迟≤0.5 s)、精确释放(放置偏差≤5 mm)
任务目标	1. 配置夹具传感器组件;2. 建立拾取-保持-释放逻辑;3. 实现真空反馈信号联动
技术参数	1. 吸盘行程为(1 000±500)mm;2. 真空建立时间≤1 s;3. 传感器检测半径为 0±0.5 mm
任务流程	夹具建模→传感器配置→逻辑绑定→信号测试→联合调试
任务内容	1. 夹具三维模型(含传感器位置);2. 信号逻辑时序图;3. 联合调试视频(30 s)
成果要求	1. 拾取成功率≥95%;2. 真空信号反馈延迟≤0.5 s;3. 码垛层高误差≤5 mm
小组成员	
计划用时	开始时间

评 价 表

评价维度	评价指标	评价标准	分值	个人自评	小组互评	教师评价	企业导师评价	观测依据
知识与技能(50分)	1. 组件选型正确性	Source/Queue/LinearMover 组件配置完整	15					组件配置表
	2. 参数设置准确性	速度误差≤10%,生成间隔误差≤20%	15					参数调试记录
	3. 传感器定位精度	末端定位误差≤10 mm	10					仿真运行截图
	4. 信号逻辑正确性	I/O 连接完整无错误	10					组件配置表
方法与过程(35分)	1. 组件配置流程	按手册完成 5 个关键步骤	15					参数调试记录
	2. 仿真调试规范	完成 3 次完整测试循环	10					仿真运行截图
	3. 异常处理能力	解决 2 类典型故障(如产品堆积)	10					信号连接图

续表

评价维度	评价指标	评价标准	分值	个人自评	小组互评	教师评价	企业导师评价	观测依据
团队协作（10分）	1. 角色分工	明确配置/调试/文档角色	5					操作过程录像
	2. 过程记录	完整记录3次调试数据	5					仿真日志文件
创新实践（5分）	流程优化建议	提出生成间隔优化方案	5					故障排除报告
综合评价								

工作站逻辑设定

[任务描述]

在本工作站中,工业机器人的程序以及 I/O 信号已提前设定完成,可以实现 Smart 组件的动态效果,接下来需要设定 Smart 组件与工业机器人端的通信,从而完成整个工作站的仿真动画。工作站的逻辑设定为:将 Smart 组件的输出信号作为工业机器人的输入信号,工业机器人端的输出信号作为 Smart 组件的输入信号,因此,本任务可以将 Smart 组件视为一个与工业机器人进行 I/O 通信的 PLC。

[知识准备]

5.3.1 工作站逻辑设定基础

1. Smart 组件综合应用

本任务通过 Smart 组件与工业机器人的双向 I/O 信号交互,构建了一个完整的码垛工作站仿真逻辑。Smart 组件在此场景中承担了"虚拟 PLC"的功能,负责动态信号的生成与传递。例如,SC_InFeeder 组件用于模拟输送链的产品到位信号,SC_Gripper 组件则通过真空反馈信号与夹具动作的联动,控制工业机器人拾取与放置产品的流程。通过信号连接,Smart 组件能够实时响应工业机器人的动作指令,并触发仿真环境中的动态效果(如产品复制、运动轨迹等),从而实现工作站的全流程自动化仿真。

2. 综合仿真的核心逻辑与实际应用

逻辑设计原理:工作站仿真的核心是通过 I/O 信号实现双向通信。例如,当输送链末端的 diBoxInPos 信号被触发(产品到位)时,工业机器人接收该信号后启动拾取程序;同时,夹具的 doVacuumOK 信号反馈真空状态,确保抓取动作的可靠性。这种逻辑设计模拟了实际生产线中 PLC 与设备的交互流程。

实际应用:在工业现场,类似逻辑广泛用于码垛、装配等场景。例如,通过传感器检测物料位置(如 diBoxInPos),机器人根据信号执行动作,同时通过反馈信号(如 doGripper)确保执行结果的准确性。此外,逻辑设计中"3+2"垛型交错码放的要求,体现了实际生产中空间利用率与稳定性的平衡。

项目 5　工业机器人码垛工作站仿真

[任务实施]

5.3.2　查看程序与 I/O 信号

（1）在"控制器"功能选项卡中单击"配置"下拉列表，选择"I/O System"，然后双击"Signal"，可以查看已定义的信号，如图 5-53 所示。

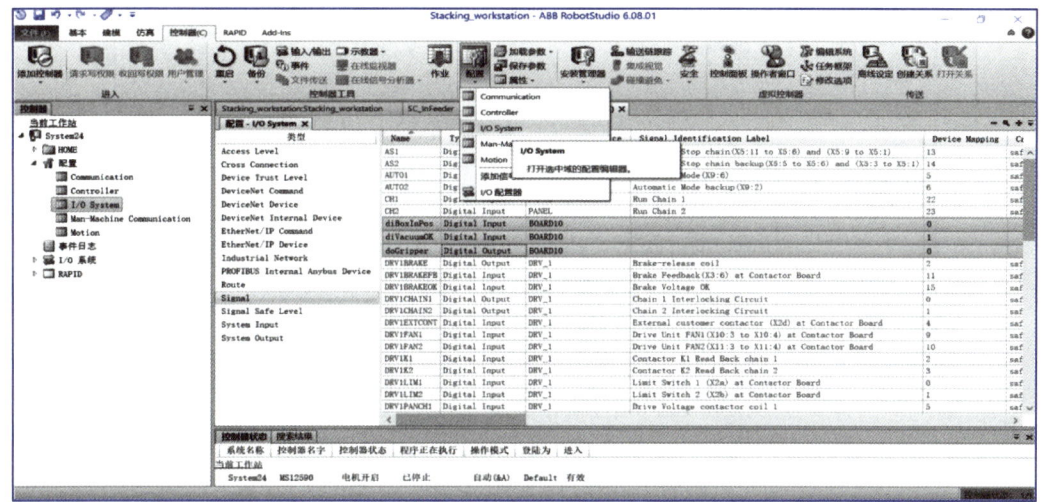

图 5-53　查看信号状态

（2）在左侧"控制器"功能选项卡中，依次展开"RAPID"→"T_ROB1"，然后双击"MainMoudle"，可以看到本项目中的程序，如图 5-54 所示。

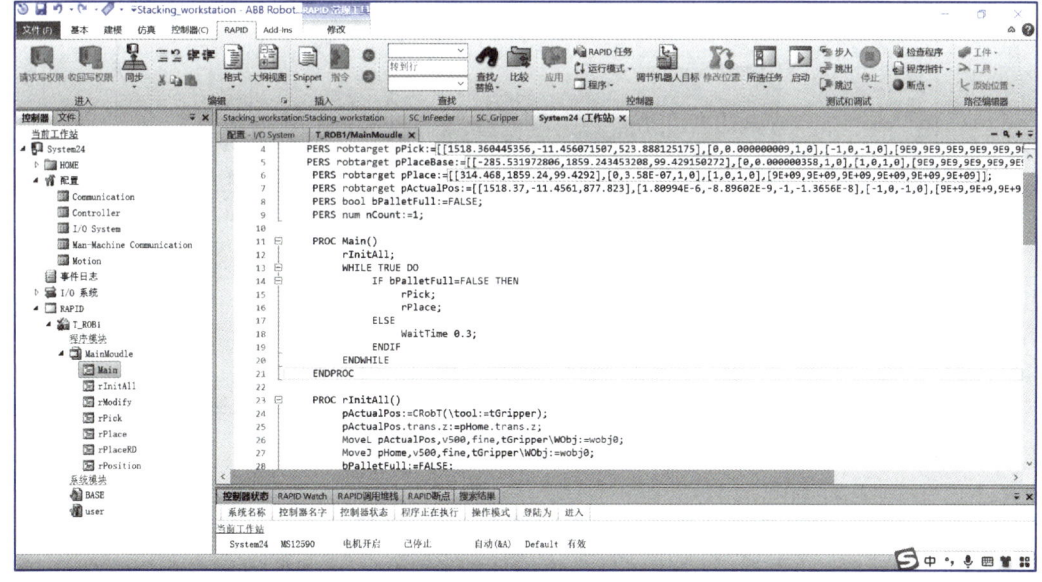

图 5-54　查看本项目程序

5.3.3 设定工作站逻辑

(1) 在"仿真"功能选项卡中,单击"工作站逻辑",选择"设计"标签,在"System24"系统组件中,单击"I/O 信号"下拉菜单,依次添加"diBoxInPos""doGripper""diVacuumOK"三个信号,如图 5-55 所示。

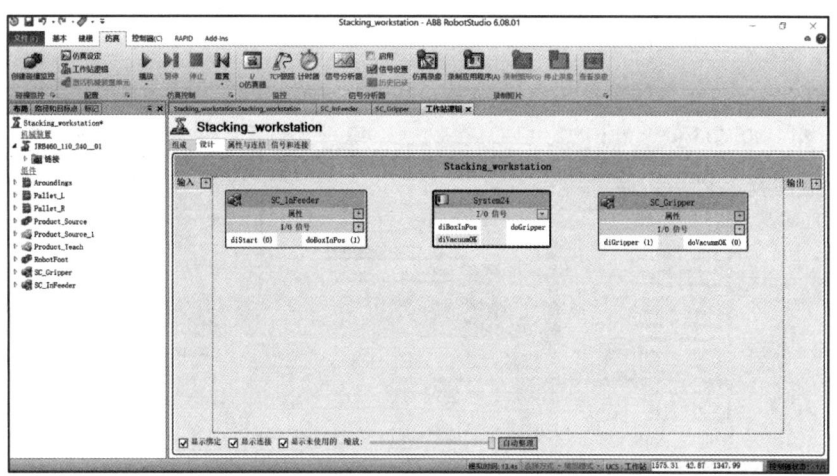

图 5-55　添加 I/O 信号

(2) 建立信号连接,"SC_InFeeder"与"System24—diBoxInpos"连接,"System24—diVacuumOK"与"SC_Gripper—doVacuumOK"连接,"System24—doGripper"与"SC_Gripper—diGripper"连接,如图 5-56 所示。

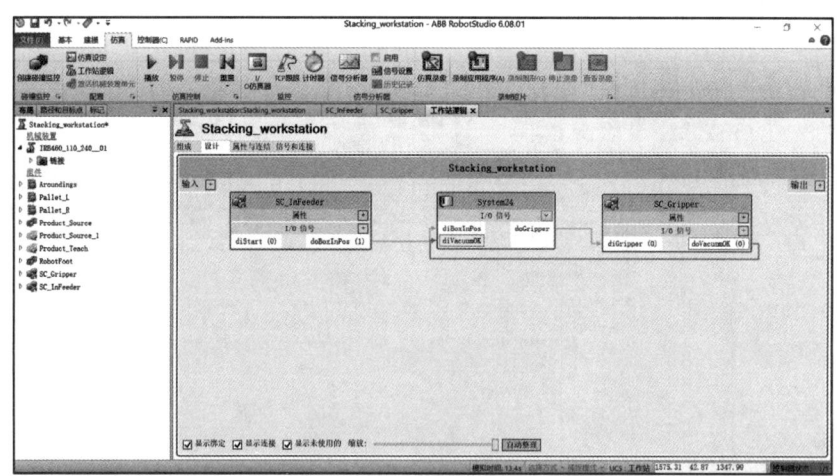

图 5-56　建立信号连接

工业机器人端控制真空吸盘的动作信号与 Smart 夹具的动作信号相关联,Smart 输送链的产品到位信号与工业机器人端的产品到位信号相关联,Smart 夹具的真空反馈信号与工业机器人端的真空反馈信号相关联。

5.3.4 工作站仿真运行

(1) 单击"仿真"功能选项卡中的"I/O 仿真器",在"选择系统"中找到"SC_InFeeder",单击"播放",再单击一次"diStart",仿真运行设置如图 5-57 所示。

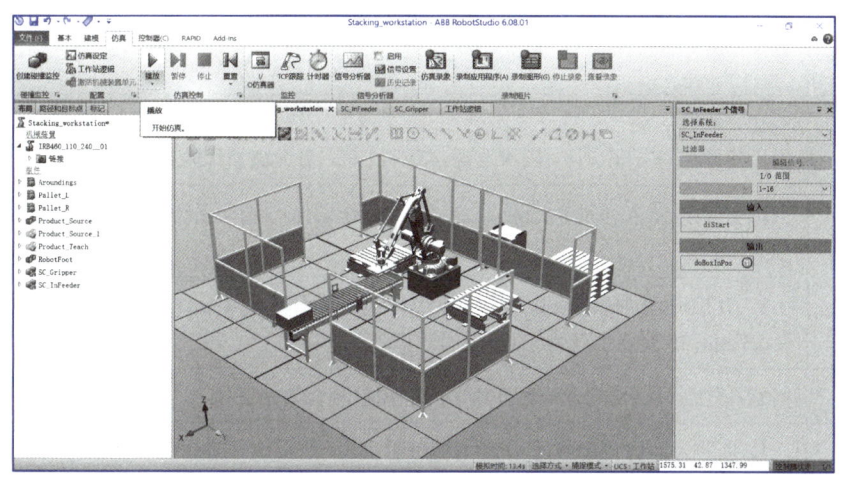

图 5-57　设置仿真运行

(2) 通过步骤(1)可以看到,输送链前端产生复制品,并沿着输送链运动,复制品到达输送链末端后,工业机器人收到产品到位信号,将其拾取起来放置到右侧托盘上,依次循环直至码垛两层 10 个产品后,工业机器人回到等待位置,单击"停止",则所有复制品会自动消失,仿真结束,如图 5-58 所示。

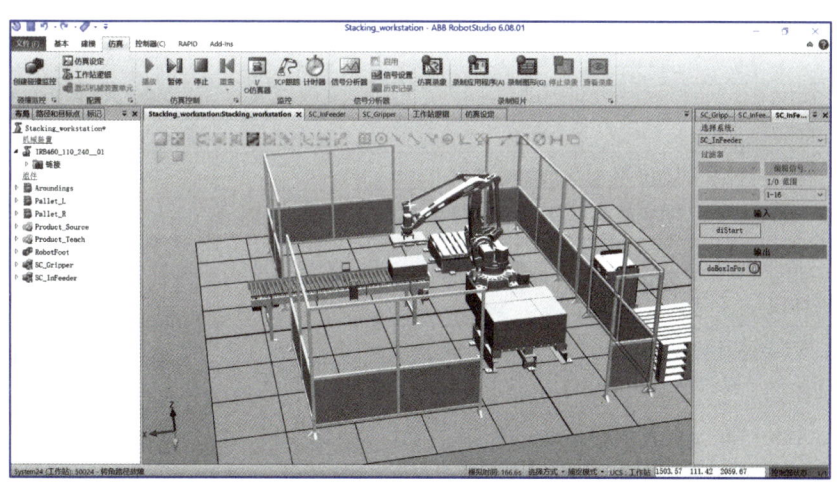

图 5-58　查看仿真功能

本任务中程序的基本流程为:工业机器人在输送链末端等待,产品到位后将其拾取并放置在右侧托盘上,垛型为常见的"3+2",即竖着放 2 个产品,横着放 3 个产品,第二层位置与第一层交错放置,托盘上放置 10 个产品后,工业机器人回到等待位置执行等待命令,仿真结束。

[能力验评]

请根据任务单完成任务,并填写评价表。

任 务 单

任务名称	码垛工作站系统集成与动态仿真验证
任务背景	在完成输送链与夹具开发基础上,需实现工作站全流程集成。要求完成每小时600箱码垛任务(节拍≤6 s/件),码垛层高误差≤2 mm,且无碰撞风险
任务目标	1. 建立机器人运动轨迹规划;2. 配置工作站信号联动系统;3. 实现全流程动态仿真验证
技术参数	1. 节拍时间为(5.5±0.5)s/循环;2. 层高累积误差≤±1.5 mm;3. 路径重复精度为±0.3 mm;4. 安全距离≥50 mm
任务流程	路径规划→信号配置→程序编写→碰撞检测→效率优化
任务内容	1. 机器人运动轨迹程序(RAPID代码);2. 工作站信号时序图(含5个关键信号);3. 动态仿真视频(包含完整工作循环)
成果要求	1. 码垛模式符合2×3层叠模式;2. 连续运行10周期无异常;3. 工作站综合效率≥98%
小组成员	
计划用时	开始时间

评 价 表

评价维度	评价指标	评价标准	分值	个人自评	小组互评	教师评价	企业导师评价	观测依据
知识与技能(50分)	1. 路径规划合理性	轨迹平滑无突变,姿态变换≤3次/件	15					轨迹分析报告
	2. 信号配置正确性	关键信号时序误差≤0.2 s	15					信号时序图
	3. 程序结构优化	使用2种以上高级指令(如PROC/FUNC)	10					RAPID代码
	4. 码垛精度	层高累积误差≤1.5 mm	10					三维坐标数据
方法与过程(35分)	1. 仿真调试规范	完成3种速度模式测试	15					调试记录表
	2. 碰撞检测能力	识别并解决2处干涉风险	10					碰撞检测报告
	3. 效率优化	节拍时间≤6 s/件	10					时间分析图表

续表

评价维度	评价指标	评价标准	分值	个人自评	小组互评	教师评价	企业导师评价	观测依据
团队协作（10分）	1. 多系统协同	完成3次跨子系统联调	5					联调视频记录
	2. 版本管理	维护3版程序迭代记录	5					Git提交记录
创新实践（5分）	智能优化方案	提出1种节拍优化方法	5					优化方案说明
综合评价								

总结：

本项目通过RobotStudio平台构建了完整的码垛工作站仿真系统，实现了物料动态生成、精准输送与协同码垛的全流程验证。动态输送链模块依托Smart组件的协同控制，完成物料的连续供给与精确定位；动态夹具模块通过属性连结与信号交互，实现夹取动作与输送链状态的同步响应；工作站逻辑模块整合设备信号与机器人程序，形成"检测-抓取-码垛"的闭环控制链路。仿真结果表明，系统运行稳定可靠，为实体工作站部署提供了理论支撑与实践参考。

通过本项目实施，学习者能够掌握工业机器人工作站的核心设计逻辑，包括动态组件的参数化配置、信号交互的异步优化以及多设备协同的调试方法。能力验评环节进一步强化了工程实践能力，通过故障诊断、逻辑优化等任务，引导学习者形成严谨细致的操作规范与创新突破的技术意识。未来可通过引入视觉定位、柔性分拣等扩展功能，深化仿真系统的工程适用性，为智能制造人才培养提供标准化实践范式。

[技术前沿]

多工业机器人协同技术革新制造业

在全球制造业智能化浪潮下，一种名为"多工业机器人协同"技术正悄然改写着生产线规则——多台机器人不再各自为战，而是像一支训练有素的球队，在统一指挥下精准配合，将生产效率推向新高度。近日，国际机器人联合会（IFR）发布的数据显示，这一技术已在汽车、电子、物流等领域快速普及，仅汽车行业应用率三年内增长超20%，成为推动"工业4.0"落地的关键技术之一。

"机器人班组"接管复杂工序

在浙江某新能源汽车电池工厂，8台橙色机器人正演绎着现代工业的"协作艺术"：4台负责搬运电芯的机器人与2台焊接机器人交替穿梭，每当激光焊枪完成一段焊缝，检测机器人立即伸出3D视觉探头扫描质量，整个过程行云流水。这条全自动化生产线的负责人透露："过去6道工序需要8名工人两班倒，现在'机器人班组'24小时运转，良品率从92%提升到99.6%,日产能翻了3倍。"

这种高效协同的背后,是一套精密的技术体系。通过EtherCAT千兆工业以太网,所有机器人实现微秒级通信;中央控制系统如同"智慧大脑",用匈牙利算法动态分配任务,避免设备闲置。更令人惊叹的是,当一台机器人检测到工具异常,系统能在50 ms内将任务切换至备用机器人——这比人类眨眼的速度快15倍。

从汽车到芯片:跨界应用的效率革命

在德国慕尼黑的宝马工厂,多机器人协作攻克了车身焊接的行业难题。4台KUKA机器人同步进行车门激光焊接,通过实时共享三维坐标数据,将节拍时间压缩至42 s,比传统单机作业提速40%。"这相当于把四名顶级焊工的技术、速度和默契合为一体。"该项目工程师穆勒比喻道。

这股"多工业机器人协同"风暴同样席卷了精密制造领域。在深圳一家手机主板生产线上,3台FANUC机器人组成"黄金三角":首台机器人用真空吸嘴抓取主板送至检测工位,第二台操控光学检测仪扫描缺陷,第三台则根据检测结果分拣产品。整套动作误差不超过5 μm——相当于头发丝直径的1/15。而在上海某芯片封装车间,两台安川双臂机器人以0.02 s的时间差完成晶圆抓取与贴合,将封装精度稳定在±3 μm。

技术攻坚:让机器人学会"团队协作"

然而,让多台机器人默契配合并非易事。其最大的挑战是避免"打架"。每台ABB工业机器人都有1 m多的活动半径,8台机器人的运动轨迹组合有超过2万种的可能。为此,工程师们开发出"数字围栏"技术:在虚拟仿真系统中预演所有动作,一旦检测到轨迹冲突,系统会自动重新规划路径或调整运动速度。

在物流领域,这项技术优势更为明显。杭州某智能仓库里,10台搬运机器人与3台机械臂上演"空中接力":当AGV(自动导向)小车将货箱运至工作站时,机械臂立即抓取货物扫码分拣,整个过程货物悬空时间不超过0.5 s。系统通过5G网络实时调度,使仓库吞吐量提升130%,能耗反而降低18%。

未来图景:人机共融的智慧工厂

随着AI与5G技术的注入,多机器人协同正走向更深层次的变革。在华为工业互联网实验室展示的试验线上,机器人不仅能协作生产,还会"学习"人类经验:当老师傅在虚拟现实环境中演示装配技巧,AI算法能将其转化为机器人的协作策略,使新工艺部署时间从两周缩短至2 h。

时至今日,多机器人协同技术已带动全球制造业效率提升15%~30%。正如有关专业人员所预期的"这不仅是机器的进化,更是生产关系的重塑。当机器人从'单兵'成长为'军团',中国制造向中国智造的跨越将再添加速器。"

[思考与练习]

1. 在Smart组件中,用于自动生成产品副本的核心组件是(　　　)。
　　A. Queue　　　　B. LinearMover　　　C. Source　　　D. PlaneSensor

2. 设定输送链运动方向时,若LinearMover的Direction参数设为-1 000,表示物体沿(　　　)。

A. X 轴正方向运动 B. X 轴负方向运动
C. Y 轴正方向运动 D. Z 轴负方向运动

3. Smart 组件应用中只有当信号发生（　　）变化时，才可以触发事件。
   A. 1→2　　　　B. 2→1　　　　C. 1→0　　　　D. 0→1

4. 当输入信号为 1 时，经过非门后它的状态是（　　）。
   A. 1　　　　　B. 0　　　　　C. 2　　　　　D. 不确定

5. Detacher 的功能是（　　）。
   A. 拾取　　　　B. 释放　　　　C. 复位　　　　D. 置位

6. Radius 的功能是（　　）。
   A. 复制的对象　　　　　　　　B. 拷贝的数量
   C. 圆周的半径　　　　　　　　D. 拷贝间的距离

7. 虚拟传感器一次能够检测（　　）个物体。
   A. 1　　　　　B. 2　　　　　C. 3　　　　　D. 4

8. 数字输入信号 diStart 的作用是（　　）。
   A. 停止输送链运动　　　　　　B. 触发产品生成与队列加入
   C. 复位传感器信号　　　　　　D. 调整运动方向

9. 若产品到达末端后未被移走，可能导致（　　）。
   A. 输送链反向运动　　　　　　B. 传感器持续输出 1
   C. 队列自动扩容　　　　　　　D. Source 停止生成

10. 仿真测试时，若夹具未抓取产品，可能的原因是（　　）。
    A. LineSensor 检测范围过小　　B. Queue 的 Capacity 设为 1
    C. Source 的 Interval 未设置　　D. LogicGate 类型设为 AND

项目 **6**

带导轨和变位机的工业机器人系统创建与应用

在工业机器人实际应用中，导轨和变位机作为关键外部设备，能够显著扩展机器人的作业范围与灵活性。本项目以典型工业场景为背景，通过构建带导轨和变位机的机器人工作站，系统介绍外部轴协同控制的核心技术。任务内容涵盖导轨基坐标系动态调整、变位机工件坐标系标定、多轴同步轨迹规划等实践环节，帮助学习者掌握工业机器人系统集成中的关键技术。通过 RobotStudio 虚拟仿真平台，学习者将完成从机械单元配置到程序调试的全流程操作，理解多工位定位、复杂姿态加工的实现原理。

本项目设计注重理论与实践结合，以焊接、切割等实际应用场景为切入点，通过导轨系统的长行程定位调试、变位机的多角度姿态调整等任务，培养学习者解决工程问题的能力。教学过程中融入轨迹精度验证、安全防护参数设置等实践要求，强化学习者对工业级标准规范的认知，为后续复杂工作站开发奠定基础。

[项目目标]

1. 知识目标

（1）理解工业机器人外部轴（导轨、变位机）的机械结构特征与运动学特性
（2）掌握导轨系统的坐标系叠加原理与基坐标系动态补偿方法
（3）掌握变位机-机器人协同控制中的同步插补运动原理
（4）熟悉 RobotStudio 中机械单元（MechUnit）的配置规范与参数设置
（5）理解多轴系统运动学参数（行程、速度、精度）的匹配原则

2. 能力目标

（1）能够独立完成导轨系统的机械单元配置与软硬限位设置
（2）能够正确建立机器人-变位机的基坐标系动态关联
（3）能够使用 SyncMoveOn 指令实现多轴同步轨迹规划
（4）能够进行多轴系统的运动干涉检测与轨迹优化
（5）能够完成带外部轴系统的离线程序验证与误差分析

3. 素养目标

（1）培养工业机器人系统集成设计的规范化操作意识
（2）强化多轴协同调试中的安全防护与风险预判能力
（3）建立工业机器人应用场景的工艺优化思维
（4）形成设备参数配置的标准化文档编写习惯
（5）培养复杂系统调试中的团队协作与沟通能力

任务 1

创建带导轨的工业机器人系统

[任务描述]

在工业应用过程中，为工业机器人系统配备导轨，可极大地增强工业机器人的工作范围，在处理多工位以及较大工件时应用广泛。本任务将学习如何在 RobotStudio 软件中创建带导轨的工业机器人系统，创建简单的轨迹并运行仿真。

[知识准备]

6.1.1 工业机器人导轨系统与离线编程

1. 工业机器人导轨系统基础

工业机器人导轨系统通过扩展机器人水平或垂直方向的工作范围，显著提升多工位操作效率，尤其适用于大型工件的连续加工。导轨按运动方式可分为直线导轨与环形导轨，驱动形式包括齿轮齿条式、滚珠丝杠式和同步带传动式。其核心参数涵盖行程、负载能力、重复定位精度及最大运行速度。典型的导轨系统由导轨本体、移动滑台、伺服驱动系统、位置检测模块（编码器/光栅尺）及安全限位装置构成。

2. 机器人外部轴控制原理

外部轴是独立于机器人本体六轴的附加运动轴（第七轴），可通过同步控制与机器人本体联动形成复合轨迹，或异步独立运行。其运动学特性基于坐标系叠加原理，导轨位移量直接修正机器人基座坐标系，工具中心点（TCP）位置计算需要同步补偿导轨位移。程序数据存储时，目标点需要同时记录机器人六轴关节转角、导轨轴位置值、工具坐标系（Tool）及工件坐标系（WObj）参数，确保运动复现精度。

3. RobotStudio 离线编程关键技术

在 RobotStudio 中配置导轨系统需定义机械单元（MechUnit），设置导轨轴软硬限位，并关联虚拟控制器参数。同步运动编程采用 SyncMoveOn 指令，实现导轨与机器人本体的协同轨迹规划，需优化速度耦合比例与路径优先级。仿真验证需重点检查导轨运动空间与周边设备的干涉风险、机器人奇异点规避，以及多轴同步运动的时序匹配性，确保离线程序可直接应用于实际生产。

4. 工业应用典型场景

导轨系统广泛应用于汽车制造中的长焊缝焊接与多工位零件搬运、物流仓储的立体库位存取与输送线跟踪抓取，以及金属加工领域的大型结构件多位置加工与超长工件连续喷涂等场景。通过导轨扩展工作空间，机器人可覆盖传统固定安装方式无法到达的作业区域。

项目6 带导轨和变位机的工业机器人系统创建与应用

[任务实施]

6.1.2 创建带导轨的工业机器人系统

（1）在"文件"功能选项卡中"新建"一个"空工作站"，然后单击"创建"，如图6-1所示。

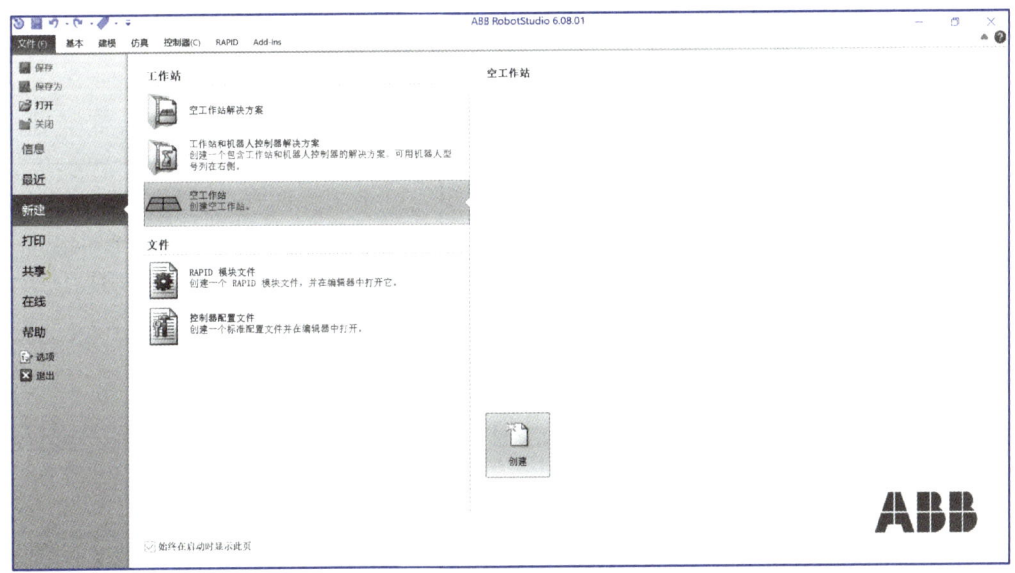

图6-1 创建空工作站

（2）在"基本"功能选项卡中，单击"ABB模型库"，在"机器人"中选择"IRB 4600"作为机器人本体，如图6-2所示。

（3）在弹出的"IRB 4600"对话框中选择默认版本"IRB 4600-20/2.50"，承重能力为20 kg，到达为2.50 m，如图6-3所示。

（4）在"ABB模型库"的"导轨"栏中选择"IRBT 4004"，如图6-4所示。

（5）在弹出的"IRBT 4004"对话框中将"行程"设置为4 m，其余参数选择默认，然后单击"确定"，如图6-5所示。

图6-5中参数说明如下：

① 行程：是指导轨的可运行长度。

② 基座高度：是指导轨上面再加装工业机器人底座的高度。

③ 机器人角度：是指加装的工业机器人底座方向的选择，有0°和90°两种可选。本任务中不加装底座，后两项参数默认为0。

（6）用左键点住工业机器人IRB 4600，将其拖放到导轨IRBT 4004上面，如图6-6所示。

（7）在弹出的"更新位置"对话框中单击"是"，在"是否机器人与导轨进行同步？"中单击"是"，如图6-7所示。

（8）右键单击"IRB 4600_20_250_C_01"，依次选择"位置"→"旋转"，设置成绕"Z"轴方向旋转，旋转角度为"-90°"，放置好的机器人如图6-8所示。

图 6-2 选择机器人本体

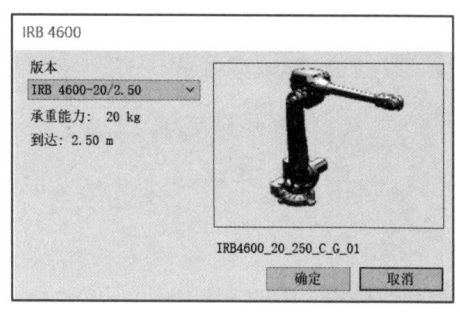

图 6-3 设置机器人参数

图 6-4 选择导轨

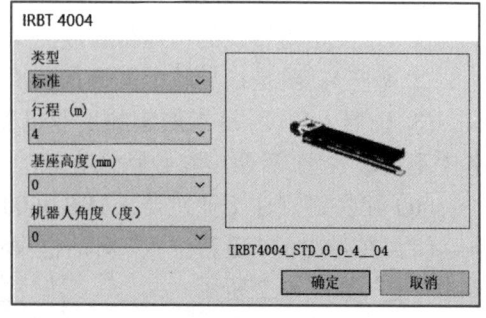

图 6-5 设置导轨参数

项目 6　带导轨和变位机的工业机器人系统创建与应用

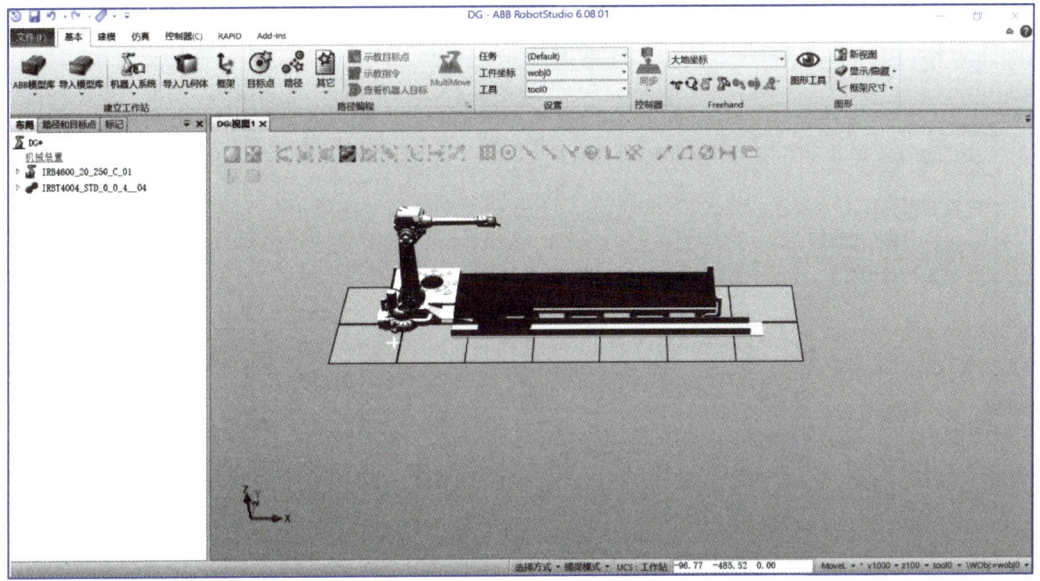

图 6-6　放置机器人

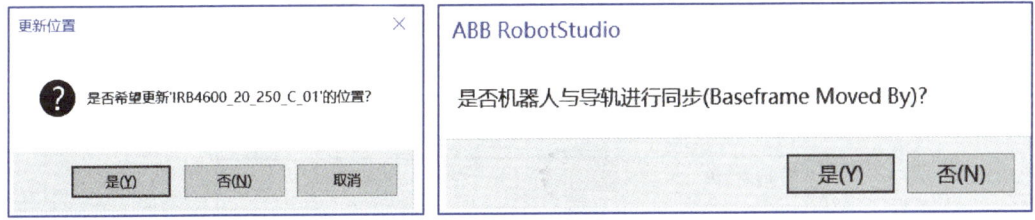

图 6-7　更新位置信息

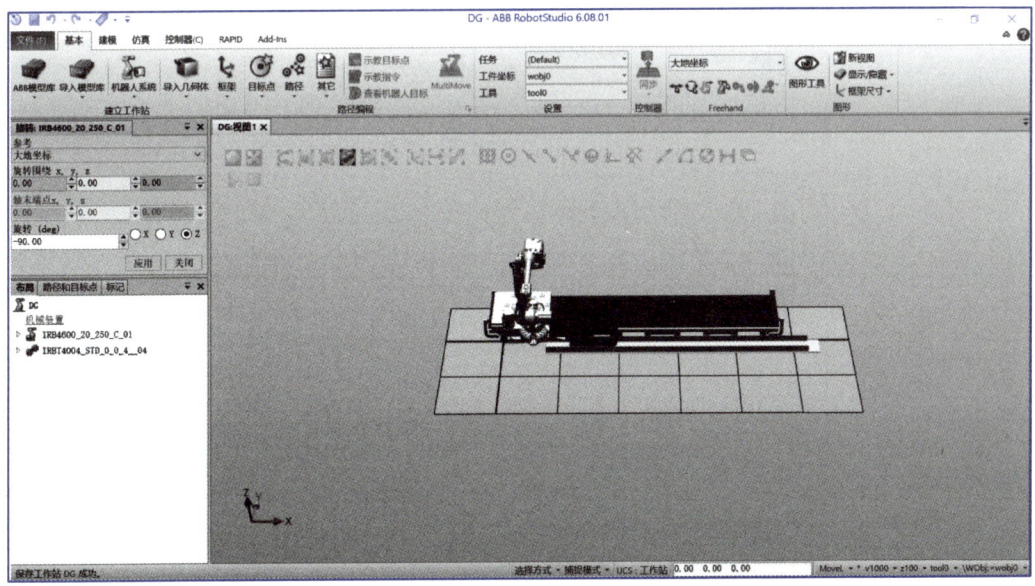

图 6-8　完成机器人放置

（9）安装完成之后，单击"基本"功能选项卡中的"机器人系统"，选择"从布局"为工作站创建系统，如图 6-9 所示。

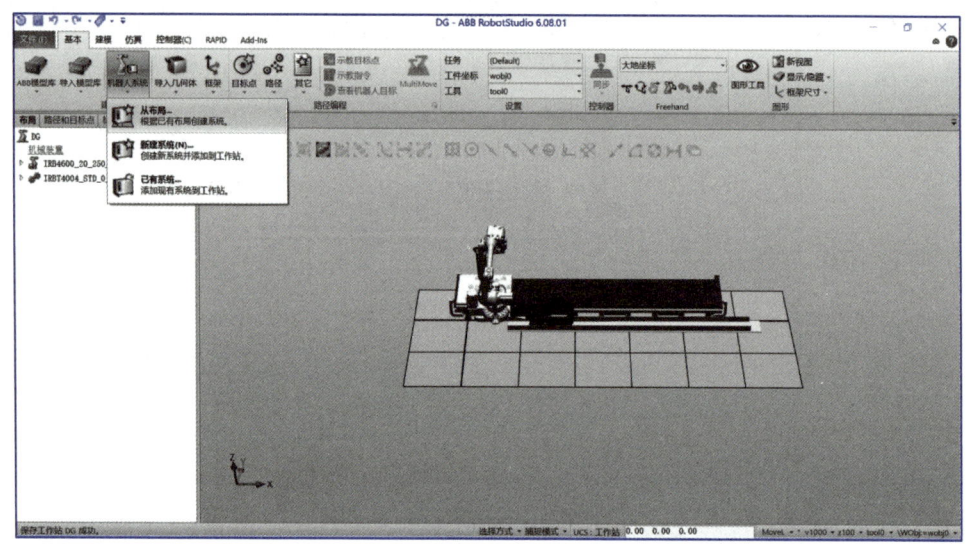

图 6-9　创建工作站系统

（10）在"系统名字和位置"中给系统重命名并选择一个合适的存储位置，然后单击"下一个"，如图 6-10 所示。

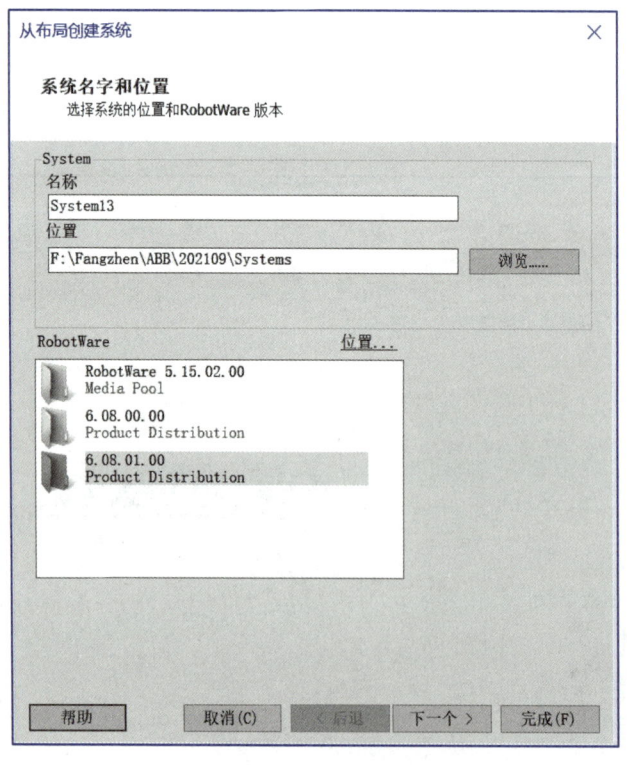

图 6-10　设置系统名称和位置

（11）"机械装置"和"控制器任务"默认设置，依次单击"下一个"，如图 6-11 所示。

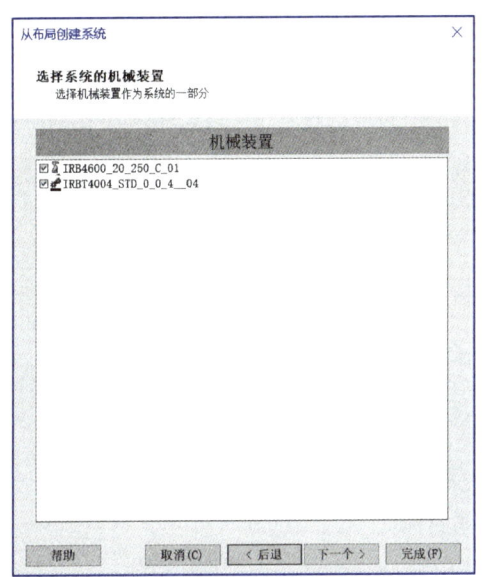
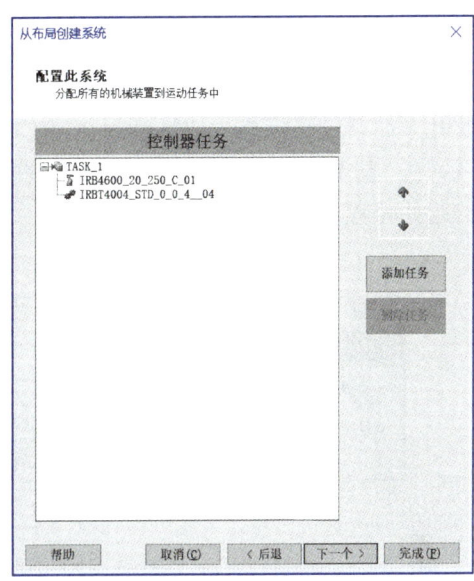

图 6-11　配置系统

（12）在"系统选项"中，若需要添加其他选项，可单击"选项"进行设定，如语言、通信总线等，设置完成后单击"完成"，如图 6-12 所示。

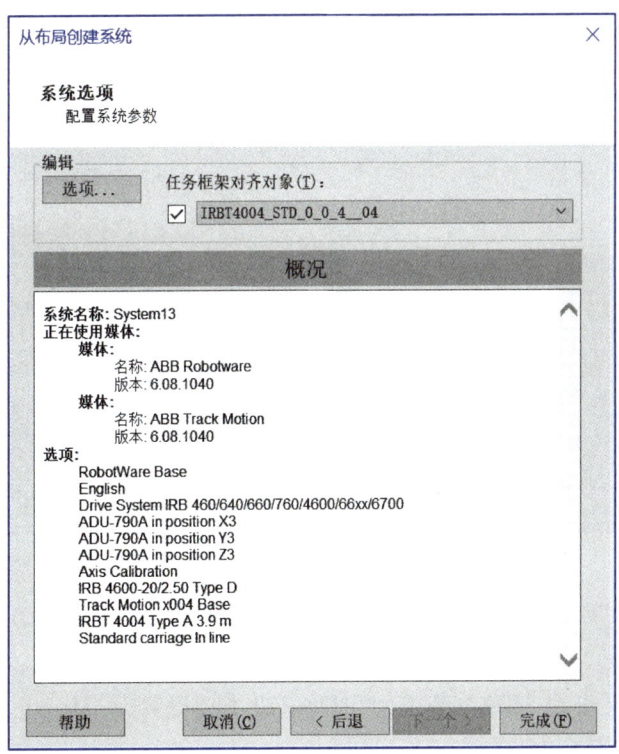

图 6-12　参数配置完成

6.1.3 创建运动轨迹并仿真运行

导轨作为工业机器人的外部轴,在示教目标点时,既保存了工业机器人本体的位置数据,同时也保存了导轨的位置数据。本任务将在所创建的系统中示教几个简单的目标点生成运动轨迹,使工业机器人与导轨同步运动。

(1)在"基本"功能选项卡中单击"示教目标点",将工业机器人安装后的位置作为系统运动的起始位置,如图6-13所示。

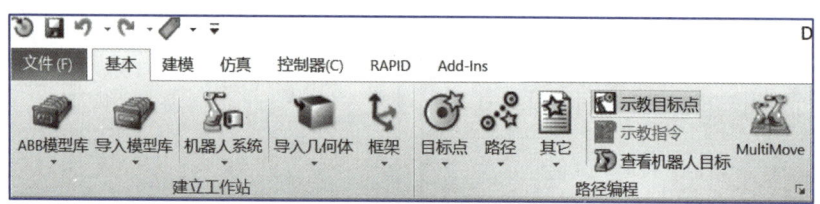

图6-13 示教目标点

(2)选中"Freehand"中的"手动关节",拖动导轨基座,沿 X 轴正方向移动到另外一点,然后单击"示教目标点",将此位置作为第二个目标点,如图6-14所示。

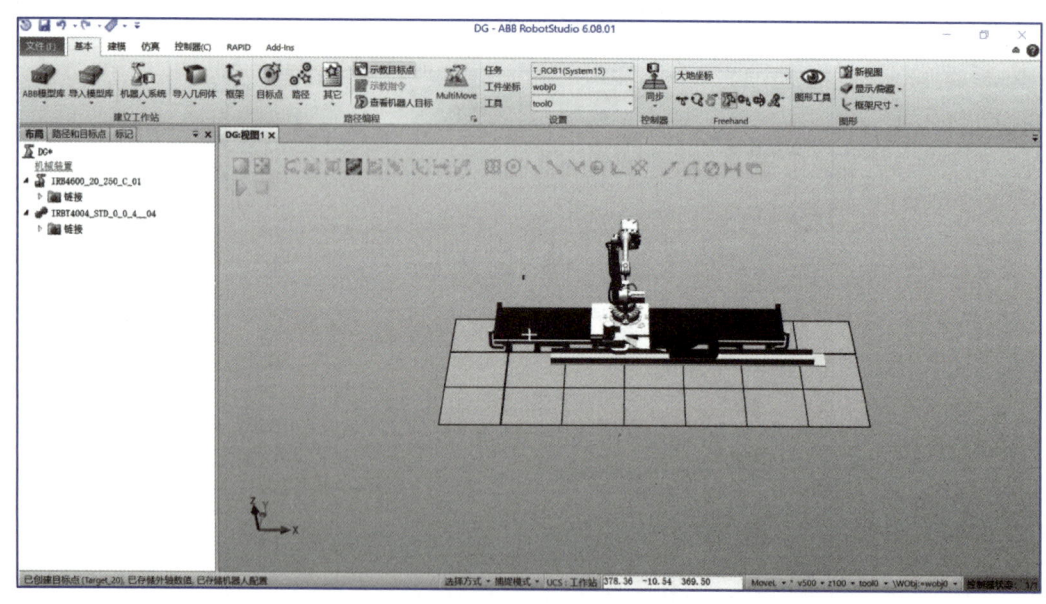

图6-14 设置目标点

(3)继续拖动工业机器人到导轨右侧接近末端位置处,选中"Freehand"中的"手动线性",拖动工业机器人末端,调整其姿态,此时将运动类型设置为"MoveJ",并根据实际情况设置其他运动参数,如图6-15所示。

项目 6 带导轨和变位机的工业机器人系统创建与应用

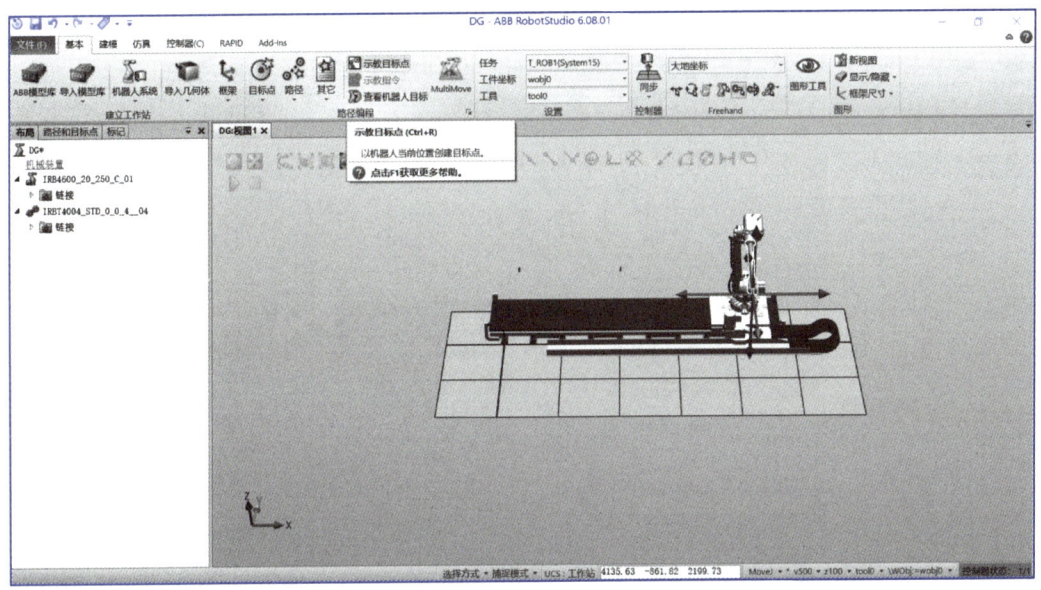

图 6-15　调整机器人姿态

（4）在"路径和目标点"窗口中，找到示教的三个目标点，将其全部选中，单击右键，选中"添加新路径"，如图 6-16 所示。

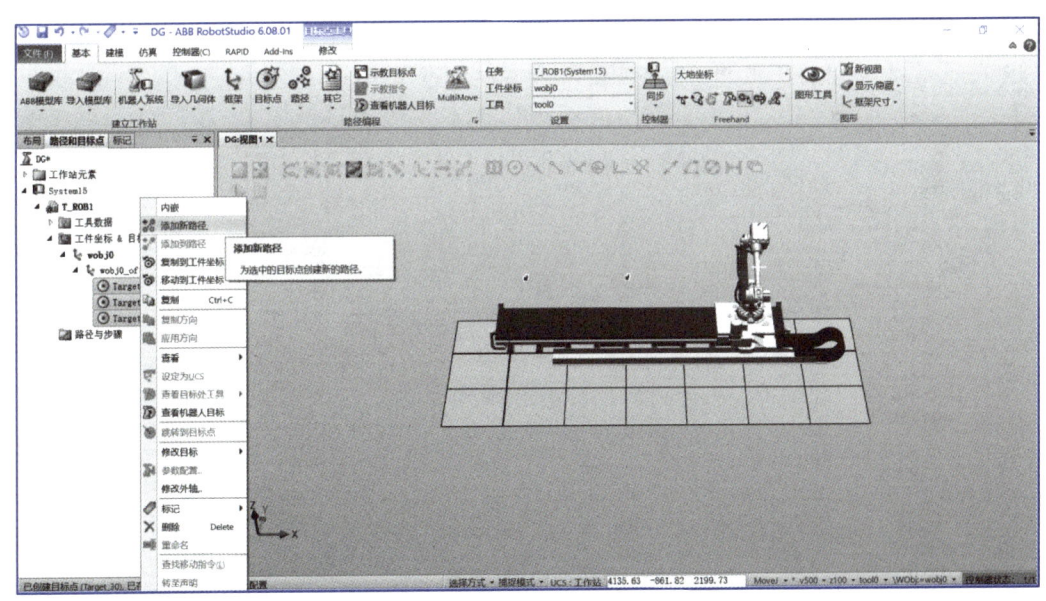

图 6-16　添加路径

（5）在"路径与步骤"中右键单击"Path_10"，选择"自动配置"→"所有移动指令"，如图 6-17 所示。

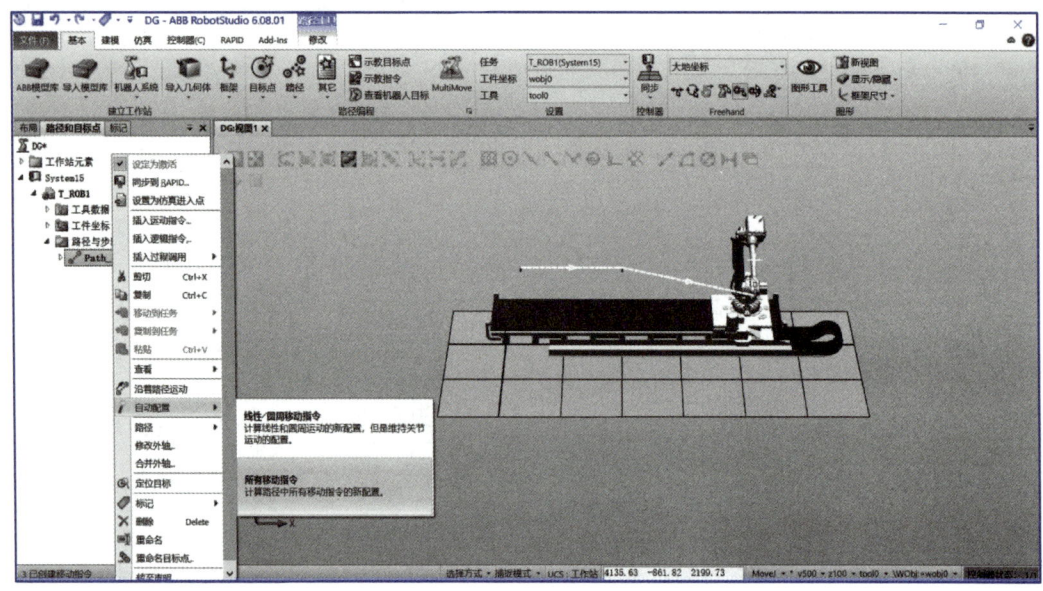

图 6-17　自动配置指令

（6）右键单击"Path_10",选择"设置为仿真进入点",然后再次右键单击"Path_10",选择"同步到 RAPID",如图 6-18 所示。

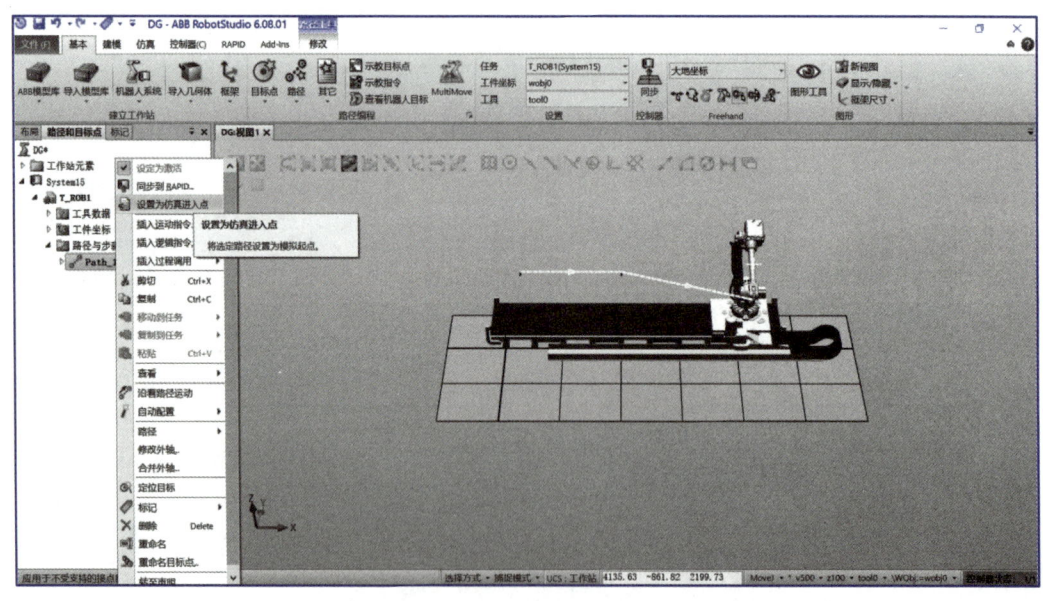

图 6-18　设置仿真进入点

（7）在弹出的"同步到 RAPID"对话框中,勾选所有内容,然后单击"确定",如图 6-19 所示。

项目 6 带导轨和变位机的工业机器人系统创建与应用

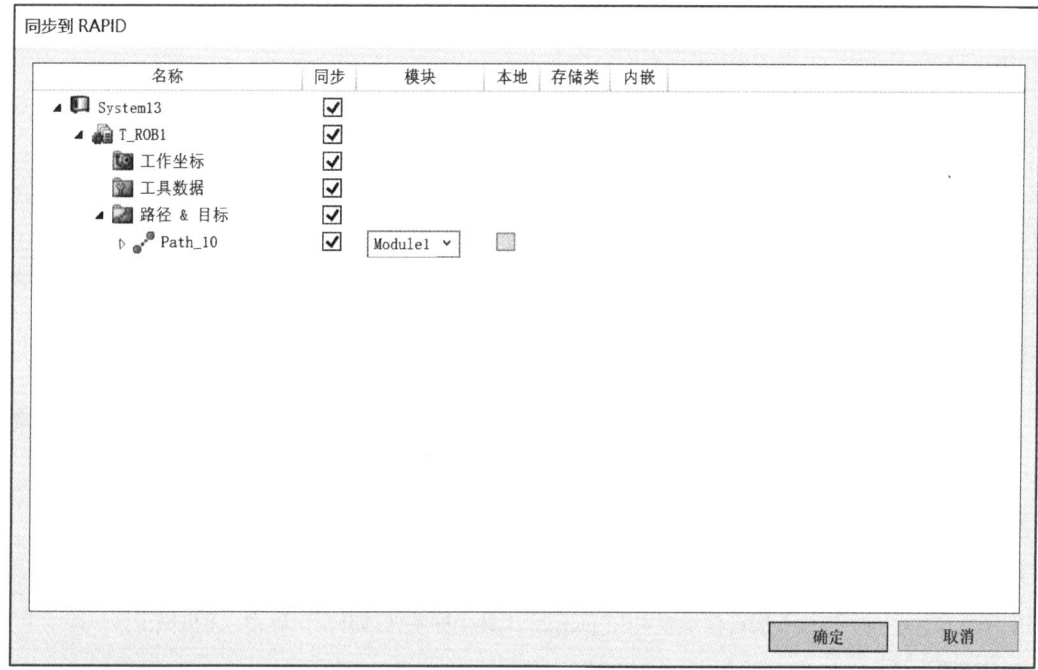

图 6-19 同步到 RAPID

（8）在"仿真"功能选项卡中单击"播放"，观察工业机器人与导轨是否实现了同步运动，如图 6-20 所示。

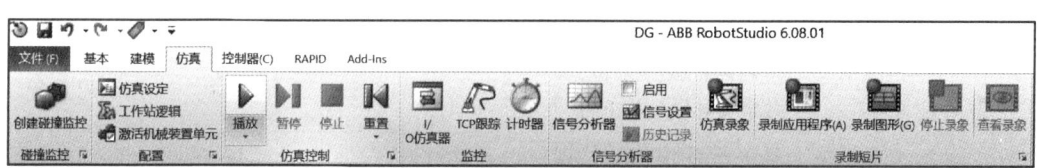

图 6-20 播放功能

[能力验评]

请根据任务单完成任务,并填写评价表。

任 务 单

任务名称	导轨机器人工作站构建与基础轨迹验证
任务背景	汽车焊接产线需扩展机器人作业范围,要求构建 4 m 行程的导轨系统,实现多工位连续焊接,单循环时间≤8 s,重复定位精度为 ± 0.1 mm
任务目标	1. 完成导轨机械单元配置;2. 建立基坐标系关联;3. 实现同步轨迹规划
技术参数	1. 导轨行程为 4 m;2. 最大速度为 1.5 m/s;3. 重复定位精度为 ± 0.1 mm;4. 安全距离 ≥100 mm
任务流程	机械单元定义→坐标系标定→路径规划→同步调试
任务内容	1. 导轨系统机械配置图;2. 同步运动 RAPID 程序段;3. 三工位焊接轨迹仿真视频
成果要求	1. 连续 5 次定位误差≤0.1 mm;2. 工具坐标系偏移补偿正确;3. 无机械干涉风险
小组成员	
计划用时	开始时间

评 价 表

评价维度	评价指标	评价标准	分值	个人自评	小组互评	教师评价	企业导师评价	观测依据
知识与技能（50 分）	1. 机械单元配置	正确设置软/硬限位,参数定义导轨为第七轴	12					系统配置表
	2. 坐标系关联	基坐标系偏移补偿误差≤0.05 mm	13					激光跟踪报告
	3. 同步轨迹规划	SyncMoveOn 指令应用正确,速度耦合误差≤5%	15					RAPID 代码
	4. 安全配置	急停触发距离≥100 mm,防护装置有效	10					安全检查记录
方法与过程（35 分）	1. 调试规范	完成 3 种速度模式测试	15					调试记录表
	2. 干涉检查	识别并解决 1 处碰撞风险	10					碰撞检测图
	3. 效率优化	单循环时间≤8 s	10					时序分析表
团队协作（10 分）	1. 版本管理	维护 2 版程序迭代记录	5					Git 日志
	2. 联调记录	完成 2 次跨系统联调	5					联调视频

续表

评价维度	评价指标	评价标准	分值	个人自评	小组互评	教师评价	企业导师评价	观测依据
创新实践（5分）	工艺优化	提出1种节拍优化方法	5					方案说明书
综合评价								

任务 2

创建带变位机的工业机器人系统

[任务描述]

变位机是机器人工作站中常用的一种设备,它除了具备工装夹具的工件安装定位功能外,还能够通过自身的旋转机构翻转工件,使工件变换角度,便于机器人对工件进行全方位无死角的加工,从而扩大工业机器人的工作范围,在焊接、切割等领域有着广泛的应用。

变位机通常作为机器人的外部轴,可以由机器人控制器直接驱动控制,能够与机器人实现同步、异步以及空间插补运动。根据驱动轴数的不同,变位机可分为单轴变位机、双轴变位机、三轴变位机等;根据外形的不同,可分为 U 型、L 型、C 型、座式变位机等。本任务介绍带变位机的工业机器人系统对工件表面进行加工处理。

[知识准备]

6.2.1 带变位机工作站基础知识

1. 变位机的定义与核心功能

变位机是工业机器人工作站中用于辅助加工的核心设备,兼具工装夹具的定位功能与动态姿态的调整能力。其核心功能包括:通过高精度夹持机构固定工件,确保加工基准的一致性;利用单轴或多轴旋转机构改变工件空间姿态,扩大机器人作业范围;作为机器人外部轴实现同步插补运动(如焊接、切割中的空间轨迹协同);同时具备高负载特性(典型承重范围 200~1 000 kg),可适配重型工件加工需求。

2. 变位机技术分类体系

根据驱动轴数可分为单轴(回转运动)、双轴(联动翻转)和三轴(空间姿态调整)变位机,轴数越多越适用于复杂轨迹作业。按结构外形主要分为 L 型(直角支撑,适配长工件)、U 型(开放式框架,便于大型工件吊装)、座式(重型固定基座)等类型变位机,本任务使用的 IRBP-L 型变位机即为 L 型结构的典型代表。

3. 机器人–变位机协同控制原理

机器人控制器通过外部轴接口驱动变位机,支持三种控制模式:同步控制(空间插补运动,需建立协同坐标系)、异步控制(独立时序动作,通过 I/O 信号触发)和主从控制(变位机跟随机器人运动)。关键参数包括外部轴的减速比、软限位设置,还需要通过 ActUnit/DeactUnit 指令控制变位机的激活状态,确保运动指令与工件坐标系动态关联。

4. 离线编程关键技术要素

需重点解决多坐标系协同问题,包括动态补偿变位机运动引起的工件坐标系偏移,以及工具坐标系(TCP)的毫米级精度标定。路径规划需遵循可达性原则(验证目标点在机器人工作包络内)和避奇异原则(通过变位机调整避免机器人位形奇异)。程序结构需规范使用外部轴控制指令,例如在路径起始点插入 ActUnit 激活变位机,在结束点用 DeactUnit 释放控制权。

5. 误差控制与安全规范

主要误差来源于变位机机械回转精度、TCP 标定误差及热变形累积误差。安全操作需严格遵循负载限制,通过离线仿真进行干涉检查,并设置变位机独立急停触发条件。例如,使用 ABB RobotStudio 的碰撞检测模块预判机械臂与变位机的运动干涉风险。

6. 典型工业应用场景

在焊接领域,变位机可实现管件环缝焊接(连续回转)和箱体五面焊接(L 型变位机多角度定位);在机械加工领域,双轴变位机可配合加工中心完成大型铸件多面铣削,或通过 C 轴旋转实现曲面恒力打磨。本任务对工件表面的加工处理即属于典型的多姿态协同加工作业场景。

[任务实施]

微课
创建带变位机的工业机器人系统

6.2.2 创建带变位机工业机器人系统

(1)在"文件"功能选项卡中"新建"一个"空工作站",然后单击"创建"。

(2)在"基本"功能选项卡中依次选择"导入模型库"→"设备"→"其它"→"Robot pedstal 1400_H240",导入设备模型如图 6-21 所示。

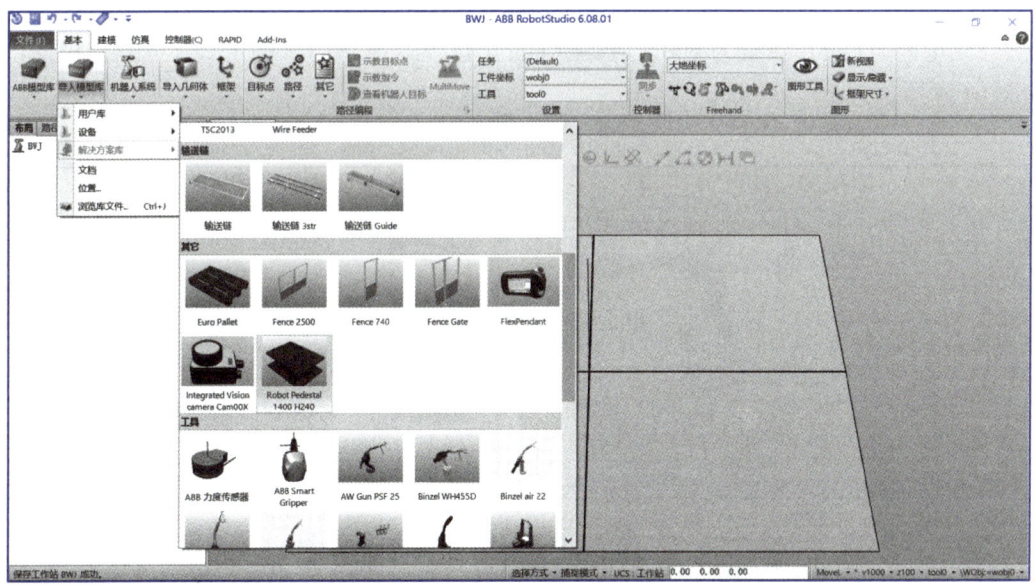

图 6-21 导入设备模型

（3）同样，在"基本"功能选项卡中依次选择"导入模型库"→"设备"→"Training Objects"→"My Tool"，导入工具模型，如图 6-22 所示。

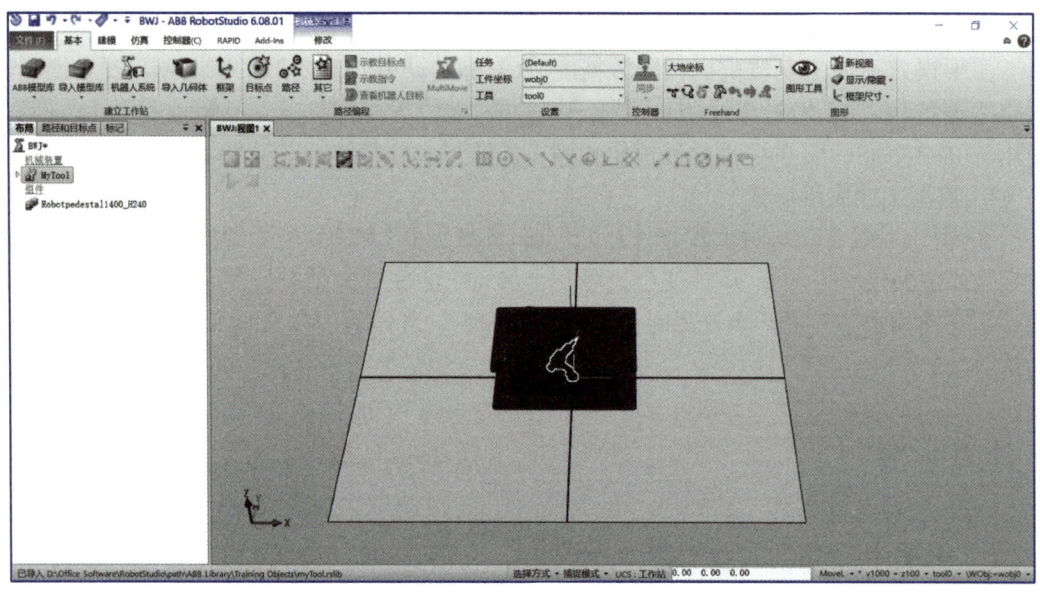

图 6-22　导入工具模型

（4）在"基本"功能选项卡中依次选择"ABB 模型库"→"机器人"→"IRB 2600"，其中"容量"和"到达"选择默认，单击"确定"，完成机器人设置，如图 6-23 所示。

（5）同样，在"基本"功能选项卡中依次选择"ABB 模型库"→"变位机"→"IRBP L"，其中"承重能力（kg）"设置为 600，"长度（mm）"选择默认，单击"确定"，完成变位机设置，如图 6-24 所示。

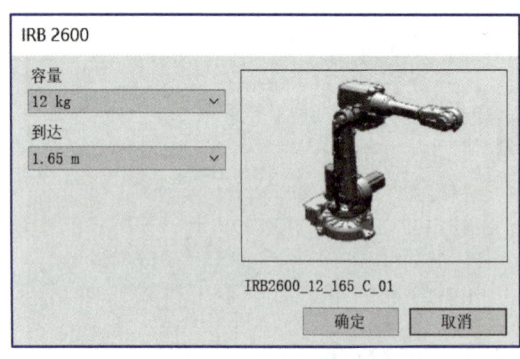

图 6-23　设置机器人参数

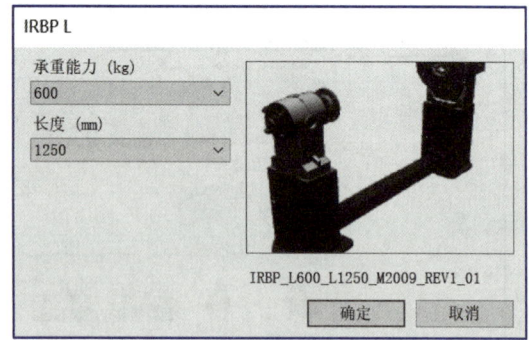

图 6-24　设置变位机参数

(6)设置机器人位置参数。底座坐标参数为(-30,0,0),其他参数选择默认,由于底座高度为 240 mm,因此,选中"IRB 2600"后单击右键,选中"设定位置",单击"位置",将机器人向"Z"轴方向偏移 240 mm,单击"应用",如图 6-25 所示。

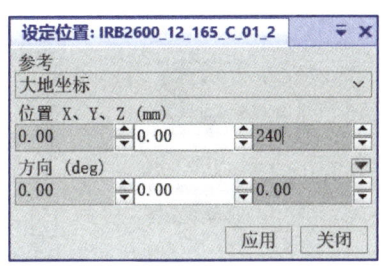

图 6-25　设置机器人位置参数

(7)放置变位机。在布局中选中变位机"IRBP_L600_L1250_M2009_REV1_01"后单击右键,选择"位置",单击"设定位置","X"设为 1130,"Y"设为 635,其他默认,然后单击"应用",如图 6-26 所示。

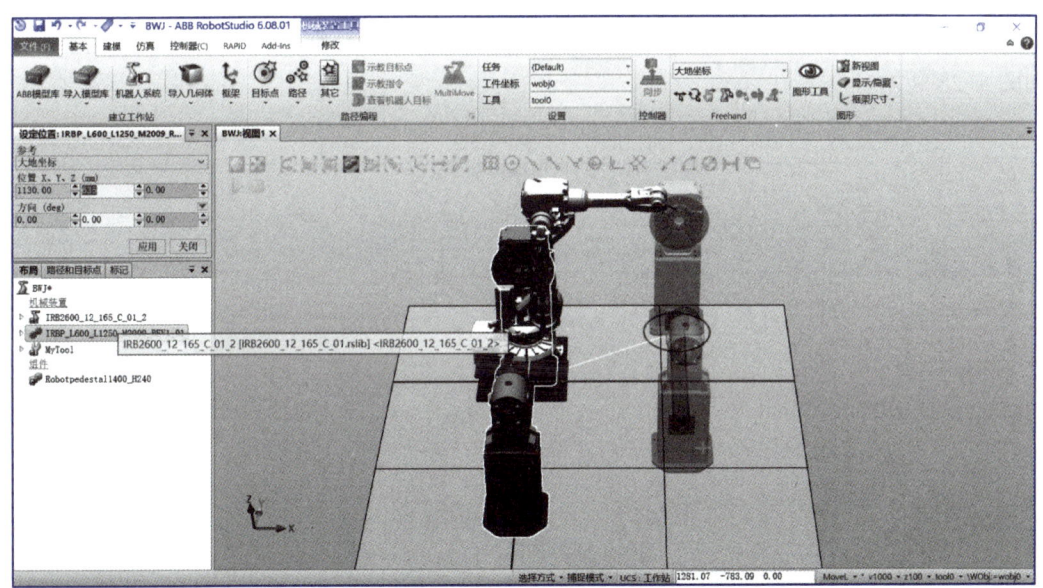

图 6-26　放置变位机

(8)创建工件。在"建模"功能选项卡中,依次选择"固体"→"矩形体",设置"创建方体"中参数,"长度(mm)"设为 240,"宽度(mm)"设为 1250,"高度(mm)"设为 180,角点(mm)设为(-120,0,-90),然后单击"创建",如图 6-27 所示。

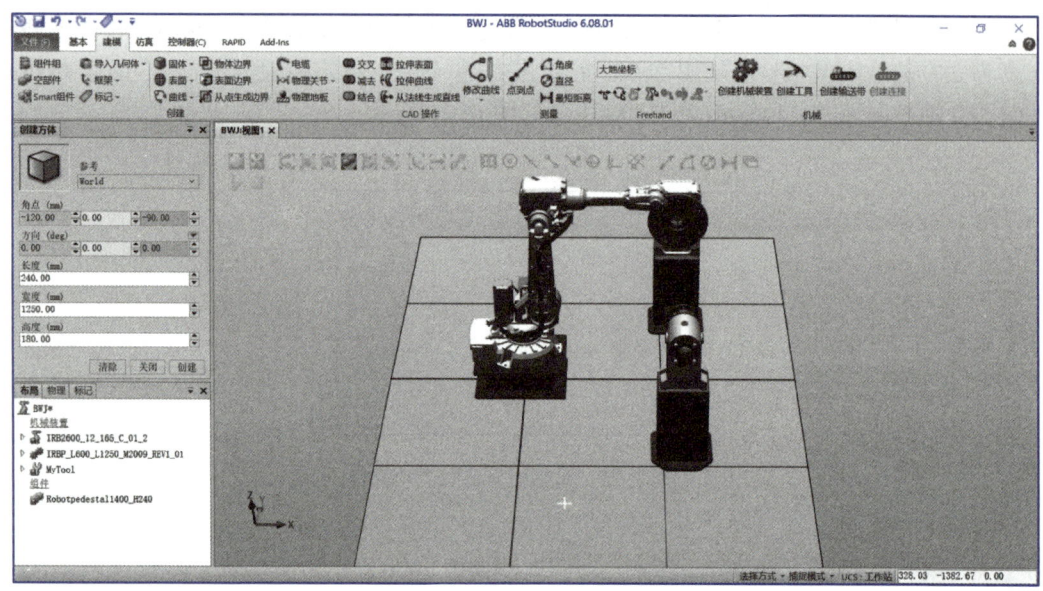

图 6-27 创建工件

(9) 放置工件。在左侧"布局"栏中,双击"部件_1",将其命名为"工件",选中"工件"将其拖放至变位机"IRBP_L600_L1250_M2009_REV1_01"上,在"更新位置"中单击"是",如图 6-28 所示。

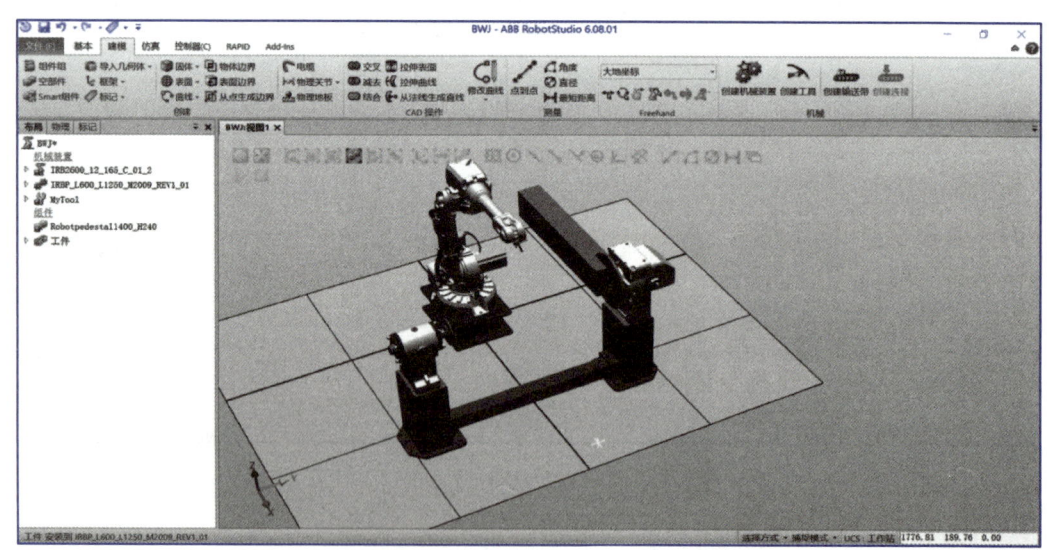

图 6-28 放置工件

(10) 调整工件位置。此时工件原点与变位机安装法兰原点重合,需要做进一步的调整,右键单击"工件"依次选择"位置"→"设定位置",在"方向(deg)"中先将工件绕 X 轴旋转 90°,然后再绕 Y 轴旋转 90°,如图 6-29 所示。

项目6 带导轨和变位机的工业机器人系统创建与应用

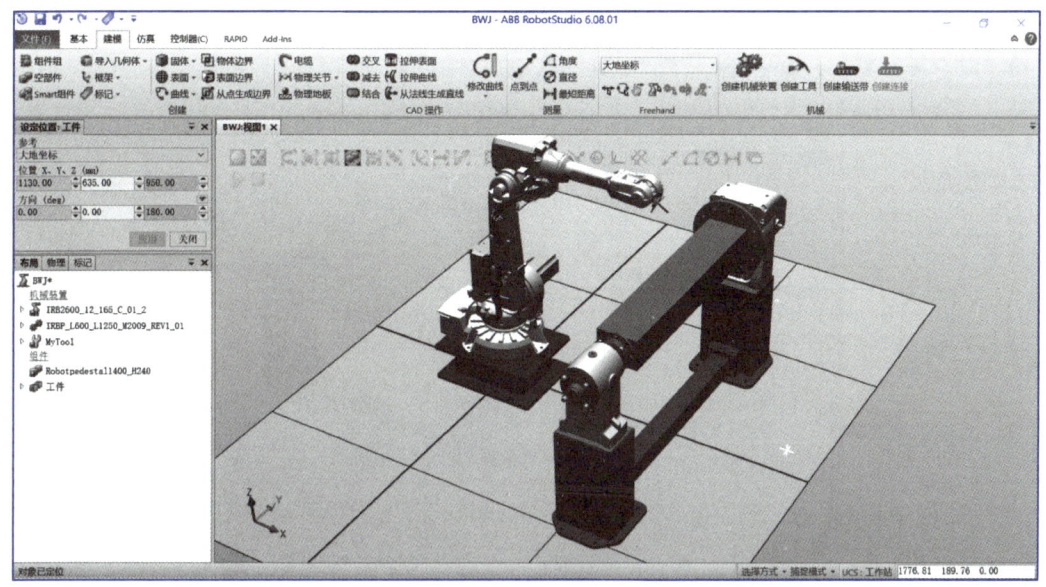

图6-29 调整工件位置

（11）设定工件颜色。右键单击"工件"依次选择"修改"→"设定颜色"，根据实际情况设定工件具体颜色，最后将工具"MyTool"安装到"IRB2600_12_165_C_01_2"上，如图6-30所示。

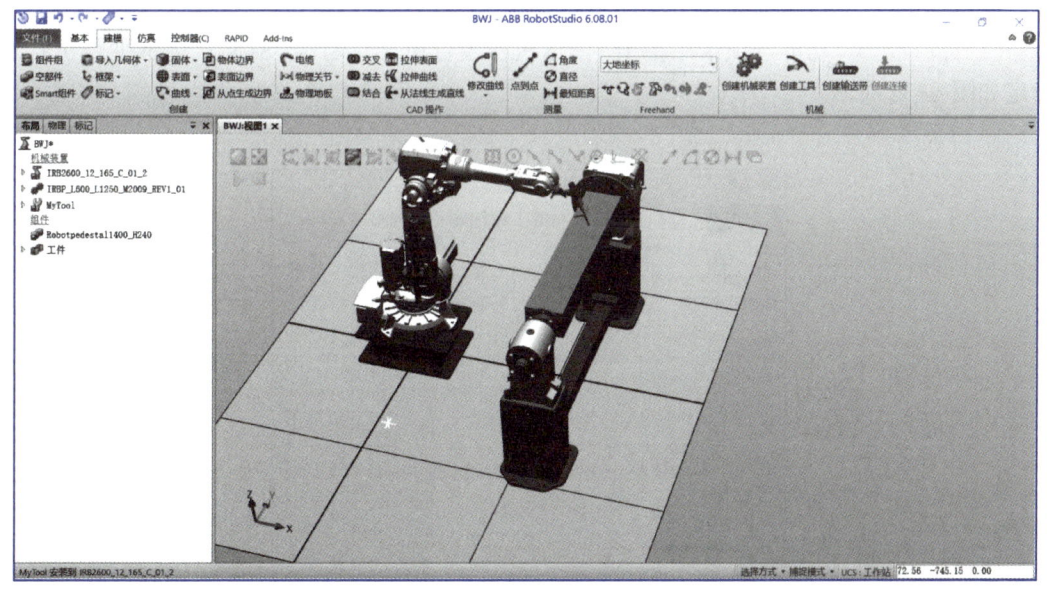

图6-30 设定工件颜色

（12）创建系统。在"基本"功能选项卡中单击"机器人系统"，选择"从布局"，设定好系统名称和存储位置后，单击"完成"，如图6-31所示。

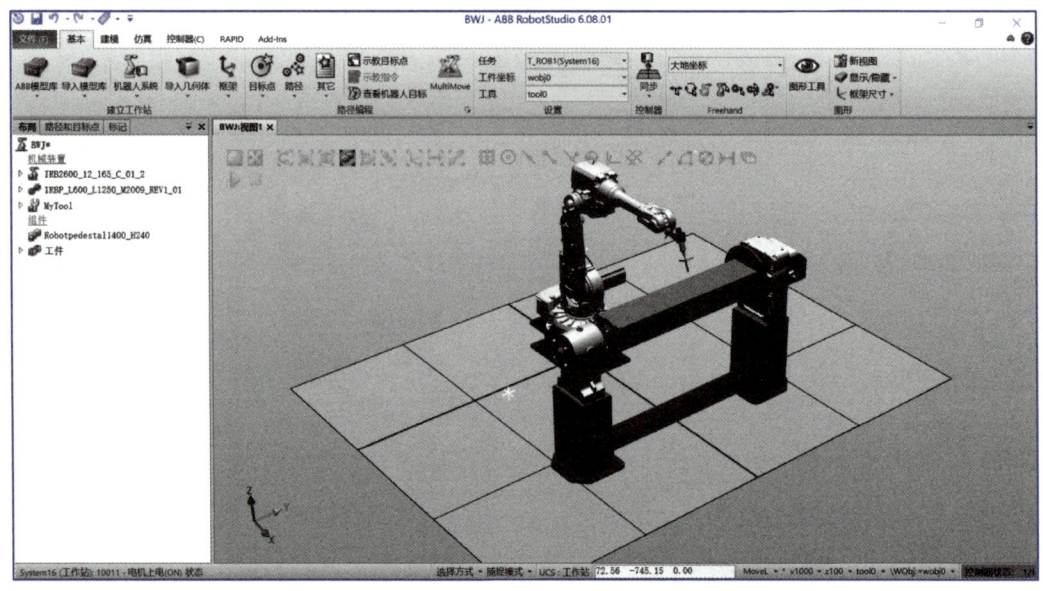

图 6-31　创建系统

6.2.3　创建运动轨迹并仿真运行

本任务仍然使用示教目标点的方法对工件边缘进行轨迹处理,在带变位机的工业机器人系统中示教目标点时,需要保证变位机处在激活状态,才可以将其数据记录下来,具体操作方法如下:

(1) 在"仿真"功能选项卡中单击"激活机械装置单元",勾选"STN1",完成变位机状态设定如图 6-32 所示。

图 6-32　设定变位机状态

（2）在"基本"功能选项卡的"设置"中,将工具设为"MyTool",在视图右下角修改运动指令为MoveJ,速度为v500,转弯半径为fine,完成变位机运行参数设定如图6-33所示。

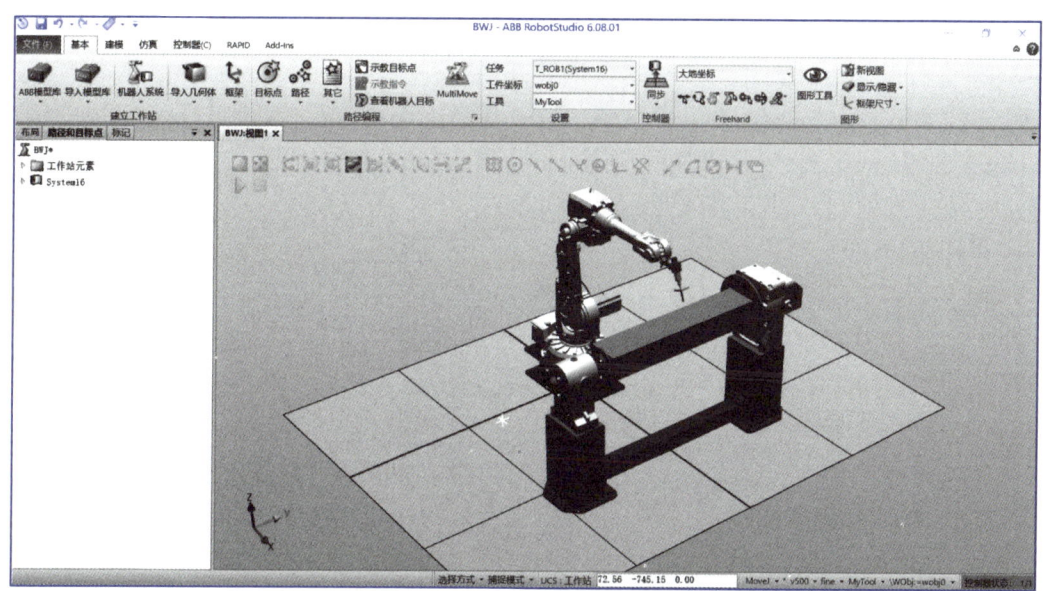

图6-33　设定变位机运行参数

（3）在"基本"功能选项卡中单击"示教目标点",将当前机器人位置示教为Home点,如图6-34所示。

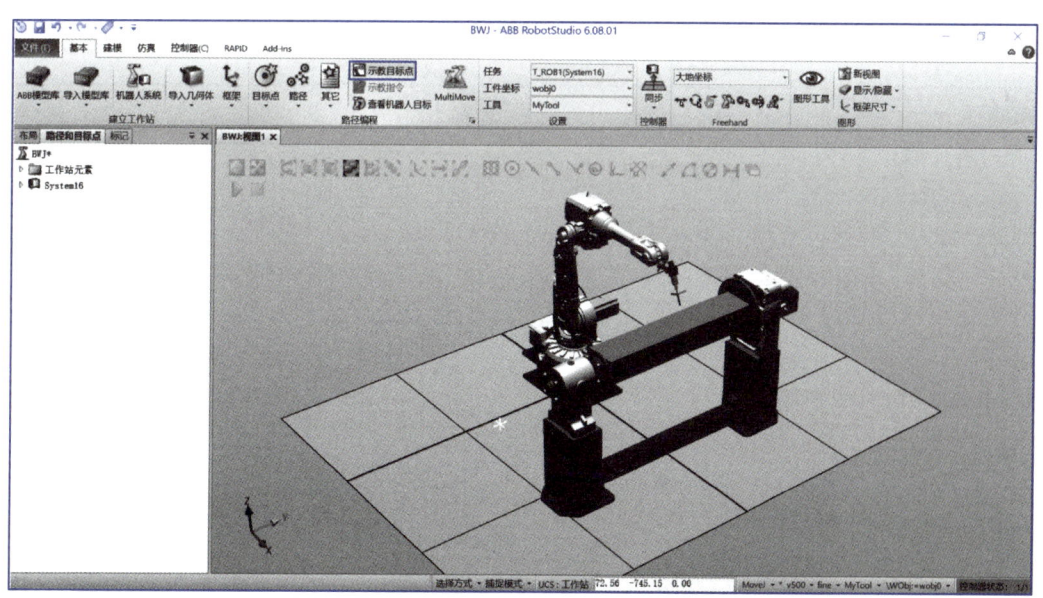

图6-34　示教目标点

（4）在布局栏中，右键单击"IRBP_L600_L1250_M2009_REV1_01"，选中"机械装置手动关节"，将"手动关节运动"中的"Step"设为 15，单击手动关节运动滑块，使工件向正方向转动 60°，如图 6-35 所示。

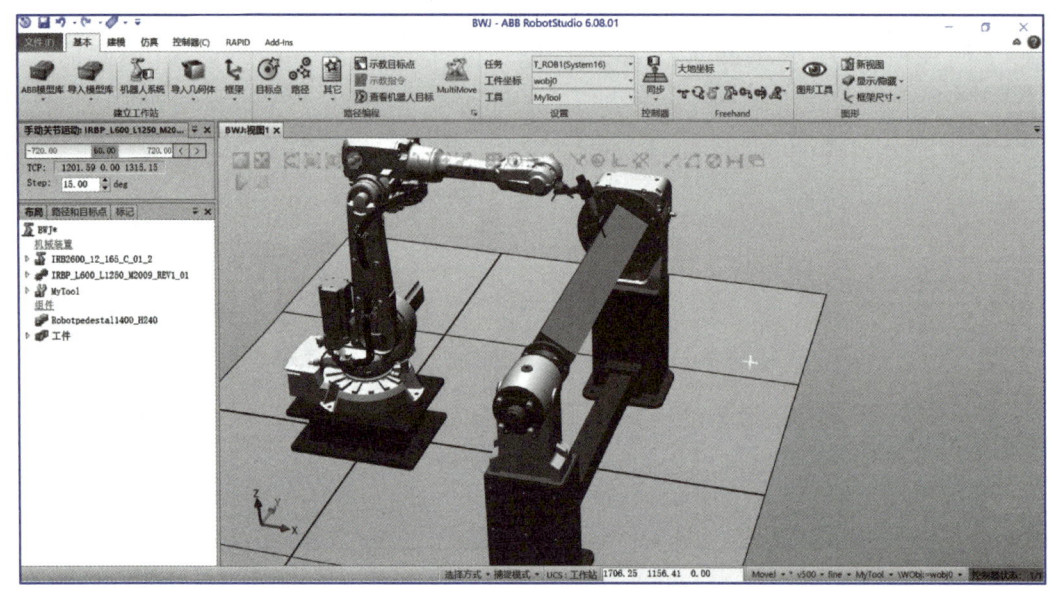

图 6-35　调整示教点姿态

（5）在"基本"功能选项卡的 Freehand 中，选中"手动线性"，选择"选择部件"和"捕捉末端"，将机器人工具移动到工件的另外一端，通过"手动线性"操作方式提升工具向 Z 轴正方向升高 50，然后单击"示教目标点"，如图 6-36 所示。

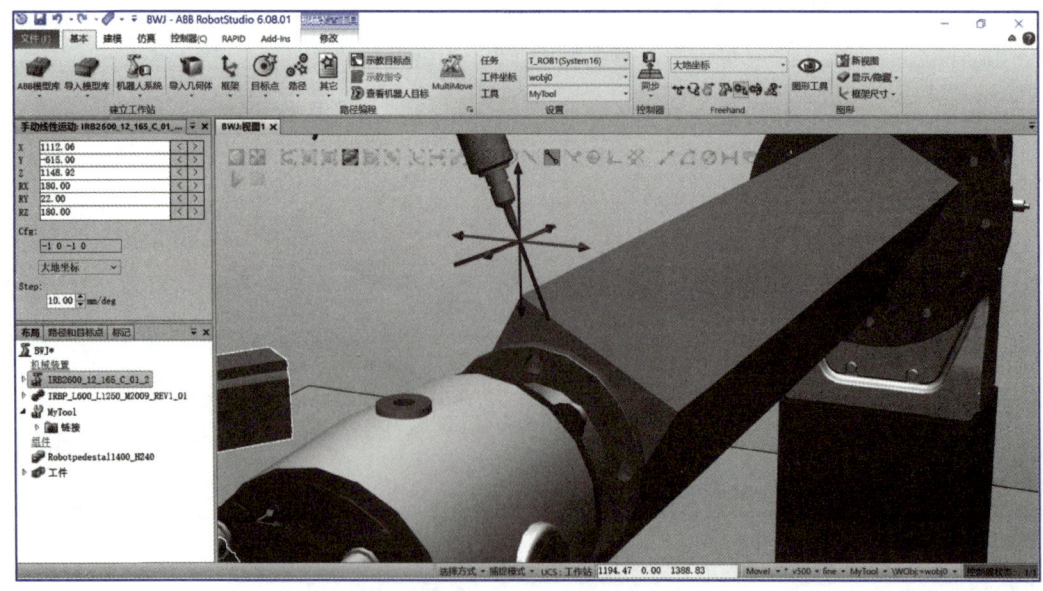

图 6-36　调整工具姿态

（6）使用"手动线性"操作将工具 TCP 点移动到工件末端，运动方式为 MoveL，速度为 v500，转弯半径为 fine，然后单击"示教目标点"，如图 6-37 所示。

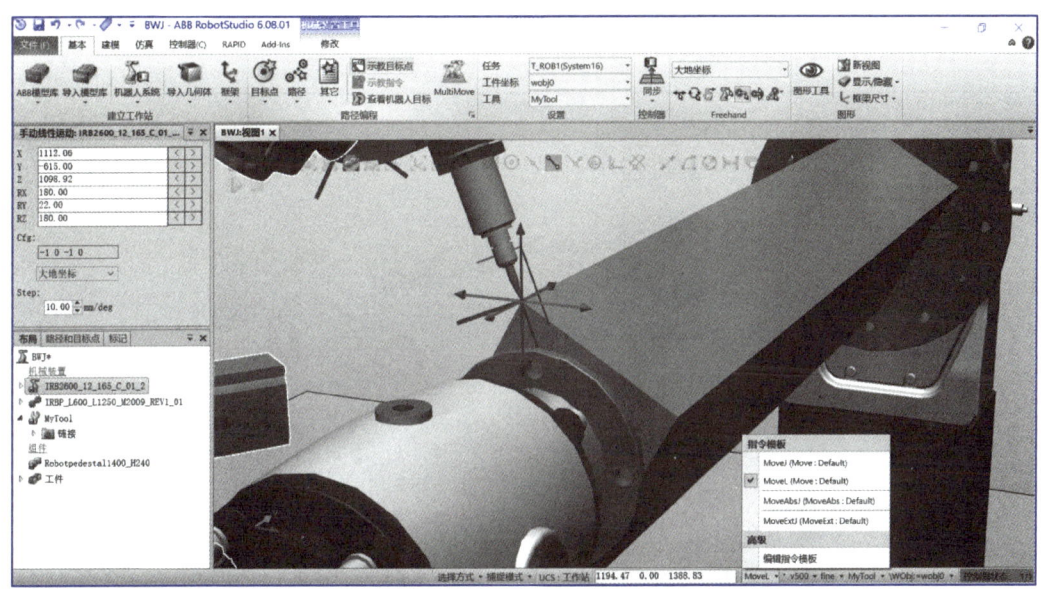

图 6-37　设计系统运行参数

（7）使用"手动线性"操作将工具 TCP 点沿 Y 轴正方向移动到工件末端，运动方式为 MoveL，速度为 v500，转弯半径为 fine，然后单击"示教目标点"，如图 6-38 所示。

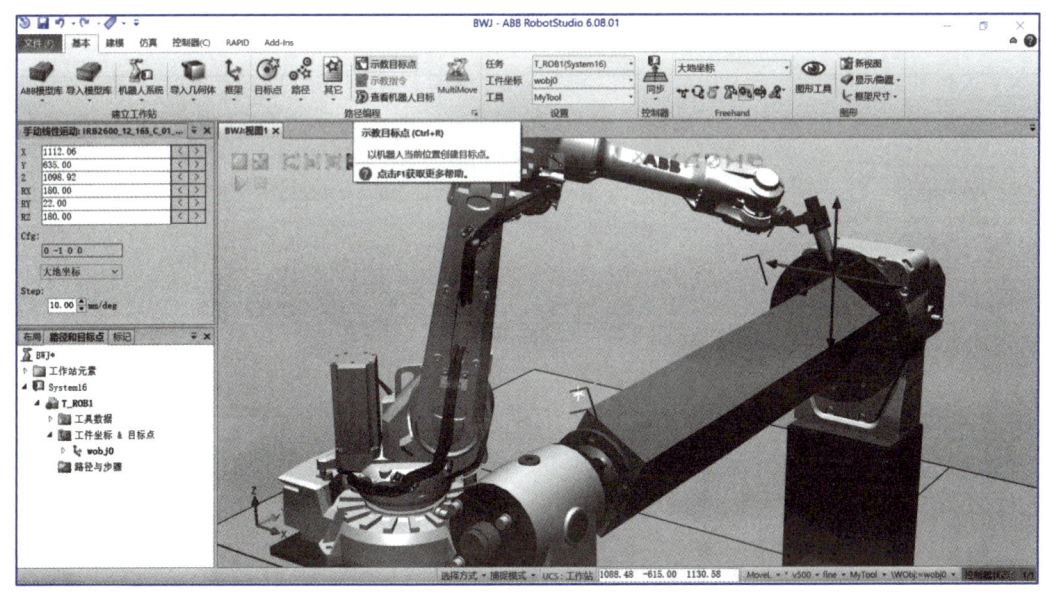

图 6-38　设置系统运行参数

（8）使用"手动线性"操作将工具 TCP 点沿 Z 轴正方向移动 50，同时右键单击"IRBP_L600_L1250_M2009_REV1_01"，选中"机械装置手动关节"，将"手动关节运动"中的"Step"设为 10，单击手动关节运动滑块，使工件向负方向转动 50°，然后单击"示教目标点"，如图 6-39 所示。

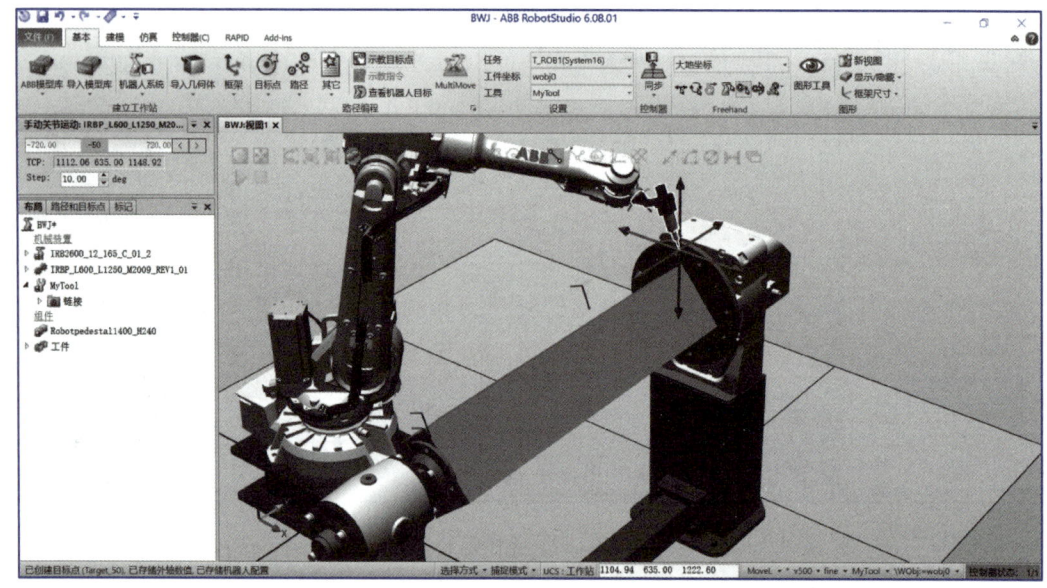

图 6-39　示教工件目标点 1

（9）使用"手动线性"操作将工具 TCP 点向 Y 轴负方向移动到工件末端，然后单击"示教目标点"，如图 6-40 所示。

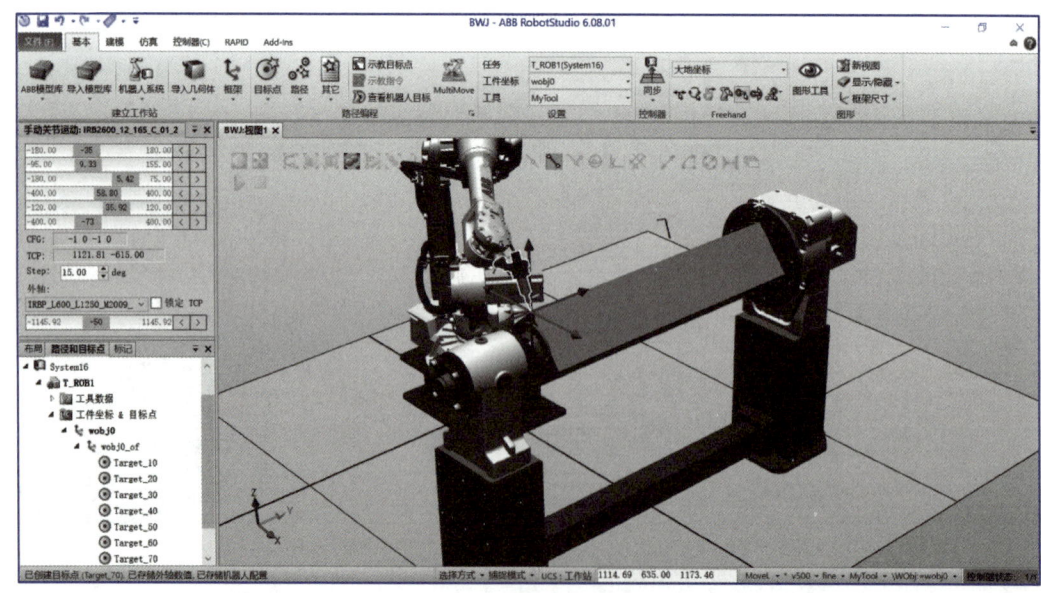

图 6-40　示教工件目标点 2

（10）使用"手动线性"操作将工具 TCP 点沿 Y 轴正方向移动到工件末端，然后单击"示教目标点"，如图 6-41 所示。

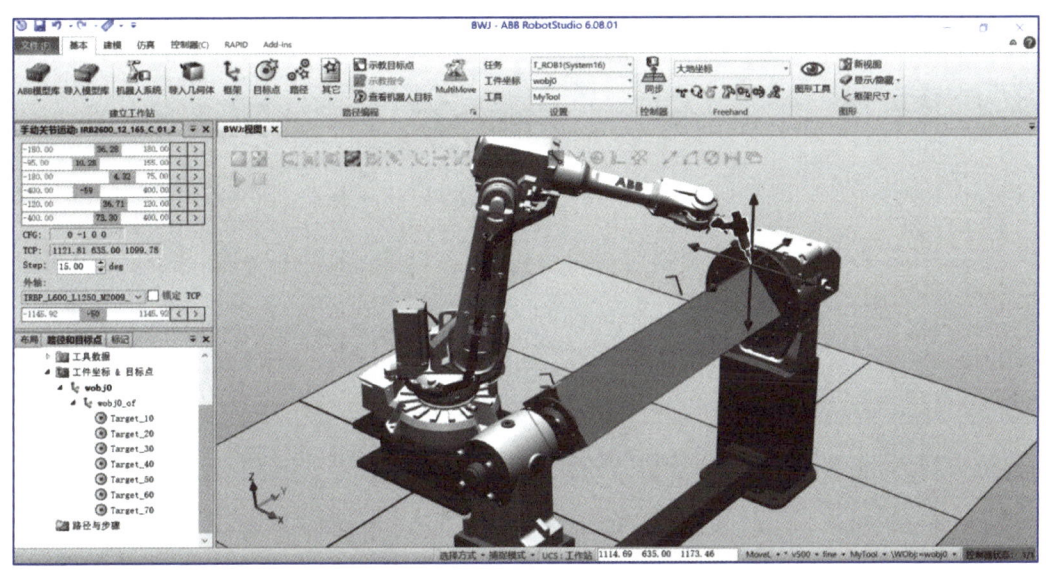

图 6-41　示教工件目标点 3

（11）工件剩余两条边也依照上述步骤进行示教目标点，最后复制第一个目标点作为机器人返回点，过程不再赘述。示教完全部目标点后，在"路径和目标点"中找到"工件坐标 & 目标点"下"wobj0_of"中的所有目标点，全选后单击右键，选择"添加新路径"，如图 6-42 所示。

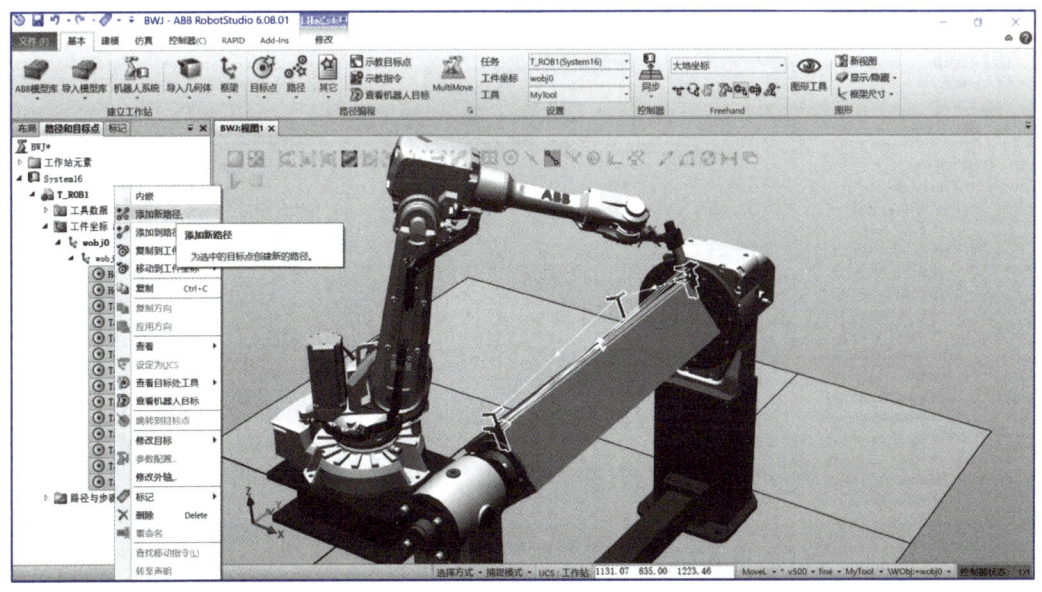

图 6-42　添加新路径

（12）此外，还需要添加外部轴控制指令"ActUnit"和"DeactUnit"，用来控制变位机的激活与失效。在"基本"功能选项卡中单击"其它"，选择"创建逻辑指令"，在"指令模板"中选择"ActUnit"，然后单击"创建"，完成变位机逻辑指令创建如图 6-43 所示。

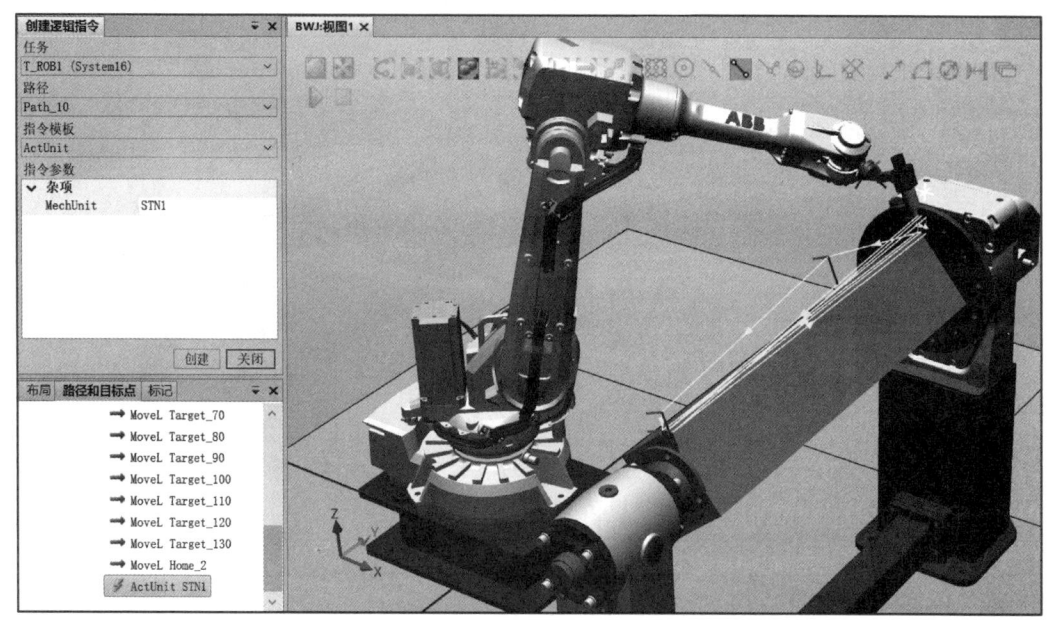

图 6-43　创建变位机逻辑指令

（13）同样，在"基本"功能选项卡中单击"其它"，选择"创建逻辑指令"，在"指令模板"中选择"DeactUnit"，然后单击"创建"，之后分别将两条运行指令添加在"Path_10"中的第一行和最后一行，如图 6-44 所示。

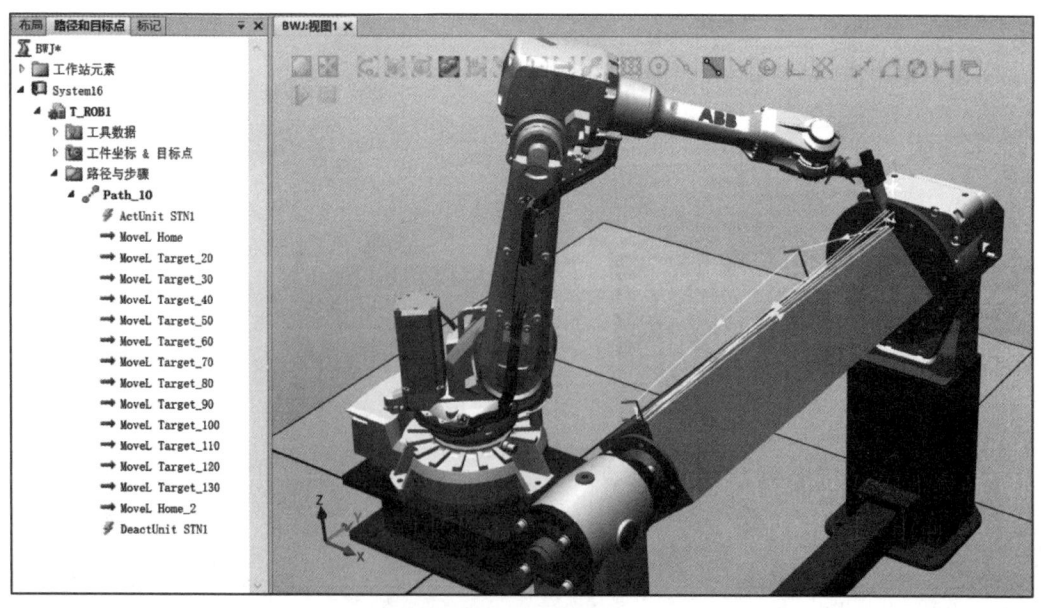

图 6-44　添加运行指令

（14）在"Path_10"上单击右键，选择"自动配置"中的"所有移动指令"，然后继续在"Path_10"上单击右键，选择"设置为仿真进入点"，最后在"Path_10"上右击，选择"同步到RAPID"，如图6-45所示。

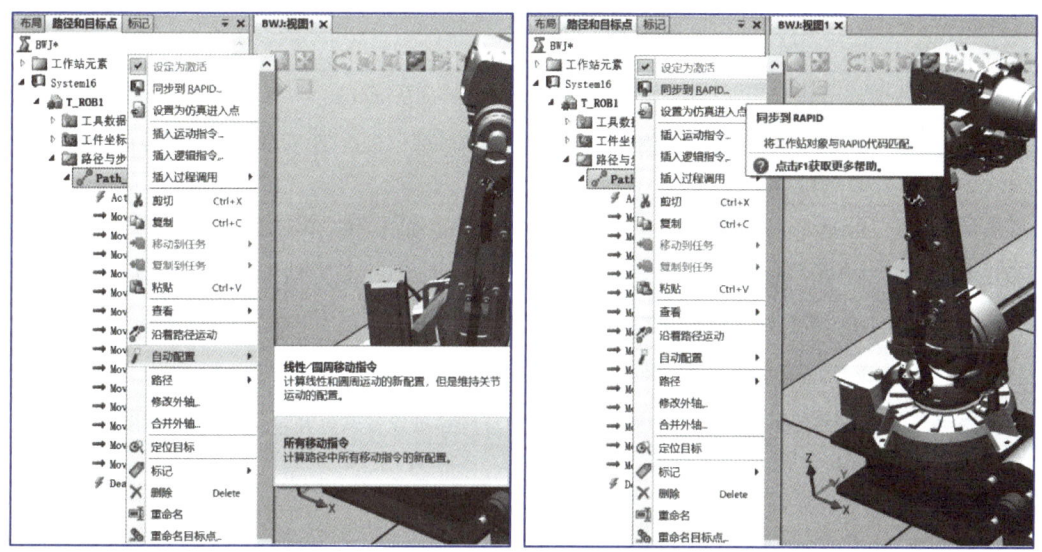

图6-45 同步到RAPID

（15）在"同步到RAPID"选项卡中，勾选所有内容，然后单击"确定"。

（16）在"仿真"选项卡中单击"播放"，观察工业机器人与变位机的运动，如图6-46所示。

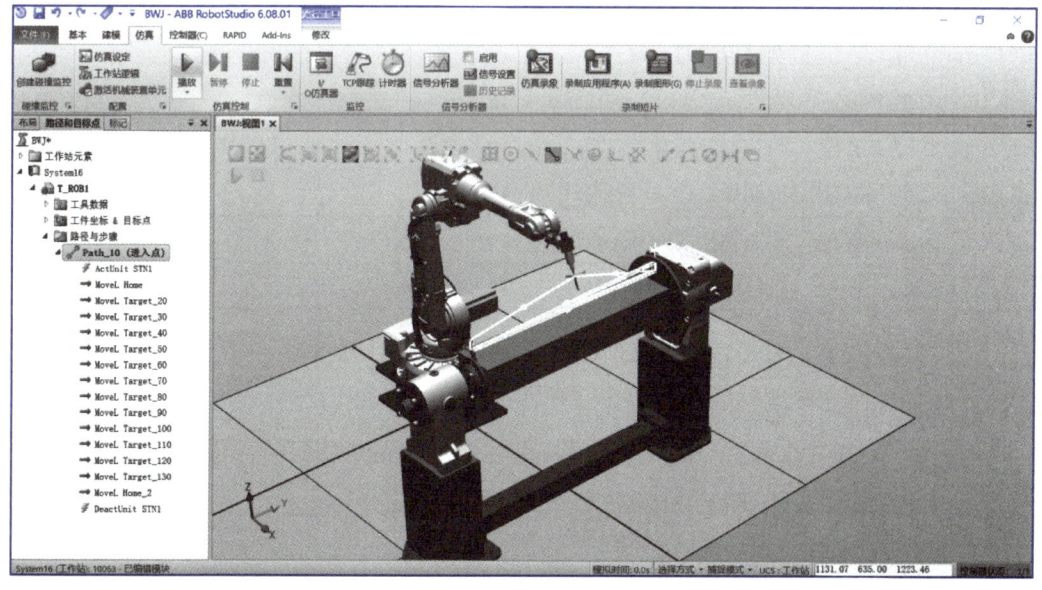

图6-46 播放工作站系统

[能力验评]

请根据任务单完成任务,并填写评价表。

任务单

任务名称	变位机协同焊接系统开发
任务背景	需对大型箱体实施五面焊接,要求构建双轴变位机系统,实现姿态协同控制,层间定位误差≤0.5 mm
任务目标	1. 建立动态工件坐标系;2. 实现空间插补运动;3. 完成多姿态焊接验证
技术参数	1. 变位机重复精度为±0.05°;2. 最大角速度为90°/s;3. TCP标定误差≤0.2 mm
任务流程	变位机配置→TCP标定→协同编程→精度验证
任务内容	1. 动态坐标系配置说明;2. 空间插补程序段;3. 五面焊接仿真视频
成果要求	1. 连续3次姿态切换误差≤0.3°;2. 焊接轨迹重合度≥95%;3. 系统综合效率≥90%
小组成员	
计划用时	开始时间

评价表

评价维度	评价指标	评价标准	分值	个人自评	小组互评	教师评价	企业导师评价	观测依据
知识与技能 (50分)	1. 动态坐标系	转换矩阵误差≤0.1 mm	12					坐标转换数据
	2. 空间插补	轨迹误差≤0.5 mm,奇异点规避有效	13					激光测量报告
	3. TCP标定	六点标定法误差≤0.2 mm	15					标定误差表
	4. 动态补偿	热变形补偿算法正确	10					温补参数表
方法与过程 (35分)	1. 焊接验证	五面焊缝连续性达标	15					焊缝检测报告
	2. 效率优化	姿态切换时间≤3 s	10					时序分析表
	3. 安全操作	急停响应时间≤0.5 s	10					安全测试记录
团队协作 (10分)	1. 协同作业	完成3次多岗位配合	5					分工表(含成员签名)
	2. 文档管理	编制标准化作业手册	5					工艺文件
创新实践 (5分)	智能算法	应用路径优化算法	5					算法流程图
综合评价								

项目6　带导轨和变位机的工业机器人系统创建与应用

总结：

本项目系统阐述了工业机器人外部轴集成的基本原理与实践应用，重点讲解了导轨系统与变位机的结构组成、运动学特性及协同控制机制。通过 RobotStudio 虚拟仿真平台，使学习者掌握外部轴作为第七轴的基座坐标系动态补偿技术、多轴同步编程方法以及工件坐标系在动态环境中的标定流程。基于 RobotStudio 的同步轨迹规划实践，熟练应用多轴协同编程方法，验证轨迹运行精度与安全性。

通过焊接轨迹仿真、多角度切割任务等典型工业场景训练，学习者能够独立完成机械单元参数配置、程序逻辑设计与系统联调。教学成果表明，学习者可系统掌握导轨与变位机的集成应用技术，具备解决长行程定位误差、多轴运动干涉等实际问题的能力。本项目的实施为工业机器人工作站设计与调试提供了标准化教学案例，提升学习者应对智能制造领域复杂技术需求的能力。

[技术前沿]

未来数字化工厂：工业机器人专业的机遇与挑战——从车间到云端的产业革命

当前，中国工业机器人密度已突破 450 台/万人（工业和信息化部 2024 年智能制造评估数据），这一数字背后是制造业从"物理实体"向"数字虚体"的深度迁移。在宁德时代的电池超级工厂中，数字孪生技术将产线调试周期从 90 天压缩至 32 天，而海尔青岛洗衣机工厂通过 AI 视觉检测系统，将产品缺陷率控制在 0.08% 以下。这些案例昭示着一个事实：数字化工厂不再停留在概念阶段，而是深刻重构着生产方式和人才需求。

技术融合催生新制造范式

数字化工厂的核心驱动力源自多技术领域的深度融合。以新能源汽车行业为例，5G 专网实现机器人、AGV 和检测设备的毫秒级协同响应，边缘计算节点实时处理焊接电流、扭矩等 300 余项工艺参数。特斯拉上海工厂最新引入的"量子排产系统"，通过量子算法优化生产订单组合，使设备利用率提升 19%。在底层硬件领域，协作机器人正突破传统边界——节卡机器人 2024 年发布的 All-in-one 共融系列，负载能力达 25 kg，且符合国际标准 ISO/TS 15066:2016《协作机器人安全要求》，工人与机器人共享工作空间时，效率提升可达 40%。

数字孪生技术已从单机仿真扩展至全要素映射。三一重工"灯塔工厂"构建了覆盖 18 个国家供应商的供应链级孪生系统，原材料库存周转率提高 37%；ABB Ability 平台通过振动频谱分析，提前 72 h 预警机器人减速机故障，维护成本降低 52%。这种虚实交互不仅改变了设备运维模式，更催生出新的职业场景：沈鼓集团的"虚拟调试工程师"需同时掌握 RobotStudio 仿真技术与 OPC UA 通信协议，他们在虚拟环境中验证的控制逻辑可直接部署至实体 PLC。

数据驱动重塑生产逻辑

工业数据的价值释放正在改写制造规则。华为机器视觉团队开发的深度学习算法，使缺陷识别种类从 20 类扩展至 256 类，每块电路板的检测耗时缩短至 0.8 s。在忠旺集团的铝型材挤压车间，AI 参数寻优系统能够分析 12 万组历史数据，找到能耗最低的工艺组合，吨产品电耗下降 18%。更具颠覆性的是生产组织方式的变革：比亚迪某柔性化工厂采用模块化产线设计，通过 AGV 与快换夹具系统，实现 4 h 内切换车型生产，设备利用率从 67% 跃升至91%。

绿色制造与数字化转型形成双向赋能。隆基绿能的光伏工厂部署碳足迹追踪系统,精确核算从硅料提纯到组件封装的全程碳排放,单瓦产品碳强度降低23%。KUKA最新一代机器人搭载能量回收装置,制动时产生的电能回馈电网,整线能耗减少15%。这种可持续发展实践正在转化为市场竞争力——欧盟2024年实施的"碳边境调节机制",迫使出口企业必须构建数字化碳管理体系。

人才需求的结构性变革

产业转型对技能结构提出全新要求。智联招聘2024年报告显示,工业机器人领域"数字孪生工程师"岗位需求同比增长68%,"智能制造系统架构师"年薪中位数达28万元。传统岗位正经历能力升级:某汽车企业将设备维护团队重组为"智能产线医生",要求同时掌握振动分析仪使用与Python数据建模能力;工艺技术员转型为"AI训练师",需标注数万张焊接飞溅图像供算法学习。

区域发展与个人成长路径

地域产业特色为职业规划提供导航。长三角聚焦新能源汽车智能工厂建设,特斯拉上海三期工厂投产带来8 000个技术岗位;珠三角3C电子行业加速柔性化改造,华为供应商对"机器视觉工程师"需求激增;成渝地区发力工业软件国产化,本土企业如麒麟信安开出优厚待遇争夺PLC编程人才。对学习者而言,构建"T型能力模型"至关重要:纵向深耕机器人运动控制、传感器集成等核心技能,横向拓展工业互联网、数据科学跨界能力,同时关注ISO 23247-2024数字孪生系统标准等行业规范。

值得警惕的是技术演进中的风险。2024年某零部件厂商因PLC漏洞遭勒索软件攻击,直接损失超2 000万元,这警示从业人员必须掌握工控安全防护技能。此外,传统电工面临严峻转型压力——施耐德电气的调研显示,仅41%的从业人员能独立配置智能断路器参数。因此,持续学习成为职业生存法则:考取工业机器人方向新职业证书,积极参与大型自动化企业认证培训,将成为职场进阶的关键筹码。

[思考与练习]

1. 工业机器人的外部轴(External Axis)是指(   )。
   A. 机器人第一轴   B. 机器人第二轴
   C. 机器人第六轴   D. 本体以外的轴
2. 工业机器人的外部轴(External Axis)作用是(   )。
   A. 扩大运动范围   B. 增加运动速度
   C. 降低工作精度   D. 提升工作难度
3. MoveJ指令可使TCP沿着非线性路径迅速移动到目标点,(   )到达位置。
   A. 所有轴同时   B. 第六轴先到位置
   C. 第一轴先到位置   D. 第三轴先到位置
4. 本工作站中STN1的作用是(   )。
   A. 关闭机械单元   B. 激活机械单元
   C. 更换机械单元   D. 拆解机械单元

5. 工件轨迹最后一个点的转弯半径设置成（　　）较为合适。
   A. Z0　　　　　　　B. Z20　　　　　　　C. Z50　　　　　　　D. fine
6. 在汽车焊接产线中，使用带导轨的机器人系统主要是为了（　　）。
   A. 提高焊接速度　　　　　　　　B. 扩展工作范围以覆盖多工位
   C. 减少机器人负载　　　　　　　D. 简化编程难度
7. 变位机的 L 型结构最适用于以下哪种工件（　　）。
   A. 小型精密件　　B. 长型结构件　　C. 柔性薄壁件　　D. 超重型铸件
8. 变位机误差的主要来源是（　　）。
   A. 环境湿度变化　　　　　　　　B. 机械回转精度
   C. 网络通信延迟　　　　　　　　D. 操作界面语言
9. 在焊接工作站中，变位机的"主从控制"模式指（　　）。
   A. 变位机跟随机器人运动　　　　B. 机器人跟随变位机运动
   C. 两者独立运行　　　　　　　　D. 仅通过 I/O 信号触发
10. 实现导轨与机器人同步插补运动的指令是（　　）。
    A. MoveL　　　　B. SyncMoveOn　　　　C. ActUnit　　　　D. WaitTime

项目 7
RobotStudio 在线功能应用

工业机器人离线编程技术的深入应用离不开与真实控制系统的实时交互能力。本项目聚焦 RobotStudio 软件的核心在线功能体系,系统构建了从控制器连接、系统维护到程序调试的全链路实践框架。通过控制器端口配置与网络通信原理的解析,学习者将掌握物理层连接与逻辑层参数配置的双重技术要点;结合备份与恢复、在线编程、信号配置等核心任务,不仅强化了工业机器人系统维护的规范性操作流程,更着重培养远程监控、故障诊断等现代智能制造场景中的关键技术能力。本项目设计紧密对接工业现场需求,通过模块化任务引导学习者建立完整的在线调试知识体系,为后续复杂工作站集成与数字孪生技术应用奠定坚实基础。

[项目目标]

1. 知识目标
(1)掌握 RobotStudio 与工业机器人控制器的通信连接原理及端口配置方法
(2)理解工业机器人系统备份与恢复的机制及实施要点
(3)熟悉在线文件传输协议(FTP)与实时监控系统的应用场景
(4)认知工业机器人 I/O 信号配置规范与 RAPID 程序架构特点

2. 能力目标
(1)能够独立完成控制器网络参数配置与物理连接操作
(2)具备执行系统全量备份/恢复及增量备份的操作能力
(3)熟练运用在线编辑功能实现 RAPID 程序调试与 I/O 信号配置
(4)掌握文件传输工具的配置方法及实时监控数据的解读技能
(5)能处理常见通信连接故障与程序同步异常问题

3. 素养目标
(1)养成规范操作意识,严格执行工业设备安全操作规程
(2)培养系统维护思维,建立定期备份与版本管理的工作习惯
(3)强化团队协作能力,理解产线设备联调中的角色定位
(4)树立质量优先观念,确保在线修改符合工艺参数标准
(5)提升故障预判意识,形成规范的异常处理流程记录习惯

任务 1
RobotStudio 连接控制器

[任务描述]

RobotStudio 连接控制器是实现其在线功能的先决条件,通过 RobotStudio 与工业机器人控制的物理连接,可以对工业机器人进行备份与恢复、信号和程序的编辑与修改并实现文件的在线双向传输和监控工业机器人运行状态等功能。

本任务主要介绍控制器的连接端口,并详细介绍连接工业机器人控制器的操作方法。

[知识准备]

7.1.1 控制器连接端口简介

RobotStudio 软件具有在线作业功能,通过 RobotStudio 与工业机器人连接,可利用 RobotStudio 的在线功能对机器人进行监控、设置、编程与管理,使调试与维护工作变得更加轻松。将 PC 与控制器进行物理连接有两种方法:连接到服务端口或连接到工厂的网络端口。服务端口可供维修工程师以及程序员直接使用 PC 连接控制器,它配置了一个固定 IP 地址,该地址在所有的控制器上都是相同的,且不可修改,另外还有一个 DHCP 服务器自动分配 IP 地址给连接的 PC。工厂的网络端口用于将控制器连接到网络。网络设置可以使用任何 IP 地址配置,通常是由网络管理员提供的。

使用机器人通信运行时,连接的网络客户端的最大数目为:

① LAN 端口:3

② Service 端口:1

③ FlexPendant:1

使用工业机器人通信运行时,在连接到控制器的同一 PC 上运行的应用程序,其最大数目无内在限制,但 UAS 会将登录用户数限制为 50,并行连接的 FTP 客户端最大数目为 4。

如图 7-1 所示,显示了计算机 DSQC 639 的两个主要端口:服务端口和 LAN 端口。其中,A 为计算机上的服务端口(通过一根线缆从前面连接到控制器的服务端口),B 为计算机上的 LAN 端口(连接到工厂网络)。LAN 端口是唯一连接到控制器的公共网络接口,通常使用网络管理员提供的公用 IP 地址连接到工厂网络。

如图 7-2 所示,显示了计算机 DSQC1000 的两个主要端口:服务端口和 WAN 端口。其中,A 为计算机上的服务端口(通过一根线缆从前面连接到控制器的服务端口),B 为计算机上的 WAN 端口(连接到工厂网络)。WAN 端口是唯一连接到控制器的公共网络接口,通常使用网络管理员提供的公用 IP 地址连接到工厂网络。LAN1、LAN2 和 LAN3 只能配置为 IRC5 控制器的专属网络。

项目 7　RobotStudio 在线功能应用

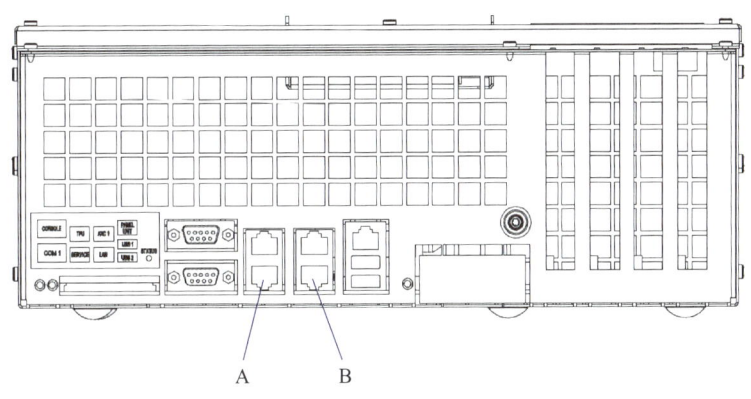

图 7-1　DSQC 639 的两个主要端口

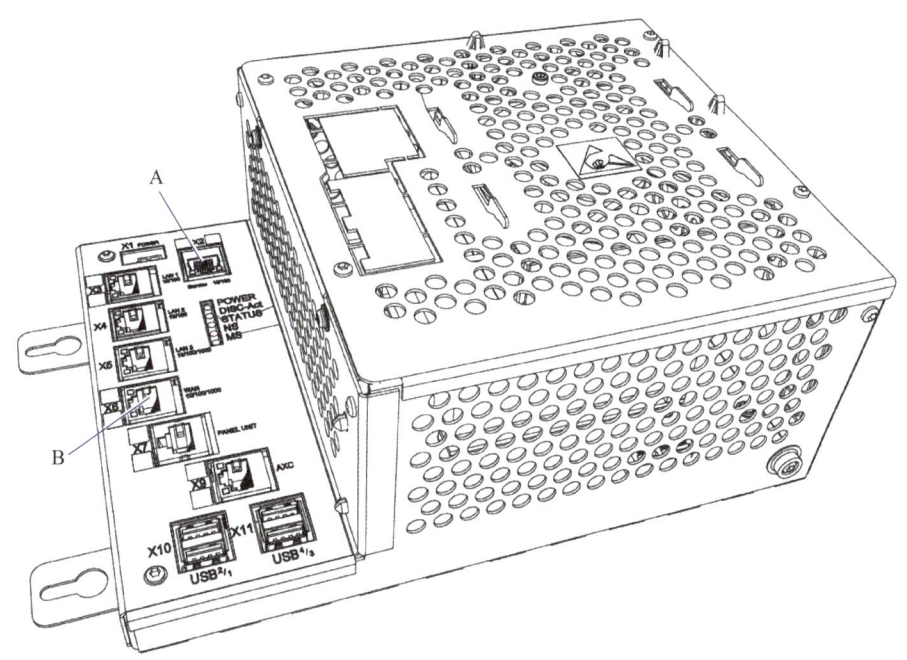

图 7-2　DSQC1000 的两个主要端口

[**任务实施**]

7.1.2　与控制器的连接方法

1. 一键连接

（1）网线一端连接计算机的网线接口，另外一端与控制柜（Server）的网线接口连接。

（2）单击计算机的网络接口，将计算机的 IP 地址设定为"自动获得 IP 地址"，如图 7-3 所示。

253

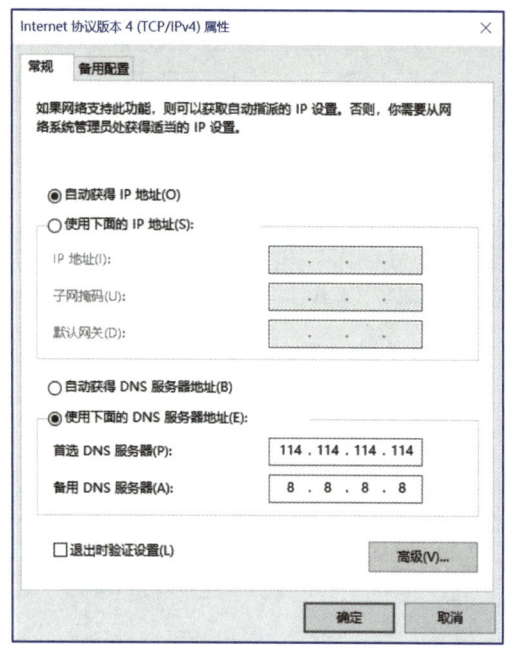

图 7-3　自动获得 IP 地址

（3）在"控制器"功能选项卡中，单击"添加控制器"，选择"一键连接"，即可通过网线连接到真实的工业机器人控制器，如图 7-4 所示，也可以通过打开"文件"功能选项卡，选择"在线"→"一键连接"，如图 7-5 所示。

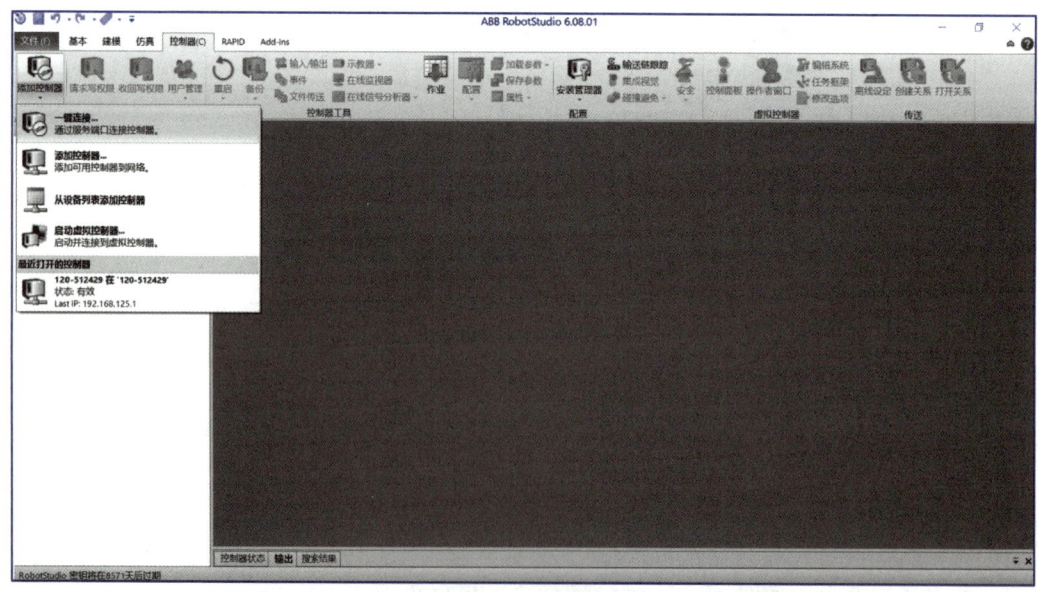

图 7-4　添加控制器

图 7-5　一键连接

2. 用户自定义连接

（1）网线一端连接计算机的网线接口，另外一端与控制柜（Server）的网线接口连接。

（2）单击计算机的网络接口，将计算机的 IP 地址设定为"使用下面的 IP 地址"，如图 7-6 所示。

（3）在"控制器"功能选项卡中，单击"虚拟示教器"，将虚拟示教器界面设置成中文语言，单击"重新启动"，如图 7-7 所示。

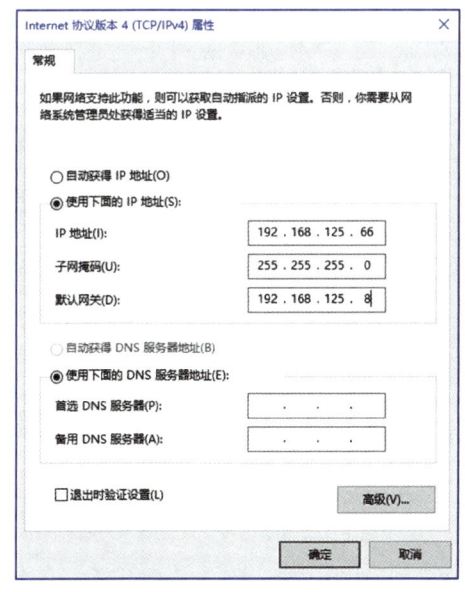

图 7-6　自定义 IP 地址

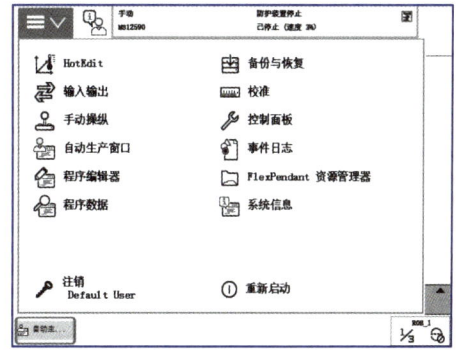

图 7-7　设置虚拟示教器界面语言

（4）重新启动后，在界面中单击"高级…"选项，在弹出的界面中选择"启动引导应用程序"，如图7-8所示。

（5）系统启动引导应用程序后，进入ABB机器人引导应用程序设置页面，单击"Settings"，如图7-9所示。

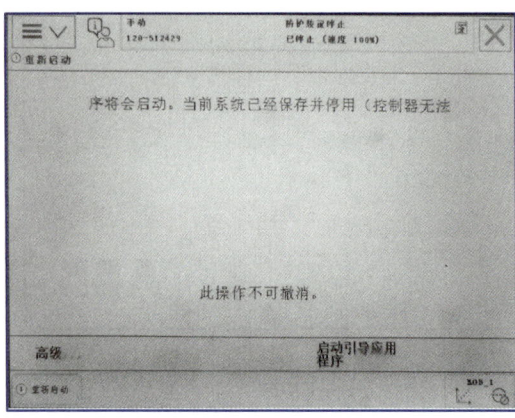

图7-8　启动引导应用程序

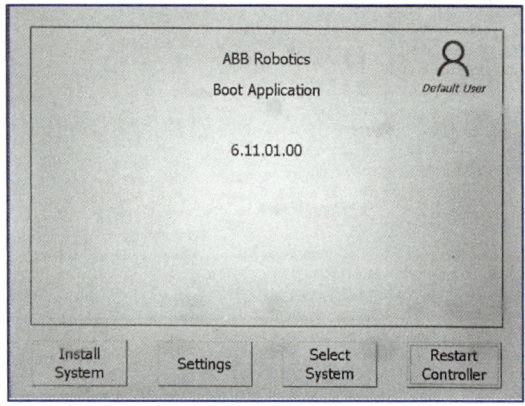

图7-9　单击"Settings"

（6）在"Settings"设置页面中将默认的"Use no IP address"替换为"Use the following IP settings"，如图7-10所示。

（7）在"Use the following IP settings"中设置"IP Address"和"Subnet mask"，设置完后单击"OK"，如图7-11所示。

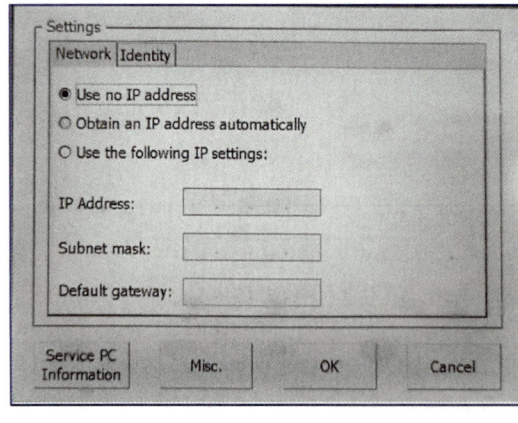

图7-10　选择用户自定义IP设置

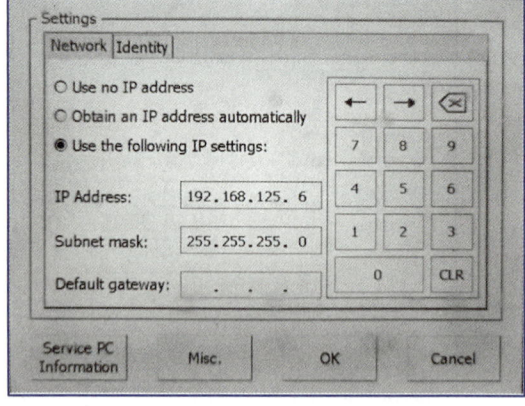

图7-11　设置自定义IP地址

（8）在"Select System"设置界面中，单击"OK"，如图7-12所示。

（9）在ABB机器人引导应用程序设置界面中，选择"Select System"，如图7-13所示。

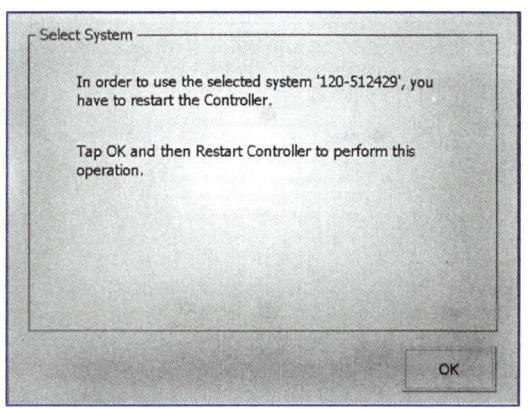
图 7-12 确定自定义 IP 地址

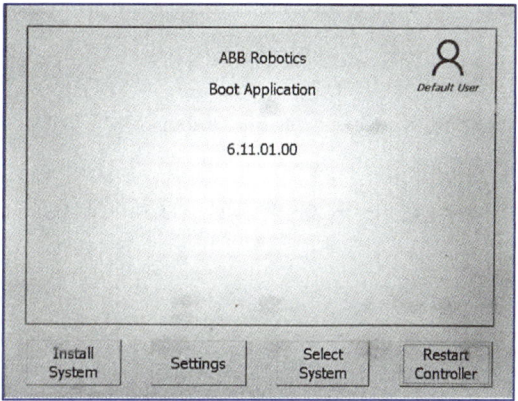
图 7-13 选择系统

（10）在"Select System"设置界面中单击"Installed System"中的"120-512429"，单击"Select"之后可以看到"Selected System"框下已显示备选系统，最后单击"OK"，如图 7-14 所示。

（11）在 ABB 机器人引导应用程序设置界面中，单击"Restart Controller"，如图 7-15 所示。

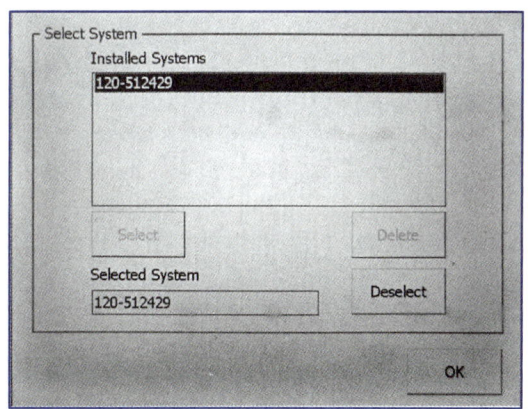
图 7-14 选择安装系统

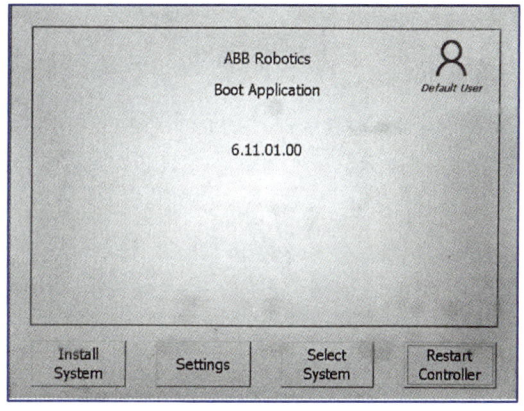
图 7-15 选择重启控制器

（12）在弹出的"Restart Controller"设置界面中单击"OK"，重启控制器，如图 7-16 所示，重启过程如图 7-17 所示。

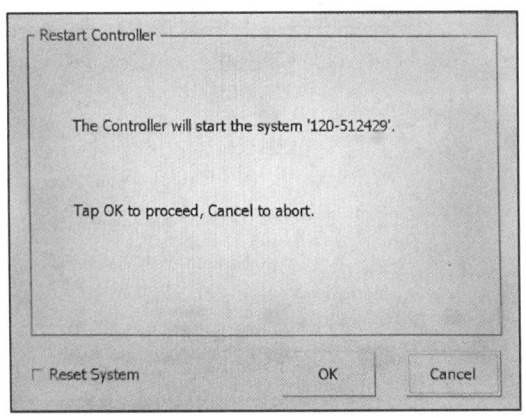 

图 7-16 重启控制器确认　　　　　　　图 7-17 控制器重启中

（13）打开 RobotStudio，选择"控制器"功能选项卡，选择"添加控制器"中的第二项选项"添加控制器"，如图 7-18 所示。

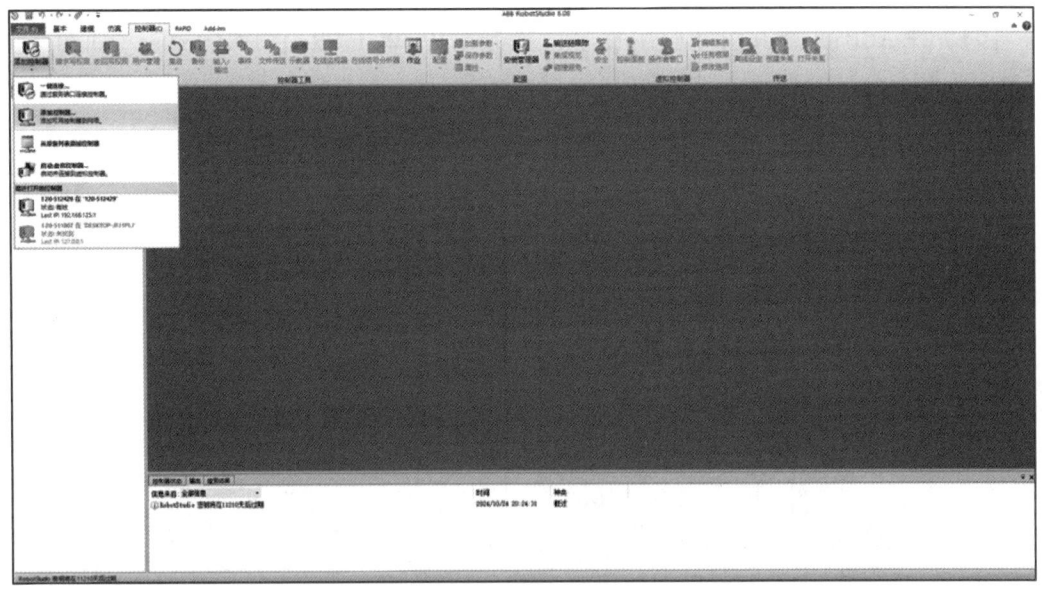

图 7-18 添加控制器

（14）在弹出的"添加控制器"界面中选中要添加的控制器系统，单击"确定"，如图 7-19 所示。

（15）此时，虚拟控制器已与 PC 建立起连接了，单击"确定"后如图 7-20 所示。

项目 7 RobotStudio 在线功能应用

图 7-19 添加控制器系统

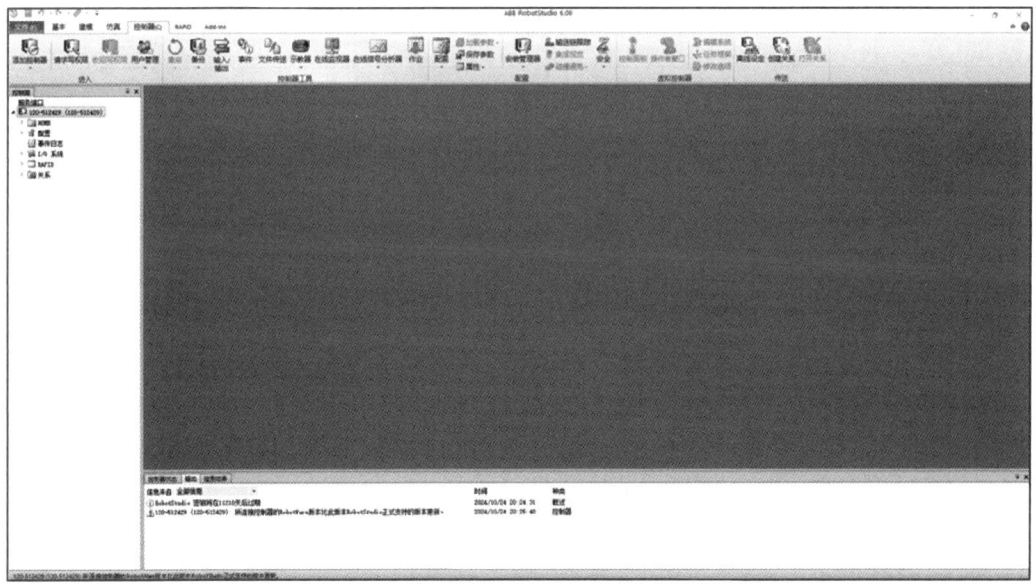

图 7-20 成功建立连接

[能力验评]

请根据任务单完成任务,并填写评价表。

任 务 单

任务名称	工业机器人控制器网络配置与连接
任务背景	某汽车零部件生产线需新增机器人工作站调试功能,要求工程师在 2 h 内完成 3 台控制器的网络配置与连接,IP 地址冲突率≤5%,连接成功率≥95%
任务目标	1. 掌握服务端口与 LAN 端口物理连接方法;2. 完成 IP 地址规划与配置;3. 实现 RobotStudio 与控制器稳定通信
技术参数	1. IP 配置时间≤5 min/台;2. 网络延迟≤50 ms;3. 连接成功率≥95%;4. 最大并发连接数≥3
任务流程	物理连接→IP 规划→参数配置→连接验证→异常处理
任务内容	1. 网络拓扑图(含 3 台控制器);2. IP 地址分配表;3. 连接状态诊断报告
成果要求	1. 连续 3 次连接成功;2. 网络延迟波动≤10%;3. IP 地址冲突次数≤1
小组成员	
计划用时	开始时间

评 价 表

评价维度	评价指标	评价标准	分值	个人自评	小组互评	教师评价	企业导师评价	观测依据
知识与技能（50 分）	1. 端口识别准确性	正确区分服务端口/LAN 端口,误差≤1 处	15					端口标识文档
	2. IP 配置规范性	子网掩码错误率≤5%,IP 冲突次数≤1	15					IP 分配表
	3. 连接稳定性	平均延迟≤50 ms,丢包率≤2%	10					网络诊断报告
	4. 异常处理能力	解决 2 类典型连接故障	10					故障记录表
方法与过程（35 分）	1. 操作规范性	完成 5 步标准连接流程	15					操作视频
	2. 工具使用	正确使用 3 种网络诊断工具	10					工具日志
	3. 效率控制	单台配置时间≤5 min	10					时间记录表

续表

评价维度	评价指标	评价标准	分值	个人自评	小组互评	教师评价	企业导师评价	观测依据
团队协作（10分）	1. 任务分配	完成3次角色轮换	5					分工表（含成员签名）
	2. 文档管理	维护2版配置文档	5					版本记录
创新实践（5分）	网络优化方案	提出1种拓扑优化方法	5					方案说明书
综合评价								

任务 2

RobotStudio 的备份与恢复

[任务描述]

定期对机器人的数据进行备份是保持其正常运行的良好习惯。ABB 机器人数据备份的对象是所有正在系统内存运行的 RAPID 程序和系统参数。当机器人系统出现错乱或者重新安装新系统以后,可以通过备份快速地把机器人恢复到备份时的状态,以便工业机器人能够正常运行。

本任务主要的目标是掌握 RobotStudio 的备份和恢复程序、系统参数的方法,为工业机器人安全稳定运行提供保障。

[知识准备]

7.2.1 RobotStudio 数据安全基础

1. 工业机器人数据管理基础

工业机器人系统数据由运行于控制器内存的 RAPID 程序(包含运动控制逻辑与任务流程)、系统参数(涵盖机械参数、通信配置、安全限制)及配置文件(工具坐标系、用户权限等)共同构成。定期备份可有效避免因系统故障、误操作或病毒攻击导致的数据丢失,符合安全标准要求。例如,某汽车企业焊装车间因未执行备份,系统崩溃后需耗时 12 h 重新配置参数,造成重大经济损失。

2. 备份与恢复技术原理

RobotStudio 支持全备份、增量备份及差异备份三种模式。全备份可完整保存控制器运行状态(含程序、参数及配置日志);增量备份仅存储变更数据,节省存储空间 50% 以上。恢复操作需确保备份文件与目标控制器的硬件型号、RobotWare 系统版本及外部轴配置完全一致,并通过校验和比对、备份日志分析及模拟恢复测试保障数据完整性。

3. 操作环境要求

执行备份与恢复前需确认控制器处于手动模式,示教器状态指示灯正常,并通过网络连接获取控制器 IP 地址。操作需具有管理员权限,并在示教器端完成数字签名认证,确保操作合法性。写权限请求通过 PC 与控制器间的加密握手协议实现,防止未授权访问。

4. 关键技术要素

控制器识别依赖 MAC 地址绑定与网络拓扑扫描,多控制器场景需严格匹配物理标签与软件列表。恢复操作前必须终止所有运行程序,且目标硬件配置需与备份源一致。异常处理需重点关注权限超时与版本冲突代码,通过重启服务或版本回滚解决。

项目 7　RobotStudio 在线功能应用

[任务实施]

7.2.2　控制器数据备份与恢复功能

1. 备份功能

（1）在"控制器"功能选项卡中，单击"添加控制器"，选择"添加控制器"选项，在弹出的对话框中选择对应的控制器，单击"确定"，添加该控制器，如图 7-21 所示。

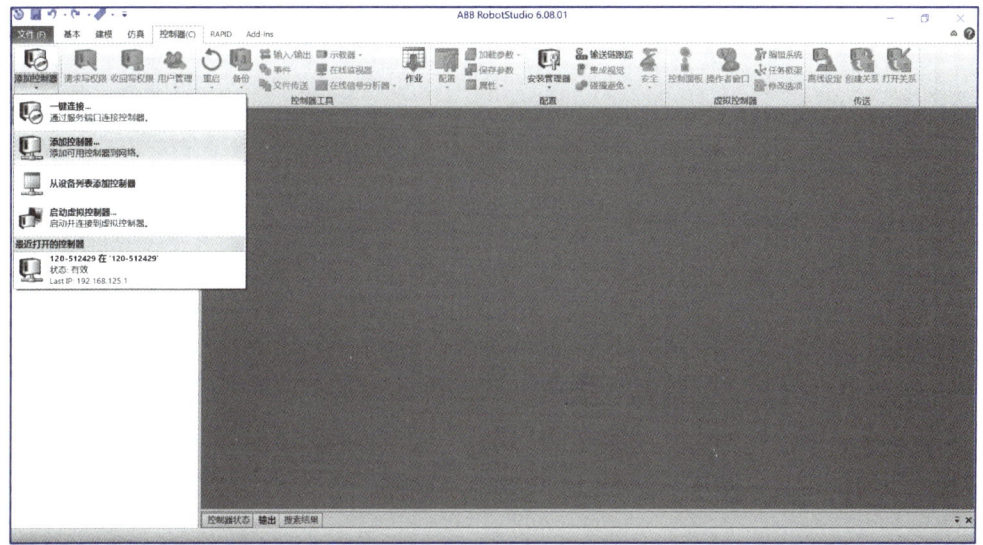

图 7-21　添加控制器

（2）创建备份。在"控制器"功能选项卡中单击"备份"，选择"创建备份…"，如图 7-22 所示。

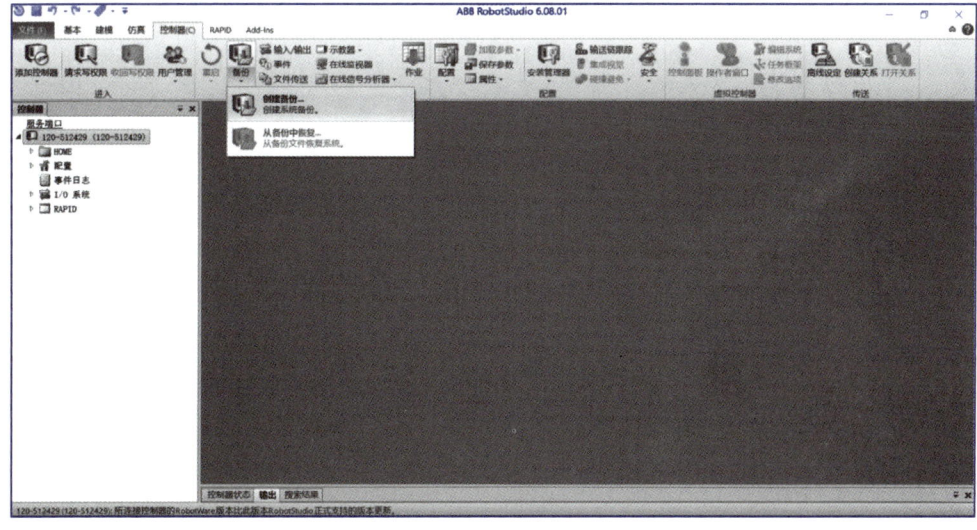

图 7-22　创建备份

（3）设置保存路径和名称。在弹出的对话框中设定备份的名称和保存位置，单击"确定"，开始备份，如图7-23所示。

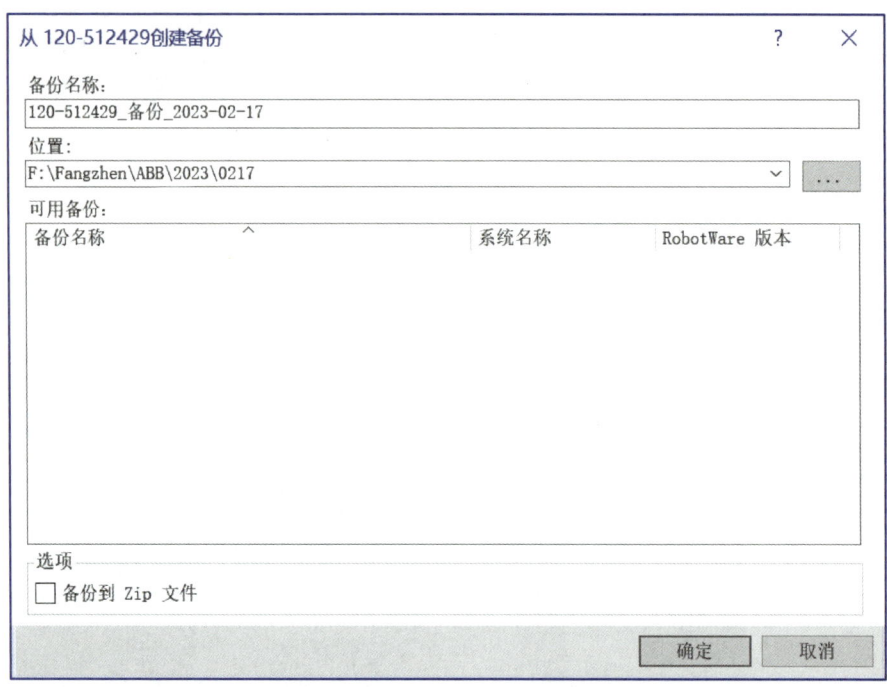

图7-23　确认备份信息

（4）备份完成。在"输出"窗口提示"备份完成"，则说明操作成功，如图7-24所示。

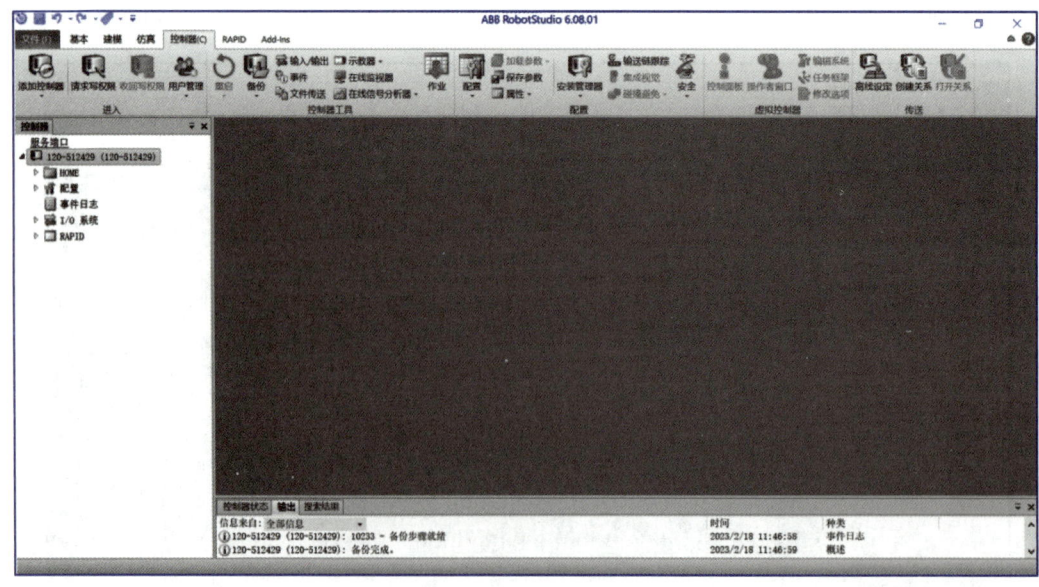

图7-24　备份完成

2. 恢复功能

（1）在"控制器"功能选项卡中，单击"添加控制器"，选择"添加控制器"选项，在弹出的对话框中选择对应的控制器，单击"确定"，添加该控制器。

（2）将工业机器人状态钥匙开关切换到"手动"状态，如图 7-25 所示。

（3）请求写权限。在"控制器"功能选项卡中单击"请求写权限"，获取控制器的编辑权限，如图 7-26 所示。

（4）单击"请求写权限"后，弹出的对话框提示"等待远程操作示教器确认授权，或按取消退出"，单击"取消"，如图 7-27 所示。

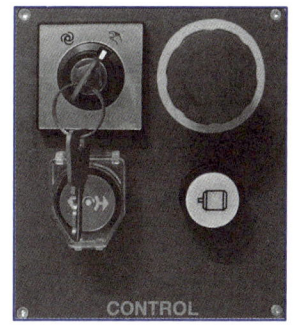

图 7-25 切换机器人运行模式

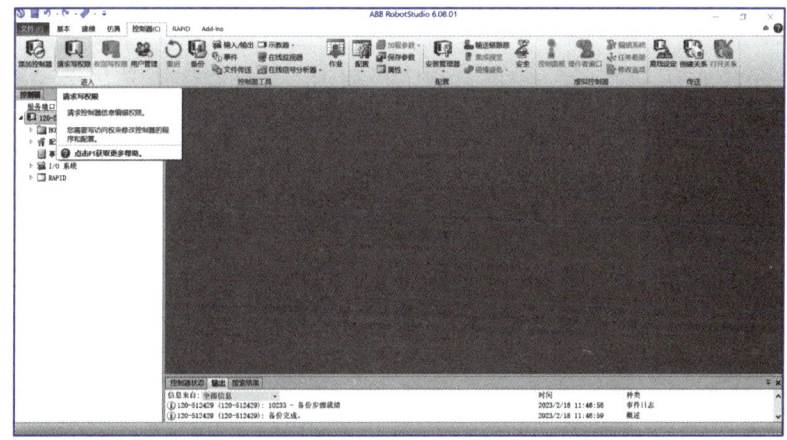

图 7-26 请求写权限

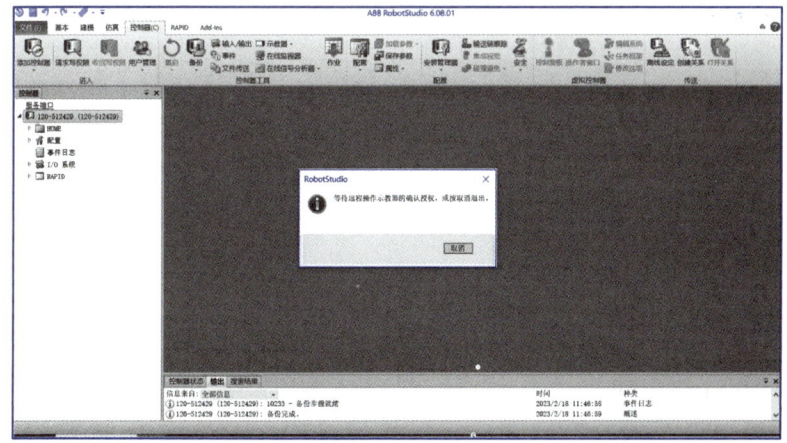

图 7-27 确认权限信息

（5）同意请求。在示教器的操作界面单击"同意"，如图7-28所示。

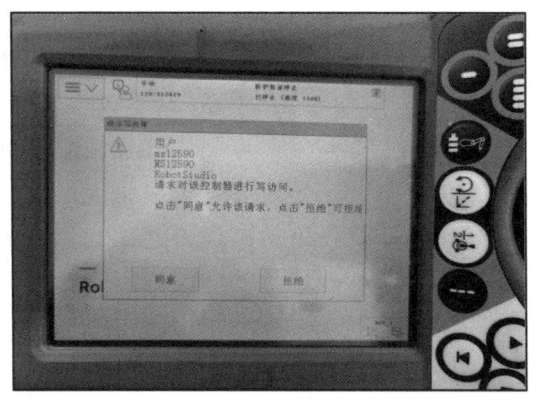

图7-28　同意请求

（6）恢复备份。在"控制器"功能选项卡下单击"备份"按钮，然后选择"从备份中恢复…"选项，如图7-29所示。

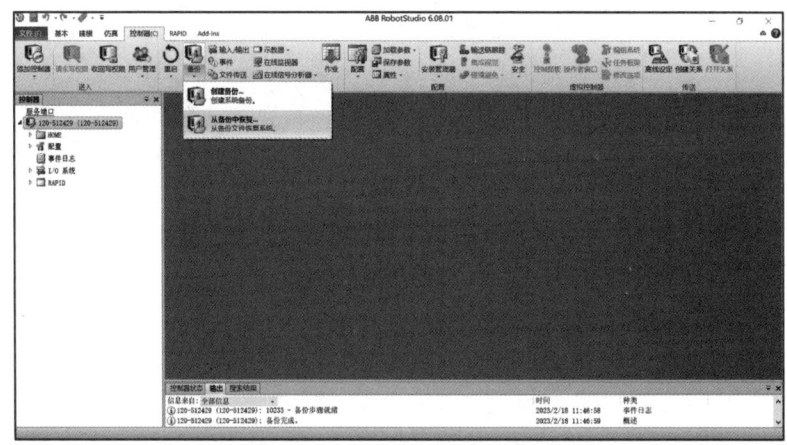

图7-29　恢复备份

（7）恢复系统。在弹出的对话框中选择相应的备份文件，单击"确定"，开始恢复系统，如图7-30所示。

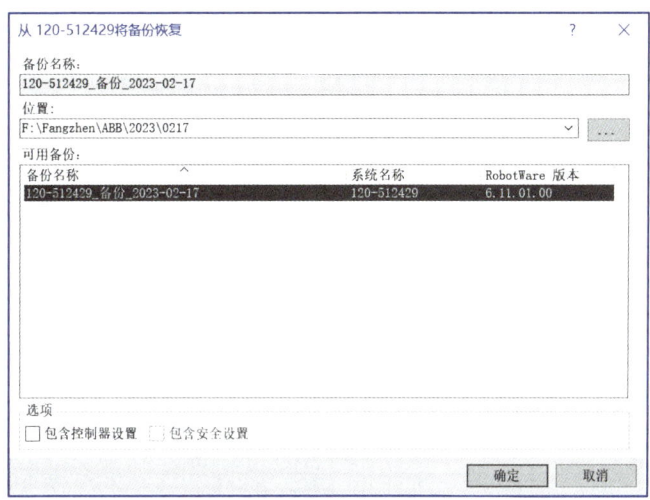

图 7-30 恢复系统

(8) 当"输出"窗口提示"已完成恢复",则操作成功。至此,恢复操作完成,如图 7-31 所示。

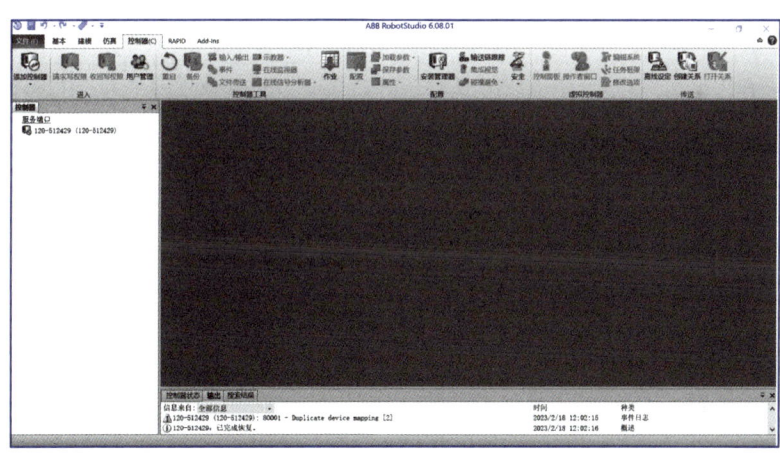

图 7-31 恢复备份成功

[能力验评]

请根据任务单完成任务,并填写评价表。

任 务 单

任务名称	工业机器人系统镜像备份与恢复
任务背景	完成控制器连接后,需建立系统备份机制。要求创建完整系统镜像(含程序+参数),备份文件≤2 GB,恢复时间≤8 min,数据完整率为100%
任务目标	1. 创建完整系统备份;2. 执行系统恢复操作;3. 验证备份完整性
技术参数	1. 备份耗时≤5 min;2. 恢复成功率为100%;3. 镜像校验误差≤0 Byte
任务流程	备份准备→创建镜像→恢复测试→校验比对→异常处理
任务内容	1. 备份操作手册;2. 镜像校验报告;3. 恢复过程录像
成果要求	1. 连续3次恢复成功;2. 系统功能完整率为100%;3. 备份文件命名规范率为100%
小组成员	
计划用时	开始时间

评 价 表

评价维度	评价指标	评价标准	分值	个人自评	小组互评	教师评价	企业导师评价	观测依据
知识与技能 (50分)	1. 备份完整性	包含程序、参数、日志	15					镜像分析报告
	2. 恢复准确性	功能验证通过率100%	15					测试记录表
	3. 版本管理	维护3个历史版本	10					版本目录
	4. 异常处理	解决2类备份故障	10					故障处理记录
方法与过程 (35分)	1. 操作规范	执行5步标准流程	15					操作视频
	2. 存储管理	备份文件分类正确率100%	10					存储目录
	3. 效率控制	单次恢复时间≤8 min	10					时间记录表
团队协作 (10分)	1. 流程衔接	完成3次角色交接	5					交接记录(含成员签名)
	2. 文档协同	共同维护2版手册	5					协作日志
创新实践 (5分)	备份优化方案	提出1种增量备份方法	5					方案说明书
综合评价								

任务 3
RobotStudio 在线编辑程序

[任务描述]

在工业机器人项目应用中，为了配合实际需要，经常会在线对 RAPID 程序进行微小的调整，包括修改和增减程序。使用示教器对程序进行编辑和修改显然不是唯一高效的方法，也可以通过 RobotStudio 在线对工业机器人程序进行快速编辑或参数修改。

[知识准备]

7.3.1 在线编辑基础知识

1. RobotStudio 核心功能

RobotStudio 的控制器管理模块支持在线添加/移除控制器、实时状态监控及权限分级管理，其中写权限申请需通过示教器双重安全确认。程序编辑功能集成语法检查与版本控制，可通过指令库快速调用 VelSet 等参数设置指令，修改内容需经"应用-确认"流程生效。I/O 配置模块遵循 DeviceNet 协议标准，支持数字/模拟信号的创建、映射与设备关联，配置完成后需热启动使新信号生效。

2. 关键指令技术规范

WaitTime 指令用于控制工序节拍，时间参数单位为 s，修改时需确保数值在工艺允许范围内；VelSet 指令通过"最大倍率（1%~100%）"和"最大速度（mm/s）"双参数动态限制运动速度，修改后立即影响后续运动指令。I/O 信号配置需严格遵循命名规范（如 SignalXX），明确信号类型（Digital Input/Output）、设备地址（D562_10）及通道映射关系，避免地址冲突。

3. 安全操作体系

工业机器人模式切换需通过物理钥匙开关完成，手动模式下允许程序修改，自动模式下禁止在线编辑。写权限管理采用"申请-确认-收回"闭环流程，确保每次修改均经过授权。I/O 配置修改后必须执行热启动（保持程序运行）或冷启动（完全重启），其中热启动用于在线生产环境，冷启动用于重大系统变更。

4. 工业通信协议基础

DeviceNet 协议采用总线型拓扑结构，通过节点地址分配实现多设备通信，信号刷新周期可设置为 1~255 ms。数字信号需设置滤波参数消除抖动，组信号支持 8/16 位组合映射，输出信号可启用保持功能维持末状态。信号监控界面实时显示输入/输出状态，支持强制信号值用于调试。

[任务实施]

7.3.2 在线编辑 RAPID 程序

1. 修改等待时间指令

修改等待时间指令首先要在添加控制器后打开控制器的写权限,具体操作步骤同 7.2.1 节中的方法一致,此处不再重复列出。

(1)修改指令。在"控制器"窗口中,双击打开主程序"main",将程序指令"WaitTime2" 修改为"WaitTime3",如图 7-32 所示。

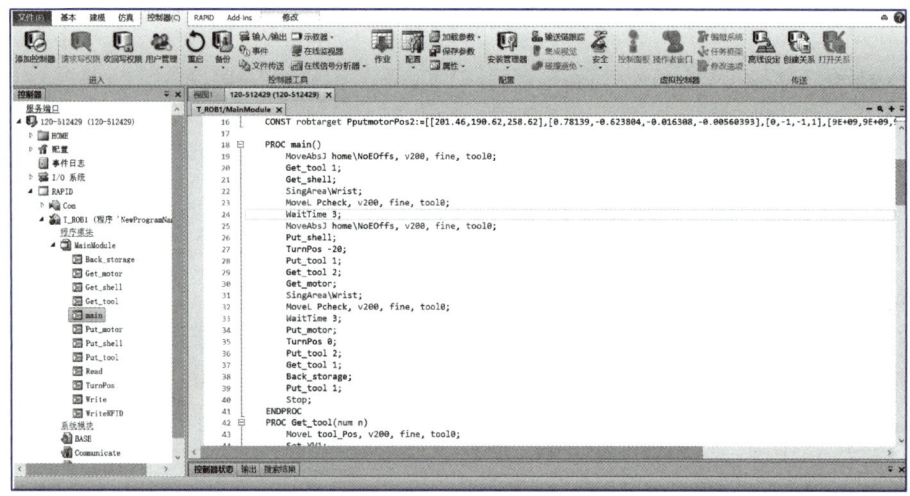

图 7-32 修改指令

(2)应用修改。选择"RAPID"功能选项卡,单击"应用",如图 7-33 所示。

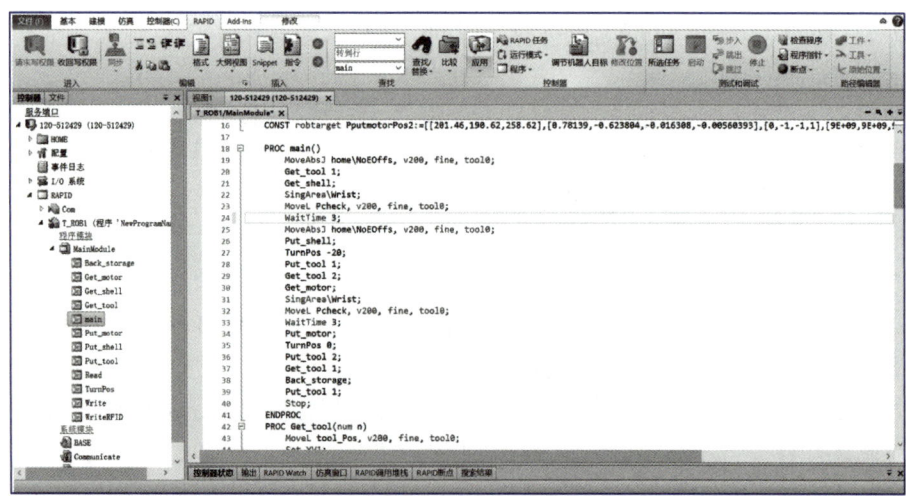

图 7-33 应用修改

(3)单击"是",确认修改指令,如图 7-34 所示。

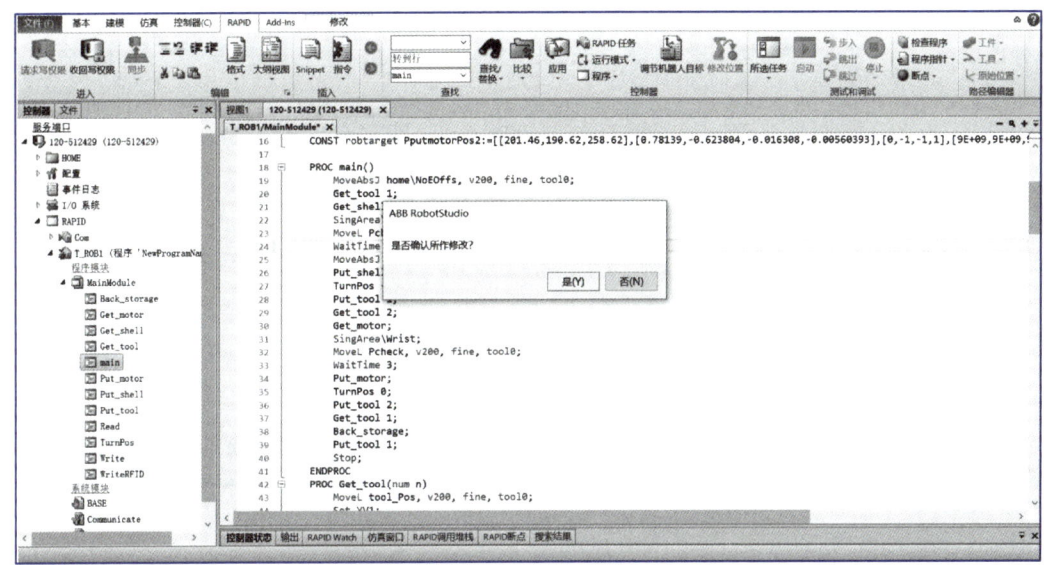

图 7-34　确认修改指令

(4)收回写权限。单击"收回写权限",即可撤回控制器编辑权限,如图 7-35 所示。

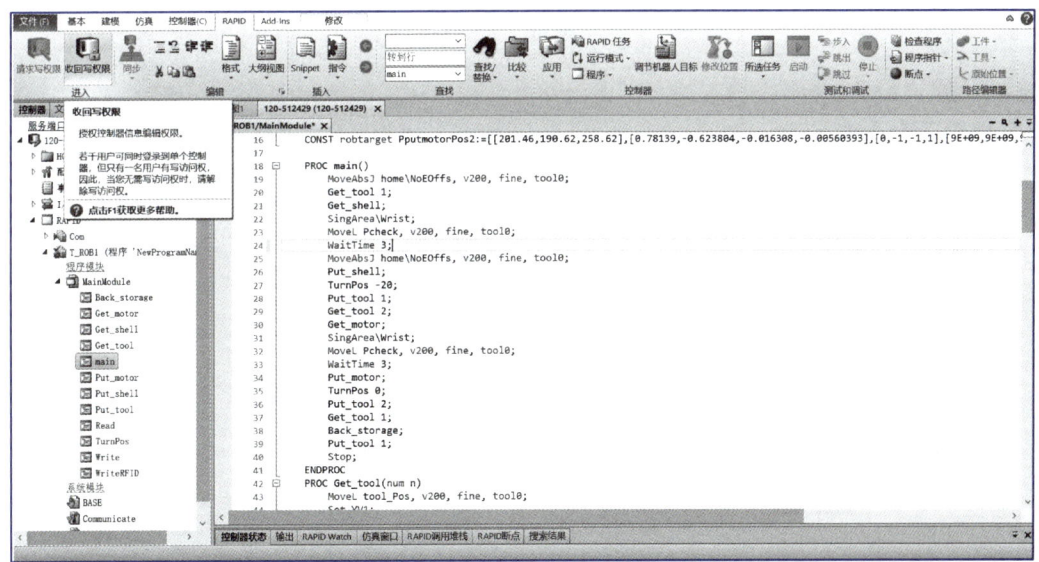

图 7-35　收回写权限

2. 增加速度设定指令

增加速度设定指令首先要在添加控制器后打开控制器的写权限,具体操作步骤同 7.2.1 节中的方法一致,此处不再重复列出。

(1)修改指令。在 main 程序的开始端添加一行程序,如图 7-36 所示。

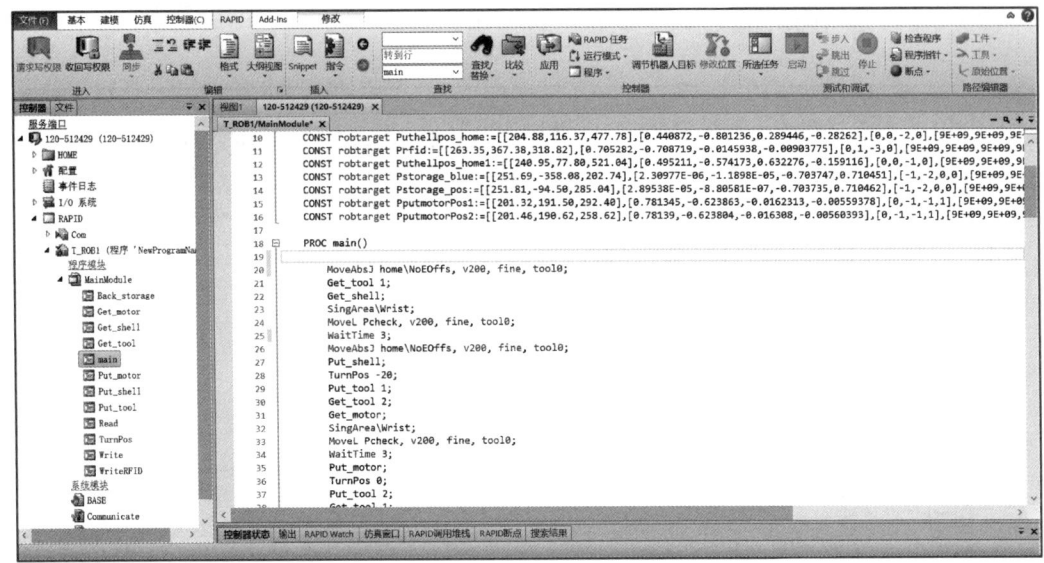

图 7-36 在 main 中添加程序

（2）设置指令。在"RAPID"功能选项卡中单击"指令",选择"Settings"中的"VelSet",如图 7-37 所示。

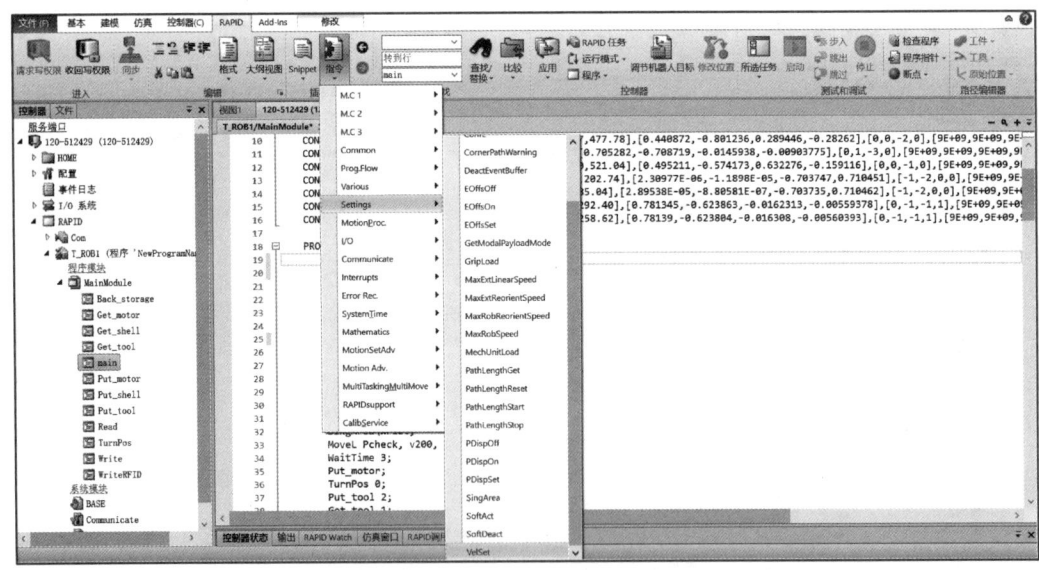

图 7-37 设置指令选择

（3）指令修改为"VelSet 100,1000;",以设定最大倍率和最大速度,如图 7-38 所示。

项目 7　RobotStudio 在线功能应用

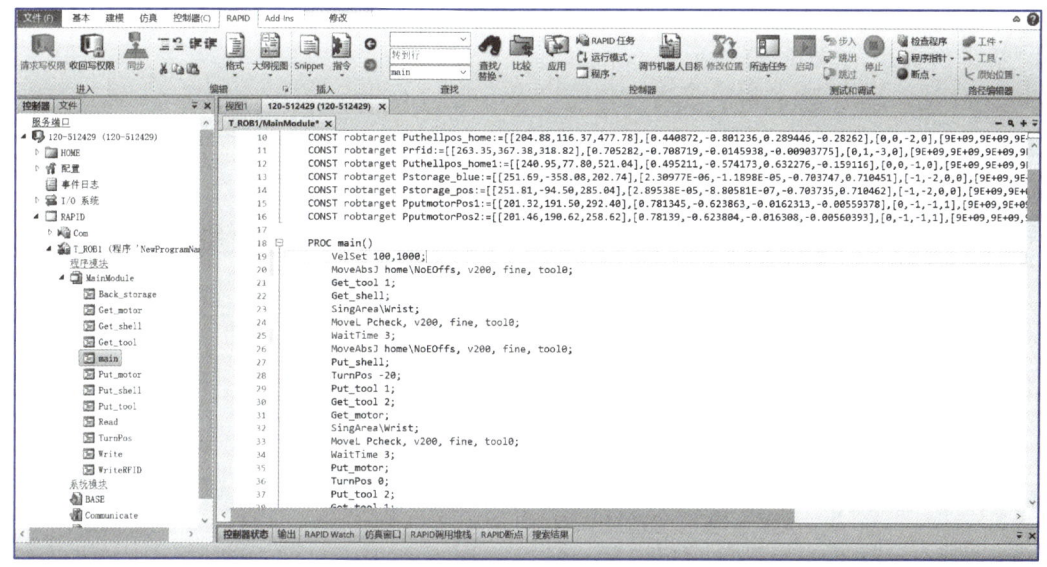

图 7-38　修改指令

7.3.3　在线编辑 I/O 信号

在线编写 I/O 信号首先要在添加控制器后打开控制器的写权限，具体操作步骤同 7.2.1 节中的方法一致，此处不再重复列出。

（1）配置 I/O 信号。在"控制器"功能选项卡中选择"配置"中的"I/O System"，如图 7-39 所示。

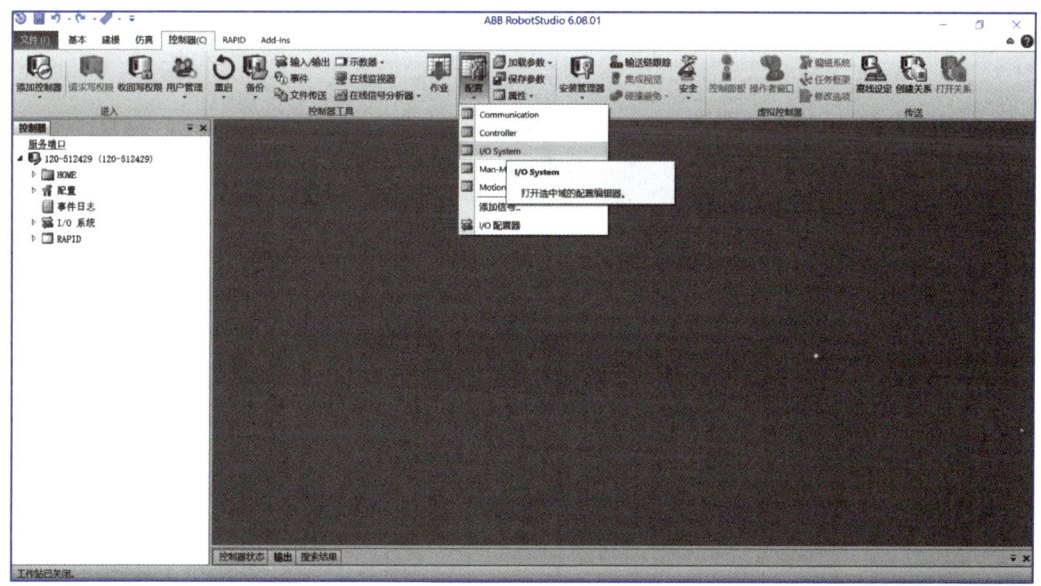

图 7-39　选择配置菜单

273

（2）新建 I/O 信号。在"配置-I/O System"表中，右键单击"类型"列表中的"Signal"，显示"新建 Signal"，如图 7-40 所示。

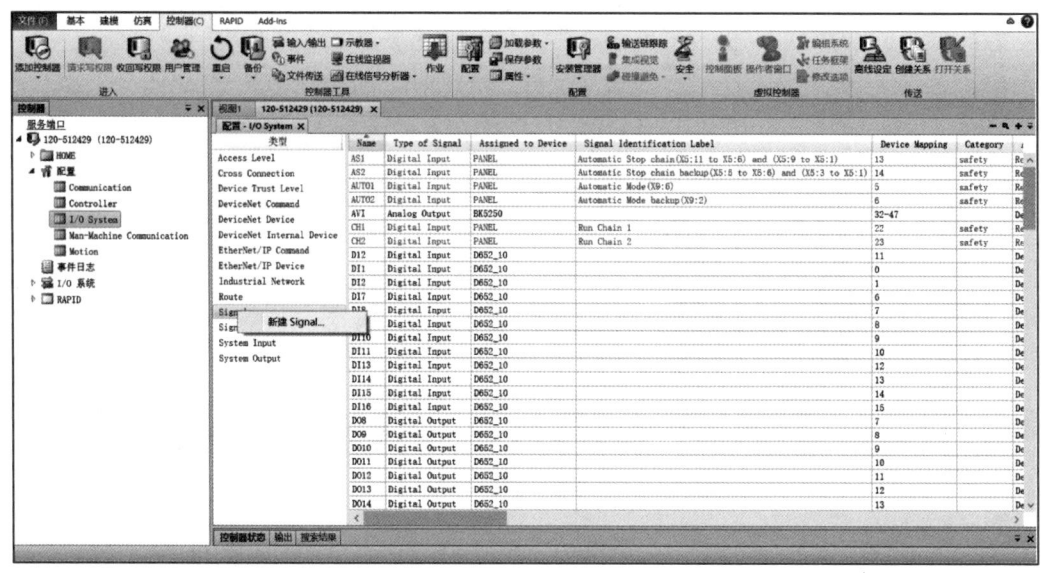

图 7-40　新建 I/O 信号

（3）在弹出的"实例编辑器"中，将"Name"设定为"Signal17"，将"Type of Signal"设定为"Digital Input"，将"Assigned to Device"设定为"D652_10"，将"Device Mapping"设定为"17"，单击"确定"，完成设置，如图 7-41 所示。

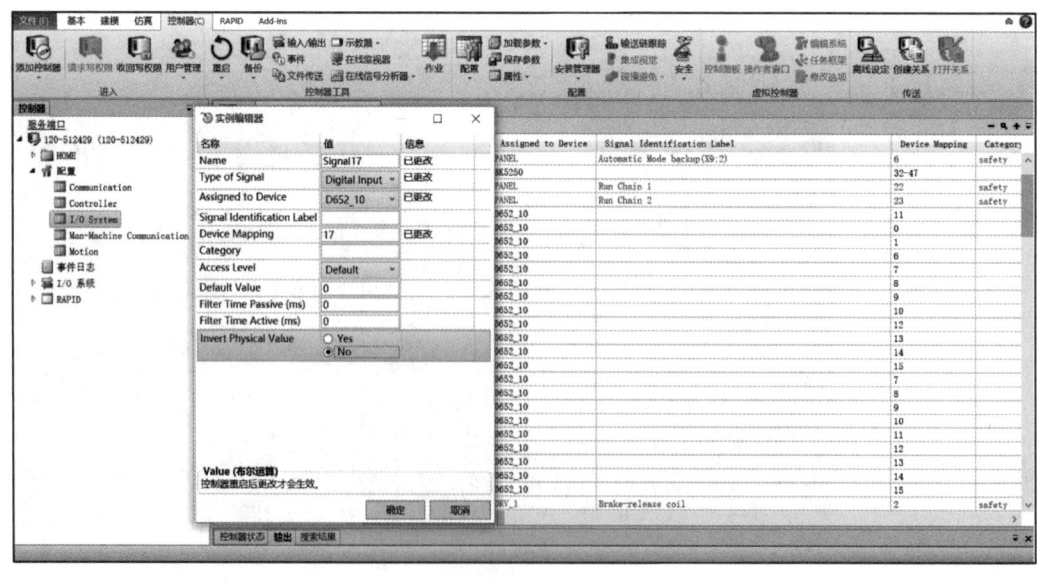

图 7-41　参数设置

（4）在弹出的"实例编辑器"中单击"确定"，完成信号的创建，如图 7-42 所示。

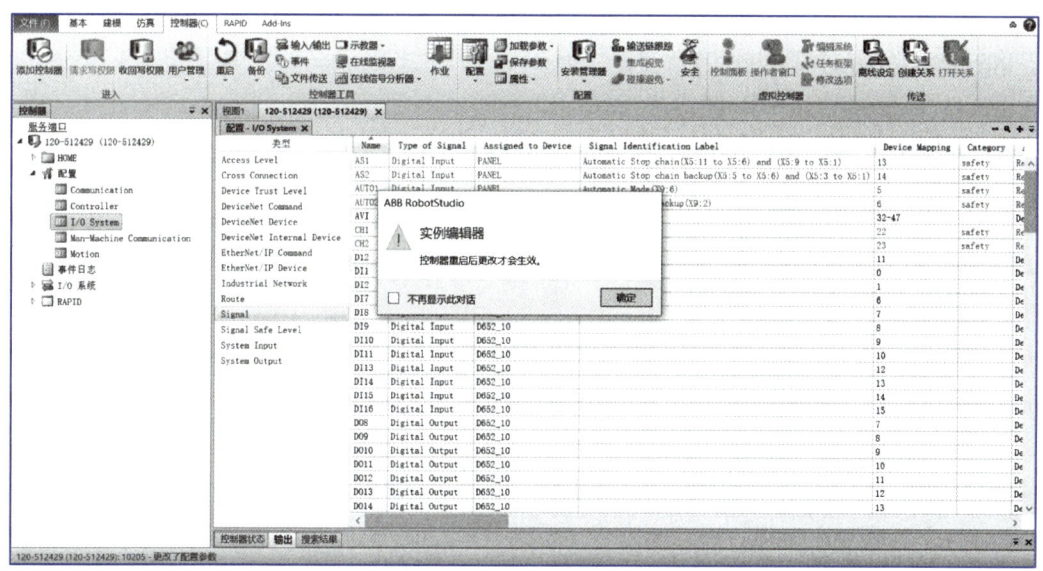

图 7-42　信号创建完成

（5）在"控制器"功能选项卡中单击"重启"，选择"重启动（热启动）"，使配置的 I/O 信号生效，如图 7-43 所示。

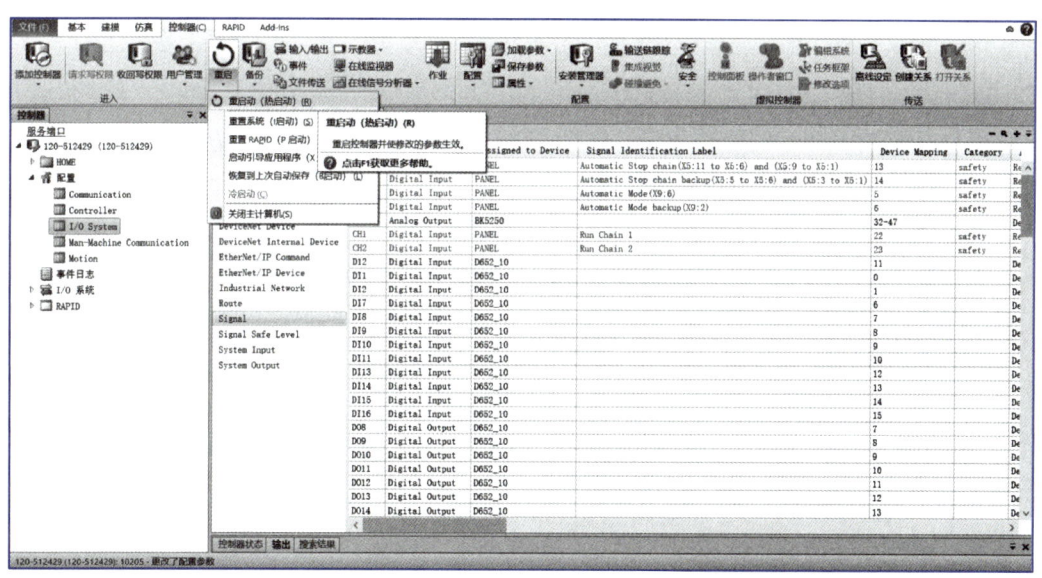

图 7-43　I/O 信号生效

（6）I/O 信号创建完成后，在"控制器"功能选项卡中单击"收回写权限"，即可撤回控制器编辑权限。

[能力验评]

请根据任务单完成任务,并填写评价表。

任 务 单

任务名称	焊接工作站程序在线优化
任务背景	在完成系统备份后,需对汽车零部件焊接工作站进行工艺优化。要求在线调整 RAPID 程序,实现焊接轨迹精度为 ±0.2 mm(匹配车门焊点间距公差),信号同步误差≤0.1 s,程序响应时间≤500 ms
任务目标	1. 在线修正焊接轨迹程序;2. 同步夹具与焊枪信号;3. 实现工艺参数热更新
技术参数	1. 焊接速度匹配产线节拍(6 s/件);2. 焊点位置误差≤±0.15 mm;3. 信号抖动率≤1%;4. 程序热更新中断时间≤0.5 s
任务流程	工艺分析→轨迹修正→信号联调→在线验证→参数固化
任务内容	1. 优化后的焊接程序代码;2. 焊枪-夹具时序联动图;3. 焊接质量检测报告
成果要求	1. 连续焊接50个车门无虚焊;2. 程序更新后节拍保持6 s/件;3. 信号同步偏差≤0.05 s
小组成员	
计划用时	开始时间

评 价 表

评价维度	评价指标	评价标准	分值	个人自评	小组互评	教师评价	企业导师评价	观测依据
知识与技能(50分)	1. 轨迹优化能力	焊点间距误差≤±0.15 mm	15					三坐标检测报告
	2. 信号同步精度	夹具-焊枪信号偏差≤0.05 s	15					示波器波形图
	3. 程序健壮性	连续50次焊接无异常停机	10					生产日志
	4. 热更新能力	工艺切换中断≤0.3 s	10					时间戳记录
方法与过程(35分)	1. 工艺参数管理	建立3组工艺参数库	15					参数配置文件
	2. 调试规范性	完成5次标准调试循环	10					调试记录表
	3. 异常处理	解决焊枪粘连等2类故障	10					故障代码记录

续表

评价维度	评价指标	评价标准	分值	个人自评	小组互评	教师评价	企业导师评价	观测依据
团队协作（10分）	1. 跨岗协同	与机械/电气工程师联调3次	5					联调会议纪要
	2. 文档传承	更新2版焊接工艺卡	5					文档版本号
创新实践（5分）	工艺优化方案	提出1种自适应焊接算法	5					算法流程图
综合评价								

任务 4
RobotStudio 其他在线功能

[任务描述]

RobotStudio 的在线功能,极大方便了用户使用离线编程软件来快速高效地实现特定功能,同时,其在线文件传送功能能够快速地将工业机器人控制器上的文件传输到 PC 端,同样 PC 端也可快速地将文件传输到工业机器人控制器内,需要注意,这里所说的文件必须是 ABB 工业机器人兼容的文件。

本任务主要介绍在线文件传输功能和在线监控的设置和操作方法,有助于学习者全面掌握 RobotStudio 的在线功能。

[知识准备]

7.4.1 文件传输与监控基础

1. 基础概念

工业机器人控制器作为系统核心,承担程序编译、运动规划及安全控制功能,其文件系统包含程序模块(.mod)、系统配置(.sys)等专用格式。RobotStudio 通过 PC Interface 协议与控制器建立通信,利用虚拟控制器(VC)实现程序仿真与实体控制器的双向同步,传输文件需严格遵循 ABB 机器人专用格式(如 RAPID 程序、系统参数文件)以确保兼容性。操作模式切换(自动/手动)直接影响联机功能权限,是安全操作的基础保障。

2. 关键技术要素

控制器采用三级权限管理(管理员/编程员/操作员),通过 RWS 协议实现写权限的动态申请与授权。文件传输基于工业级 FTP 协议,传输过程需执行 CRC 校验及版本比对,系统文件还需检查控制器固件兼容性。在线监控通过三角通信架构(PC-控制器-示教器)实时采集轴数据、I/O 状态及程序指针,结合事件日志解析技术快速定位故障代码。

3. 安全操作规范

联机前需完成网络连通性测试(IP 地址冲突检测、防火墙配置)、控制器状态确认(安全门闭锁、手动模式指示灯)及系统镜像备份。文件传输中断时启用断点续传机制,权限冲突可通过示教器强制回收功能处理,系统异常时使用 Boot Application 执行版本回退。所有操作需符合工具机器人安全要求(ISO 10218-2)标准的安全距离与日志保存要求。

4. 行业应用标准

ABB 控制器文件目录采用分层结构,HOME/Programs 存储程序模块,HOME/System 存放系统配置,系统文件建议按工程惯例命名以包含版本标识,授权证书(License Key)通过USB 加密狗或授权软件激活,文件传输加密需满足工业自动化和控制系统网络安全标准

（IEC 62443 标准）。

[任务实施]

微课
其他在线功能

7.4.2 在线文件传输

在线文件传输首先要在添加控制器后打开控制器的写权限，具体操作步骤同 7.2.1 节中的方法一致，此处不再重复列出。在线文件传输的具体操作步骤如下：

（1）在"控制器"功能选项卡中，单击"文件传送"，如图 7-44 所示。

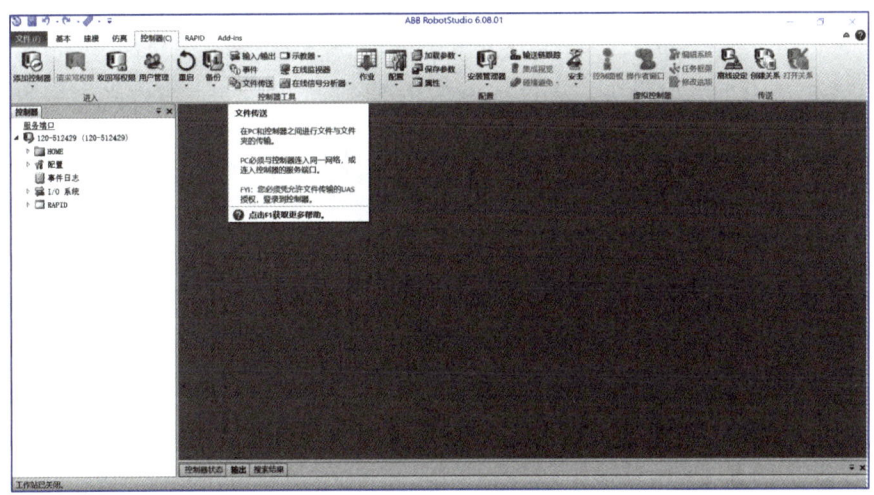

图 7-44　文件传送

（2）选择文件。选择"文件传送"的"PC 资源管理器"中要传输的文件，单击向工业机器人控制器发送按钮"⇨"，文件开始传输，如图 7-45 所示。

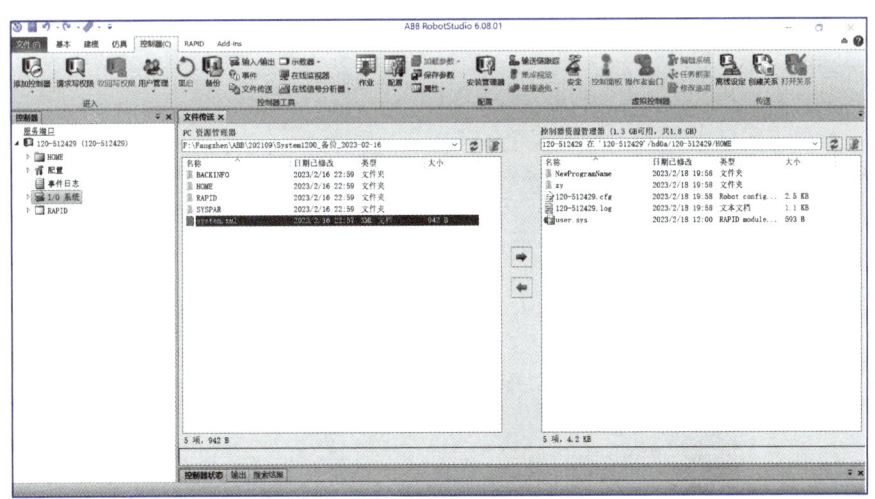

图 7-45　选择文件

(3)传送完成后,单击"收回写权限"按钮,撤回文件传送权限。

7.4.3 在线监控功能

(1)在"控制器"功能选项卡中,单击"添加控制器"下拉菜单,选择"添加控制器"选项,在弹出的"添加控制器"对话框中选择对应的控制器,单击"确定"按钮,添加该控制器,并单击"在线监视器",如图7-46所示。

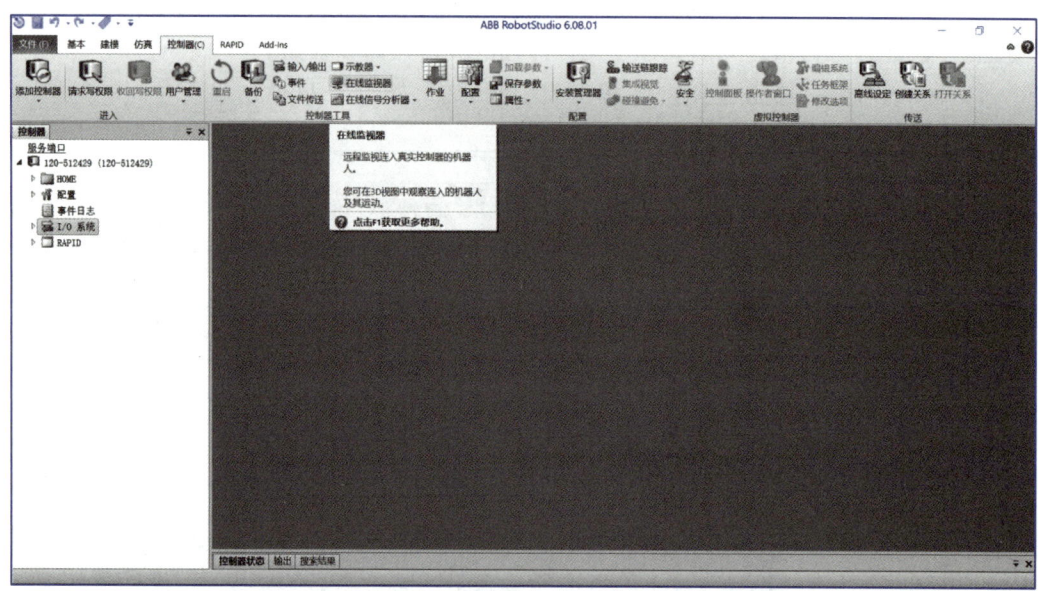

图7-46 添加控制器

(2)在当前视图窗口中可以看到工业机器人的实时状态情况,如图7-47所示。

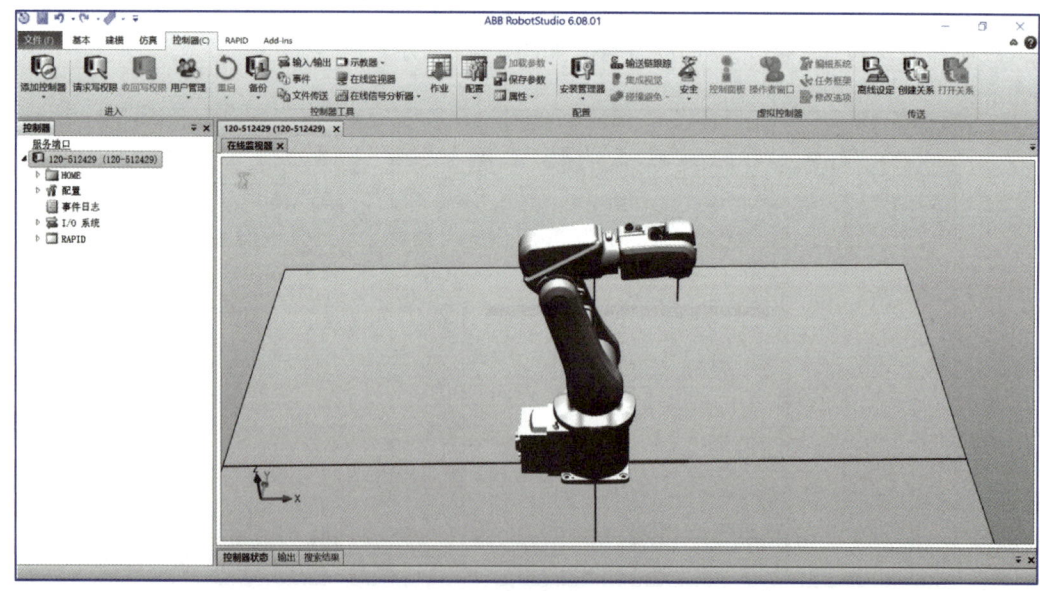

图7-47 工业机器人实时状态

（3）在"控制器"功能选项卡中单击"示教器"，选择"示教器查看器"，可以查看已连入的真实控制器的示教器画面，如图 7-48 所示。

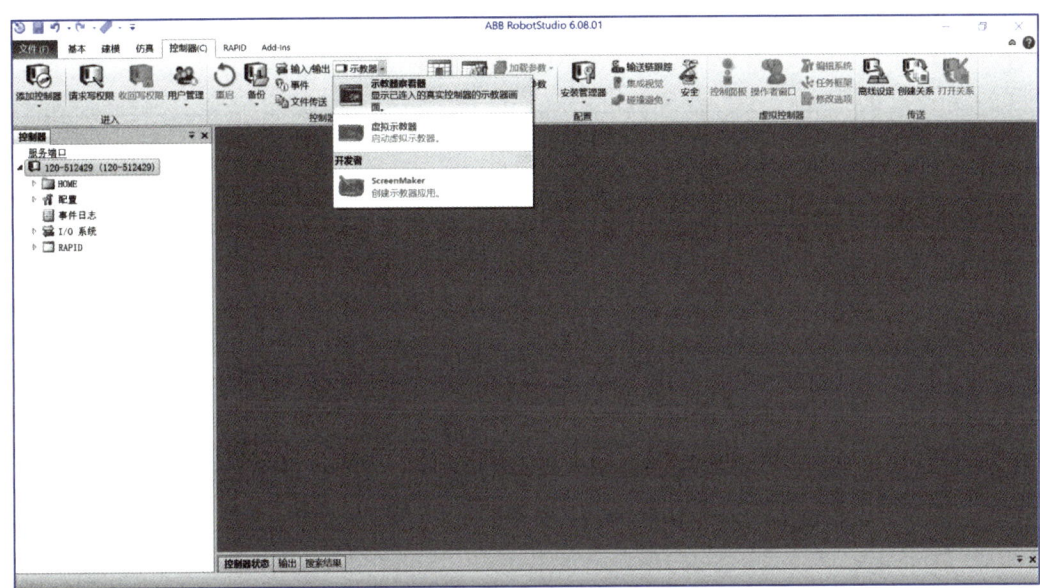

图 7-48　选择示教器查看器

（4）在"在示教器查看器"视图下，左下角的"重新加载每个"处可以设定状态的刷新频率，如图 7-49 所示。

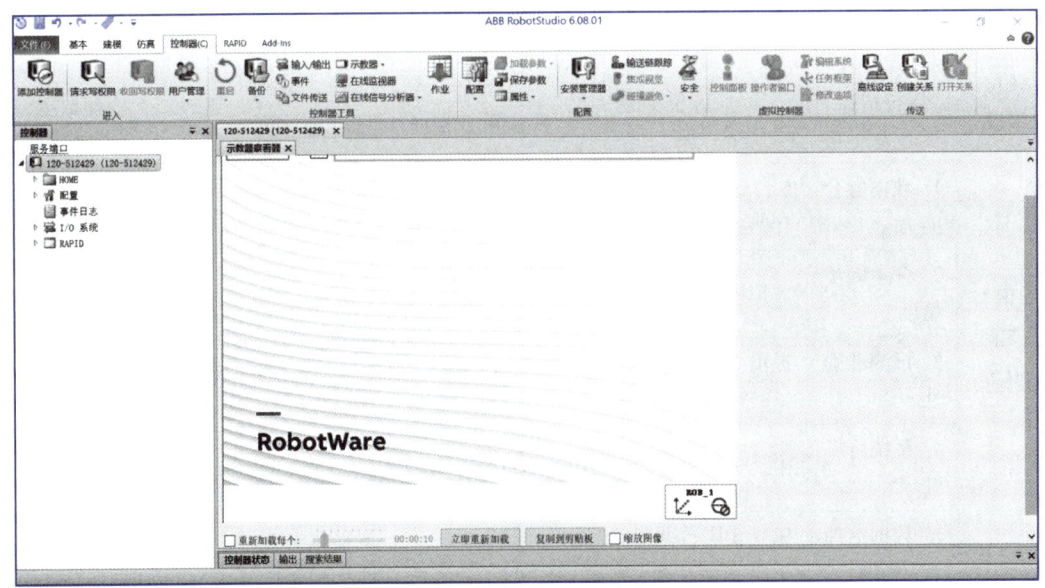

图 7-49　设定状态刷新频率

[能力验评]

请根据任务单完成任务,并填写评价表。

任务单

任务名称	汽车零部件产线智能监控系统部署
任务背景	在完成车门焊接程序优化后,需建立整线监控系统。要求实时监控3台焊接机器人及2台搬运机器人,数据采集频率≥2 Hz,异常停机响应时间≤15 s,系统平均无故障时间(MTBF)≥2 000 h
任务目标	1. 配置多机数据采集通道;2. 开发产线数字孪生看板;3. 建立预测性维护模型
技术参数	1. 数据采集延迟≤150 ms;2. 虚拟与现实同步误差≤0.5°;3. 故障预测准确率≥90%;4. 历史数据追溯≥30天
任务流程	网络拓扑扩展→数据中台搭建→数字孪生开发→智能预警配置→系统压力测试
任务内容	1. 监控系统架构图(含任务1的网络拓扑);2. 数字孪生界面截图;3. 预测性维护分析报告
成果要求	1. 连续72 h无数据中断;2. 虚警率≤1.5%;3. 故障定位精度≤±5 min;4. 系统负载≤70%
小组成员	
计划用时	开始时间

评价表

评价维度	评价指标	评价标准	分值	个人自评	小组互评	教师评价	企业导师评价	观测依据
知识与技能（50分）	1. 数据融合能力	5台设备数据完整率为100%	15					数据审计报告
	2. 孪生同步精度	虚拟模型位姿误差≤0.3°	15					激光跟踪仪数据
	3. 预测准确性	提前30 min预警,成功率≥85%	10					维护记录
	4. 系统可靠性	平均无故障时间≥1 800 h	10					运行日志
方法与过程（35分）	1. 数据治理	建立3层数据存储架构	15					系统架构图
	2. 智能预警	配置5类异常检测规则	10					规则配置表
	3. 压力测试	模拟200%负载时的稳定运行	10					测试报告

续表

评价维度	评价指标	评价标准	分值	个人自评	小组互评	教师评价	企业导师评价	观测依据
团队协作（10分）	1. 跨专业协同	与 IT/OT 部门联调 3 次	5					会议纪要
	2. 知识管理	构建产线数字资产库	5					资产目录
创新实践（5分）	数字孪生优化	开发 1 种虚实同步补偿算法	5					算法专利文档
综合评价								

总结：

本项目通过控制器连接、系统维护、程序在线编辑三大核心模块的递进式训练，完整呈现了 RobotStudio 在线功能的技术架构与应用价值。学习者在掌握服务端口与 LAN 端口差异化配置、一键连接与自定义连接等关键技术的同时，要深入理解工业机器人系统备份与恢复机制及在线程序调试规范，并通过文件传输、授权管理等扩展功能提升多维度系统运维能力。能力验评环节采用工业级任务场景模拟，将 IP 规划、网络延迟控制、异常处理等工程要素融入评价体系，在强化操作规范性与团队协作意识的过程中，培养符合智能制造要求的复合型技术素养，实现知识迁移能力与职业核心竞争力的同步提升。

[技术前沿]

如何成为一名合格的工业机器人工程师——在智能制造浪潮中锚定职业坐标

当前，中国工业机器人密度已突破 420 台/万人（IFR 2024 年最新统计），这一数字背后是制造业智能化转型的加速推进。人社部与工信部联合发布的《智能制造人才白皮书》显示，工业机器人领域技能人才缺口持续扩大，预计 2025 年将达到 450 万人。面对这一机遇与挑战并存的行业图景，学习者需构建"技术基底+实践能力+发展思维"的三维成长体系，方能在职业竞争中脱颖而出。

技术基底：从认知框架到专业纵深

工业机器人工程师的核心竞争力始于扎实的专业基础。在机械领域，需深入理解机器人运动学原理，掌握六轴串联机械臂的坐标变换规律，能够通过示教器完成 TCP 标定和轨迹规划。电气控制方面，西门子 S7-1200、三菱 FX5U 等主流 PLC 的编程调试能力已成为行业准入门槛，学习者应重点掌握结构化文本（ST）和梯形图编程方法。值得关注，2024 年新版《工业机器人系统集成技术规范》特别强调数字孪生技术的应用，建议通过 RobotStudio 等仿真软件建立虚拟调试能力，提前适应工业 4.0 技术要求。

企业调研显示，85% 的用人单位将"跨系统集成能力"列为关键考核指标。这意味着工程师不仅要熟悉机器人本体操作，还需理解其与 MES 系统、视觉检测模块、物流输送线的协同逻辑。例如在汽车焊接产线中,需同步协调 KUKA 机器人焊接参数、西克(SICK)传感器检测信号和倍福控制系统的数据流,这种多系统联动能力往往成为区分普通操作员与合格工程师的重要标尺。

实践能力:从设备操作到系统思维

真实的工业场景远比实训室复杂。某新能源企业 2024 年故障统计显示,47% 的停机事故源于外围设备异常而非机器人本体故障。这要求工程师建立系统级诊断思维:当搬运机器人出现定位偏差时,需依次排查伺服电动机编码器信号、气动夹具压力值、传送带光电传感器状态等多环节因素。建议在实习阶段建立"故障树分析"工作习惯,通过记录典型故障代码(如 ABB 的 20054 位置超差报警)及其解决方案,逐步积累实战经验。

工艺优化能力是进阶发展的分水岭。在 3C 行业精密装配场景中,工程师需要根据产品公差调整机器人末端执行器的力控参数,同时优化生产节拍。2024 年富士康公开案例显示,通过将视觉定位算法与机器人运动轨迹动态匹配,某手机组装线良品率提升 12%,这印证了"机械精度+智能算法"复合能力的重要性。建议学习者参与校企合作的技改项目,从实际生产痛点中锤炼工程思维。

发展思维:从岗位胜任到持续进化

智能制造领域的技术迭代速度远超预期。2024 年第二十四届中国国际工业博览会趋势分析表明,协作机器人应用场景同比增长 35%,复合机器人(AGV+机械臂)在仓储物流领域加速普及。工程师需保持敏锐的技术嗅觉,建议定期研读机器人相关期刊,关注如柔性夹爪、六维力传感器等新型末端执行器的发展动态。职业认证体系也在快速演进,最新发布的《工业机器人系统运维员国家职业技能标准(2024 版)》将数字孪生调试、工业大数据分析纳入考核范畴,凸显行业对数字化技能的要求升级。

职业素养的培育同样关键。某长三角机器人集成商的人力总监指出,新员工常陷入"重参数轻安全"的误区。该企业 2023 年事故分析中,38% 的违规操作源于未严格执行 Lockout-Tagout(上锁挂牌)程序。因此,工程师必须将国际标准 ISO 10218-1:2025《机器人安全要求 第 1 部分:工业机器人》内化为行为本能,在调试作业前做好风险评估,这是职业生命线的根本保障。

成长路径:构建可持续竞争力

建议学习者实施"三阶段成长计划":第一阶段(在校期)夯实机械设计、电气控制、编程调试三大基础模块,考取工业机器人应用编程"1+X"证书;第二阶段(实习期)在产线实践中培养系统思维,重点突破 2~3 种典型工艺应用(如弧焊、码垛);第三阶段(职业初期)选择细分领域深度发展,如新能源汽车电池包装配、光伏板清洗机器人开发等新兴方向。同时要善用人力资源和社会保障部"技能中国"数字平台,获取最新行业培训资源。

值得警惕的是,AI 技术的渗透正在重塑行业生态。2024 年埃斯顿等厂商已推出自学习焊接机器人,传统示教编程岗位需求缩减,但智能产线运维、工艺数据分析等新型岗位增长显著。这就要求工程师主动拥抱变革,通过掌握 Python 数据分析、ROS 机器人操作系统等跨界技能,拓展职业发展空间。

[思考与练习]

1. 使用 RobotStudio 的"一键连接"功能时,若计算机无法自动获取 IP 地址,最可能的原因是(　　)。
   A. 控制器未通电　　　　　　　　B. 网线未连接到服务端口(Service Port)
   C. 防火墙未关闭　　　　　　　　D. 计算机未安装 RobotStudio
2. 通过(　　)可与控制器实现连接。
   A. WIFI　　　　B. 光传输　　　　C. 导线　　　　D. 网线
3. 在线连接 PC 获取 IP 地址时有(　　)种获取方式。
   A. 一　　　　B. 二　　　　C. 三　　　　D. 四
4. 在线传输文件时,需要授权(　　)。
   A. 请求读权限　　B. 请求写权限　　C. 收回读权限　　D. 收回写权限
5. ABB 的 IRC5 控制器中(　　)可以与 RobotStudio 在线连接。
   A. X1　　　　B. X2　　　　C. X3　　　　D. X4
6. 在维护或修理工业机器人之前,需要(　　)表面。
   A. 加热　　　　B. 冷却　　　　C. 擦拭　　　　D. 密封
7. 在用户自定义连接中,若控制器 IP 设置为 192.168.125.1,计算机 IP 应配置为(　　)。
   A. 192.168.125.2(子网掩码 255.255.255.0)
   B. 192.168.1.100(子网掩码 255.255.255.0)
   C. 169.254.1.1(子网掩码 255.255.0.0)
   D. 自动获取 IP 地址
8. 执行系统恢复操作时,若备份文件版本高于当前控制器系统版本,可能导致(　　)。
   A. 自动升级控制器系统　　　　　B. 恢复失败并报错
   C. 部分功能被禁用　　　　　　　D. 网络连接中断
9. 在线编辑 I/O 信号时,若新增信号后无法生效,应首先检查(　　)。
   A. 信号名称是否符合命名规则　　B. 控制器是否重启
   C. 信号地址是否与其他设备冲突　D. 网络连接是否稳定
10. 在本项目的在线功能调试中,若需实时监控机器人负载率,应使用(　　)。
    A. 虚拟示教器的"事件日志"界面　　B. RobotStudio 的"控制器状态"面板
    C. 系统备份文件分析工具　　　　　D. 第三方网络抓包软件

参考文献

［1］ 叶晖,吕世霞,张光恩,等.工业机器人工程应用虚拟仿真教程［M］.2版.北京:机械工业出版社,2021.
［2］ 赵鹏举,田小静.工业机器人虚拟仿真［M］.西安:西安电子科技大学出版社,2021.
［3］ 双元教育.工业机器人离线编程与仿真［M］.北京:高等教育出版社,2018.

郑重声明

高等教育出版社依法对本书享有专有出版权。任何未经许可的复制、销售行为均违反《中华人民共和国著作权法》，其行为人将承担相应的民事责任和行政责任；构成犯罪的，将被依法追究刑事责任。为了维护市场秩序，保护读者的合法权益，避免读者误用盗版书造成不良后果，我社将配合行政执法部门和司法机关对违法犯罪的单位和个人进行严厉打击。社会各界人士如发现上述侵权行为，希望及时举报，我社将奖励举报有功人员。

反盗版举报电话　（010）58581999　58582371
反盗版举报邮箱　dd@hep.com.cn
通信地址　　　　北京市西城区德外大街 4 号
　　　　　　　　高等教育出版社知识产权与法律事务部
邮政编码　　　　100120

读者意见反馈

为收集对教材的意见建议，进一步完善教材编写并做好服务工作，读者可将对本教材的意见建议通过如下渠道反馈至我社。

咨询电话　400-810-0598
反馈邮箱　gjdzfwb@pub.hep.cn
通信地址　北京市朝阳区惠新东街 4 号富盛大厦 1 座
　　　　　高等教育出版社总编辑办公室
邮政编码　100029

授课教师如需获得本书配套教辅资源，请登录"高等教育出版社产品信息检索系统"（https://xuanshu.hep.com.cn/）搜索下载，首次使用本系统的用户，请先进行注册并完成教师资格认证。

- 体系化设计　● 模块化课程
- 项目化资源

高等职业教育
智能制造专业群
新专业教学标准课程体系

机械设计方向专业
机械设计与制造 / 机械制造及自动化 / 数字化设计与制造技术 / 增材制造技术

自动化方向专业
机电一体化技术 / 电气自动化技术 / 智能机电技术

机械制造工艺
机械 CAD/CAM 应用
工装夹具选型与设计
生产线数字化仿真技术
产品数字化设计与仿真

增材制造技术
产品逆向设计与仿真
增材制造设备及应用
增材制造工艺制订与实施

机械产品数字化设计
可编程控制器技术
机电设备故障诊断与维修
电机与电气控制
自动控制原理

机电设备装配与调试
运动控制技术
自动化生产线安装与调试
工厂供配电技术
工业网络与组态技术

专业群平台课
机械制图与计算机绘图
机械设计基础
公差配合与测量技术
液压与气压传动
工程力学
工程材料及热成形工艺

电工电子技术
电气制图及 CAD
智能制造概论
工业机器人技术基础
单片机应用技术
传感器与检测技术
金工实习

机器人方向专业
工业机器人技术
智能机器人技术

数控模具方向专业
数控技术
模具设计与制造

工业机器人现场编程
智能视觉技术应用
工业机器人应用系统集成
协作机器人技术应用

工业机器人离线编程与仿真
数字孪生与虚拟调试技术应用
工业机器人系统智能运维

工业网络方向专业
工业互联网应用
智能控制技术

数控机床故障诊断与维修
数控加工工艺与编程
多轴加工技术
智能制造单元生产与管理

冲压工艺与模具设计
注塑成型工艺与模具设计
注塑模具数字化设计与智能制造

制造执行系统应用（MES）
工业网络技术
工业数据采集与可视化
工业互联网平台应用

工业互联网基础
工业互联网标识解析技术应用
工业 App 开发